高等学校应用型"十三五"规划教材·管理类

管理学原理与应用

主　编　王西娅

副主编　唐学学

编　委　王西娅　唐学学　徐波峰
　　　　冯居君　杨松茂　樊晓军

主　审　徐波峰

西安电子科技大学出版社

内 容 简 介

为适应当前诸多本科院校向应用技术型院校转型的需要,本书在吸收国内外管理学教材优点的基础上,以工商企业一般性经营管理活动为主线进行编写,内容涵盖计划、组织、领导和控制等所有管理职能。本书共分为十章,第一章管理概述,第二章管理学及管理思想的发展,第三章计划,第四章组织,第五章决策,第六章控制,第七章领导,第八章激励,第九章沟通,第十章创新。本书以管理学的基本理论和基本方法为核心,力求以简练、通俗易懂的语言阐明理论本质,做到情境丰富、应用性强、适用面广和兼顾时代特色。

本书在体系结构和内容安排上进行了新的尝试。每章包括案例导入、理论阐述、本章小结、案例分析和复习思考题等多个模块;在注重理论介绍的同时,兼顾趣味性、可读性和易于理解性,在正文中穿插了大量的阅读资料和图表,以期增强学生对知识的应用能力。

本书既可作为高等院校经济、管理类专业及相关专业的教材,也可作为管理学爱好者和管理实践者的参考书。

图书在版编目(CIP)数据

管理学原理与应用/王西娅主编. —西安:西安电子科技大学出版社,2015.8(2019.4重印)
高等学校应用型"十三五"规划教材
ISBN 978 - 7 - 5606 - 3815 - 7

Ⅰ. ① 管… Ⅱ. ① 王… Ⅲ. ① 管理学—高等学校—教材 Ⅳ. ① C93

中国版本图书馆 CIP 数据核字(2015)第 192848 号

策划编辑 李惠萍
责任编辑 李惠萍 段沐含
出版发行 西安电子科技大学出版社(西安市太白南路 2 号)
电 话 (029)88242885 88201467 邮 编 710071
网 址 www.xduph.com 电子邮箱 xdupfxb001@163.com
经 销 新华书店
印刷单位 陕西天意印务有限责任公司
版 次 2015 年 8 月第 1 版 2019 年 4 月第 2 次印刷
开 本 787 毫米×1092 毫米 1/16 印张 23.5
字 数 561 千字
印 数 3001~5000 册
定 价 47.00 元
ISBN 978 - 7 - 5606 - 3815 - 7/C
XDUP 4107001 - 2

——前 言——

　　随着人类从原始社会、封建社会、资本主义社会、社会主义社会向更高阶段发展，社会的发展也从低级延伸到了高级，管理对于社会发展的重要性，无论从理论上还是实践上都达成了共识。管理学原理作为系统研究人类管理活动的普遍规律、基本原理和一般方法的科学，在进入 21 世纪以来得到了越来越深入的发展并获得人们的普遍重视。我们每个人都处在社会的组织之中，有可能是管理者，也有可能是被管理者，因此我们都需要掌握管理学这门学科。

　　随着管理领域的不断拓展及人们对管理认识的不断加深，管理对社会活动产生的效益也越来越大。不同领域内管理活动各有其特殊性。例如：人力资源管理、旅游管理、物流管理、电子商务管理、行政管理、酒店管理、企业管理等，因研究对象不同，管理的重心和规律性表现的方式就不同。人力资源管理的重心和规律性表现为招聘、培训、岗位分析、岗位设计、薪酬设计等方面；旅游管理的重心和规律性表现为旅行社管理和景区管理；物流管理的重心和规律性包括三个方面的内容，即对物流活动诸要素的管理（包括运输、储存等环节的管理），对物流系统诸要素的管理（即对其中人、财、物、设备、方法和信息等六大要素的管理），对物流活动中具体职能的管理（主要包括物流计划、质量、技术、经济等职能的管理等）。电子商务管理是指为实现企业战略目标，对电子商务应用中技术和商业及其创新活动进行计划、组织、领导和控制的过程，是开展电子商务活动的各类企业在新的技术环境下，借助互联网技术，开展采购、生产、营销及与之相关的财务、人员、信息等经营活动，实现其商业目标的过程。行政管理是运用国家权力对社会事务的一种管理活动，也可以泛指一切企业、事业单位的行政事务管理工作。酒店管理是指在一定生产方式条件下，遵循客观经济规律的要求，依照一定的原则、程序和方法，对酒店的人力、物力、财力及其经营活动过程进行有效的计划、组织、指挥、监督和协调，以保证酒店经营活动的顺利进行，达到以最少的劳动耗费取得最大的经济效益的活动过程。企业管理是对企业的生产经营活动进行计划、组织、指挥、协调和控制等一系列职能的总称。我们可以看出，不同领域的管理对象、管理方式和管理目标不尽相同，但是这些不同行业、不同领域管理的特殊性中，总有共同的东西，如计划、组织、协调、控制和创新。也就是说，不同领域和不同行业的管理活动，都有管理的共性，这些共性表现出来的规律性不会因组织的性质或类别不同而不同。因此，从社会普遍存在的管理活动中概括出来的基本规律就构成了一般管理学的基本原理。所以说，管理学原理是各门具体的管理学科的共同基础。

西安培华学院是一所历史悠久的民办高校，自 1984 招收本科生开始，就创办了经济管理专业，成立了经济管理系，之后升格为经济管理学院。2010年，经济管理学院和国际商学院合并成立了商学院。管理学原理课程一直是各专业必须开设的专业基础课程，2012 年管理学原理课程成为省级资源共享课程，成为民办高校中较重要的课程。

随着我国对大学的重新定位，2013 年西安培华学院成为首批应用技术型大学。随着培华学院定位的变化，我们按照 2014 版人才培养方案，对管理学原理课程的教材进行了修订，主要的目的是想将近年来管理领域最新发展的一些理论和观点充实进来，并使本书更加精炼。本书可作为大专院校管理类专业主干课教材，也可作为管理工作者的参考书，或供各级组织的在职管理人员培训和自学使用。

本书由西安培华学院 6 位老师共同编写，主编王西娅（省级教学名师，西安培华学院商学院常务副院长），副主编唐学学（西安培华学院教务处副处长），主审徐波峰（博士，西安培华学院公共管理系主任）、编委成员还有冯居君（物流管理系副主任）、杨松茂（西安培华学院人力资源专业带头人）、樊晓军（工商企业管理专业骨干教师）。本书具体的编写分工如下：第一章由徐波峰编写，第二章由冯居君编写，第三章由樊晓军编写，第四章由杨松茂编写，第五章由樊晓军编写，第六章由唐学学编写，第七章由王西娅编写，第八章由王西娅编写，第九章由王西娅编写，第十章由徐波峰编写。

本书在撰写过程中借鉴和参考了国内外一些相关著作和教科书，在此向原作者致谢。同时，由于我们的学识水平有限，书中不妥之处在所难免，敬请读者不吝赐教。

编　者

2015 年 5 月

目　录

第一章 管理概述

什么是管理？

春运期间的某省会火车站人山人海，候车室里早已人满为患，车站工作人员只好在广场上立起一个个开往各地车次的标牌。开往南昌的××次标牌下的旅客已经整装待发，挑着扛着挤着闹着，乱作一团。这支队伍看上去至少有六列，早已不成队伍，大家烦躁不安。离开车时间还有半小时的时候，一位二十岁刚出头的女工作人员微笑地走来，不紧不慢地举起车次牌，声音不大却很悦耳地说："乘××次到南昌的旅客请跟我走。"于是，她身后的几百人的队伍便开始跟着蠕动起来。小姑娘头也不回地向前走去，顺着车站广场人群中间那少许的通道不慌不忙地走着，这样绕了一大圈之后，小姑娘的身后不再像刚才那么拥挤，队伍开始变得越来越瘦、越拉越长，秩序也越来越好。绕场三周后，姑娘看到身后已是一列有序的纵队，她会心地笑了笑，走到离刚才大家排队不到 3 米的地方，叫开了铁门，旅客井然有序地走进了站台。这位小姑娘所为是否属于管理工作呢？

本章内容

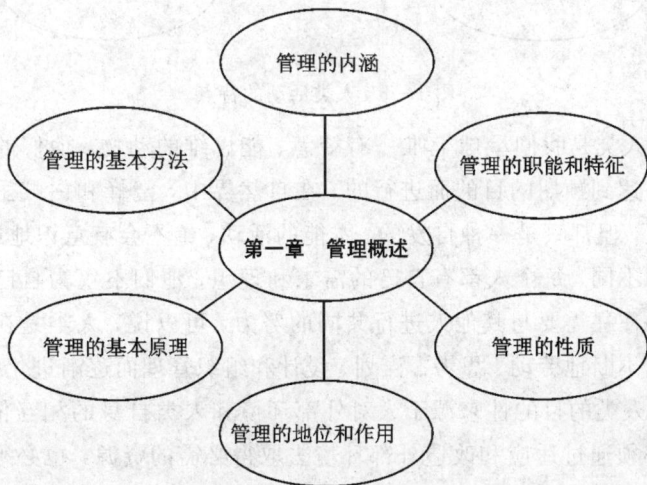

本章要点

· 管理的内涵

· 管理的职能和特征
· 管理的性质
· 管理的地位和作用
· 管理的基本原理
· 管理的基本方法

第一节　管理的内涵

在当今社会，管理是我们既熟悉又陌生的字眼。熟悉的是我们几乎时刻与之发生联系，陌生的是尽管管理就在我们身边，但是要科学地理解管理，有效地开展管理工作，却并不是一件简单的事。

一、人类活动的特点

人类活动的特点如图1-1所示。

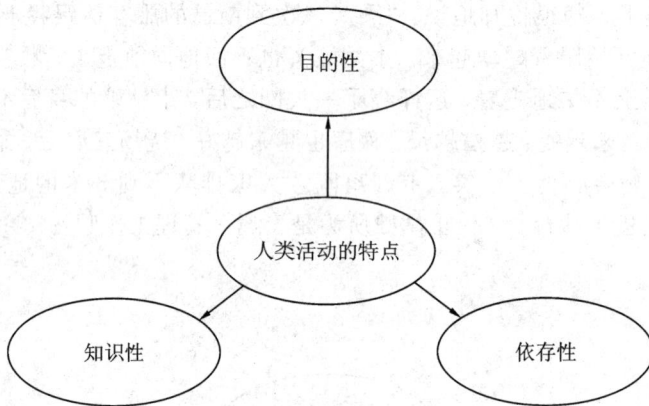

图1-1　人类活动的特点

（1）目的性。人类是我们星球上唯一有智慧、能思维的动物，他们的一切活动都是经过大脑思考，为了达到预期的目的而进行的。在自然界中，蜜蜂和白蚁虽然也能营造非常精巧、复杂的巢穴，但都只是一种自发的、本能的活动，绝不会有意识地进行规划、设计和组织施工。人类却不同，每个人都有自己的需求和理想，他们不仅为自己的预期目标和理想去奋斗，而且还往往需要与其他人进行共同的努力。可以说，人类是在为实现预期目标的活动中，在通过不断地劳动、思考、谋划、设计和组织管理而逐渐进化的。

（2）依存性。人类的目的性来源于人对外部环境和人类自身的相互依存关系。人类为了生存和发展，必须通过适应和改造外部环境去取得必需的资源，也必须通过个人或集体的劳动为自己或他人提供需要的产品和劳务。人从来就不是孤立的个体，从远古开始人类在与自然的斗争中形成了部落，后来在漫长的岁月中逐渐发展为许多集团、民族和国家，以及各种各样的社会经济组织。随着社会生产力的发展，人们之间进行着愈来愈细的社会分工，同时人们之间的相互依存关系也越来越紧密。尽管在人类发展的历史中，各个集团、阶级、民族和国家之间经常充满着矛盾、冲突与斗争，但始终没有改变人类必须相互依存的特点，并且使经济、政治、军事及宗教等各种社会组织日益严密和完善。

（3）知识性。人类活动的另一个基本特点是能从自己过去的实践中学习，从前人的经验中学习，并能把学到的知识加以记忆、积累、分析和推理，从而形成人类独有的知识体系，包括各种科学理论、原理、方法和技艺。科学技术愈发达，个人所掌握的知识愈专业化。这就进一步强化了人们之间相互依存的必要性。从另一方面看，尽管每个人掌握的知识千差万别，但每个人都根据自己的知识来认识世界和决定自己的行为。因而，就有可能使人们能够逐步认识自然和社会的各种客观规律，包括处理人与自然及人与人之间各种关系的规律。随着人类知识的逐步积累，对客观规律的认识逐步深化，使人类社会的各种管理组织、制度和方法也日趋完善，人们终于有能力为达到各种目的而发展、建立起各种强大的社会组织。人类活动的上述三个特点为人类的管理实践提供了客观条件，回答了为什么管理实践与人类历史同样悠久的原因。

二、管理的概念

（一）几种代表性的定义

（1）美国洛杉矶加州大学教授哈罗德·孔茨在其《管理学》一书中指出，管理就是设计和保持一种良好环境，使人在群体里高效率地完成既定目标。

（2）现代管理理论的创始人——法国实业家法约尔于1916年提出，管理是由计划、组织、指挥、协调及控制等职能为要素组成的活动过程。他的论点经过七十多年的研究和实践证明，除在职能的提法上有所增减外，总的来说基本上仍是正确的，并成为管理定义的基础。

（3）1978年诺贝尔经济学奖获得者赫伯特·西蒙提出，管理就是决策。他将决策制订过程分为四个阶段：① 调查情况、分析形势、搜集信息，找出制定决策的理由；② 制订可能的行动方案，以应付面临的形势；③ 在各种可能解决问题的行动方案中进行抉择，确定比较满意的方案，付诸实施；④ 了解、检查过去所抉择方案的执行情况，做出评价，导致新的决策。这样一种决策过程实际上是任何管理工作解决问题时所必经的过程。任何组织、任何层次的管理者在进行管理时都要进行这种决策过程，因而可以说，管理就是决策。

（4）美国管理学家斯蒂芬·P·罗宾斯在《管理学》中认为，管理是指别人一起，或通过别人使活动完成得更有效的过程。

（5）美国著名管理学家彼德·F·德鲁克教授认为，管理是一种以绩效、责任为基础的专业职能。他认为：① 管理与所有权、地位或权力完全无关；② 管理是专业性的工作，与其他技术性工作一样，有自己专有的技能、方法、工具和技术；③ 管理人员是一个专业的管理阶层；④ 管理的本质和基础是执行任务的责任。显然，德鲁克淡化了管理的社会属性，而片面地强调了管理的自然属性。

（6）我国学者周三多教授对管理的定义是，管理是社会组织中，为了实现预期目标，以人为中心进行的协调活动。

这一表述包含了以下五个观点：

① 管理的目的是为了实现预期目标。世界上既不存在无目标的管理，也不可能实现无管理的目标。

② 管理的本质是协调。协调就是使个人的努力与集体的预期目标相一致。每一项管理职能、每一次管理决策都要进行协调，都是为了协调。

③ 协调必定产生在社会组织之中。当个人无法实现预期目标时，就要寻求别人的合作，形成各种社会组织，原来个人的预期目标也就必须改变为社会组织全体成员的共同目标。个人与集体之间，以及各成员之间必然会出现意见和行动的不一致，这就使协调成为社会组织必不可少的活动。

④ 协调的中心是人。在任何组织中都同时存在人与人、人与物的关系。但人与物的关系最终仍表现为人与人的关系，任何资源的分配也都是以人为中心的。由于人不仅有物质的需要，还有精神的需要。因此，社会文化背景、历史传统、社会制度、人的价值观、人的物质利益、人的精神状态、人的素质和人的信仰，都会对协调活动产生重大的影响。

⑤ 协调的方法是多样的，需要定性的理论和经验，也需要定量的专门技术。计算机的应用与管理信息系统的发展，将促进协调活动发生质的飞跃。

(二) 本书定义

管理是指一定组织中的管理者，对管理的对象(人、财、物、事、时间及信息)进行协调，通过恰当的方式(计划、组织、协调、控制、领导、创新)，达到最佳效益的过程。

对管理定义的进一步阐述如下：

(1) 管理的目的：实现组织的预期目标。

(2) 管理的主体：管理者(管理人员，是对从事管理活动人员的总称)，按其所处的管理层次可分为高层管理人员、中层管理人员和基层管理人员。

高层管理人员：是站在组织整体的立场上，对组织的管理负有全面责任，对整个组织进行综合指挥和统一管理的人员。其主要职责是制定组织的总目标、总战略，掌握组织的大政方针，评价整个组织的绩效等。

中层管理人员：主要职责是执行高层管理人员所作出的决策和制定的重大方针政策，使高层管理人员确定的目标和战略付诸实施。

基层管理人员：也称一线管理人员，组织中处于最低层次的管理者，他们所管辖的仅仅是作业人员而不涉及其他管理者。其职责是按照中层管理者的安排去组织、指挥和从事具体的管理活动，如向下层人员分配具体工作、直接指挥和监督现场作业活动等。

(3) 管理的方式：管理者从事的管理活动，分为计划、组织、领导和控制四大基本职能。

(4) 管理的对象：组织所拥有的资源和所从事的活动，包括人、财、物、事、时间及信息等。

(5) 管理的本质：以人为中心进行的协调活动。

(6) 管理的结果：最佳效益，即有效率和有效果，以正确的方式做正确的事情。

三、管理的职能和特征

(一) 管理的职能

"职能"一词在这里是指"活动""行为"的意思。管理工作是由一系列相互关联、连续进行的活动构成的。这些活动可被归类为四大主要的管理职能，即计划、组织、领导和控制。

1. 计划

计划的任务主要是制定目标及目标实施途径（即计划方案）。具体来说，计划工作主要包括：① 描述组织未来的发展目标，如利润增长目标、市场份额目标、社会责任目标等；

② 有效利用组织的资源，实现组织的发展目标；③ 决定为实现目标所要采取的行动。计划是管理的首要职能，管理活动从计划工作开始。

2. 组织

再好的计划方案也只有落实到行动中才有意义。要将计划落实到行动中，就必须要有组织工作。组织工作包括分工、构建部门、确定层次等级和协调等活动，其任务是构建一种工作关系网络，使组织成员在这样的网络下更有效地开展工作。通过有效的组织工作，管理人员可以更好地协调组织的人力和物力资源，更顺利地实现组织的目标。

3. 领导

有了计划，构建了合适的组织结构，聘用到了合适的人员之后，就需要开展领导工作了。有人将领导称为指导，但不管怎么命名，都是指对组织成员施加影响，使其对组织的目标做出贡献。其工作内容包括激励、采用合适的领导方式、沟通等。

4. 控制

控制工作包括衡量组织成员的工作绩效，发现偏差，采取矫正措施，进而保证实际工作的开展情况符合计划要求。

计划、组织、领导和控制是最基本的管理职能，它们分别重点回答了一个组织要做什么和怎么做、靠什么做、如何做得更好，以及做得怎么样等基本问题。管理职能并不只是这四种。作为管理工作的手段和途径，随着管理对象的变化和科技的发展，管理职能也在不断地丰富和完善。

管理的职能如表 1-1 所示。

表 1-1　管理的职能

管理职能	古典提法	常见提法	周三多的提法
策划 decision making			决　策
计划 planning	●	●	
组织 organizing	●	●	组　织
用人 staffing			
指导 commanding	●		
领导 leading		●	
协调 coordinating	●		领　导
沟通 communicating			
激励 motivating			
代表 representing			
监督 supervising			
检查 checking			控　制
控制 controlling	●	●	
创新 innovating			创　新

（二）管理的特征

1. 管理是一种社会现象和文化现象

只要有人类社会存在，就会有管理存在。因此，管理是一种社会现象或称文化现象。管理存在的两个基本条件：必须是两个人以上的集体活动；必须有一致认可的、自觉遵守的目标。作为管理者必须懂得影响经营领域的诸多外部因素——经济的、技术的、社会的、政治的和道德的，否则就不能很好地完成组织的任务。

2. 管理的"载体"是"组织"

管理总是存在于一定的组织之中，即管理的载体是组织。没有组织，也就无所谓管理。由两个或两个以上的人组成，为一定目标而进行协作活动的集体，就形成组织。"许多人在同一生产过程中，或在不同的但互相联系的生产过程中，有计划地一起协同劳动，这种劳动形式叫做协作"。有效的协作需要有组织，需要在组织中实施管理。组织的类型、形式和规模各异但其内部都含有五个基本要素：人（管理的主体和客体）、物（管理的客体、手段和条件）、信息（管理的客体、媒介和依据）、机构（反映了管理的上下左右分工关系和管理方式）和目的（表明为什么要有这个组织）。组织内部的要素是可控制的。

组织应是一个开放的系统，组织的外部环境对组织的效果与效率有很大影响。一般地，组织的外部环境含有九个要素：行业、原材料供应、财政资源、产品市场、技术、经济形势、政治状况、国家法律和规章及条例、社会文化。组织的外部要素中有些是可控的，有些是不可控的。

3. 管理有其特定的任务、职能和层次

管理作为一项工作的任务就是设计和维持一种体系，使在这一体系中工作的人们能够用尽可能少的支出（包括人力、物力、财力等），去实现他们既定的目标。管理作为一个过程，管理者在其中要发挥的作用就是管理者的职能。

4. 管理的核心是处理各种人际关系

管理不是个人的活动，是在一定的组织中实施的。对主管人员来说，管理是在其职责范围内协调下属人员的行为，是让别人与自己共同完成组织目标的活动。组织中的任何事都是由人来传达和处理的，所以主管人员既管人又管事，而管事实际上也就是管人。管理活动自始至终，在每一个环节都是与人打交道的，因此管理的核心就是处理组织中的各种人际关系。

美国著名管理学家彼德·F·德鲁克1955年提出"管理者的角色"，这一概念有助于我们对管理含义的理解。德鲁克认为，管理是一种无形的力量，这种力量是通过各级管理者体现出来的。管理者所扮演的角色大体上分三类：第一类管理一个组织，求得组织的生存和发展；第二类管理管理者，在组织的上、中、下三个层次中，人人都是管理者，又都是被管理者；第三类管理工作和员工。管理的任务，也是管理者的任务，就是设计和维持一种环境，使在这一环境中工作的人们能够用尽可能少的支出，实现既定的目标。

5. 管理既是一门科学，又是一种艺术

管理学发展到今天，已经形成了比较系统的理论体系。学者们提出了一系列具有普遍应用价值的管理规律，总结出了许多管理原则。这些规律和原则是由大量学者和实业家长期在总结管理工作客观规律的基础上形成的，是理论与实践高度凝结的产物。这是科学，不会因为地域、文化乃至社会制度的差异而不同，也不以人们的主观意志为转移。违背了管理的科学性，必将出问题。因此，要提高我国企业的管理水平，必须大力开展管理教育，让更多的人掌握并正确地运用管理科学。

同数学、物理学等自然科学相比，管理学是一门不精确的科学。在管理实践中，管理工作的艺术性往往体现在截然不同的管理方法会产生同样良好的效果，实施同样的管理措施的结果却可能截然不同。正如美国电话电报公司计划部主任亨利·博丁所说，"要管理就要领导，要领导他人就需要引导他人的情绪，使之接受某种看法并成为自己的观点。如果这不是艺术，那么就没有什么东西算作艺术了。"

管理既是一门科学，又是一种艺术，管理的科学性和艺术性并不互相排斥而是相互补充。有效的主管人员是两者的有机结合。

四、管理的性质

（一）管理的二重性

马克思首先提出了管理二重性的概念。马克思主义管理二重性原理就是指管理具有自然属性和社会属性，管理的二重性是由劳动的二重性所决定。

（1）管理的自然属性：是为了组织共同劳动而产生的，反映了社会协作劳动过程本身的要求，力求用先进的科学方法合理地组织生产力，以保证社会结合的生产过程顺利进行。管理的二重性并不以人的意志而转移，也不因社会制度、意识形态的不同而有所改变，这完全是一种客观存在。所以，我们称之为管理的自然属性。

（2）管理的社会属性：是由社会生产关系决定的，反映了一定社会形态中统治阶级的要求，受到生产关系或经济基础的影响和制约，按统治阶级意志调整人们之间的相互关系，维护和完善生产关系。

（二）管理二重性的意义

明确了管理的二重性，就可更具体地认识我国管理与国外管理的区别与联系。两者的主要区别在于，管理目标和主要管理权的归属不同。明确这一点具有重要意义。一方面，使我们学习、借鉴国外管理经验时，不至于模糊了对管理社会属性的认识；另一方面，在研究和解决我国的管理问题时，就会明确目标，向正确的方向发展。

管理二重性原理也使我们认识到，就自然属性而言，各种不同社会形态的管理，具有继承性和连续性，在管理社会化大生产方面有其共同的规律。因而，我们应该积极、大胆地借鉴国外管理方面，一切符合社会化大生产规律的科学管理经验，结合我国的国情，加以消化和应用。

五、管理的地位和作用

（1）管理是维系人类正常社会生活的条件，是人类一切有组织的社会生活所不可缺少的。早在原始社会，人类就懂得了组织的重要性。而有组织，就必须有管理。管理的重要性，从我们每个人的日常生活中就可体验到。

（2）管理是社会生产力发展的保证。具体表现在四个方面：第一，管理影响着生产力的存在状态。第二，管理制约着生产力的发展速度。第三，管理制约着生产力的实现程度。第四，管理还能创建一种新的生产力。总之，有限的资源需要通过管理才能得到合理的配置和利用，使其最大可能地形成有效的生产力，也只有通过有效的管理，才能使科技真正转化为生产力。

（3）管理是一种基础国力。可以看到一个国家、一个民族、一个企业或者一个家庭，由强变弱或由弱变强且强而又强的转换力量，在很大程度上取决于管理水平的高低；也可以看到，一个单位或企业，在其他条件不变的情况下，不同领导班子和不同的管理方式，单位或企业的状况可完全不同，可起死回生，也可一败涂地。管理不仅是一种基础国力，还是一种投资小、收效大，有时还是见效很快的国力，如新加坡、日本等。

第二节　管理者及其技能

一、什么是管理者

对管理者的理解也如同管理一样，对其定义表述争论也较大。在管理实践的早期，管理者被定义为是"对其他人的工作富有责任的人"。管理大师彼得·德鲁克认为：管理者并不是由他的权力和职位所界定，管理者真正成其为管理者的理由，在于他对组织贡献的责任。

我们认为，随着管理职能和管理环境的变化，特别是组织中工作性质的变化，管理者与非管理者的界限也进一步模糊。许多传统的职位现在都包括了管理的性质特点，尤其是在团队中。因此，对管理者进行简单的定义和理解，使我们很难从本质上把握管理者的内涵。

根据我们对管理涵义的理解，管理者是指通过协调他人的活动以达到实现组织目标的人。具体地说，就是在组织中执行计划、组织、领导和控制职能的人。虽然这些人有时也要完成一些具体工作，但是他们的主要职责是制定整个组织或分支机构的目标，并创造出一种能诱导其他人参与工作的良好环境，有效地实现组织目标。

正像管理不同于作业和创新活动一样，在管理活动中管理者也不同于操作者和领导者。

首先管理者不同于操作者。操作者是指组织中直接从事具体实施和作业工作的人，如汽车装配流水线的装配工人、餐厅中制作菜肴和食品的厨师、商业卖场的售货员、学校中授课的教师、医院中为患者看病的医生等。这些人处于组织中的最基层，被称为作业层，不具有监督指挥他人的职责，而管理者之所以被称为管理者就是通过协调他人的活动实现组织的目的，没有对他人的管理就不能称为管理者。但是在许多组织中，一些管理者，特别是基层管理者常常将自己等同于操作者。有些情况下是由于企业的基层操作者本人也完成既定的操作任务，也有些情况是由于中高层管理者也会不定期地从事一些作业活动，如医院院长为患者做手术等。如果不能很好地处理二者的关系，特别是高层管理者经常事必躬亲地去做具体工作，必然会忽视自己的本职工作——管理协调，这会影响管理者作用的发挥，或是将管理者等同于操作者，因而降低了组织的运行效率。

其次，管理者不同于领导者。管理者是在组织中通过协调别人来完成工作，管理者一定是在特定的组织中而言的，没有组织就谈不上管理者。而领导者不同，是指一种影响群体实现目标的能力。领导既可以产生于正式的组织中，也可以来自于非正式的组织中。哈佛商学院的学者亚伯拉罕·扎莱兹尼克指出，管理者和领导者是两类完全不同的人，他们在动机、个人历史及想问题做事情的方式上存在差异。他认为，管理者如果说不是以一种消极的态度，也是以一种非个人化的态度面对目标的，而领导者则以一种个人的、积极的态度面对目标。管理者倾向于将工作视为可以达到的过程，其中包括人与观念，二者相互作用就会产生策略和决策；领导者的工作具有高度的冒险性，他们甚至主动寻求，特别是当机遇和奖励很高时。管理者喜欢与人打交道的工作，他们根据自己所扮演的角色与他人联系；而领导者则关心观点，以一种更为直觉和移情的方式与他人联系。而约翰·科特则认为，管理者与领导者的差异主要是管理者处理复杂的问题，通过制定正式计划及监督计划实施。相反，领导则处理变化的问题，并有效激励下属。《后汉书》中记载的刘备与韩信的"论将"一番对话，清晰地显示了领导者与管理者的差异。

刘邦问韩信："像我这样的人，能领兵多少？"

韩信说："陛下能领兵十万。"

"而你呢？"

"我是多多益善啊！"

"多多益善，那你为何被我所擒？"

"那是因为陛下虽不能领兵，却善将将（'用将'之意）的缘故。""能领兵者，谓之将也""能将将者，谓之帅也"。"将才"与"帅才"的差异，不在于管理者与领导者是否在职位上的差异，而是两者之间的本质差异，即领导者凝聚、激励下属人员的影响力。

二、管理者的职责与分类

管理者在不同的组织有不同的称呼。在工商企业既可称为经理、厂长，也可称为总裁、首席执行官；而在学校校长、教务长则是主要管理头衔；在政府部门中是以部长、厅（局）长、处长、科长分为不同层次的管理者；在医院这类组织中院长是我们最熟悉的管理头衔；在军队系统中是以司令员、军长、师长、团长、营长、连长设置的管理头衔；在其他一些组织中主管也是流行的称呼。凡此种种，不一列举。总之，尽管处于不同组织不同管理层次的称呼不同，但他们的共同特点是执行相应的管理职能，并负责完成组织各个层次的管理任务。

（一）管理者的职责

1. 管理者是目标的提出者

管理能否取得成效和成效的大小，关键在于是否能制定出反映本组织发展的目标。这个目标体现着管理者和大多数成员的意志，以及社会发展的要求。因此，管理者要能够为组织制定一个切实可行，足以激发组织成员奋发向上的发展目标。

2. 管理者是计划者

制定计划是管理者的首要任务，也是管理者指引组织发展、调动组织内成员积极性的重要手段。一个管理者必须善于制定计划。亨利·法约尔说过，缺乏计划或一个不好的计划是领导人员无能的标志。因此，管理者必须以严格的科学态度，实事求是的精神，制定组织的计划，并保证计划的可行性和操作性。

3. 管理者是组织者

组织是保证管理活动顺利进行的、必不可少的条件，因而是管理者的重要职责。管理者应将管理活动的各个要素、各个环节和各个方面，从劳动的分工、协作、时间及空间上做到很好的结合，使组织不断适应客观条件的变化，发挥出最大的效能。

4. 管理者是指挥者

管理者要不断地在管理过程中发布命令、下达指示、制定措施，以此来统一组织及其成员的意志和行为，所以他又是一个指挥者。指挥者的任务就是要在严密组织的基础上，合理分配任务和布置工作，并督促和检查执行情况，及时处理管理中出现的问题。没有高效统一的指挥，组织的目标就不能实现，计划就无法完成，也不能实行有效的管理。

5. 管理者是协调者

有效的管理，必须要保证生产过程中的各要素及管理的各职能之间保持高度的协调。这种协调的实现，需要管理者在管理活动中不断地进行统筹和调节。所以，管理者又是一个协调者。作为一个协调者，必须要在保证组织目标实现的基础上，各环节相互配合、紧密衔接，不互相矛盾。协调的形式有纵向协调和横向协调、内部协调和外部协调。协调既包括人、财、物的协调，也包括各种关系的协调。

（二）管理者的层次

管理者按其在组织中所处的地位可分为高层管理者、中层管理者和基层管理者。

1. 高层管理者

高层管理者指负责制定组织的发展战略和行动计划，有权分配组织中拥有的一切资源的管理人员。在西方，企业中的高层管理者一般是指 CEO 即行政首长（又译首席执行官），COO 即业务首长（又译首席经营负责人）及 CFO 即财务首长（又译首席财务负责人）等。在我国工商企业中的经理和厂长、学校的校长、医院的院长等都属于高层管理者。组织的兴衰存亡取决于高层管理者对环境的分析判断、目标的选择和资源运用的决策。他们还要代表组织协调与其他组织（或个人）的关系，并对组织所造成的社会影响负责。因此，高层管理者具备的知识面要广、能力要强及素质要高。

2. 中层管理者

中层管理者是指负责制定具体的计划及有关细节和程序，以贯彻执行高层管理者作出的决策和计划的人员。大公司的地区经理、分部（事业部）负责人、生产主管、车间主任等都属于中层管理人员。中层管理人员不直接指挥、协调一线人员的活动，主要是将高层管理者的决策和指示传达给基层管理者，同时将基层的意见和要求反映到高层管理部门，他们是连接高层管理者与基层管理者的桥梁和纽带。中层管理者还要负责协调和控制基层生产活动，保证完成各项任务，实现组织目标。

3. 基层管理者

基层管理者又称一线管理人员，具体指工厂里的班组长、小组长等。他们的主要职责是传达上级计划和指示，直接分配每一个成员的生产任务或工作任务，随时协调下属的活动，控制工作进度，解答下属提出的问题，反映下属的要求。他们工作的好坏，直接关系到组织计划能否落实，目标能否实现。所以，基层管理者在组织中具有十分重要的作用。虽然对基层管理者的技术操作能力要求较高，但并不要求其拥有统筹全局的能力。

尽管组织的类型千差万别，管理者的头衔也各不相同，但这三种类型的划分还是比较科学的，可以涵盖各类组织中不同层次的管理者，并对不同层次管理者侧重的管理职能加以细分。不同层次的管理者尽管职责不同，但工作的性质和内容基本上是相同的，有一个共同特征就是能够协调指挥他人，有效实现组织目标，包括要执行计划、组织、领导和控制等职能。但不同层次的管理者各项管理职能履行的程度和重点却是不同的。例如，就计划职能而言，高层管理人员关心的是组织的长期战略规划，而中层管理人员则侧重于企业中期和局部计划，基层管理人员则侧重于短期业务和作业计划。

（三）管理者的领域

管理人员按其所从事管理工作的领域，可分为综合管理人员和专业管理人员。

1. 综合管理人员

综合管理人员，是指负责管理整个组织或组织中某个事业部全部活动的管理者。对于一个小型组织来说，企业的总经理就是综合管理者，要统管该组织生产、经营、人事、财务等主要业务活动。但对于大型组织而言，组织多是按事业部设立的，组织的权力层层下授，高层主管人员无法统管组织的各个层面和环节。此时，该组织综合管理人员的范围就大大拓宽，也包括组织中各分公司经理或事业部经理等。

2. 专业管理人员

专业管理人员，也称为职能管理者，是指负责组织中某一专门管理职能的管理人员，如计划管理人员、市场营销管理人员、财务管理人员、生产（业务）管理人员及人事管理人员等。这类管理人员的职责是负责组织或组织内某一层次中的某一专门管理职能，以他们的专业知识对组织目标的实现做出贡献。

管理在现代社会的重要地位使人们越来越对管理专家重视起来。一方面，各类组织的高层管理者大多是专业技术人员或受过专门训练的职员，如美国 500 家大公司的高级经理人员中有 71.8％是工商管理专业毕业的，法国高级公务员都是法国国家行政学院的毕业生。现在，管理人员职业化已成为一种国际潮流。另一方面，专业技术管理人才适应形势发展需要，向复合型人才，即专业多元化发展。在 20 世纪 60 年代，组织中的管理工作，还主要是由懂业务技术的"硬专家"来担任。进入 20 世纪 80 年代以后，仅由精通一门技术的专家来管理已不适应形势的要求。复合型人才，特别是由工商管理学院培养出来的管理人才更受欢迎，这类管理专家所具有的管理技能已大大超出技术职能的范围，能很好适应知识经济时代要求，提高组织的运行效率。

此外，组织中还有一些决策参谋人员，指为各级决策指挥人员提供决策建议的智囊人员。这类人员没有直接的决策指挥权，但他们以自己的知识影响组织决策，有时这种影响还比较大，所以通常将他们也称为管理人员。决策参谋人员的职责是收集、整理、提供与决策相关的各种信息，为决策者提供合理的建议和方案。

三、管理者的角色

20 世纪五六十年代，一些研究者从领导者行为和管理者实现活动的角度来探讨"管理者干什么"的问题，加拿大学者亨利·明茨伯格的研究具有较大的影响，为后来的学者所推崇。明茨伯格通过对总经理的工作研究发现，管理者扮演着 10 种不同的，但却是高度相关的角色，归纳起来主要是三个方面：即正式权威和特殊地位产生了人际关系工作中的角色，获得信息独特地位的信息传递角色及与决策相关的工作角色。

（一）人际关系方面的角色

管理者的角色及其工作内容如表 1-2 所示。

表 1-2　管理者的角色

类　别	角　色	工作内容
人际关系类	挂名首脑（figure head） 联络者（liaison） 领导者（leader）	执行仪式或象征性的工作 建立内部和外部的信息网络 指挥协调群体的工作
信息类	监听者（monitor） 传播者（disseminator） 发言人（spokesperson）	搜寻、接收和筛选信息 传递信息给他人 通过演讲、报告、电视、广播等向外部提供信息
决策类	企业家（entrepreneur） 障碍处理者（disturbance handler） 谈判者（negotiator） 资源分配者（resource allocator）	制定计划，建立秩序 解决员工或部门中的各种冲突、问题 在谈判中代表部门或公司 决定资源分配的对象、数量等

由表 1-2 可以看出，人际关系方面的角色是指管理者履行的礼仪性和象征性义务的角色，设计管理者与其他人的关系。作者认为包含三个具体角色，即挂名首脑、领导者和联络者。挂名首脑这一角色指所有的管理者都要从事本部门或组织中礼仪性和象征性的活动，如作为学院院长出席学生的毕业典礼、作为企业经理参加颁奖仪式等。他们都在扮演挂名首脑的角色。而领导者则是指管理者的职能角色是指挥领导他人，这一角色包括招聘、激励、培训、奖励和惩罚员工等。这一角色在组织内部的作用极为重要。联络者的角色是指管理者在不同的人群中充当联络员。明茨伯格将这种角色说成是与提供信息的来源接触。这些来源可以是组织内部的，也可以是组织外部的。例如，人事经理从销售经理那里获得信息属于内部联络关系，而人事经理与外部的人才招聘机构发生联系时，他就有了外部联络关系。

（二）信息传递方面的角色

信息传递方面的角色，是指所有的管理者在一定程度上都要从外界收集和接受信息。管理者在信息传递方面也扮演了三种角色，即监听者、传播者和发言人。通过各种公众媒体或与他人谈话来了解公众兴趣的变化或竞争对手的情况，被明茨伯格称为监听者角色；而向组织成员传递信息，就是传播者的角色；当他们代表组织向外界表态时，这类管理者就扮演着发言人的角色。

（三）决策制定方面的角色

扮演决策指挥者的角色，是指在组织各层次中拥有决策指挥权的管理者。他们的基本职责是负责组织或组织内各层次的全面管理任务，拥有直接调动下级人员，安排各种资源的权力，通常指各管理层的"一把手"。明茨伯格在决策角色中又划分出四种类型：一是作为企业家，管理者发起和监督那些改进组织绩效的新项目；二是作为局面驾驭者，管理者采取纠正行动应付那些未预料到的问题；三是作为资源分配者，管理者负有分配人力、物质和金融资源的责任；四是当管理者为了自己组织的利益与其他团体议价和商定成交条件时，他就扮演着谈判者的角色。

明茨伯格的角色划分理论得到了后继研究者的有利支持，许多研究支持了他的管理者角色划分的观点。一般来说，不论是在何种类型的组织中或者组织的哪个层次上，管理者都可能扮演或履行不同的角色。但研究发现，管理者角色强调的重点会随组织的层次不同而变化，像信息传播者、挂名首脑、谈判者、联络者及发言人的角色主要表现在组织的高层，而领导者的角色在低层管理者身上表现得更加显著。

四、管理者的技能

管理人员由于处于不同的管理层次和不同的管理岗位，其发挥作用的大小也不相同，但一个重要的、不可忽视的影响因素是，管理者是否真正具备了相应的管理技能，即技术技能、人际关系技能和概念技能。

（一）技术技能

技术技能是指人熟悉和精通某种特定专业领域的技术与方法的能力，包括工作程序、技术和知识。例如，在企业中工程师、会计师、广告设计师、计算机程序员等被认为是具有专业技能的人员。但在组织的管理中则是指管理者掌握或熟知某一专业领域的技能，并能运用其有效地完成组织任务的能力。不同层次的管理者，对技术技能的要求程度是不同的。对于基层管理者来说，这些技能更为重要，因为管理者要根据这方面的技能来从事管理工作。

（二）人际关系技能

管理者要指挥协调他人的工作，这就需要管理者具有较好的人际技能，能够有效地调动和发挥员工的工作热情，善于激励、引导和鼓舞员工的信心及能力，完成艰巨的任务。人际关系技能是指管理者处理人与人之间、人与事之间关系的技能，即理解、激励并与他人共事和沟通的能力。人际技能包含的内容比较多，诸如管理者的沟通能力、领导能力、协调能力等都会直接影响其人际技能的发挥。因为管理者除了领导下属人员外，还需与上级领导和同事打交道，不断运用沟通、说服、激励等手段和方法，调动相关人员有效开展工作和完成任务。可以说，不论是哪一管理层次的管理者，掌握良好的人际技能是十分重要的。因为各个层次的管理者都必须在与上下左右进行有效沟通基础上，相互合作，共同完成组织的目标。

（三）概念技能

概念技能是指管理者对复杂情况进行抽象化和概念化的技能，特别是对组织发展的远大目标、战略方向的把握及判断，具体地说是指洞察组织与环境相互影响因素的能力、确定和协调各方面关系的能力及权衡不同方案优劣势和内在风险的能力。具有这方面能力要求的管理者能够站在一定的组织高度，从组织的整体角度理解和促进组织的运行，能够快速、敏捷地从混乱而复杂的动态情况中辨别出各种因素的相互作用、准确地把握问题的实质、及可能出现的后果等。因此，管理者所处的层次越高，其面临的问题越复杂，越需要其概念技能。

处于不同层次的管理者所应掌握和应用的技能是有一定差异的。一般讲，高层管理者主要应掌握概念技能，能很好地理解组织各部分之间的关系，对组织的战略发展方向和战略目标有清晰的把握和准确的定位，使组织更好地适应不断变化的环境。基层管理者则需要有很好的技术技能，虽然没有条件站在组织的全局高度，把握或关注组织的方向性问题，但是要在基层的作业环节有效带领团队实现企业的既定目标。研究表明，不论是基层、中层还是高层管理者，人际技能对他们却是同等重要的。

第三节　管理的基本原理

一、管理原理的性质

管理科学是探索人类管理活动规律的一门科学，是管理理论与实践的知识，包括管理的思想、原理、理论，以及管理者指定决策的、科学的、富有逻辑的、合理的方法。管理科学是一门科学，也是一门艺术，属于自然科学与社会科学的交叉融合。可以说，管理科学＝管理的科学＋管理的艺术＝定量分析＋定性分析。管理基本原理在管理学中具有基础性的地位和作用，可以从管理原理的性质上得到反应。原理的"原"有源、原本、起初及根本的含义，原理的"理"是指道理、准则及规律。原理是指某种运动的基本规律、某类实践的基本理论及准则、某门学科的基本理论。

管理原理是指管理活动的根本依据和准则，是管理学的基本理论，是管理学在不同业务领域都需应用的概念、理论、准则和方法，反映了管理的基本规律。管理原理是对管理工作的实质内容进行科学分析总结而形成的基本真理。它是现实管理现象的抽象，也是对各项管理制度和管理方法的高度综合与概括。

二、管理原理体系

关于管理原理的体系，管理学界存在较大的分歧，许多学者曾作过深入的研究和探讨，并提出相应的管理原理体系的构成模式。根据管理科学与理论的最新研究成果，我们认为在当今的社会技术经济环境下，管理原理体系应包括以下四个基本组成部分，即系统原理、人本原理、效益原理及伦理原理。

（1）系统原理：将组织视为复杂的社会经济技术系统，将管理理解为对系统的设计、构建并使之正常、高效运转的过程。

（2）人本原理：是将人看做管理的主要对象及组织最重要的资源，坚持以人为本的指导思想，在管理活动中充分依靠员工，及时了解员工的要求，运用各种激励手段，充分调动、发挥人的积极性和创造性，实现人与组织的共同发展。

（3）效益原理：在资源稀缺性的基础上，对效益的追求是管理的永恒主题，即以最小的消耗和代价，获取最佳的经济效益和社会效益。这就是管理的效益原理的基本要求，做到经济效益和社会效益，长期效益和短期效益的协调统一。

（4）伦理原理：伦理是指导人与人相处的各种道德准则，伦理具有非强制性、非官方性、普适性和扬善性的特性。企业的管理活动本身具有伦理性质，企业管理不仅需要遵守法律，还需要遵守伦理规范或讲究伦理。

以上构成管理原理体系中四个基本的管理原理，都是现代管理不可缺少的指导思想和管理哲学，是不可违背的、管理的基本规律，它们既相互独立，又相互联系、相互渗透，从而构成一个有机的体系。

三、管理原理的特征

管理原理体系是现代管理的指导思想和管理哲学，是不可违背的管理的基本规律，具有如下的特征。

（1）客观性。管理原理是对管理的实质及其客观规律的表述。原理之"原"即源、原本、根本的意思，原理之"理"即道理、准则及规律。

（2）概括性。管理原理是在高度综合和概括管理活动客观规律的基础上而得出的具有普遍性、规律性的结论。管理原理不是局部经验，而是被大量的管理实践所证明的行之有效的普遍真理。

（3）稳定性。管理原理和一切科学原理一样，都是确定的、巩固的，具有相对的稳定性和"公理的性质"。管理原理被人们正确认识和利用，使人们在管理实践活动中取得成效。

（4）系统性。管理原理中的系统原理、效益原理、人本原理和伦理原理组成了一个有机体系。管理的实质，就是在系统内部，以人为本，通过确定责任以达到一定的效益。

四、管理原理的意义

管理原理与管理之间有着密切的关系，这种关系体现为理论与实践的关系、基础与应用的关系。管理是应该做什么，怎样才能做好？这就要靠管理科学（包括管理思想和管理理论）作指导。而管理科学的研究，提出的管理思想、管理理论及管理方法均来自于管理的实践，是管理科学家深入实践，观察、分析，进行案例研究，总结和提炼管理的实践经验的结果。正因为管理的实践，所以才丰富和升华了管理学理论。作为管理学的基本理论，管理原理对管理学的理论发展和实际应用都具有重要的意义：

① 管理原理阐明了管理的实质及基本任务。

② 管理原理蕴涵着管理的基本观念和基本指导思想。

③ 管理原理突出了管理的关键和重点。

④ 管理原理提供了管理的基本手段、途径、基本方法和技巧。

五、管理原理

（一）系统原理

系统原理是从系统论的角度认识和处理管理问题的理论和方法，其内容包括管理的系统观点、系统分析方法和系统模式等。系统管理原理可以表述为：组织是一个复杂的、动态的社会经济技术系统，管理就是为了达到一定的目的、实现组织目标而设计并运作好这个系统的活动。

1. 系统论基本原理

系统论是系统科学体系创立时间最早、理论最成熟、内容最丰富的一门科学，其公认的创始人是伯塔朗菲。

（1）系统论的基本概念。所谓系统就是由两个以上的相互联系、相互作用的部分（或要素）所组成的具有特定结构和功能的整体。因此，要构成一个系统，必须具有以下三个条件：

第一，要有两个以上的要素；

第二,这些要素之间存在着有机联系;

第三,要素之间的联系过程能为一个统一的目标产生特定的功能。

由此可见,要素是构成系统的基本单位。系统内每一个要素之间的联系是构成系统的关键。由要素之间的联系而产生的功能是系统有机性的表现。由此产生了系统论的三个基本概念,即要素、联系和功能。

(2)管理的系统性。系统论的观点认为,任何管理都不是孤立的、个别的、单因素的行为,而是若干个与外部环境有着特定关系的、互相联系的部分有机结合而成的一个整体。因而管理是一个系统,管理活动是一种系统的活动。任何管理都要从内部和外部的联系出发,从各个组成部分的协调和统一出发,这就是系统原理的思想。

管理是一个系统,首先就表现在管理的目的总是多重目标的结合。当提出工农业总产值翻两番的任务时,必须同时强调要以提高经济效益为前提;当力求实现一定产量时,也必须保证达到一定质量,不超过一定的消耗标准;当企业提出“质量第一”时,实际上就存在着“成本合理”等目标。因此,协调多目标的活动就是一种系统活动。

其次,管理的系统性表现在管理总是多方面要素的综合。人、财、物、信息等都是管理的要素。在经济活动中,不存在没有人参与的管理,不存在不耗费或不需要任何财力、物资的管理,也不存在不接收或不输出任何信息的管理。充分利用各种要素,使其紧密结合,协调行动,成为一个有机的整体,这是实施任何管理必不可少的条件。各种要素越协调,管理越有效。

最后,管理的系统性还表现在管理总是多种职能的统一。在社会化大生产条件下,不存在只行使一种职能便可实施的管理。计划、组织、领导、控制、协调等职能的统一才构成管理。它们既在各管理环节分别行使,又总是在同一环节中统一体现。应用系统原理,中心是要在管理中体现系统的基本特征。

(3)管理系统的要素。考察管理活动不难发现,系统包括管理主体、管理对象、管理过程和管理目标四个方面的内容。这四个方面就是管理系统的四大要素。管理主体指的是管理者,是管理系统的核心要素,对管理的运行起着主导作用;管理对象就是管理的客体,是管理系统的重要要素,离开客体,管理就无从谈起;管理过程就是管理主体与客体按照系统要求的一系列联系,这种联系是管理系统的生命;管理目标是管理目的具体化,也是管理效果的预期,对管理系统起着导向作用。

管理系统的这四大要素根据情况还可以再分,每一个要素与管理系统一样,不但本身表现出系统性,而且与管理系统保持着某种联系。这种层次有序的联系,就是管理系统的结构。例如:国民经济系统的管理主体是政府,而政府又可分为各级政府和政府的各个部门。管理客体是各种客观经济变量,这些变量是可逐步分解至下级及企业。管理过程就是政府通过各种客观调控手段,保持国民经济的正常运行并实现国民经济系统的目标,如保持经济增长速度、通货膨胀率、失业率等在一定的限度内。管理的系统原理要求先应设计一个符合系统规律的管理系统,再采取有效手段,保持管理系统的正常运行。

(4)系统的特征。一般包括整体性、层次性、相关性、具有特定的功能、环境适应性和目的性。

第一,整体性。这是系统最基本的特征。系统总是由若干相互作用的元素组成的整体,在系统中各元素具有相对独立性,但它们必须服务于作为一个整体的系统。

第二，层次性。作为系统的各种组织，它属于更大、层次更高系统的一个组成部分。同时，它本身也包含着若干系统，这是系统的层次性一个方面的表现。另外，系统内部各组成要素的排列组合，也是按照一定的层次进行的，处于不同层次的系统要素，其功能和作用也不相同。

第三，相关性。系统的相关性即组成系统的各要素之间存在着相互作用、相互联系，正是这些作用和联系，才能使各要素结合成一个整体。分析系统必须分析系统内部的各种联系。

第四，具有特定的功能。系统的功能，就是系统对环境的作用，就是系统将外部环境输入的资源要素转换成输出结果的转换作用。

第五，环境适应性。任何系统的状态与功能都不是一成不变的。系统不但作为一种功能实体而存在，而且作为一种运动而存在，这种运动表现为系统内部的联系和系统与环境的相互作用。系统的功能只有在对环境的动态适应过程中，才能得以充分体现。

第六，目的性。世界上有两类系统，一类是由自然物形成的自然系统，另一类是人们为了达到某种目的而建立的人造系统。其中，人造系统具有明确的目的性，表现在系统要素的选择、联系方式及运动等方面，反映人的某种意志，服从于人们的某种目的。

2．系统论的基本思想

（1）整体性观点：主要是揭示要素与系统的关系。第一，一个组织在建立系统目标时必须谋求系统整体的最优化，而不是追求系统局部的最优化。第二，它要求系统的规律应该反映出整体的规律，即系统的性质和运动规律需从整体上才能显示出来，组成系统各要素间的联系和作用应从整体协调性方面去考虑。第三，它要求系统要素的功能必须服从系统整体的功能。

总之，系统内各组成要素的性质和功能是由其在整体中的地位所决定的。系统内的一切都应以整体作为前提条件，然后才演变出各个组成部分及其之间的相互关系。

（2）相关性观点：主要揭示系统内要素与要素的关系。第一，系统中众多要素的联系是其相互结合的条件。第二，系统中各个要素结合而形成的整体是不可分割的，以致只要影响到其中一部分，就会影响到其他所有的部分。因此，相关性观点是整体性观点的深化和补充。它要求人们在考察和分析一个事物时，必须坚持联系的观点，从整体上把握系统内各要素之间的联系。一方面，不会因系统内某一要素小的变化而忽视它对其他要素的影响；另一方面，在制定某项措施时，要考虑到相关影响可能造成的连锁反应，从而进行综合管理与控制。

（3）有序性观点：主要体现系统结构的合理性，从而进一步揭示系统结构与功能的关系。

第一，有序性表现为空间的位置和时间的顺序两方面。第二，要素是形成系统的现实基础，但系统总体功能的发挥却有赖于系统各要素时空结构的合理性。第三，不同的结构状态会产生不同的功能结果。

所以，要想获得某种系统的功能，必须按照该种功能所提出的"秩序"要求安排各要素在空间的位置和时间的顺序。这种要求不仅表现在单纯位置上或单纯顺序上的合理，而且要同时考虑这两方面的要求。

（4）动态性观点：主要揭示系统状态与时间的关系。

第一，任何系统都处于发展变化的过程中，绝对静态的系统是不存在的。第二，任何系统的正常运转，不仅受系统本身条件的制约和影响，还要受相关系统、相关环境的影响。所以，随着系统内外条件的变化，系统的状态迟早也要变化。第三，系统的运动是系统本身新陈代谢不断更新的表现。有时虽然系统整体可能保持着相对稳定和统一，但其组成要素却在不断变化。

3. 系统分析

(1) 含义。系统分析就是对一个系统内的基本问题，用逻辑的思维推理、科学的分析计算方法，在确定条件与不确定条件下，找出各种可行的备选方案，加以分析比较，进而选择满意的方案。系统分析作为一种分析方法的出现，是基于这样一种事实，即一个系统存在着多方面因素，在不同程度地影响着系统的整体。但人们，特别是决策人员不可能在短时间内对系统中的所有问题都能一一进行研究和分析，而只能对其中起重要作用和影响的主要或基本问题进行分析，以便找出关键所在，并予以解决。因此，系统分析要求有严格的逻辑性，即在拟订方案前先要确定方案的目的和实现的地点、人员等，同时在进行分析时要遵守一定的程序和运用一定的工具。

(2) 系统分析的准则。在进行系统分析时要遵循以下五条准则。第一，在对各种备选方案进行分析和选择时，应紧密围绕建立系统的目的，以便在错综复杂的环境条件因素下恰当地选出方案。第二，要从系统的整体利益出发，使局部利益服从整体利益。第三，在进行系统分析时，既要考虑当前利益，又要考虑长远利益。第四，要做到将定量分析和定性分析相结合，既要采用科学的分析技术和工具，又要利用分析者的直观判断和丰富经验进行定性分析和综合判断，以便达到令人满意的结果。第五，在进行系统分析时，必须抓住关键问题，不要陷于细枝末节，以便主要矛盾的解决。

4. 系统分析方法的内在要求

(1) 注意事物的整体性。运用系统方法分析事物，不能将分析对象看做若干简单事物的堆砌，而是将其视为具有新的性质和功能的整体；不追求构成系统的要素在某个方面处于最优状态，而是达到系统整体效能的最大化。

(2) 研究事物的内部结构及联系。系统理论认为，系统整体的性质和功能取决于系统内部的结构及联系。系统的结构是指组成系统的要素在时空上的排列组合。系统的联系是指系统间发生的物质、能量、信息的传递和交流。不同的结构和不同的联系会导致不同的性质和功能，认识系统就必须弄清系统内的结构和联系。

(3) 强调系统的开放性和动态性。系统观是将世界看成相互联系的整体，每个系统都是更大系统的一部分。因此，系统的性质和功能不得不受环境的影响与制约，具有开放性；同时，系统自身和系统对环境的适应过程，都处于不断的运动和变化状态中，并通过这种运动实现系统内部的平衡和系统与环境之间的平衡。

系统原理对管理工作的指导意义在于：要求在实际工作中不能孤立地看问题，必须运用系统分析的方法分析实际问题；指导组织正确处理组织内部与外部、局部与全局、当前与长远利益的关系；运用系统分析的方法，确定正确的组织目标（包括中、长、短期）；指导组织合理运用所需的各种要素和资源。

(二) 人本管理原理

人本管理，就是以人为本的管理。人本管理原理可以表述为：管理的本质是激励、引导人们去实现预定的目标。人本管理原理的实质在于：在管理中应当将人看做最主要的管理对象和最重要的资源，确立以人为本的指导思想及依靠广大员工实现组织发展，运用各种激励手段，调动和充分发挥人的积极性及创造性。

1. 坚持人本管理原理的必然性

（1）人本管理原理的提出及被广泛地接受，有其必然性。由于人，特别是高素质的人才，具有很强的活力和能动性。他们在社会实践中与其他生产要素结合，创造出新的价值，支持和推动着组织向前发展。正是由于人的这种决定性的作用，所以在管理中只有坚持以人为本，才能使组织的发展拥有根本性的保证。

（2）管理的科学性和艺术性的统一，要求必须做好人的工作。科学性和艺术性的统一，是现代管理最重要的特性之一。这种统一要求，在管理实践中必须处理好事物之间的矛盾和解决好与人有关的问题，就是必须做好人的工作；而做好人的工作的基本前提是坚持以人为本，实施以人为中心的管理，并在管理中实现组织和人的同步发展。

（3）心理科学和行为科学理论的发展，为实施人本管理提供了理论支持。实施人本管理，首先必须了解人的心理和行为特点及其变化发展规律，并在此基础上把握人的需求内容和如何使之得到满足。20世纪30年代以来的心理科学和行为科学理论的发展，使研究人的心理活动规律和行为特点成为可能。人本管理正是依托这样的理论背景而提出，随后得到较为迅速的发展。

2. 人本管理原理的内涵

人本管理原理主要包括人本管理的思想、方针和战略。

（1）人本管理思想：管理活动坚持以人为本，强调尊重人，充分信任员工，紧紧依靠员工实现组织发展；做好人的工作，首先要抓好人的思想，这是调动员工积极性的根本途径；组织为人的需要而存在，为人的需要而产生，主张人和组织的共同发展。

（2）人本管理方针：多体现为在管理实践中贯彻全员参与管理，依靠全体员工推动组织发展的方针，在组织的舆论导向、体制安排、政策规定和作风形成等方面都要与此方针相一致。

（3）人本管理战略：主要表现为全面开发人力资源的战略。其主要任务包括：人才的吸引和补充，保持组织正常运转所需人才和合格劳动力，员工的培训和专门人才的储备，充分发挥既有人才的作用。完成以上全面开发人力资源的战略任务，应从组织的公共关系策略、组织策略、人事策略及领导策略等方面入手。

为了准确地体现人本管理思想、落实人本管理方针、实施人本管理的战略，在实际工作中必须加强组织文化建设，通过组织文化的综合功能，来保证人本管理原理得以充分的运用。

3. 人本管理原理的主要内容及其观点

人本管理原理就是以人为中心的管理思想，这是管理理论发展到20世纪末的主要特点。人本管理原理的主要内容与观点如下：

（1）职工是企业的主体。认识过程经过三个阶段：一是要素研究阶段。这个阶段将劳动者视为一种重要的生产要素。二是行为研究阶段。这个阶段开始从劳动者的需要方面来激发他们的热情，但还只是将劳动者看做客体。三是主体研究阶段。这个阶段认识到职工是企业的主体而非客体，企业管理既是对人的管理，也是为人的管理。

（2）有效管理的关键是职工参与。实现有效管理的两种途径：一是高度集权，从严治理；二是适度分权，民主制厂。影响企业发展的因素固然很多，但归纳起来无非是天时、地利、人和。其中"人和"最为宝贵，"人和"的物质基础是经济利益的一致。职工参与企业管理有以下三种基本形式：一是通过职工代表大会选举代表参加企业的最高决策机构——董事会；二是由职工代表大会选举代表参加企业的最高监督机构——监事会；三是广泛参加日常的生产管理活动。

（3）现代管理的核心是使人性得到最完美的体现。任何管理者都会在管理过程中影响下属人性的发展。同时，管理者行为本身又是管理者人性的反映。只有管理者的人性达到比较完美的境界，才能使企业职工的人性得到完美的发展。

（4）管理是为人服务的。我们说管理是以人为中心的，是为人服务的，是为了实现人的发展。这个"人"当然不仅包括企业内部、参与企业生产经营活动的人（虽然在大多情况下，这类人是管理学研究的主要对象），还包括存在于企业外部的、企业通过提供产品为之服务的用户。综上所述，尊重人、依靠人、发展人、为了人才是人本管理的基本内容和特点。

（三）效益原理

1. 效益原理的内涵

在管理中重视效益、追求效益，以最小的消耗和代价，获取最佳的经济和社会效益，这就是管理中效益原理的基本要求。这是说，在考察效益时必须将经济效益与社会效益统一起来。经济效益指的是既能节约消耗、降低成本、提高产量、增加收益，又能符合市场交换的需要和人民生活消费需要的效益。它一般表现为可以用货币数量表示的盈利额，如利润、上交税金、收入等。而社会效益指的是从长远和全局看，是否符合人民生活、国家建设和社会发展的根本利益，往往是无形的、长期的，难以用货币来计量的，如生态环境、社会文化、精神文明、后代幸福等。总的来说，追求效益是管理的根本目的。

2. 效益原理在管理中的作用

管理主要目的是创造出最大的效益，追求应有效益是组织生存和发展的前提条件。因此，学习和研究效益管理，可以使管理者在管理的各个方面和环节中都能自觉地运用效益原理来指导管理，检验管理成果，推动管理发展。

研究效益原理，可以使管理者全面理解效益的内涵，自觉做到经济效益和社会效益、长期效益和眼前效益的协调统一，以及组织效益和个人利益的协调一致。

3. 效益的概念

（1）效果、效益和效率的概念及关系。

效益与效果和效率是既相互联系，又相互区别的概念。效果是指单位时间经过转换而产出的有用成果。效率是指单位时间内所取得的效果数量，反映了劳动时间的利用状况，与效益有一定的联系。效益是指有效产出与投入之间的一种比例关系，可从社会和经济这两个不同角度去考察，即社会效益和经济效益。管理应将讲求经济效益和社会效益有机结合起来。对于效果而言，有些有效益，有些无效益。只有被社会所接受的效果，才是有效益的。只有市场需要，能卖出去的产品，才是有效果并有效益的；卖不出去的合格产品，只有效果而没有效益。效率也与效益是有联系的，但在实践中二者并非一致。例如：企业耗费过大资金进行技术改造，提高技术水平，从而提高了效率，但如果实际结果使单位产品生产的物质劳动消耗的增量超过了活劳动的减量，则会导致生产成本增加；若产品生产规模过大，生产量超过市场需要而出现卖不出去的现象，这都是效率提高而效益降低的情况。一般情况下，有效益，必有效率，但也有个别情况例外，如石油、农业限产有效益，但无效率。我们可以用图1-2来表示效果、效益和效率之间的关系。

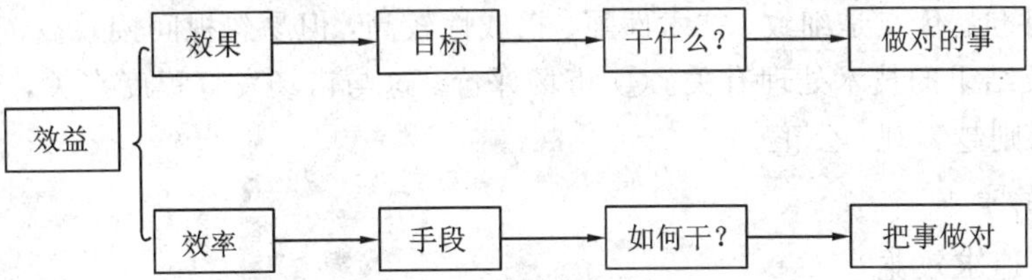

图1-2 效果、效益和效率之间的关系

（2）经济效益与社会效益的关系。

所谓经济效益，是以最小代价创造出最大价值，获得最佳经济效益。它是对管理的经济目标实现程度从数量方面进行评价的依据。例如，社会生产的经济效益可用如下公式表示：

$$经济效益=\frac{劳动成果（符合社会需要的产品或劳动总数）}{社会劳动消耗及占用的总量} \quad (1-1)$$

这个公式说明，经济效益是以生产的物质技术联系为基础，反映了社会生产力的发展水平、生产关系的性质及生产关系与生产力结合的状况。如公式的分子是生产目的的物质体现，分母是达到生产目的的手段。因此可以说，经济效益的实质是以尽量少的活劳动和物质消耗，生产更多的符合社会需要的产品。

所谓社会效益，是指劳动所产生的成果对社会产生的有用的、积极的影响程度和做出的贡献。可用以下公式表示：

$$社会效益=\frac{对社会贡献（对社会产生有益作用的产品或劳务总量）}{社会劳动消耗及占用的总量} \quad (1-2)$$

这个公式也表明生产关系与生产力结合状况，但更强调对社会的贡献。社会效益的核心须对社会进步和经济发展带来积极影响，并做出有益贡献。

经济效益和社会效益之间关系，既有联系，又有区别。经济效益是社会效益的基础，社会效益是促进经济效益提高的重要条件。它们的主要区别是经济效益较社会效益更直接、更明显，容易计算，而要衡量计算社会效益就较困难。

在管理实践中，坚持两种效益的统一观点，确立管理活动的效益观，将长远与当前、局部与全局的效益统一于经济效益和社会效益的协调之中。虽然影响这个问题的因素繁多，但主体管理思想正确与否才是极其重要的。

4. 效益的评价

管理就是对效益的追求，这也是管理永恒的主题。有效的管理首先要求对效益的评价尽可能公正和客观。因为评价的结果直接影响组织对效益的追求和获得，结果越是公正和客观，组织对效益追求的积极性就越高，动力也越大，客观上产生的效益也就越多。

关于效益的评价，要注意两个方面的问题，一是评价的标准，二是评价的主体。虽然评价标准不是绝对的，但对于任何一个评价主体来讲，应尽量做到公正、客观。在评价前应分析各种条件，全面掌握情况，制定出科学、公正、合理的评价标准。

有了评价标准，就要选择评价主体。有以下评价主体可供选择：① 首长评价。优点是权威性高，能较好掌握全局，其评价对组织影响较大，不足的是难以做到具体、细致，这种评价与首长本身的价值观念、认识水平、能力及见识等有关。② 群众评价。优点是较为公正、客观，但占用时间太多，且与组织民主机制成熟程度、效益与群众结合的紧密程度有关。③ 专家评价。优点是细致、技术性强、权威性较高，但易忽视间接效益，这种评价与专家组成结构及结果的技术处理有关。④ 市场评价。这与市场发育程度有关，市场发育越成熟，评价结果则越客观、公正。

5. 效益的追求

（1）为何追求效益？

可以说对效益的追求是管理永恒的主题，那么还有一个基本问题需要解决，就是企业为什么要追求效益呢？从经济学的角度来看，用来满足人类欲望的物品，可分为自由物品和经济物品。经济学中将那些不需要付出任何代价就能够得到的有用物品称为自由物品，如阳光、空气等。这类物品的基本特点是"取之不尽，用之不竭"，对人类有用而价格为零，即买方不用花费任何代价，卖方也得不到任何好处，因此通常不存在供求双方形成的买卖市场。经济物品，也称稀缺物品，是指人类必须付出相应代价才能够得到的有用物品，如房子、汽车，粮食等。这类物品的共同特点是有一定的市场价格。经济物品是有限的，而相对于人类的欲望是无限的，有限的经济物品总是难以满足无限产生和膨胀的人类欲望，这两者便构成了一对矛盾，这一矛盾就是经济学中通常所说的稀缺性。稀缺性是经济学研究的根本主题，如果没有稀缺性，也就不需要研究经济学。同样，资源的稀缺性也是管理学研究的前提，如果没有稀缺性，也就不需要研究管理学，企业也就不需要追求效益了。

（2）如何追求效益？

管理者如何追求自身工作的效益呢？效益是管理的根本目的，管理就是对效益的不断追求，这种追求是有规律可循的。① 经济效益是管理效益的直接形态体现。② 主体管理思想正确与否是影响管理效益的重要因素。③ 局部效益必须与全局效益相一致。④ 管理应该追求长期稳定的高效益。⑤ 确立管理活动的效益观，要以提高效益为中心。

管理活动的出发点和归宿，在于利用最小的投入或消耗，创造出更多、更好的效益，并对社会做出贡献。"效益"包括"效率"和"有用性"两方面。前者是"量"的概念，反映耗费与产出的数量比；后者属于"质"的概念，反映产出的实际意义。效益表现为量与质的综合，社会效益与经济效益的统一，其核心是价值。

效益原理强调千方百计地追求管理的更多价值。追求的方式不同，所创造的价值也不同，一般表现为耗费不变而效益增加、耗费减少而效益不变、效益的增加大于耗费的增加、耗费大大减少而效益大大增加。显然，最后一种是最理想的目标。为了实现理想的管理效益，必须大力加强科学预测，提高决策的正确性，优化系统的要素和结构，深化调控和评价，强化管理功能。

（四）伦理原理

1. 伦理的重要性

伦理是指导人与人相处的各种道德准则。在当今世界，一个组织要维持足够长的生命周期，不仅需要遵守法律，还需要遵守伦理规范或讲究伦理。对于伦理的重视，有助于经济组织取得较高的经济利益。伦理在管理学中具有重要的地位意义。现在，在管理学与伦理学的交叉点发展出一门新的学科，即管理伦理学。现代管理学家认为，由于现代社会是高度组织化的社会，管理早已超越了企业的范围而具有广泛的社会意义，因此现代管理不应停留在传统的组织技术方面，而应着重研究反映现代人性的人文价值，建构组织系统的价值模式和考察现代人的行为价值逻辑。管理同哲学、政治、文化、语言及意识形态有着紧密的联系，应力图寻求使管理获得一种价值行动的意义，从而在此基础上就寻找到管理学与伦理学之间的结合点。

　　2. 伦理的特性

　　企业的管理活动本身就具有伦理性质，具体来说表现在以下两方面。一方面，企业管理作为一种社会活动，就需要考察它如何体现人的价值和给人带来了何种价值。一部人类文明史，在一定意义上就是一部人类的管理史，即人类不断摆脱马克思所说的"单纯的偶然性和任意性"，不断实现自身价值，从必然走向自由的历史。因此，是否体现人的价值追求，是管理得以存在的价值根据。另一方面，企业管理作为一种对社会资源（包括人力资源、物质资源、财力资源、精神资源和信息资源等）的有效配置方式，表面上看来是一种纯粹的经济性质的活动，其实质有着明显的伦理性质。管理活动所体现的人与人的关系，事实上就是如何对待人。如何对待人本质上是一个伦理问题，而不是一个经济问题。再如，管理中的契约关系，任何一种契约其内在都包含着某种道德原则，如公正原则、守信原则及责任原则，都是权利和义务的统一。这些道德原则是人们在长期的管理实践中逐渐形成并确立起来的，标志着人们对交往活动及人与人之间关系规律的自觉遵守，是人自由意志的体现。

　　一般来说，伦理具有如下的特性：

　　（1）非强制性——伦理靠社会舆论、传统习惯和内心信念起作用，体现了自觉性和内在性。

　　（2）非官方性——伦理是约定俗成的，不需要通过行政命令或法定程序来制定，个人的伦理评判也无须官方的批准。

　　（3）普遍性——所有人都受伦理的指导、调节和约束。

　　（4）扬善性——伦理有利于提高人们识别善恶的能力，促使人们正确认识管理活动中的善与恶，增强抵制腐败现象的自觉性。腐败的发生与管理的缺位或失序紧密相关。管理失序表现为见利忘义、唯利是图、损公肥私、损人利己、以权谋私、贪污受贿、买官卖官、挥霍浪费等腐败现象。要解决这些问题，除了靠党和政府进一步健全制度、加强监督、完善管理外，还必须凭借道德的力量，依靠管理人员加强管理伦理的学习，提高自身的修养水平才有可能。伦理既指出什么是恶的、不应该的，也指出什么是善的、应该的。它不仅对不符合伦理的行为予以批评、谴责，也对符合伦理的行为，尤其是高尚的行为予以褒奖、鼓励。

　　3. 伦理与法律的关系

　　伦理是人与人相处的各种道德准则。而法律是指一整套前后一致的、公开的、被广泛接受的、带有强制性的普遍规则，这些规则规定人们应该或不应该如何行动。而为了了解伦理的特性，需要对伦理与法律进行比较。

伦理与法律不仅有前述的非强制性、非官方性、普遍性及扬善性的区别，也有一定的联系。伦理与法律在内容上相互渗透。伦理是不成文的法律，法律是最低程度的伦理。伦理规范往往是法律制定、修改及废止的依据。许多法律起初只是伦理规范，后来随着问题严重性和公众呼声的提高，这些伦理规范升格为法律。

伦理与法律在作用上相互补充。伦理可以引导人们遵守法律，而法律则可作为维护伦理的威慑力量。伦理可以用来防范尚未发生的违法行为，而法律可以用来惩处已经发生的违法行为。正是在这个意义上，伦理和法律是调节、规范人们行为必不可少的手段。

4. 伦理与效益的关系

企业的伦理经营不但使除所有者之外的利益相关者（如债权人、员工、顾客、供应者、竞争对手、社区和政府等）的利益得到不同程度的增进，而且使企业自身的效益得到提高。

① 企业的伦理经营意味着企业注重维护利益相关者的利益，从而需要采取行动并付出一定的成本。

② 伦理与效益的关系在某种程度上得到了实证研究的支持。尽管在伦理与效益的度量上存在一些困难，但大多数研究表明，在企业的伦理经营与长期效益之间有某种程度的正相关关系。

③ 周祖诚对美国、日本、中国已被历史证明的、长期成功的优秀企业或企业家所做的个案研究表明，效益与伦理具有兼得的可能性。

④ 厉以宁认为效率与道德具有这样的关系，"效率实际上有两个基础，一个是物质技术基础，一个是道德基础。只具备效率的物质基础，只能产生常规效率。有了效率的道德基础，就能产生超常规的效率。"这说明，效率与道德是可以而且应当结合在一起。

第四节　管理的基本方法

管理方法是在管理活动中为实现管理目标，保证管理活动顺利进行所采取的工作方式。在本章第三节中我们研究的管理原理必须通过管理方法才能在管理实践中发挥作用。管理方法是管理理论、原理的自然延伸和具体化、实际化，是管理原理指导管理活动的必要中介和桥梁，是实现管理目标的途径和手段，其作用是一切管理理论、原理本身所无法替代的。

管理实践的发展促进了管理学研究的深化。在吸收和运用多种学科知识的基础上，管理方法已逐渐形成一个相对独立、自成体系的研究领域。

管理方法一般可分为管理的教育方法、技术方法、行政方法和法律方法，它们构成了一个完整的管理方法体系。此外，也有从别的特定角度出发来对管理方法进行分类的。按照管理对象的范围，可划分为宏观管理方法、中观管理方法和微观管理方法；按照管理方法的适用普遍程度，可划分为一般管理方法和具体管理方法；按照管理对象的性质，可划分为人事管理方法、物资管理方法、资金管理方法和信息管理方法；按照所运用方法的量化程度，可划分为定性方法和定量方法。

一、管理的教育方法

教育方法是运用马克思主义的立场、观点和方法，并吸收现代心理学、教育学、社会学及系统科学的研究成果，研究和探索人们的思想、行为发展变化的规律，逐步形成的具有严格的科学性和广泛的群众性的思想政治教育体系。教育方法是按照一定的目的与要求，对受教育者从德、智、体诸方面施加影响的一种有计划的活动。管理的人本原理认为，管理活动中人的因素是第一的。管理最重要的任务是提高人的素质，充分调动人的积极性、创造性。而人的素质是在社会实践和教育中逐步发展、成熟起来的。通过教育，不断提高人的政治思想素质、文化知识素质和专业水平素质，是管理工作的主要任务。现代社会科学技术的迅猛发展，导致了人的知识更新速度加快。因此，全面提高人的素质，对组织成员不断进行培养教育，就必然成为管理者管理活动的一项重要内容。

1. 教育的主要内容

教育的目的是提高组织成员的素质，教育的内容也就涉及与人的素质完善有关的各方面。

第一，人生观及道德教育。要教育组织成员为社会进步奋斗的远大理想，大公无私、先人后己、全心全意为人民服务的精神，自觉抵制损公肥私、损人利己、金钱至上、以权谋私、欺诈勒索、贪图享乐等剥削腐朽思想的侵蚀。要教育职工遵守社会公德及职业道德、钻研业务、忠于职守。这种教育单凭教条式的空洞说教，收效甚微，应当结合具体生动的实例、典型案例及通过讨论的方式进行。

第二，爱国主义和集体主义教育。进行爱国主义教育，要引导人们正确认识我们国家的历史和现状，特别是近百年来中国人民为谋求民族解放而英勇斗争的历史，了解中华民族近百年来的苦难史和革命斗争史，从而更加热爱和珍惜社会主义的今天，更加发奋为祖国繁荣昌盛而献身。集体主义是共产主义道德的基本原则，它要求人们置集体利益于个人利益之上。进行集体主义教育，要着重引导干部群众正确处理国家、集体与个人之间的利益关系。在集体生活中发扬团结、友爱的互助精神，热爱集体、关心集体。

第三，民主、法制和纪律教育。管理的人本原理告诉我们必须全心全意依靠企业广大职工办好企业，不仅企业领导层在进行企业管理决策时，要充分考虑到本企业职工的利益，还应当通过各种方式吸收职工参与企业管理，同时还要对职工进行正确行使民主权利的教育。民主体现在职工有权对企业的经营活动进行监督，有权维护自己的合法权益，有权对企业管理工作提出批评建议，也有权参与企业管理。但应当实事求是地承认，由于信息和能力的限制，参与的程度和方式是有限度、有条件的，切不可自以为是"主人"就存有不切实际的乌托邦式的空想。企业在扩大民主的同时，还应大力加强社会主义法制，加强劳动纪律和工作纪律，规范和约束人们的行动，制裁和打击各种不法行为、违纪行为，并同种种压制和破坏民主的行为作斗争，才能保证企业经营活动的正常进行，才能使职工的根本利益得到保障。

第四，科学文化教育。科学技术是第一生产力，普及和提高科学文化知识是提高组织成员思想道德觉悟水平的重要条件，也是企业进行生产经营活动的重要条件。在当今的新技术革命浪潮中，科学技术越来越成为推动企业生产发展，提高企业竞争能力的重要力量。当前我国企业职工的科学文化素质还不高，在掌握现代科学技术和现代化的生产设备方面还存在不少困难。这对企业的产品质量和劳动生产率不能不产生重大的影响。应当从战略的高度下大决心、花大力量，进行智力投资，有计划、有组织地开展科学文化教育。根据工作的需要，对各类人员逐步进行系统培训和职业训练，尽快提高职工队伍的业务素质。

第五，组织文化建设。组织文化是组织员工在较长时期的生产经营实践中，逐步形成的共有价值观、信念、行为准则及具有相应特色的行为方式和物质表现的总称。它是组织员工内在的思想观念与外在的行为方式和物质表现的统一，要通过组织文化建设来创造促进职工素质不断完善的精神环境。在组织文化建设的指导思想上，必须突出管理的人本原理，坚持"以人为本"的指导原则。组织文化的主体是组织员工，他们是物质财富和精神财富的创造者，坚持把人作为第一因素，把尊重人、关心人、理解人、培养人、合理使用人、全方位地提高组织员工的素质，作为组织文化建设的主要内容。采用教育、启发、诱导、吸引、熏陶及激励等多种方式来培养员工的命运共同感、工作责任感、事业开拓感和集体荣誉感，在员工中形成正确的价值观念、道德规范和行为准则，促使每个人都能将其内在潜力和创造力最大限度地发挥出来。一个具有独特而优秀组织文化的组织，必然充满生机和活力。

2. 教育的方式

我国企业在过去长期进行的思想政治工作中积累了丰富的经验。近年来，行为科学在我国企业中的应用和发展，又给教育方法增添了新的经验，使教育方式正在发生着深刻的变化。人们普遍认识到，对于思想性质的问题必须采取讨论、说理、批评和自我批评的方法进行疏导，而不应依靠粗暴的训斥、压制和简单的惩罚来解决问题。传授知识和技能方面的教育，也不宜全部采用以讲授为中心的教育方法。因为在讲授方式中受教育者处于被动状态，接受知识的效率并不高，所以应当减少讲授方式，而较多地采用有目的、有指导的小组讨论、现场实习和体验学习等方法，让受教育者按他们自己创造的学习方法去学习，这样会取得更好的效果。国内外许多企业在这种新的教育思想指导下创造了多种行之有效的教育方式，诸如案例分析法、业务演习法、事件过程分析法、角色扮演法、拓展训练法等都有较好的效果，可供各企业选择采用。总之，教育的方式应灵活方便，讲求实效。

3. 教育的原则与方法

思想教育方法是调动人们积极性的根本方法。要保证思想教育工作行之有效，必须贯彻以下原则：第一，思想教育与物质鼓励相结合。第二，科学的原则，思想教育必须以马列主义的观点方法为指导，同时借鉴西方行为科学的研究成果，研究被管理者的需要、动机和行为，把握思想状况和变化规律，提高思想教育工作的针对性、预见性和科学性。第三，言传与身教相结合，欲正人，先正己。各级领导要不断提高自身的思想素质，言行一致、以身作则、刻苦自律。

思想教育方法多种多样，常用的主要有下列几种方法：第一，正面教育法，即向管理对象传播马列主义，用系统的科学理论和党的路线、方针及政策武装人们的头脑。第二，示范教育法，即以先进和典型为榜样，运用典型人物的先进思想、先进事迹教育群众，从而提高人们思想认识和觉悟的一种方法。第三，比较鉴别法，即对不同事物的属性和特点进行对照，通过比较得出正确的判断，从而提高人们思想认识和觉悟的方法。第四，个别谈心法，即针对管理对象的不同特点采取不同的教育方法，坚持"一把钥匙开一把锁"的原则，使上下级之间在平等的、无心理压力的气氛中交换意见，可以及时、有效地解决思想问题。第五，自我教育法，即受教育者自己教育自己，自己做思想工作的方法。它是在群众有较高自觉性、力求上进的心理基础上和较好的社会环境中进行的思想教育，能发挥受教育者自身的教育力量，融教育者与受教育者于一体，主动积极、易见成效。

二、管理的技术方法

技术的进步直接导致了管理手段的现代化。对于当今社会各种类型组织的管理者，要想在日益复杂和多变的环境中，对组织中（包括人力资源在内）的各种资源进行有效的协调，以维持、巩固和增强组织的活力，单凭传统管理手段是远远不够的。相反，环境的多变性和组织自身的复杂性决定了管理者必须善于运用已发展起来、并被管理实践证明为行之有效的各类技术，来提高管理的效率和效果。实践已经并将继续证明，有效的管理离不开技术。尽管不同的管理者，尤其是组织中不同层次的管理者，对技术的依赖程度可能不一样。可以这样说，在当今社会不使用技术，就谈不上真正的管理。

基于这样的认识，我们提出管理的技术方法，以突出技术在管理中的重要性或突出技术与管理的不可分性。技术方法是指组织中各个层次的管理者（包括高层管理者、中层管理者和基层管理者）根据管理活动的需要，自觉运用自己或他人所掌握的各类技术，以提高管理的效率和效果的管理方法。这里所说的各类技术，主要包括信息技术、决策技术、计划技术、组织技术和控制技术等。从这种划分中，我们可以看出不同的技术在管理中的作用是不一样的。有的技术和管理的前提与本质有关，我们称之为信息技术和决策技术。另外一些技术与管理过程的每个阶段有关，根据阶段的不同我们将这样的技术划分为计划技术、组织技术和控制技术。最后，作为管理轴心的创新包括了技术创新。这要求管理者必须了解或掌握一些基本的技术，以便正确地指导组织中的技术创新，而且管理者所了解或掌握的技术也需要创新，应随着时代的进步、外部环境和内部条件的变化而不断更新。通过上面的分析，我们可以得出这样的结论：无论是管理的前提与本质，还是管理的各项职能（除了领导职能之外）都需要技术，技术在管理中的重要性由此可见一斑。

技术方法的实质是将技术融进管理中，利用技术来辅助管理。善于使用技术方法的管理者，通常能将技术与管理很好地结合起来。具体体现在两方面：一方面，根据不同的管理问题，选用不同的技术；另一方面，在了解每种技术的适用范围的前提下，尽可能将所掌握的技术用到实处，发挥技术的积极作用。技术与管理的有机结合是技术渗透到社会生活各个领域的必然结果。可以这样说，不注重技术方法的管理者必定是落伍者，终将遭淘汰。

1. 技术方法的特点与作用

技术方法的实质就是用技术来进行管理。与其他管理方法相比，技术方法具有以下一些特点。第一，客观性。技术方法的客观性体现在两个方面：一方面，技术是客观存在的，不依赖人的意识且不以人的意识为转移；另一方面，技术方法产生的结果是客观的。第二，规律性。技术方法的规律性源自客观性，规律性也体现在两方面：一是技术脱胎于现实世界中普遍存在的客观规律；二是技术方法是有规律的，每种方法都是有章可循的，而不是杂乱无章的，对于每种技术方法，其步骤都是特定的。无论是何种组织，也无论是面临什么样的环境，只要是采取同一技术方法，就必须遵循同样的步骤。第三，精确性。技术方法的精确性是指只要基础数据是正确无误的，由技术方法产生的结果就是精确的。正是因为其精确性，技术方法才日益受到人们的青睐。第四，动态性。管理者在管理过程中时常会遇到新情况、新问题。对这些新情况、新问题，过去的技术方法可能失效或效果不好。这就要求管理者必须紧密追踪技术的发展，不断更新自己手中掌握的技术武器，防止用过时、落后的技术方法来解决新问题。技术方法因而呈现出动态性的特征。

技术方法的作用和运用，对于组织的有效运行有着十分重要的意义。信息技术的采用可以提高信息获取的速度与信息的质量。信息技术在各类组织中的广泛运用是信息时代的一个显著特征，也反映了信息，尤其是管理信息在组织中的重要地位；决策技术的采用可以提高决策的速度与质量。由于决策是管理的本质，决策速度与质量的提高对组织的重要性不言而喻；计划、组织和控制技术的采用可以提高有关职能的执行效率，促进管理过程的良性循环；技术在组织中的运用和被重视，为技术创新创造了良好的氛围和条件，而只有那些一直致力于技术创新的组织才有可能长盛不衰。

2. 技术方法的正确运用

管理者要想正确运用技术方法，必须注意以下几点：第一，技术并不是万能的，并不能解决一切问题。在某些场合技术可能很管用，但在其他场合技术可能不管用。这就是说，技术是有一定局限性的，或技术是有一定适用范围的。管理者既不能否定技术的重要性，也不能盲目迷信技术。第二，既然技术不是万能的，管理者在解决管理问题时就不能仅仅依靠技术方法。相反，应该把各种管理方法结合起来使用，多管齐下，争取收到较好的效果。第三，管理者使用技术方法有一定的前提，即他本人必须或多或少掌握一些技术，知道技术的价值所在和局限所在，并在可能的情况下让组织内外的技术专家参与进来，发挥他人的专长，来弥补自身某些方面的不足。

三、管理的行政方法

行政方法是指依靠行政组织和领导者的权力，通过强制的行政指令等手段，直接对被管理者施加影响，按照行政系统进行管理的方法。它通常采用命令、指示、规定、指令性计划和条例等行政手段对下属进行控制。

在任何组织中，由于管理活动的需要，必然要建立行政机构，规定相应的职责和权力范围。上级通过行政手段领导下级，下级则要服从上级，上下级之间的关系非常明确。在行政方法的运用上，一方面要求上级领导者，具有较高的领导素质，有一定的政策水平和组织管理能力，对下级下达的命令、指示或指令性计划等，一定要符合本部门的实际和管理活动的规律，另一方面也要求下级积极地配合领导的工作，坚决服从命令并发挥主动性和创造性。否则，就会影响管理目标的实现，降低管理的效应。

1. 行政方法的主要特点

第一，权威性。运用行政方法进行管理，起主要作用的是权威。因为在行政方法中，指令的接受率，上下级之间的沟通，以至于整个行政方法的有效性，在很大程度上取决于管理者的权威。管理者的权威越高，被管理者对管理者所发出指令的接受率越高，上下级的沟通就越通畅。因此，提高领导者的权威就是提高行政方法有效性的前提和主要措施。

第二，强制性。行政方法是通过行政命令、指示、规定等对被管理者进行指挥和控制，因而就必然具有强制性。但是，这种强制性与法律方法的强制性不同。从强制性程度看法律方法的强制性程度最高，它是通过国家机器执行；而行政方法的强制性程度则相对低一些，它主要是要求人们在思想上和行动上服从统一意志，统一原则，并不排斥人们在方法上的灵活多样性。从制约范围看，法律方法的管理系统对任何组织、任何人都具有强制作用，而行政方法的强制性只对特定的组织或特定的个人才有效。

第三，垂直性。行政方法是通过行政系统、层次来对子系统进行管理的。因此，它属于"条条管理"，行政命令通常是通过纵向直线逐层传达执行。而且，下级只服从上一层次的指挥，强调纵向的自上而下的领导和控制，反对横向传达命令。

第四，具体性。与法律方法和思想政治工作方法相比较，行政方法的适用范围更为具体。它的具体性，一方面表现为从行政命令发布的对象到命令的内容都是具体的，另一方面表现为行政方法在实施的具体方式上是因对象、目的和时间的变化而变化的。因此，它往往只对某一特定对象在特定时间内有效，不具有普遍的作用。在运用行政方法进行管理活动时，要考虑对象、目的和时间的具体情况。

2. 行政方法的作用与局限性

行政方法是管理活动中最古老的，也是最基本的方法，它具有较强的适应性和广泛的应用性。无论是社会管理、经济管理、军事管理、科技管理，还是文化、教育、卫生、体育的管理等，几乎所有领域都离不开行政管理方法。所以，它是管理不可缺少的方法。在管理活动中具有重要作用，但是在运用行政方法时也特别要注意到它的局限性，也就是要从辩证方法的角度出发，恰到好处地运用行政管理方法。

（1）行政方法的作用。

总的来说，行政方法的主要作用有以下几点：第一，有利于集中统一使用人、财、物等资源，实现共同的目标。在复杂的管理系统中，要保持系统整体的稳定和子系统的协调，必须使各子系统统一目标、意志和行为。而行政方法具有的权威性和强制性的特点，有利于实现集中统一的管理，从而完成整体的目标。特别是在社会系统的宏观管理中，更需要统一的计划，集中使用有限的人力、财力、物力资源，以便更好地发挥宏观的整体效益。即使在各子系统的微观经济活动和其他管理活动中，也需要行政方法做保证。第二，有利于各项管理职能的发挥。在管理活动中，计划、组织、领导、激励、控制等各项职能的有效发挥，都必须依靠行政机构的权威来进行组织和指挥，必须通过行政组织的行政手段来调整各方面的相互关系，并妥善解决其中的矛盾。采用行政方法协调关系，解决问题，通常比其他方法更及时、更有效。第三，有利于灵活处理特殊问题。由于行政方法具有具体性的特点，因此其对管理活动中出现的新情况、遇到的新问题或紧迫问题，能通过发出行政命令、制定规章制度、采取行政措施等方法，使问题得到及时解决。行政方法能因人、因事、因时、因地而采取灵活多样的管理方式和措施，因而成为解决特殊问题时的主要方法。第四，有利于其他管理方法的实施并取得良好的效果。行政方法与法律、经济等方法之间是相互补充、相互促进的关系，属于触犯法律的问题，在实施过程中要采取相应的法律手段，以利于问题合理、合法的解决。在解决经济问题时，也必须将经济方法与行政方法结合起来，才能收到良好的管理效果。

（2）行政方法的局限性。

在管理活动中，既不能没有行政方法，也不能任意扩大行政方法的管理范围，更不能滥用行政方法。行政方法如果运用不当，就会违背客观规律，变成主观主义、个人主义的产物，不适当地扩大行政方法的应用范围，甚至单纯依靠行政方法进行管理，可能造成更大的危害。从行政方法本身的特点看，它具有以下弊端：第一，管理效果直接受领导者水平的影响。由于行政方法强调领导者的权威性，易于导致"人治"。因此，行政命令和管理的效果，在很大程度上取决于领导者的素质和水平。如果领导者素质好、水平高，管理效果相对就有保证一些；如果领导者素质差、水平低，则必然会导致不良的管理效果，甚至给组织带来极大的危害。在现代管理条件下，由于主、客观条件的制约，即使是素质很高的领导者，其能力和水平的发挥也是有限度的，这使得行政方法在管理活动中的局限性，表现得更为明显。第二，不利于管理分权和调动下级的积极性。由于行政方法强调集中统一，容易导致权力过分集中的现象，而适当地分权对于调动下级的积极性是十分必要的。我国传统的国民经济管理体制，就采取了行政方法的模式，由国家直接管理企业，形成了政企不分、以政代企的混乱现象，将企业变成了行政机构的附属物，从而束缚了企业的手脚，限制了企业主动性和创造性的发挥，以致使整个国民经济管理体制成为一种过于集中、缺乏活力的僵化模式。第三，不利于横向信息沟通。由于行政方法的命令和指示等是垂直传达并执行的，这就使得各子系统之间缺乏必要的横向沟通。而在现代管理中，这种系统、部门、组织之间的横向联系和必要协作，是十分必要的。第四，不利于实行经济核算。在管理经济方面，由于行政机构自身的特点，既不承担经济责任，又无法实行经济核算，容易助长那种无偿调拨、无偿供应的"供给制"的管理办法，造成经济核算的混乱。

3. 行政方法的正确运用

为了正确运用行政方法，在现代管理中应遵循以下原则：

第一，行政方法与其他管理方法相结合。行政方法在现代管理中是不可缺少的，在我国长期的社会主义建设中，积累下来的行政管理方法的具体经验仍然具有重要作用。但是，在我国经济体制改革的实践中，特别要注意将行政方法与其他管理方法相结合，一方面应根据不同时期、不同情况，将行政方法限定在一定的范围之内，并不断加以完善，使其更加符合客观规律的要求，另一方面要转变传统的单纯依靠行政机构和行政手段进行管理的做法，发挥其他管理方法在管理实践活动中的重要作用。

第二，统一领导与分级管理相结合。统一领导是指采用行政方法时必须服从集中统一的指挥和控制，要将关系到全局的重要权力集中在最高层。分级管理则是指在采用行政方法时，为了发挥下级管理的主动性和创造性，使管理工作更符合实际，必须适当分权，合理划分各级管理机构的权力。统一领导和分级管理是一个原则的两方面，只有将这两个方面结合好，才能各负其责，同时发挥上级和下级两方面的积极性。

四、管理的法律方法

1. 法律方法的概念和特点

法律方法是指国家根据人民的根本利益，通过制定各种法律及司法、仲裁工作，调节社会经济活动中发生的各种关系，以保证和促进社会主义事业的管理方法。法律方法运用的法律规范包括法律、法令、条例、决议、合同等，还包括各级管理机构和各个管理系统制定的具有法律效力的各种社会行为规范。

法律规范通常由条件、规则和制裁三部分组成。其中，条件是指运用法律规范的限制情况，只有符合它的限制才运用规定的法律规范；规则是法律的允许、禁止的条款中最基本内容，是行为规则本身；制裁则是在违反法律规范时，将要承担的后果。

法律方法的实施，主要通过立法和司法两个手段来实现。立法即建立和健全各种法规。司法即按照法规解决纠纷，审理案件的活动。这两方面是相辅相成、互相促进的。立法使司法有章可循，司法又维护了立法的尊严，保证了法规的实施。运用法律方法进行管理具有以下主要特点：第一，利益性。在阶级社会里法律是由统治阶级控制和实施的，是统治阶级意志和利益的集中表现。在社会主义制度下法律是为广大人民的利益服务的，是建设社会主义的工具。在各个管理系统中充分发挥法律方法的作用，是为了整个系统的协调运转，提高管理的效率，维护整体的正当利益。第二，权威性。法律是国家权力机关或行政管理机关颁布和确定的。国家各级行政机关、社会各级组织和每个公民，在法律面前人人平等，不遵纪守法，就会受到法律的制裁。因此，法律方法具有至高无上的权威性。第三，规范性。法律规范是社会组织与个人的行为准则，法律和法规都是运用严谨的语言阐明一定的含义，并且只对它做出一种意义的解释，各种法规必须以法律为依据，而其他法律必须以宪法为依据，法律的规范化有利于保证良好的社会经济秩序。第四，强制性。各项法律和法规的实施，都得到国家强制力量的保证，任何违反法律和法规的行为都会受到相应的制裁。任何组织和个人都不允许对法律和法规的执行进行阻挠和抵抗。第五，稳定性。各项法律和法规的制定都必须严格按照法律规定的程序来进行，法律和法规不许随便修改，也不许因人因事而易。如果要进行修改，必须由立法机构按照法律规定的原则和程序来办理。在新的法律规范没有颁布实行以前，原有的规范必须得到遵守，法律的严肃性保证了国家对社会活动实行连续和稳定的管理。

2．法律方法的作用与局限性

法律是人们进行社会活动的规范，是管理的重要工具。随着人类社会的不断进步和发展，人们的社会活动也越广泛和复杂。这就要求制定出各种不同的法律法规，并在社会活动中起着极其重要的作用。在我国的社会主义建设中，特别是实行改革开放以来，我国的立法和司法工作取得了很大的进展。到目前为止，已经制定了一系列的法律，形成了包括宪法、民法、刑法、经济法、行政法等在内的庞大的法规体系，同时建立了相应的司法机构和制度。随着我国政治体制改革的开展和深入，社会主义民主和法制将不断健全、加强，法律方法作为一种管理方法的作用将越来越突出。但是，在管理活动中法律方法也有其局限性，必须与其他管理方法相结合，才能充分发挥法律这种方法的功效。

（1）法律方法的作用。

首先，法律方法能保证正常的管理秩序。任何管理系统都是按照一定的结构组成的多因素复合体。运用法律方法进行管理，便于使管理系统中的每个子系统依照法律规定，明确自己的职责、权力、义务和利益，以减少相互之间的摩擦和内耗，使信息沟通渠道畅通，保证管理系统有效地运转，加强管理系统的稳定。运用法律方法进行管理，有助于将符合客观规律的、确实行之有效的管理制度和管理方法用法律的形式，规范化、条文化地明确固定下来，严格执行。这就大大加强了管理系统的稳定性，这种稳定性使管理不受外来的、临时的因素干扰，保证了管理系统内部关系的正常化，有利于提高工作效率和增强管理效益。

其次，法律方法能协调管理系统内部和外部关系。法律方法能充分运用自己的约束力，根据管理对象的特点和任务的性质，规定管理系统内部的子系统和外部的各种组织在整个管理活动中履行各自的义务和发挥各自的作用，并通过使用不同的约束方法，调节其适用程度和范围，来协调相互的关系，保证整体目标的实现，促进管理系统的发展。法律方法能够抑制管理系统内不合理的沟通，促进和保护合理的沟通，从而建立一种稳定、正常的管理秩序，并在出现矛盾时进行有效的调节。因此，正确运用法律方法，不仅能够提高管理活动的效率，还能增加管理系统的功能，推动和促进管理系统的自身发展。

(2) 法律方法的局限性。

运用法律方法进行管理，实质上是通过上层建筑的反作用来影响经济基础。这就要求法律和法规的制定一定要符合客观事物的规律，反映社会发展的要求。如果制定的法律、法规符合社会发展规律的要求，就能够提高管理效率，促进社会的进步和管理系统的发展。反之，如果制定的法律、法规违背社会发展规律，一旦实施就会造成混乱，阻碍社会的进步和管理系统的发展。此外，法律方法缺乏灵活性和弹性，不利于解决具体问题。由于法律方法具有稳定性和规范性的特征，而管理对象往往是复杂的、易变的系统。这就不可能将所有的管理活动及其内容都以法律的形式全面而具体地规定下来，因而它不可能解决管理中的一切具体问题。特别是随着管理现代化、科学化的发展，管理中出现了不少新问题，单靠法律方法来处理显然是不行的。

3. 法律方法的正确运用

要正确运用并积极发挥法律方法在管理中的重要作用，必须具备以下基本条件：

(1) 立法必须与社会的道德舆论相适应。立法机构在制定法律、法规时，必须考虑当时的道德水平，而不能脱离社会道德的实际状况。只有根据社会的实际道德水平制定出的法律、法规，才能真正起到法律的制约作用，也才能在管理中发挥应有的作用。树立和维护法律的权威，要使法律方法成为现代管理的有效手段，就必须大力加强法制的宣传教育，使人们树立起法制的观念，自觉维护法律的权威。重视培养法律专业人才，积极推行并运用法律方法进行管理。关键是要大力培养法律专业人才，没有足够数量和称职的立法、司法人才，就无法加强社会主义法制，更谈不上广泛、积极推行并运用法律方法进行管理。

(2) 发挥经济法在现代管理中的特殊作用。经济法是调整一定经济关系的法规的总称。所谓经济关系，是指在社会主义建设中国民经济主管机关、经济组织、事业单位和公民，为了实现共同的经济任务和满足各自的需要，在国民经济管理中所发生的经济组织关系和在生产、流通、分配、消费活动中所发生的物质利益关系的总和。经济法对国民经济管理中经济组织关系的调整表现为：通过立法形式，明确经济管理体制、各级经济主管机关及各经济组织的性质、任务和活动原则，通过立法形式明确国家经济主管机关和经济组织的权力、义务及相互关系，在确定国家经济主管机关和各经济组织的法律地位的同时，也调节它们内部机构的职责、任务、权力、义务及其相互关系。经济法调整经济组织在经济活动中的物质利益关系，主要包括财产所有权关系，通过对这些经济关系的调整，使之按照国家和社会需要方向发展。

本章小结

在当今社会，管理是我们既熟悉又陌生的字眼。熟悉是因为我们几乎时刻与之发生联系，陌生是因为尽管管理就在我们身边，但是要科学地理解管理，有效地开展管理工作却并不是一件简单的事。本章主要介绍了管理的内涵、管理的职能和特征、管理的性质、管理的地位和作用、管理的基本原理，以及管理的基本方法。

复习思考题

1. 管理的基本含义是什么？如何理解不同学派对管理的解释？
2. 为什么说管理既是一门科学，又是一种艺术？
3. 为什么说管理职能是研究管理的核心？管理职能之间的关系是什么？
4. 试说明操作者与管理者、管理者与领导的区别与联系？
5. 不同管理者角色的差别与作用是什么？
6. 为什么处于不同层次的管理者所具备的管理技能是不同的？
7. 比较分析四种管理的基本方法各自的优势和劣势。
8. 管理方法的研究有哪些前沿问题？

案例分析

百年老院的现代管理启蒙

北京同仁医院是一所以眼科闻名中外的百年老"店"，走进医院的行政大楼，令人诧异的是其大堂的指示牌上标明：五楼 MBA 办公室。目前该医院已经从北大清华聘请了十一位 MBA，另外还有一名学习会计的研究生，而医院的常务副院长毛羽就是一位留美的医院管理 MBA。内忧外患迫使同仁下定决心引进职业经理人并实施规模扩张，希望建立一套行政与技术相分离的现代医院管理制度。

根据我国加入世界贸易组织达成的协议，2003 年我国将正式开放医疗服务业。2002年初圣新安医院管理公司对国内数十个城市的近 30 家医院及其数千名医院职工进行了调查访谈，得出结论：目前国内大部分医院还处于极低层次的管理启蒙状态，绝大多数医院并没有营销意识，普遍缺乏现代化经营管理常识。更为严峻的竞争现实是，医院提供的服务不属于那种单纯通过营销可以扩大市场规模的市场——医院不能指望通过市场手段刺激每年病人数量的增长。

同仁显然是同行中的先知先觉者。2002 年，医院领导层在职代会上对同仁医院的管理做过"诊断"：行政编制过大和员工队伍超编导致流动受限；医务人员的技术价值不能得到体现；管理人员缺乏专业培训，管理方式及手段滞后，经营管理机构力量薄弱。同时他们开出药方：引入 MBA，对医院大手笔改造，涉及岗位评价及岗位工资方案、医院成本核算、医院工作流程设计、经营开发等。

目前，几乎所有国内的医院都没有利润的概念，只计算年收入。但在国外，一家管理有方的医院,其利润率可高达 20%,这也是外资对国内医疗市场虎视眈眈的重要原因。

同仁要在医院中引入现代市场营销观念、启动品牌战略和人事制度改革。树立"以病人为中心"的服务观念:以病人的需求为标准,简化就医流程,降低医疗成本,改善就医环境;建立长期利润观念,走质量效益型发展的道路;适应环境、发挥优势,实行整合营销;通过扩大对外宣传、开展义诊咨询活动、开设健康课堂等形式,有效扩大潜在的医疗市场。

同仁所引进的 MBA 背景各异,绝大多数都缺乏医科背景。他们能否胜任医院的管理工作?医院职业化管理至少包括了市场营销管理、人力资源管理、财务管理、科研教学管理、全面医疗质量管理、信息策略应用及管理、流程管理共七方面的内容。这些职能管理与医学知识相关但非医学专业。同仁医院将 MBA 们"下放"到手术室 3 个月之后,都悉数调回科室,单独辟出 MBA 办公室,以课题组的形式研究医院的经营模式和管理制度。对于医院引入的企业化管理,主要包含医院经营战略、医疗市场服务营销、医院服务管理、医院成本控制、医院人力资源、医疗质量管理、医院信息系统和医院企业文化等多方面的内容。其中,医院成本控制研究与医院人力资源研究是当务之急。

几乎所有的中国医院都面临着成本控制的难题。如何堵住医院漏洞,进行成本标准化设计,最后达到成本与质量效益的平衡是未来中国医院成本控制研究的发展方向。另外,现有医院的薪酬制度多为"固定工资+奖金"的模式,而由于现有体制的限制,并不能达到有效的激励效果,医生的价值并没有得到真实的体现,导致严重的回扣与红包问题。如何真正体现员工价值、并使激励制度透明化、标准化成为当前首先要解决的问题。

这一切都刚刚开始。指望几名 MBA 就能改变中国医院管理的现状是不可能的。不过,医院管理启蒙毕竟已经开始,这就是未来中国医院管理发展的大趋势。

案例讨论题:
(1) 结合案例说明你对管理及管理职能的理解。
(2) 同仁为什么要引进如此多 MBA? 你认为 MBA 们能否胜任医院的管理工作?

第二章　管理学及管理思想的发展

走进管理：联合邮包服务公司的科学管理

联合邮包服务公司（UPS）雇佣了 15 万员工，平均每天将 900 万个包裹发送到美国各地区和 180 个国家。为了实现他们的宗旨——"在邮运业中办理最快捷的运送"，UPS 的管理当局系统地培训他们的员工，使他们以尽可能高的效率从事工作。让我们以送货司机的工作为例，介绍一下他们的管理风格。

UPS 的工业工程师们对每一位司机的行驶路线进行了时间研究，并对每种送货、暂停和取货活动都设立了标准。这些工程师们记录了红灯、通行、按门铃、穿院子、上楼梯、中间休息喝咖啡的时间，甚至包括上厕所的时间，并将这些数据输入计算机中，从而给出每一个发动机每天工作的详细时间标准。

为了完成每天取送 130 件包裹的目标，司机们必须严格遵循工程师设定的程序。当他们接近发送站时，他们松开安全带，按喇叭，关闭发动机，拉起紧急制动，将变速器推到 1 档上，为送货车完毕的启动和离开做好准备，这一系列动作严丝合缝。然后，司机从驾驶室出溜到地面上，右臂夹着文件夹，左手拿着包裹，右手拿着车钥匙。他们看一眼包裹上的地址便记在脑子里，然后以每秒 3 英尺的速度快步跑到顾客门前，先敲一下门以免浪费时间找门铃。送完货后他们在回到卡车上的路途中完成登记工作。

这种刻板的时间表是不是看起来有点烦琐呢？也许是，但它真能带来高效率吗？毫无疑问！生产率专家公认 UPS 是世界上效率最高的公司之一。举例来说，联邦捷运公司平均每人每天不过取送 80 件包裹，而 UPS 却是 130 件。在提高效率方面的不懈努力，看来对 UPS 的净利润产生发挥了积极的影响。虽然这是一家未上市的公司，但人们普遍认为它是一家获利丰厚的公司。UPS 在管理工作中体现了哪一种管理思想？结合 UPS 的管理经验，谈谈提高工作的效率，应从哪些方面着手？（从 UPS 的管理经验中，你得到哪些启示？）（资料来源：http：//yingyu. 100xuexi. com/view/specdata. ）

本章内容

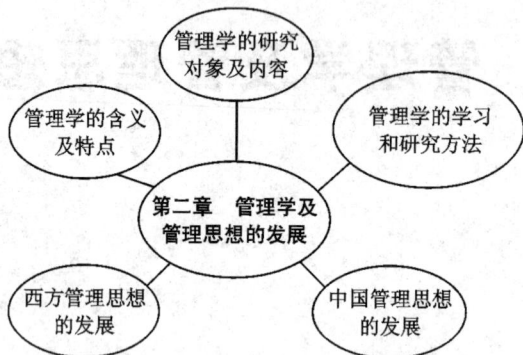

本章要点

- 管理学的研究对象
- 中国管理思想的发展
- 西方管理思想的发展

第一节　管理学的研究对象

一、管理学的含义

管理学是一门从管理实践中形成和发展起来的，系统地研究管理活动及其基本规律和一般方法的科学。其概念包含几层意思：

① 管理是一种有意识、有组织的群体活动；

② 管理是一个动态的协调过程，主要协调人与人之间的活动和利益关系，贯穿于整个管理过程的始终；

③ 管理是围绕着某一共同目标进行的，目标不明确，管理便无从谈起，目标是否切合实际，直接关系到管理的成败或成效的高低；

④ 管理的目的在于有效地实现组织目标，在于提高组织活动的成效；

⑤ 管理的对象是组织资源和组织活动。

管理学是由一系列的管理职能、管理原理、管理原则、管理方法及管理制度等组成的科学体系。

二、管理学的研究对象

由于管理活动总是在一定的社会生产方式下进行的，因此管理学研究对象的范围涉及社会的生产力、生产关系和上层建筑三方面。

（1）生产力：主要研究如何合理配置组织中的人、财、物，使各生产要素充分发挥作用的问题；研究如何根据组织目标，社会需求，合理使用各种资源，以求得最佳经济效益与社会效益的问题。

（2）生产关系：主要研究如何处理组织内部人与人之间的相互关系问题；研究如何完善组织机构与各种管理体制的问题，从而最大限度地调动各方面的积极性和创造性，为实现组织目标服务。

（3）上层建筑：主要研究如何使组织内部环境与组织外部环境相适应的问题；研究如何使组织的意识形态（价值观、理念等）、规章制度与社会的政治、法律、道德等上层建筑保持一致的问题，从而维持正常的生产关系，促进生产力的发展。

三、管理学的具体研究内容

管理学的具体研究内容，应涉及以下几个主要方面：

（1）基础部分：介绍管理的含义、管理者的角色与技能、管理的性质、管理的职能、管理学的特点、管理学的发展历史等。从最一般意义上，对管理学进行总体描述，为管理学的学习研究构建总纲和基础。

（2）职能部分：研究管理的计划、组织、领导、控制、协调等各项职能，具体分析每一职能的内涵、地位、功能、过程及要求。从管理过程角度，分析管理是什么的问题，奠定管理学学习与研究的世界观或认识论。

（3）原理部分：研究反映管理活动本质内容及必然联系的系统原理、人本原理、权变原理等基本的管理原理，分析由这些原理派生的各项管理原则的内涵、要求及实现途径。从管理规律的角度，阐明管理应遵循的各项原理与原则。

（4）方式部分：探讨管理者应如何根据管理环境、组织性质、人性等变量的综合分析，选择科学、有效的管理方式与管理方法。从方法论的视角，揭示各种管理方式的适应性问题。

四、管理学的特点

1. 管理学既是一门科学，又是一种艺术

自从二十世纪初泰罗的科学管理理论产生以来，管理知识逐渐系统化，并形成了一套能反映管理活动内在规律性的理论体系。这个由一系列的基本概念、管理原理和管理方法等组成的理论体系在此后的管理实践中，一方面用于指导人们的管理实践，使人们的管理水平得到不断提高，另一方面又随着人们管理实践的不断丰富而得到不断的发展和完善。因此，从这个意义上说，管理学是一门科学，是人们在长期的管理实践中经过无数次的成功和失败，总结出来的一系列可供人们学习、传授的反映管理活动客观规律的管理理论和一般方法。通过本书的学习，你将学到许多作为管理者要用到的管理知识，懂得应如何决策、如何编制计划、如何设计组织结构、如何激励下属、如何进行有效的控制与协调等。

毋庸置疑，管理学是一门不精确的科学。人们在认识管理活动的内在规律性的过程中所形成的概念、原理、原则、方法等，不可能像自然科学的原理和定理那样通过实验加以提炼和验证。因此，一方面当管理者应用管理理论指导管理实践时，不可能像自然科学应用其定理和原理去指导自然科学实践那样严谨、精确和一丝不苟，而是要求管理者在管理过程中灵活地运用管理理论对具体问题进行具体分析。另一方面管理又具有很强的实践性，由于管理工作对象的复杂性，管理问题和管理环境的多变性，管理学所能提供的专业手段和方法又是极其有限的。因此,这也需要管理者具备丰富的、能根据实际情况行事的技巧,这就是说管理是一种艺术。艺术的含义是指能够熟练地运用知识,并通过巧妙的技能来达到某种效果,或者说是指达到某种预期效果的"诀窍"。正如其他所有技能一样,管理工作也需要利用系统化的知识,根据实际情况加以运用以获得预期的效果。这就是说,在管理实践中如果只凭书本知识来诊断,仅仅借助原则来设计,依靠背诵原理来管理,是远远不够的。只有将管理知识与具体的管理实践相结合,发挥管理者的积极性、主动性和创造性,才能进行有效的管理。所以,管理的艺术性就是强调管理活动,除了要掌握一定的理论和方法外,还要有灵活运用这些知识的技巧和经验。

因此,我们说管理学既是一门科学,又是一种艺术,是科学与艺术的有机结合。管理的这一特性,对于学习管理学和从事管理工作的管理者来说是十分重要的,它既可促使人们注重对管理理论的学习,又不忽视在实践中因地制宜地灵活运用管理的理论和方法。对一个管理者来说,如果他不懂得管理的科学理论,在管理的过程中就只能靠碰运气,靠直观或过去的经验办事;而如果管理者掌握了管理的科学理论,他就有可能对所要解决的问题找出切实可行的解决办法。当然,管理者也不能空谈管理理论,不通过实践来丰富自己的管理经验和技巧。总之,一个管理者要能成为一个有效的管理者,不仅要学好管理理论,还要掌握管理艺术。前者需要的是系统的理论学习,而后者则需要个人的智慧和经验。

2. 管理学是一门综合性的科学

管理学的综合性特点我们可从三方面来分析:一是从管理学自身的知识体系构成来看它具有综合性。管理学的整个知识体系可分成三个层次:即管理的基本理论知识;管理技术、管理方法等工具性知识;专门领域的专业性管理知识。如图 2-1 所示。

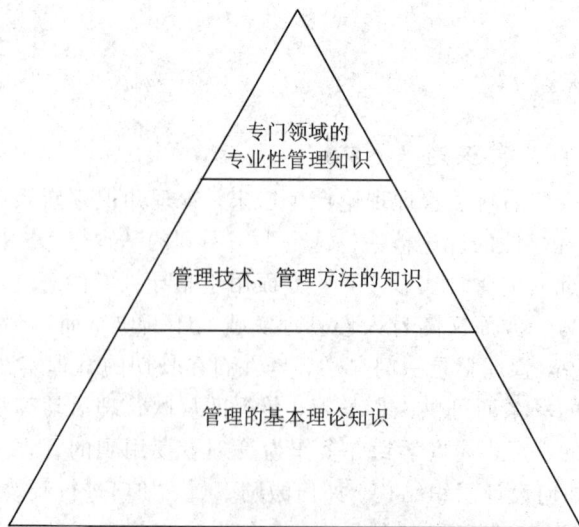

图 2-1 管理学学科层次关系图

二是从管理学的学科体系结构分析,管理学是一个包括有许多分支学科的综合性学科。因为在整个人类社会中人们会按照专业化分工的原则从事各种各样的工作,所以社会形成各种各样的部门或行业,这样也就有各个部门或行业的管理活动,也就形成了不同部门或行业的专业管理，包括经济、技术、教育、行政、军事等许多方面的专业管理，因而形成了众多分支学科，而每个分支学科又可细分，如经济管理又可细分为宏观经济管理、中观经济管理和微观经济管理。

三是从管理的知识来源和构成方面分析，它吸收了许多自然科学和社会科学的知识，如数学、政治经济学、哲学、生产技术学、社会学、心理学、行为科学、信息学、仿真学等。也就是说管理学与社会科学和自然科学两大领域的多种学科有着广泛而密切的联系，并且需要综合利用社会科学和自然科学的成果，才能发挥自身的作用。它具有社会科学与自然科学相互渗透、相互交叉的特点。因此，我们说管理学是一门综合性学科，或称为综合性的边缘学科。管理学的综合性特征，要求管理者要掌握广博的知识，但并不一定是个学科的专家。

3. 管理学具有历史发展性

任何科学的发展，都是在人类思想遗产和前人研究成果的基础上坚持探索、创新而实现的。同样，管理学的产生和发展有其深刻的历史渊源。管理学发展到今天，已经历了许多不同的历史发展阶段，在每一个历史阶段，由于历史背景不同会产生各种管理理论。这些理论中有的已显陈旧、有的尚能适用，但总的来说，管理学作为一门现代科学来研究还只不过几十年时间，它还是一门非常年轻的学科，其理论还处于新旧更迭的大发展之中；同时，作为一门与社会经济发展紧密关联的学科，也必将随着经济的发展和科技的进步而发展。

4. 管理学是一门应用性、实践性很强的科学

管理学来源于实践又应用于实践，其目的是为人们提供高效率的管理。由于管理对象的复杂性和管理环境的多变性，使有的管理知识在运用时要注意技巧性、灵活性和创造性，不能用陈规旧矩或定势思维将它禁锢起来，需要在实践中不断创新。须知，学校是培养不出"合格"的直接可用的管理者的。

五、管理学的学习和研究方法

1. 唯物辩证法是学习和研究管理学的方法论基础

唯物辩证法是我们学习和研究管理学强大的思想武器。管理学源于管理的实践活动，在长期的管理实践中，人们运用历史的、全面的、发展的观点去观察和分析各种管理现象和管理问题，通过感性积累的经验加工、提炼，并上升为理性认识（即管理理论）；反过来，又能动地运用有关管理理论去指导管理实践，验证管理理论的正确性和有效性，并进一步发展和完善管理理论。因此，学习和研究管理学必须以唯物辩证法为总的方法论基础，坚持实事求是的科学态度，深入管理实践，进行调查研究，总结管理实践经验，并运用判断和推理的方法使管理实践经验上升为管理理论。在学习和研究中还要认识到一切现象都是相互联系和相互制约的，一切事物也都是不断发展变化的。因此，必须用全面的、联系的、历史的及发展的观点，去观察和分析管理问题，重视管理学的历史，考察其过去、现状及其发展趋势，不能固定不变地看待组织及组织的管理活动。

2. 系统方法是学习和研究管理学的主要思维方法

所谓系统方法，是指用系统的观点和方法来研究、分析管理活动的全过程。系统是由

相互作用和相互依赖的若干组成部分结合而成的、具有某种特定功能的有机整体。系统本身，又是它所从属的一个更大系统的子系统。

从管理的角度看，系统有两层含义：第一层含义是指系统是一种实体，如组织系统。作为实体系统的组织，一般具有整体性、目的性、动态性、层次性、开放性、功能性及结构性等特征。既然组织是个系统，为了更好地研究组织与组织管理，我们就必须用系统理论来理解、分析和研究组织。第二层含义是指系统是一种方法或手段，要求在研究和解决组织管理问题时，必须具有整体观、过程观、"开放"与相对"封闭"观、反馈观、分级观等有关系统的基本观点。尽管在现代管理科学领域，各学派在管理系统的定义、系统的具体特征等问题上，还很不统一，存在较大的理论分歧。但没有一个管理学派不运用系统理论来研究组织与组织管理，系统原理也是公认的管理的基本原理，几乎每一本管理学著作都离不开系统概念。

因此，学习研究管理学，必须用系统方法作为主要的思维方法。我们在学习与研究管理理论和管理活动时，应首先将组织与组织管理活动看作一个系统，对影响管理过程的各种因素及其相互之间的关系进行总体的、系统的分析研究，对管理的概念、职能、原理及方法等管理理论作系统的分析和思考。唯有如此，才能形成科学的管理理论和有效的管理活动。

3. 理论联系实际的方法

管理学是一门应用性、实践性很强的科学，是科学性与艺术性的统一。这决定了管理学应更多地采用理论联系实际的方法进行学习和研究。具体说可以是管理案例的调查和分析、边学习管理理论边从事管理实践，以及带着问题学习等多种形式，通过这种方法有助于提高学习者运用管理的基本理论和方法去发现问题、分析问题及解决问题的能力。同时，由于管理学是一门生命力很强的建设中的年青学科，因而还应以探讨研究的态度来学习，通过理论与实践的结合使管理理论在管理实践中不断地加以检验。同时，通过对管理实践经验的总结和提升，不断丰富、深化和发展管理理论。

4. 学习和研究管理学的具体方法

（1）观察总结的方法。按照理论联系实际的要求，研究管理学必须掌握观察管理实践，总结管理经验，并进行提炼概括，使其上升为理论的方法。人们的管理实践，特别是众多优秀管理者的管理经验，蕴藏着深刻的管理哲理、原理和方法。因此有必要运用综合、抽象等逻辑方法，总结人们的管理实践经验，从而形成系统的管理理论来进一步指导管理实践。这样研究和学习管理学，就会收到事半功倍的效果。

（2）比较研究的方法。有比较才有鉴别。当代世界各国都十分重视管理和管理学的研究，各自形成了有特色的管理科学。学习和研究管理学时，要注意管理学的二重性。既要吸收发达国家管理中科学性的东西，又要去其糟粕；既要避免盲目照搬，又要克服全盘否定；既要从我国国情出发加以取舍和改造，又要有分析、有选择地学习和吸收西方管理的理论和实践经验。在学习和研究外国的管理经验时，至少要考虑到四个不同：社会制度的不同，生产力发展水平的不同，自然条件的不同，民族习惯和传统文化的不同。这就要求我们学会运用比较研究的方法，对世界上先进的管理理论和实践进行比较研究，分辨出一般性的东西和特殊性的东西，可以为我们借鉴的东西和不可借鉴的东西，真正做到兼收并蓄，丰富我国管理学的内容，建立具有中国特色的管理科学体系。

（3）历史研究的方法。历史研究的方法，是指要研究管理的发展演变的历史，要考察管理的起源、历史演变、管理思想和管理理论的发展历程、重要的管理案例，从中揭示管理规律和管理学的发展趋势，寻求具有普遍意义的管理原理、管理原则、管理方式和管理方法。无论是中国的历史，还是外国的历史，都有大量的关于管理方面的文化典籍，有许多值得研究的管理事例。只要我们坚持正确的指导思想，通过细致的工作方法，深入地研究前人留下的管理思想精华，就会有所收获、有所创新、有所发展。

（4）案例研究的方法。案例研究法是指对有代表性的案例进行剖析，从中发现可供借鉴的经验、方法和原则，从而加强对管理理论的理解与方法的运用。这是管理学研究和学习的重要方法。哈佛商学院因其成功的案例教学，培养出了大批优秀的企业家。管理的案例研究法，是当代管理科学比较发达的国家在管理学教学中广为推行的学习研究方法，效果甚佳。学习研究管理学必须掌握案例教学法和案例研究法，将自己置身于模拟的管理情景中，学会运用所学的管理原理、原则和方法去指导管理实践。

（5）试验研究的方法。试验研究的方法，是指有目的地在设定的环境下认真观察研究对象的行为特征，并有计划地变动试验条件，反复考察管理对象的行为特征，从而揭示出管理的规律、原则和艺术的方法。试验研究不同于案例分析，后者是将自己置于已发生过的管理情景中，一切都是模拟的，而前者则是在真实的管理环境中对管理的规律进行探讨。只要设计得合理，组织得好，通过试验方法是能够得到很好的结果。如管理学发展史上，泰罗的科学管理原理，就以"时间 — 动作"的实验性研究为基础。著名的"霍桑试验"就是运用试验研究方法研究管理学的又一典范，通过试验所得到的重要成果，扬弃了传统管理学将人视为单纯的"经济人"的假说，建立起了"社会人"的观念，从而为行为科学这一管理学的新分支的形成和发展奠定了基础。因此，试验研究的方法是管理学研究的一种重要方法。

总之，研究和学习管理学，要以马克思主义的唯物辩证法为总的方法论进行指导，同时综合运用各种方法，吸收和采用多学科的知识，从系统的观点出发，理论联系实际，实事求是，这样才能真正掌握和发展管理科学，为提高我国的管理水平做出有益的贡献。

第二节　中国管理思想的发展

中国管理思想的发展，主要经历了几个阶段：中国古代的管理思想、中国近现代的管理思想、新中国成立后的管理思想和中国现代管理的发展趋势。如图 2-2 所示。

一、中国古代的管理思想

中国作为世界伟大的文明古国，有着璀璨的历史遗产，包括丰富多彩的管理思想。许多管理思想的精华对今天的管理实践仍然具有借鉴的价值。

1. 儒家的管理思想（以"仁"为核心的儒家管理思想）

儒学是中国古代的显学。儒家思想不仅在当时，而且在后来几千年的历史中都深深地影响着中国。

儒家的管理思想史以人为中心，强调"入世"，十分重视人在管理活动中的地位和作

```
                              ┌─────────────────────────┐
                              │      儒家的管理思想        │
                              ├─────────────────────────┤
                              │      道家的管理思想        │
                    ┌─────────┤                         │
        ┌───────────┤中国古代的 ├─ 法家的管理思想          │
        │           │管理思想   ├─────────────────────────┤
        │           └─────────┤      墨家的管理思想        │
        │                     ├─────────────────────────┤
        │                     │      兵家的管理思想        │
        │           ┌─────────┼─────────────────────────┤
    中国│           │中国近现代的│   清末至民国初期的管理思想  │
    管理│───────────┤管理思想   ├─────────────────────────┤
    思想│           └─────────┤ 民族资本企业家的管理思想及实践│
    的  │                     ├─────────────────────────┤
    发  │                     │国民经济恢复时期的管理(1949—1952)│
    展  │           ┌─────────┼─────────────────────────┤
        │           │新中国成立后│ "一五"时期的管理(1953—1957)│
        │───────────┤的管理思想 ├─────────────────────────┤
        │           │          │"反右斗争"到"文革"结束时期的管理│
        │           └─────────┤    (1975—1976)          │
        │                     ├─────────────────────────┤
        │                     │    "文革"结束以后的管理     │
        │           ┌─────────┘
        └───────────┤中国现代管理的发展趋势│
                    └─────────────────────┘
```

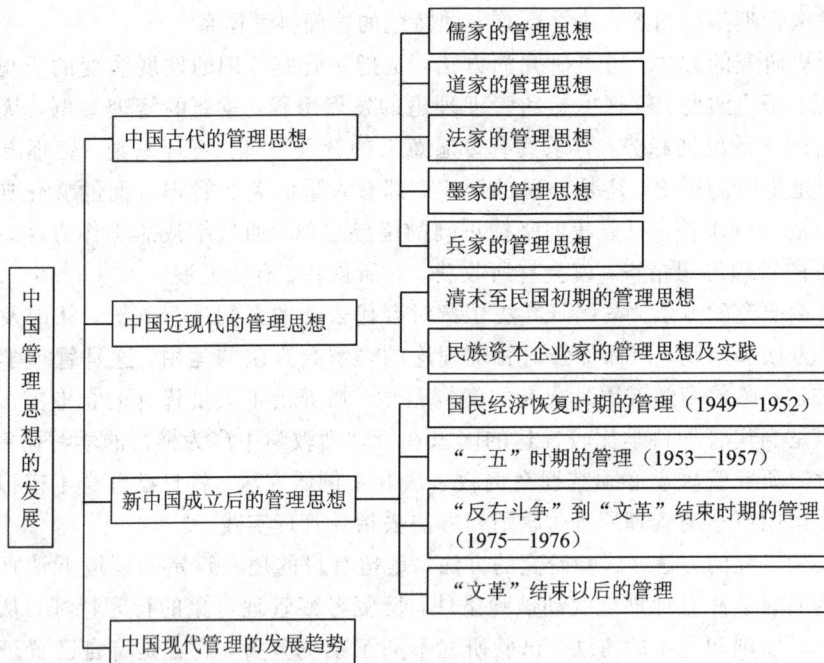

图 2 - 2　中国管理思想的发展

用，充分体现了"以文为本"的管理理念。儒家认为管理就是"治人"，即"劳心者治人"，并强调"和为贵"的思想。儒家主张"安民""为政以德""正人正己"，讲究"忠、孝、仁、义、理、智、信"和"修身、齐家、治国、平天下"，认为"天时不如地利，地利不如人和"。这些思想概括起来就是三点：① 管理中心是人；② 管理是一种运用脑力的活动；③ 管理是一种协调活动。

孔子主张重义轻利，不积极地追求物质财富，要"知命""安贫"，主张财富要分配适当。孟子认为分工是很重要的，强调"劳心者治人，劳力者治于人"。早期儒家最后一位思想代表人物荀子主张重用人才，认为需求是无止境的，培养人才、知人善用和奖罚分明，强调"无能不官"的用人原则。儒家还特别重视教化和个人修养的作用。在他们追求内圣外王的人生最高境界中，内圣是外王的前提。"诚信"是中国古代管理实践中总结出来的管理思想的精华。

2. 道家的管理思想（以"无为"为最高原则的道家管理思想）

道家思想对中国文化的影响地位仅次于儒家思想，并对儒家和法家思想的形成产生了深远的影响。实际上，儒家、道家、法家及后来的佛家等各家思想是相互影响、相互吸收和相互融合。

道家的基本思想是以道为中心，要求顺道，即"道法自然""无为而治"。道，不仅是指治国的思想和主张，也是客观事物存在的规律。道家的创始人老子认为，"天有天道，人有人道"，自然界和社会都有其顺应的规律。道家认为，自然界的运行规律不以人的意志为转移的而客观的存在着，因而要求人们应该从万物永恒的状态去观察到的奥妙，从万物中去观察到的显豁。人类社会也是这样，有其固有的规律。人们必须遵守它，按照规律办事。道家还认为，人和自然要协调，人要遵循自然规律。这就要求管理者按照规律去组织人类活动，否则将承受惩罚。

3. 法家的管理思想（以"法治"为基础的法家管理思想）

法家也是中国先秦时期的显学之一。其中韩非是先秦法家思想集大成者，其著作《韩非子》。韩非糅合了商鞅变法、申不害的术、慎到的势，又吸取了部分道家、名家等诸子的思想，构建了严格的法、术、帝王的统治术。他认为法是由君主制定，官府颁布的成文法，编著于图籍之上，由群臣执行，统治广大人民的；术是暗藏在君主心中的权术，是用来潜御群臣、监控官吏的执法情况；势是国君掌握的权力，是实行法术的保证力量。

韩非以法为核心，法术势的统一思想是法家思想发展的最高境界。中国古代后世虽然不张扬法家学术，但其潜在的影响仍是治国的、重要的社会文化因素。

4. 墨家的管理思想

相传墨子初学于儒术，但由于不满儒术所提倡的繁琐的"礼"，学习大禹刻苦、简朴的精神，因而自立新说，创建了墨家学派。墨子的学说对当时的思想界影响很大，与儒家并称"显学"。墨家学派是儒家学派的主要反对派。

墨子（公元前479—前381年），战国时期著名的思想家、政治家、军事家、科学家及人权活动家。墨家是一个以纪律严密著称的学术团体，它的首领称为"钜子"，墨子可能是第一代"钜子"。墨家的著作中有《墨子》一书。墨子的主要管理思想有以下几方面：

(1) 兼爱：是墨子行政管理思想的核心。他认为当时社会动乱不安，主要就是由于人们不相爱造成的。管理者如果平等地去爱下属，则能得到比较好的绩效。墨子的"兼爱"思想是以"交利"为基础的，"兴天下之利，除天下之害"。作为管理者，必须关心百姓疾苦，体察民情、爱民诚心、为民谋利。

(2) 尚同：是墨子的重要思想，要求在下位的人对在上位的人绝对服从，不但在行动上服从命令和指挥，而且要"上之所是，必皆是之；所非，必皆非之"，在思想上也不许有任何怀疑。这种尚同要一级级地同上来，万民"尚同乎乡长"，乡长"尚同乎国君"，国君则"尚同乎天子"，天子则"总天下之义以尚同于天"。

(3) 节用：是墨子经济管理思想的核心，是指要节约消费、不能奢侈。统治者注意节约消费。"凡足以奉给民用，则止。诸加费不加于民利者，圣王弗为。"在将消费品区分为生活必需品与奢侈品两种基础上，认为只有用于满足生活所必需的消费才是正当的消费；才是合乎"法"或"义"的消费；否则，便是不合"法"或"义"的消费，是有害的消费。

(4) 尚贤：在人才管理上墨子提出"尚贤"。墨子认为，尚贤乃是为政之本，主张尊重贤才、任用能人。墨子提出，"古者圣王之为政，列德而尚贤，虽在农与工肆之人，有能则举之，高与之爵，重与之禄，任与之事，断与之令……故官无常贵，民无终贱，有能则举之，无能则下之。"

5. 兵家的管理思想（《孙子兵法》中管理思想）

物竞天择，适者生存。兵家的管理思想以谋略和运筹为中心，强调"人谋"，要求"谋定而动"。有了人类，就有了生存，即人与人的竞争，人与自然的竞争。为了在竞争中取得胜利，产生了谋略。兵家的管理思想就是在竞争中产生的。中国古代兵家的管理思想丰富、系统、精深、独特，深得中外管理者的赞许。孙子是中国古代兵家的代表人物之一，其著作《孙子兵法》被翻译成多种文字，是各国管理者的必修课之一。孙武很重视运筹学，将运筹学作为处理问题的手段，很早就运用于我国古代军事、建筑、商业等领域。"田忌赛马"就是 2300 年前孙膑运用运筹学思想的生动反映。产生于两千多年前的《孙子兵法》是我国现存的最早的兵书，也是世界上最古老的军事理论著作，在中外军事学术史上占有重要地位。《孙子兵法》的运筹和决策思想除体现了预见性、系统性、严密性、权威性、及时性、灵活性、实践性和科学性等特点外，还体现了"慎战"的思想，认为"兵者，国之危器也"。他告诫国家的管理者，战争关乎国家的兴衰存亡和人民的财产安全，不能感情用事，一定要理智。商场如战场。在全球经济激烈的今天，研究和掌握《孙子兵法》，必能使我们在管理的实践中更加熟练地运用全胜竞争谋略。

二、中国近现代的管理思想

中国近代社会是从 1840 年开始的，到 1919 年"五四"运动爆发而进入现代社会时期，历史意义上的现代社会到新中国成立为止，此后被称为当代社会。这是一种标准的时代划分，然而我们这里的"现代"是一个广义的现代，实际上包括当代。中国近现代是一个政治斗争风起云涌，思想流派如雨后春笋，社会变革高潮迭起，社会力量渐趋复杂的时代，因而由此带来了管理思想内容的丰富多彩和管理方法措施的复杂多样的局面。

(一) 清末至民国时期的管理思想

1. 龚自珍的管理思想

龚自珍（1792—1841 年），浙江仁和人，是近代著名的改革家和思想家。

(1) 龚自珍的行政管理思想。

龚自珍从提高行政管理效率的角度，提出了以改善君臣上下级关系为重点的行政管理改革建议。

第一，提出改善君臣关系，变主奴关系为师友关系，提倡君臣共治天下的见解。他要求恢复士大夫臣下有个性自由和人格尊严的"巍然岸然师傅自处之风"。将汉唐的君臣关系视为理想的上下级关系，认为那时君主尊重臣下的意见，帝王与三公坐而论道，共商治理天下大事，值得效仿。

第二，要求提高臣下权力，变中央集权为地方集权。

第三，要求君主本身不必事无巨细地一概包揽，只需"总其大端而已矣"。

(2) 龚自珍的人才管理思想。

龚自珍针对官僚体制的腐败、废弛，提出以人才培养和管理为中心的吏治改革主张。

一是大力宣传重视人才的重要意义，将人才的有无作为衡量社会治乱兴衰的标志。

二是主张改革人才选拔的方式和政府官吏任用方法，要求废除科举考试方式和论资排辈的旧习。他大声疾呼："我劝天公重抖擞，不拘一格降人才"。

(3) 龚自珍的经济管理思想。

龚自珍在探寻社会动乱的经济原因的基础上，在经济管理方面提出了以下的主张：

一是针对贫富对立的问题指出，如果任其发展，必将导致社会衰亡的后果。

二是以承认贫富不相齐的等级存在为前提，提出等级平均原则。

三是在财富的一般分配上，提出应以个人在封建等级中的地位为取得财富的标准。

2. 魏源的管理思想

魏源（1794—1857），湖南邵阳人，著名思想家。鸦片战争的失败，使魏源的思想震动很大，同时使他潜心研究西方学说，以寻求富国强兵之道。

（1）魏源的重本抑末思想。

早在魏源以前，一些进步思想家就对"重本抑末"提出过不同看法，其对工商业的作用给予了一定的肯定，但仍然将农业看做是"本"，是应该首先重视的。魏源虽赞同这些思想，但是也有一些超过其前辈的地方。如他承认粮食是财富，货币和金银也是财富，两者都是国家财富的构成要素。而且粮食与货币在不同的情况下，二者的重要性又有所不同。在某些特殊的情况下，"货"比"食"更重要，更是应该优先解决的问题。这就明显地超越了他的前辈及与他同时代的龚自珍的"食固第一，货即第二"的观点。基于这种观点，在他的管理思想中特别重视商业和发挥商人的作用。

（2）魏源的税收管理思想。

魏源强调富民的作用，认为国家的经济力量在于依靠富民，富民是国家财力的来源。如果实行贫人之政，过渡地削弱富民，就会使富民破产，最后导致国家的贫穷。因此，他提出要使富民"敢顾家业"，也就是敢于放手让富民发家致富，以此来保证国家财政赋税收入。魏源的这种反对重赋，主张培植税源的经济管理思想，是从维护国家政权的利益出发，对于减轻人民负担和发展商人资本是有一定积极作用的。

（3）魏源的工商管理思想。

自两宋以来，主张商品私营的人数日渐增多，但都是就政府专卖的商品（如盐、茶）而言。魏源主张私营的范围则相当广泛，凡他提到的事业（如盐业、漕运、采矿、造船等）无不提倡或鼓励私人经营。

在盐业方面，他主张改变具有垄断性的"纲商"，而为具有自由竞争性质的"票商"。因为清代的盐务制度是延续了明代的纲盐制度，盐的收购、运销都是根据国家所给予的垄断权进行的。在这种垄断制度下弊端很多，各种付费及中饱私囊的现象不断产生，致使盐价昂贵、运销滞阻。所以魏源提出试行票盐制。具体办法是：一方面规定场商的售盐价格，以免场商任意提高场价，增高运商成本；另一方面取消封建垄断运销制度，改行自由运销制度，无论任何人，只要照章纳税，就可以领票运盐贩卖。

在漕运方面，魏源主张改漕粮官船河运为商船海运。因为明清以来，封建王朝都是通过河运将江南的漕粮运到北京。这种做法，不但运输费用很高，而且由于沿途各级官吏的勒索，使人民的负担非常沉重。同时，河运常常梗阻不通，修河的费用也非常浩大。因此，魏源主张海运，这不仅节约开支，还可减轻人民的负担。

在采矿方面，魏源认为矿业"禁民采而兴官采"会"利不胜弊""民采而官税之，则有利无弊。"总之，"许民开采，二十分取一为税，此开采最善之法。"

在造船方面，魏源也主张在官设的一处造船厂或火药局外，"沿海商民，有自愿仿设厂局以造船械，或用之、或出售者听之。"

（4）魏源的科技管理思想。

限于当时的历史条件主要体现在向西方学习和引进西方国家的科学技术方面。对于西方国家的长处，他所看到的主要还是在军事方面，认为，"夷之长技三：一战舰，二火器，三养兵练兵之法。"他对"师夷"的具体办法，是借助外国技术人员的传授技术，自行设厂制造新式船炮。他还由仿造军舰联想到造商船，由仿造新式枪炮联想到制造某些民用产品等。可以说，魏源是最早主张在中国建立近代新式机器工业的人。

（二）民族资本企业家的管理思想及实践

从洋务运动到新中国建立前这段时期，虽然引进一些西方先进的管理思想，但总体上还属于传统管理，管理思想还是落后的。社会上的企业大致有三大类：一是民族资本主义企业，二是中国官僚资本主义企业，三是外国资本的企业。

中国近代企业管理思想的主要内容是指中国民族资本主义企业学习、引进西方先进管理，继承发扬我国传统管理精华，积累、探索的一些有价值的管理经验与管理思想。但是与外国资本企业相比，民族资本主义企业不仅技术设备落后、资金紧缺，在管理制度、管理模式和管理方法上也带有较浓厚的半殖民地半封建的色彩，专制、封闭、效率低是其负面特征。在这种情况下某些民族资本主义企业能够生存和发展，与民族资本主义企业家们对管理经验的不断总结，对西方管理思想的引进和对管理方法的不断创新是直接相关的。

1. 注重经营决策

经营企业历来都有风险。在一个动荡不安的时代里，风险系数是相当高的。中国的民族资产阶级自办实业之始，几乎都是在风浪中度过难忘的岁月。内忧外患造成了险象环生的企业外部环境。在这样的外部环境下，决策错误将导致企业无法立足。而善于决策，则可以使企业经受任何风浪的考验。

2. 增强产品的竞争力

产品没有竞争力就会失去市场，失去市场就会导致企业倒闭。因此，提高产品的质量，从而提高产品的竞争力从来就是企业家稳操胜券的关键。在这一时期，凡是较成功的民族工商企业，无论其经营风格是如何截然不同，对产品质量和服务质量精益求精则是共同的特点。

3. 勇于引进先进技术和进行技术改造

许多成功的民族工商企业家深知，只有先进的技术才能带来优质的产品，这才是企业生存和发展的法宝。

4. 建设企业文化、形成企业精神

我国一些民族工商企业家利用企业文化塑造了企业精神，如"民生精神"和"东亚精神"等。

卢作孚的民生公司强调的公司宗旨是："服务社会，便利人群，开发产业，富强国家"，提倡："个人为事业服务，事业为社会服务；个人的工作是超报酬的，事业的任务是超经济的。"同时指出："职业的得失，完全把握在自己的手上，只有努力斗争，才能使事业不离开自己。"卢作孚以重真才实学的新观念破除论资排辈的旧习俗，通过宣传全体职工共同奋发的创业精神，倡导人人进取的价值观念。

宋棐卿的东亚公司塑造了"东亚精神"，更具体、更富于哲理性和艺术性。在公司大楼的墙上，写着："己所不欲，勿施于人""你愿人怎么待你，你就怎样待人"的大字。这即是公司的"厂训"。东亚还有着公司的主义：一是生产辅助社会进步；二是使游资才得到互相合作；三是实行劳资互惠；四是为一般平民谋幸福。

总之，这一时期民族工商企业坚持民族特色与西洋市场竞争相结合的经营思想。一方面，这些企业继承并发扬了中国传统的民族经营思想。另一方面，接受西方资本主义市场竞争的思想，在相互竞争和与外国资本竞争的过程中积累了一些有价值的经营思想与经验，并将我国传统的形式与现代竞争相融合。

三、新中国成立后的管理思想

新中国成立以后，管理的基本特征是以生产资料公有制为基础的、集中统一的计划管理。这一管理体制的形成，主要是受苏联的高度集中管理模式的影响；同时也有中国自身独具的历史背景的影响。一是受我国新民主主义革命时期根据地管理体制和方法的传统影响，一是受建国后中国独创成分的影响。例如，我国在新中国成立初期对财经恢复所采取的办法和后来对私人资本主义工商业的改造，都有自己独特之处。此外，中国封建专制统治的历史很长，小生产如汪洋大海，商品经济很不发达，整个社会经济和文化都很落后。新中国从这样一个旧社会脱胎出来，不能不带有很多封建主义的遗毒和小生产经营的影响。所有这些对于我国管理思想、管理方法和管理制度的形成和发展，都是不容忽视的因素。当然这些因素在不同时期，因为人的主观作用和社会背景的不同而产生的影响力也不一样。

（一）国民经济恢复时期的管理（1949—1952）

这时期存在的经济成分主要有三种，即社会主义国营经济、资本主义经济和个体经济。当时资本主义经济所占的比重还很大，其余两种成分合起来不足社会工业总产值的一半。政府当时的主要任务是没收官僚资本企业，加强对国有企业的组织管理，健全企业制度；对民族资本工商企业，在利用、限制改造的基础上促使其改善经营管理和促进技术改造。对个体手工业，则促使其向集体化方向发展，以及争取财政经济状况好转，稳定物价，保障经济的恢复和发展。概括起来说，在这一时期进行了民主改革、生产管理改革和企业改组，为开展社会主义经济建设准备了条件。

（二）"一五"时期的管理（1953—1957）

中共中央于1953年提出了从新民主主义转变到社会主义过渡时期的总路线，要求在一个相当长的时期内逐步实现国家的社会主义工业化和对农业、手工业、资本主义工商业的社会主义改造。国家实行优先发展重工业的方针，兴建156项重点工程。同时，在管理体制上引进苏联模式。

原来估计至少要经过三个五年计划的时期才能实现全国农业初级合作化，结果农业初级合作化运动大大加快步伐。到1956年底，全国加入农业合作社的农户已达90%以上。与此同时，在全国范围内实行私人工商业的全行业公私合营，完成对资本主义工商业的第一步改造。所以在第一个五年计划期内，基本上完成对农业、手工业和资本主义工商业的改造，从而确立比较单一的生产资料公有制的经济结构。所有制结构的这一重大变化，对于中国以统一计划、集中管理为特征的经济管理体制的确立，起了加速和促进的作用。

（三）"反右斗争"到"文革"结束时期的管理（1957—1976）

"一五"时期形成的管理体制的基本特点是，中央高度集中统一地进行宏观管理，在权力的行使中，集中过多、统得太死；地方自主权太少，框框多，限制多，管理上没有活力，没有创造性。这样，上上下下被严重地束缚手脚。1956年提出某些改进措施，重点是放在发挥中央和地方两个积极性上。在城市经济体制实施下放管理权的同时，农村正加紧走向集中化，全国掀起人民公社化运动。在公社内部实行统一核算，搞供给制、工资制，大办公共食堂等。取消社员自留地和家庭副业，关闭集市贸易。全国农户基本上全部加入人民公社。

1958—1960 年这三年内在经济管理体制上作了变更的同时，又在全国范围内掀起"大跃进"运动。不顾经济规律，全国各地竞相浮夸，搞高指标成为普遍现象；党中央又失去控制能力，很快造成国民经济比例严重失调，经济发展急剧下降，给经济管理和企业管理带来极度困难；许多新建设项目难以为继，被迫下马。

1961 年，为了挽救这一令人担忧的局面，中央提出"调整、巩固、充实、提高"的方针，将大跃进时期下放给地方和企业的权限又收回中央。经过对八字方针的执行和对极左倾向的部分纠正，为 20 世纪 60 年代前国民经济的发展创造了一个较好的宏观环境。1962—1966 年初，国民经济发展的步伐是快速的。但是在 1966 年，中国便开始"文化大革命"，从此全国陷入十年动乱时期。中国经济管理和企业管理受到严重的冲击和破坏。将发展生产、提高人民物质文化生活水平说成是搞修正主义，将正常生产的管理制度说成是对工人的管、卡、压，以致刚刚恢复和建立起来的一些规章制度被任意加以更改甚至废除。整个经济陷入一片混乱，生产停顿，经济衰退。经济体制走向更加高度集中化，拼命地搞"穷过渡""割资本主义尾巴""堵资本主义的路"等，整个社会经济又跌入深谷。

为了扭转这一局面，1970 年提出"对条条专政进行批判，再度实行经济管理权限下放"。这次下放只不过是 1958 年做法的重演，并无新的内容。但是步子比过去更大，下放的企业更多，地方计划管理权限更大，基本建设投资采取大包干的形式等。与此同时，却采取冻结工资、取消计件工资制和奖励制度，将各种流转税和地方税并为"工商统一税"。大大降低存款利率，将大批临时工、合同工转正，经济杠杆作用被削弱甚至取消。1975 年，在邓小平的主持下对经济体制进行整顿，曾使陷入一片混乱和严重衰退的中国经济出现一线生机。但是在当时的条件下，整顿受到阻碍，未能达到预期的目的。

(四)"文革"结束以后的管理

1976 年粉碎"四人帮"以后，中国进入崭新的历史时期。但是，中国由于遭受十年动乱的严重破坏，国民经济比例严重失调，并濒临崩溃的边缘；而当时党和国家的整个指导思想和指导方针，仍在维护原有管理体制的基本模式，并没有任何实质性的挽救措施，甚至在发展战略上采取更加冒进的态度，这就更加重了中国经济问题的严重性。

1978 年 12 月召开的中国共产党第十一届三中全会，是当代中国政治经济生活中具有深远历史意义的重要转折。全会作出将工作重点转移到经济建设上来的战略决策，冲破长期"左"倾错误的束缚，重新确立实事求是的思想路线。具体说来，我国经济体制改革可以分为以下几个阶段：

1. 第一阶段（1978—1986）

以扩大企业自主权，推行经济责任制和利改税为主要内容。

(1) 扩大企业自主权，简政放权。

1978 年 8 月，国务院发出《关于按照五个改革管理体制文件组织试点的通知》。此后，首先在重庆、沈阳等城市开始"扩大企业自主权"的试点。试点的内容主要有：一是扩大企业的生产权和销售权；二是企业可以按工资总额或计划利润提取企业基金；三是提高企业对固定资产折旧基金的提留比例；四是流动资金试行金额信贷制度；五是贯彻按劳分配原则，改进奖励制度。

(2) 推行责任制。

由于农村家庭联产承包责任制取得了巨大成功，山东等一些省份试图将这种方法移植到工业企业。从 1981 年开始，全国各地有不少企业推行企业利润包干制度。1981 年 10 月，国务院批准《关于实行工业生产经济责任制若干问题的意见》。该项改革方案在全国范围内推行。工业经济责任制的基本目的是处理好国家与企业、企业与职工的关系，解决好企业吃国家大锅饭、职工吃企业大锅饭的问题。解决前一个问题的方法是利润留成、盈亏包干、以税代利、自负盈亏等，解决后一个问题的方法有计件工资、超产奖、浮动工资等。

（3）两步利改税。

1983 年 4 月，国务院又批发《关于国有企业利改税试行办法》的通知，决定从 1983 年开始国营企业实行第一步利改税。其主要内容有：凡有盈利的国营大中型企业，按实现利润缴纳 55% 的所得税，税后利润一部分上交国家，另一部分按国家核定的留利水平留给企业。凡有盈利的国营小型企业，按八级超额累进税率缴纳所得税，税后由企业自负盈亏。1984 年 9 月，国务院又批准了《关于国营企业推行利改税第二步改革的报告》。主要内容有：工商企业上缴国家财政的利润分别改为按 11 个税种缴税；国有大中型企业基期利润扣除按 55% 计算的所得税和 1983 年合理留利后的部分占基期利润的比例为调节税的税率。国有企业实现利润分别征收所得税和调节税；国有小型盈利企业按新的八级超额累进税率缴纳所得税后企业自负盈亏。

这一改革办法是将国家与企业的分配关系通过税法形式固定下来，使企业从依附于国家行政机关的地位中逐步解脱出来，改革进一步深化。

2. 第二阶段（1987—1991）

以推行各种经营责任制，实行所有权和经营权分离为主要内容。

（1）承包经营责任制。

1988 年 2 月，国务院批准了《全民所有制工业企业承包经营责任制暂行条例》，规定承包经营责任制，是在坚持企业的社会主义全民所有制的基础上，按照所有权与经营权分离的原则，以承包经营合同形式确定国家与企业的责权力关系，使企业做到自主经营、自负盈亏的经营管理制度。其主要内容是包上交国家利润、包完成技术改造任务、实行工资总额与经济效益挂钩。

这种制度在一定时期内将国家、企业与个人三者利益相结合，从而提高企业的经济效益。但是其缺点也是十分显著的，一是企业行为短期化，二是包盈不包亏，三是由于外部环境的影响不利于确定承包基数。

（2）租赁经营责任制。

1988 年 6 月 5 日，国务院发布的《全民所有制小型工业企业租赁经营暂行条例》第 3 条规定：租赁经营是在不改变企业的全民所有制性质的条件下，实行所有权与经营权的分离，国家授权单位为出租方，将企业有期限地交给承租方经营，承租方向出租方交付租金，并依照合同规定对企业实行自主经营的方式。企业租赁是一种租赁行为和租赁关系。主体双方为出租方和承租方，出租方将标的交给承租方，转移的只是使用权（经营权）而非所有权，承租方需向出租方交付租金。

（3）股份制。

1992 年 5 月 15 日，国家体改委、国家计委、财政部、中国人民银行和国务院生产办联合发布《股份制企业试点办法》。明确股份制企业试点的目的：一是转换企业经营机制，促进政企职责分开，实现企业自主经营、自负盈亏、自我发展和自我约束。二是开辟新的融资渠道，筹集建设资金，引导消费基金转化为生产建设资金，提高资金使用效益。三是促进生产要素的合理流动，实现社会资源优化配置。四是提高国有资产的运营效率，实现国有资产的保值增值。股份制企业是全部注册资本由全体股东共同出资，并以股份形式构成的企业。股东依据在股份制企业中拥有的股份参加管理、享受权益及承担风险，股份可在规定条件下或范围内转让，但不得退股。我国的股份制企业主要有股份有限公司和有限责任公司两种组织形式。

3. 第三阶段（1992 至今）

以理顺产权关系、转换企业经营机制和建立现代企业制度为主要内容。

（1）转换企业经营机制，搞活国有大中型企业。

1991 年 9 月，中央召开工作会议研究和讨论如何搞活国有大中型企业。随后，中央和地方政府出台了一系列措施，主要内容有进一步扩大企业自主权、增加企业技术改造投入、降低税率、保护国有大中型骨干企业、健全企业内部领导体制及加强企业内容管理等。1992 年 7 月，国务院又颁布了《全民所有制工业企业转换经营机制条例》。其主要内容有：企业对国家赋予其经营管理的财产享有占有、使用和依法处置的权力；这些权力包括企业生产经营决策权、产品和劳务定价权、产品销售权、物资采购权、进出口权、投资决策权、留用资金支配权、资产处置权、劳动用工权、联营和兼并权、人事管理权、工资和奖金分配权、内部机构设置权和拒绝摊派权共 14 项权力；企业作为法人实体，以国家授予其经营管理的财产承担民事责任。

（2）建立现代企业制度。

1993 年 11 月，党的十四届三中全会通过的《中共中央关于建立社会主义市场经济体制若干问题的决定》，构建了一个从旧的经济体制向新的经济体制过渡的宏伟蓝图。

《决定》就转换国有企业经营机制，建立现代企业制度作了论述。《决定》指出，以公有制为主体的现代企业制度是社会主义市场经济体制的基础。十几年来，采取扩大国有企业经营自主权、改革经营方式等措施，增强了企业活力，为企业进入市场奠定初步的基础。继续深化企业改革，必须解决深层次矛盾，着力进行企业制度的创新，进一步解放和发展生产力，从而发挥社会主义制度的优越性。

建立现代企业制度，是发展社会大生产和市场经济的必然要求，是我国国有企业改革的方向。其基本特征包括：一是产权关系明晰，企业中的国有资产所有权属于国家，企业拥有包括国家在内的出资者投资形成的全部法人财产权，成为享有民事权力、承担民事责任的法人实体。二是企业对其全部法人财产，依法自主经营、自负盈亏和照章纳税，对出资者资产保值、增值的责任。三是投资者按投入企业的资本额享有所有者的权益，即资产受益、重大决策和选择管理者等权力。企业破产时，出资者只以投入企业的资本额对企业债务承担有限责任。四是企业按照市场需求组织生产经营，以提高劳动生产率和经济效益为目的，政府不直接干预企业的生产经营活动。企业在生产竞争中优胜劣汰、长期亏损、资不抵债的应依法破产。五是建立科学的企业领导体制和组织管理制度，调节所有者、经营者和职工之间的关系，形成激励和约束相结合的经营机制。所有企业都向这个方向努力。

《决定》指出，改革和完善企业领导体制和组织管理制度。坚持和完善厂长（经理）负责制，保证厂长（经理）依法行使职权。实行公司制的企业，要按照有关法规建立内部组织机构。企业中的党组织要发挥政治核心作用，保证监督党和国家方针政策的贯彻执行，全心全意依靠工人阶级。工会与职工代表大会要组织职工参加企业的民主管理，维护职工的合法权益。要加强职工队伍建设，造就企业家队伍。形成企业内部权责分明、团结合作、互相制约的机制，调动各方面的积极性。企业要按照市场经济的要求，完善和严格内部经营管理，严肃劳动纪律，加强技术开发、质量管理及营销、财务和信息工作，提高决策水平、企业素质和经济效益。加强企业文化建设，培育优良的职业道德，树立敬厂爱厂、遵法守信及开拓创新的精神。

四、中国现代管理的发展趋势

20 世纪 90 年代以来，经济全球化、信息化和知识化迅猛发展，世界企业开始了一阵猛烈的管理变革风潮。我国也紧跟改革开放潮流，学习、引进及发展西方的管理模式和管理理念。从管理思想的形成和发展历史来看，中国现代管理的发展趋势，管理的思想是随着社会经济形势的变化而变化，随着科学技术的发展而发展，随着今后的社会经济环境的变化而变化，未来的管理学业也将发生很大的变化。这些变化会涉及很多方面，其变化的精度也会越来越能精确把握。根据目前对未来社会的发展预测，未来的管理将会呈现以下发展方向：

1. 管理思想的革新

几个世纪以来，尽管管理学派林立，管理理念层出不穷，但是当今世界信息化和知识化所带来的影响更加深刻，管理思想正经历着一场新的变革。管理的思想开始向着人本主义演变，从科学性管理向人文价值转变，管理的主体开始向着内外结合的管理方向发展，且以外部管理为主。新的管理思想强调充分利用团队合作，发挥团队的知识、经验、技巧和能力，发挥人民的主动性和创新性。共同创造未来，更加强调组织的社会职责，对管理伦理的研究也会加强。在未来社会中，人们发现很多社会问题单纯依靠法制是无法解决的，最终有赖于组织社会责任感的提高。组织的管理不仅表现在组织成员对组织利益的维护，还体现在对社会利益的维护和改善。

2. 组织形式的变革

现代的企业组织形式多种多样，并且随着企业的不断发展，其本身的管理制度随时进行着变革。另一方面，一些新的组织形式正不断地推出，如立体三维制、事业部制、矩阵制，以及与资产重组和一体化相适应的控股、参股等管理模式；其次，为适应今后变化更为频繁而剧烈的客观环境，借助信息化进行进一步的扁平式管理。再次，更具有柔性化管理特征的虚拟组织应运而生。虚拟组织突破了组织结构的有形界限，有利于借用外力来整合各种资源。更加注重对组织环境的研究，组织不仅仅是一个封闭的系统，必然与周围环境不断发生着联系和变化。未来社会变化多端、预测环境的变化及其对组织的影响程度，对组织的生存发展都有着重要的作用。

3. 管理方法和方式的转变

随着信息化和知识化的到来，管理的方法和手段相互促进、不断完善。作为管理手段的信息技术的发展，得到现有的有效的管理方法，如投资决策、排队论、博弈论、统筹方法及系统信息等发挥更加有效的作用。信息技术的发展还促进了管理方法的进一步发展，并得到更加有效的作用。管理方法的发展还促进了现代管理手段的不断完善，如人工技术、网络技术、虚拟技术、办公室化系统、决策支持系统、经理信息系统等管理手段不断完善和发展，信息化技术在企业管理的市场研究、产品设计、生产组织、人力管理、财务管理等方面得到更深入的广泛应用。

4. 管理实践的多样化

随着竞争环境的日益复杂化，已经没有一套固定的管理模式能适应各种组织的发展。每个组织都必须根据自己的特点和现代管理的基本法则来创造性地形成自己的管理特色。管理实践的丰富又进一步丰富了管理理论的发展，国际管理将有着重大的发展。随着对未来社会国际企业的进一步发展，国际贸易、国际金融的进一步扩大，如何妥善处理国际事务中一些特有的管理问题将有着较大发展。

第三节　西方管理思想的发展

一、西方古代管理思想

管理活动（如计划、组织、领导和控制）已存在几千年。世界各大文明的发祥地都有着令人叹为观止的管理奇迹，在这些奇迹中蕴涵着丰富的管理思想。

1. 行政管理思想

行政管理思想是人类管理史上发展最早也最全面的成果之一。在这方面，公元前两千多年前的古巴比伦王国，即有了较为成熟的管理形式，具体表现就是制定了有名的汉谟拉比法典——人类历史上第一部成文法典。它共有 282 条，内容涉及贸易、人的行为、工资、惩罚及社会生活的许多方面，甚至对最低工资、会计和收据的处理都作了规定。

古代埃及在行政管理方面的主要贡献是设立宰相职务，从而将神权和世俗权区分开来。据成书于公元前 17—公元前 1 世纪的《旧约全书》记载，其中一个有名的宰相就是约瑟。《圣经》中还提到许多有关管理的思想，如处于萌芽状态的管理咨询制度、例外原则及授权等。

古代印度的行政管理思想也有较大成就。孔雀王朝的大臣查纳卡雅·考底里耶（公元前 332—前 298 年）曾著有《政事论》一书，论述了如何维护经济、社会和政治秩序，论述了行政管理人员应具备的条件及选人、用人的方法等。《政事论》成为印度公共行政管理的奠基之作。

2. 生产管理思想

最能说明古代人类生产组织和生产管理思想的实例，首推埃及人于公元前 27 世纪修建的胡夫金字塔。这座巨大的陵墓，高 146 米，边长 230 米，是由 230 多万块巨石砌成。据测算，整个工程需动用数十万奴隶，历时 30 年。如果没有较强的组织能力和相关思想的指导，就绝不可能完成如此巨大的建筑工程。

古代生产管理思想，还可以从 15 世纪和 16 世纪时威尼斯造船厂的管理中体现出来。该船厂占有 60 英亩水陆面积，雇用 1000～2000 名工人。其任务有三方面：制造军舰、武器和装备；储存这些产品；装备和修理。工厂内部划分为若干职能部门，各有工头负责，一切依计划进行。装配战船是以流水作业形式完成的。一条战船从海道一端进来走到尽头，从武器、用具到食物、人员都配备完善，效率极高。

古希腊也留下了宝贵的生产管理思想。在公元前 370 年，希腊学者色诺芬曾对劳动分工做出如下论述：在制鞋工厂中，一个人只以缝鞋底为业，另一个人进行了剪裁，还有一个人制造鞋帮，再由一个人专门将各种部件组装起来。这里所遵循的原则是，一个从事高度专业化工作的人一定能工作得最好。

　3. 教会管理思想

在这一方面，欧洲中世纪的教会管理思想最有代表性。罗马天主教会也许是西方文明史上最持久而有效的正式组织。它之所以能历久不衰，除了其追求的目标具有诱人的魅力外，其组织之严密，管理技术之高超，无疑也是重要原因。它所实行的既分级又分领地且分部门的一套管理体制，使它能够控制地球各地几亿教徒的几乎全部生活，其中央机构——罗马教廷，几乎就是一个复杂的政府组织。无怪乎美国通用汽车公司和兰德公司的两名管理人员经过研究得出结论："可以说，罗马教廷作为一个高效率的部门化和行动协调的典范，也许在整个组织的领域内是无与伦比的。"

总之，古代的管理思想是适应当时的社会需要，在人们不断总结实践经验的基础上产生的。随着人类社会实践活动的广泛、深入开展和社会文明的进步，人类的管理也达到了相当高度。不过，古代管理思想毕竟受到人类自身发展程度、社会实践深入程度及广泛程度的限制，其局限性亦显而易见。具体来说，古代管理思想具有如下特点：一方面，直观性，具体表现在：孤立、零散，缺乏理论的系统性；肤浅、简单，缺乏理论的深刻性。这是因为当时生产力水平较低，谈不上生产的社会化程度，人们对管理经验的总结，更多停留在就事论事的基础上，得出的结论只能是一个孤立、分散的理论，不可能形成体系。

另一方面，古代管理思想具有明显的阶级局限性，表现在：① 有许多反科学的方面，比如常常借助迷信、神力和天道来管理；② 有反人道的一面，个人利益和个人精神不被重视；③ 包含着强烈的等级观念，强调自上而下的严密控制和自下而上的服从关系。

二、近代西方管理理论的先驱者

英国工业革命之后，随着机器化的工厂制度取代手工的工场制，西欧资本主义制度得以确立。适应资本主义大工业生产而提出的管理理论，已经开始自觉地研究管理行为及规律，这是人类管理思想史上质的飞跃。在此之前，已有众多的企业界和理论界人士开始自觉研究管理问题，他们的研究成果构成了管理理论的前奏文化和思想源头，为管理理论的诞生奠定了直接的现实基础。这方面的人物很多，其中贡献较大的有：

　1. 小詹姆斯·瓦特和马修·鲁滨逊·博尔顿

他们的贡献在于发展了以下的管理技术：市场研究与预测技术，生产计划技术，生产过程规范化和产品部件标准化，依据工作流程有顺序地安装机器，建立详尽的生产统计记录，按机床、部门进行成本利润核算，培训工人与管理人员，按成果支付工人工资，工人福利由工人自己管理等。

　2. 亚当·斯密

作为古典经济学之父的亚当·斯密在 1776 年出版的代表作《国民财富的性质和原因的

研究》一书中，不仅对经济和政治理论作了卓有成效的论述，还对管理问题进行了探讨。他以当时英国的制针业为例，说明了劳动分工给制造业带来的变化。他说，"一名没有受过专门训练的工人，恐怕一天也难以制造出一枚针来。如果希望他每天制造 20 枚针，那就更不可能了。如果将制针分为若干工作程序，每一程序都成为一项专门工作，一个人抽铁丝，一个人拉直，一个人切截，一个人磨尖铁丝的一端，一个人磨另一端，以便装上圆头，有了分工，相同数量的劳动者就能完成比过去多得多的工作量。"据亚当·斯密说，在他那个时候，10 个男人分工合作每天能制针 48000 多枚。劳动分工之所以能提高生产效率，亚当·斯密认为有三个原因：① 劳动者的技巧因业专而日进；② 通过分工免除了由一种转到另一种工作而损失的时间；③ 许多简化和缩减劳动的机械发明，使一个人能够做许多人的工作。

3. 罗伯特·欧文

作为英国著名的空想社会主义者罗伯特·欧文，同时也是 19 世纪最有成就的实业家之一。他对管理理论的贡献是首次提出了关心人的哲学，并在他与其他人合办的新拉纳克工厂进行了全面实验。其主要内容有：① 改善工厂内的工作条件；② 限制童工的最低年龄；③ 缩短工人的劳动时间；④ 为工人提供厂内膳食；⑤ 设立按成本向工人出售生活必需品的商店；⑥ 通过建造房舍与修筑街道改善工人居住条件等。罗伯特·欧文试图在企业内建立起一种全新的人际关系，故被誉为"人际关系之父"。

4. 查尔斯·巴贝奇

作为科学管理的先驱者，巴贝奇更全面、更细致地分析了劳动分工能提高生产效率的原因，主要包括：① 节省了学习所需要的时间；② 节省了学习过程中所耗费的材料；③ 节约了从一道工序转到另一道工序所耗费的时间；④ 节省了更换工具所耗费的时间；⑤ 重复同一操作，技术熟练，工作速率加快；⑥ 注意力集中于单一作业，便于改进工具和机器；⑦ 经常作某一项工作，肌肉得到了锻炼，不易疲劳。

巴贝奇特别强调劳资协作，提出了一种固定工资加利润分享的制度，以调动劳动者的工作积极性。他认为这种制度的好处是：① 每个工人同工厂的发展和利润多少有直接的利害关系；② 每个工人都会关心浪费和管理不善的问题；③ 能促使每个部门改进工作；④ 鼓励工人提高技术和品德，表现不好者减少分享的利润；⑤ 工人与雇主利益一致，能消除隔阂、共求发展。

巴贝奇在《论机器和制造业的节约》一书中，以数学家的眼光对劳动分工的效益，主管人员对设备、物质及人力使用上的具体管理技术进行了较全面的论述。为了进行具体的核算，他甚至设计了一张供管理人员使用的有关原料正常消耗、开支、工具、价格、最终市场、工人工资、工作周期等方面的问题表。他还探讨了能使投资效率更高的、大工厂的优越性及这些工厂原来来源的恰当位置，探讨了工艺过程和制造成本，探讨了在同一领域各个企业的比较研究等。

5. 安德鲁·尤尔

安德鲁·尤尔以管理教育的先驱而著称。他首先建议自己所任教的学校建立起专门向工人传授知识的学院，该学院后来成为培养管理人员的基地。尤尔的管理思想主要是强调三个原则：① 机械原则，即协调生产的技术和过程；② 道德原则，即协调工人的知识和行为；③ 商业原则，即协调销售和筹措资金过程中的各种关系。

6. 丹尼尔·麦卡勒姆和亨利·普尔

麦卡勒姆在实践中制定了严密的管理制度，包括：① 恰当地划分并履行职责，实行明确的分工负责制；② 为了使人更好地履行职责，必须授予其足够的权力；③ 采取措施以了解每个人是否忠实地履行了职责；④ 通过实行每日报告核查制度反映情况。

不仅如此，麦卡勒姆还制定了严密的组织措施，包括职工按其职务要求分为等级，并穿上标有等级的制服；为职工拟定了职务说明书，职工必须按职务要求开展工作；绘制出组织图以表示各部门之间的分工和报告控制关系，这是最早的组织图。麦卡勒姆的这些经验被美国宾夕法尼亚铁路公司所采用。

麦卡勒姆的管理制度和措施遭到了工人的反对，但却得到了亨利·普尔的高度赞扬。作为《美国铁路杂志》的编辑，亨利·普尔进一步发挥了麦卡勒姆的管理思想：一方面主张建立一种管理体系。他从麦卡勒姆的制度和措施中归纳出建立和健全管理体系的三条基本原则，即组织原则、沟通原则和信息原则。另一方面注意企业中人的因素，提出改变僵化的领导作风。作为一名出色的管理先驱，他在泰罗之前 50 多年就提出了建立严格管理制度的思想，在法约尔之前 60 年就提出了集中指挥的问题，在梅奥之前的 70 多年就提出了人的因素问题，而在阿吉里斯 100 年前就提出了消除正式组织刻板性问题，这些都是十分难能可贵的。

三、古典管理思想

19 世纪最后数十年，工业出现前所未有的变化：工厂制度日益普及、生产规模不断扩大、生产技术更加复杂、生产专业化程度日益提高及劳资矛盾也随之恶化。随着资本主义生产力和生产关系的迅速发展，组织和管理企业的拙劣方式便成为当时阻碍生产率提高的主要障碍。这种状况客观上要求用科学的管理来代替传统的经验管理方法。于是，在 20 世纪初资本主义自由竞争到四十年代资本主义垄断形成之间的几十年中，诞生了科学管理思想。科学管理实现着眼于寻找科学的管理劳动和组织方法，包括三个不同的学派：科学管理学派、一般管理学派和官僚组织学派。科学管理思想有时也称之为古典管理思想。

（一）科学管理理论

最先突破传统的经验管理思想的代表人物是美国的泰罗（1865—1915）。他于 1911 年发表的《科学管理原理》，提出了通过对工作方法的科学研究来提高工人劳动效率的基本理论与方法。泰罗在该书中提出的理论奠定了科学管理的理论基础，标志着科学管理思想的正式形成，泰罗也因而被西方管理学界称为"科学管理之父"。

泰罗出生在美国费城一个富裕的律师家庭，从小醉心于科学研究和试验。从 18 岁进入钢铁厂当工人，做过技工、工头、车间主任、总工程师，泰罗的经历使他对生产现场很熟悉，对生产基层很了解。长期的切身观察使泰罗认识到工人"磨洋工"，一方面是因为"人的懒散的天性"，另一方面则是因为落后的管理。他认为单凭经验进行管理的方法是不科学的，必须加以改变。但是，当时守旧的势力很大，工人是自己决定制造方法，工厂主是自己决定管理方法，各人所掌握的技艺和积累的经验对别人都严守秘密。虽然处在这样僵化和守旧的环境中，泰罗还是利用自己取得的地位，开始了管理方面的革新活动。泰罗认为，通过研究某一工序的时间和动作便可确定完成该工序内任意一项工作任务的最有效方法。计件工资制能使雇员的工作努力最大化，对雇员的选拔和培训应当基于才干、技艺的全面了解。泰罗还提倡改革工商企业的组织结构。比如，一个部门由一个工头大权独揽的做法，应当让位于几个工头分工负责某一方面，或生产、或机器维修、或人事管理等。

1. 主要内容

泰罗所创立的管理理论有以下几个主要观点。

（1）科学管理的根本目的是谋求最高工作效率。泰罗认为，最高的工作效率是工厂主和工人共同达到富裕的基础，能使较高的工资与较低的劳动成本统一起来，从而使工厂主得到较多的利润，使工人得到较高的工资。这样便可以提高他们扩大再生产的兴趣，促进生产的发展。所以，提高劳动生产率是泰罗创立科学管理理论的基本出发点，是泰罗确定科学管理的原理和方法的基础。

（2）达到最高工作效率的重要手段，是用科学的管理方法代替旧的经验管理。泰罗认为管理是一门科学。在管理实践中，建立各种明确的规定、条例及标准，使一切变得科学化和制度化。这也是提高管理效能的关键。

（3）实施科学管理的核心问题，是要求管理人员和工人双方在精神上、思想上来一个彻底变革。1912 年，他在美国众议院特别委员会所作的证词中强调指出：科学管理是一场重大的精神变革。他要求工厂的工人树立对工作、同伙及雇主负责任的观念；同时，也要求管理人员（领工、监工、企业主、董事会）改变对同事、工人及一切日常问题的态度，增强责任观念。通过这种重大的精神变革，可使管理人员和工人双方都将注意力从盈利分配转到增加盈利数量上来。当他们利用友好合作和互相帮助代替对抗和斗争时，他们就能够生产出比过去更加多的盈利，从而使工人的工资大幅增加，使企业主的利润也大大增长。这样，双方之间便没有必要再为盈利分配而争吵了。

根据以上观点，泰罗提出了科学管理的四原则：① 对工人工作的每一个要素开发出科学方法，用以代替老的经验方法。② 科学地挑选工人，并对他们进行培训、教育和使之成长。而在过去则是由工人自己挑选工作，并尽自己的可能进行自我培训。③ 与工人们衷心地合作，以保证一切工作都按已形成的科学原则去办。④ 管理当局与工人在工作和职责的划分上几乎是相等的，管理当局将自己比工人更胜任的各种工作都承揽过来。而在过去，几乎所有的工作和大部分责任都推到了工人们头上。

科学管理思想的核心是认为应该通过科学的研究来决定工作方法，而不是凭每一个工人自己过去的经验。泰罗认为，科学管理是管理思想上的一次"革命"。以前，劳资双方的兴趣集中在双方共同努力所取得的盈利合理分配上，而若遵循科学管理的四项原则，劳动生产率将得到充分提高，从而使得如何分配盈余的争论成为不必要。提高效率是工人能取得较高工资和资本家能获得较多利润的前提，科学管理所要做的一切就是提高劳动生产率。

在企业管理实践中，泰罗从上述管理思想出发，做了许多开拓性的工作：进行劳动方法、工具及材料的标准化；对工人进行科学训练；实行刺激性的差别计件工资制；明确管理工作专业化；采用职能组织形式；推行"例外管理"制度等。与泰罗同时代的科学管理学派的著名学者，还有甘特、吉尔布雷思夫妇等。

弗兰克·吉尔布雷斯曾经是一位建筑承包商。1912 年，当他在一次专业会议上聆听泰罗的演讲后，放弃他的承包商生涯转而致力于研究科学管理。同他的心理学家妻子莉莲一起，研究工作安排和消除手、身体动作的协调性问题。吉尔布雷斯夫妇还在设计、采用适当的工具和设备，使工作绩效最优化方面进行大量试验。弗兰克·吉尔布雷斯最著名的实验就是关于省略砌砖动作的研究。

吉尔布雷斯夫妇是首先采用动作摄影来研究手、身体动作的研究者之一。他们发明一种瞬时计，用来记录 $1/2000$ 秒的时间，将它置于要拍照的研究现场，以决定工人在每个动作上花费的时间，从而能够辨认出被肉眼忽略的浪费动作并将其省去。吉尔布雷斯夫妇还设计出一种分类体系，用来标识手的17种基本动作，如"寻找""选择""抓取""持握"等，均被称为基本动作元素。这套体系使吉尔布雷斯夫妇能够以更精确的方式，分析任何操作者手的运动所包含的动作要素。

泰罗在米德韦尔和伯利恒钢铁公司的一位亲密同事是年轻的工程师亨利·L·甘特。像泰罗和吉尔布雷斯一样，甘特寻求通过科学的调查研究提高工人的效率，他扩展了泰罗某些最初的思想，并加进自己的理解。例如，甘特发明的一种奖金制度，对那些以少于标准规定的时间完成工作的人给予额外奖励。他还引入一种对领班的奖金制度，只要领班手下的所有工人都完成定额，不仅工人还有领班本人都可以得到一份额外的奖金，从而使科学管理的应用对象不仅包括操作者还包括工作的管理者。

甘特最著名的发明是创造一种线条图称为甘特图，使管理者能够利用它来进行计划和控制。甘特图在一个坐标轴上表示出计划的工作与完成的工作，在另一个坐标轴上表示出已经过去的时间，这在当时称得上是一项革命。甘特图使管理当局能够随时看到计划的进展情况，及时采取必要的行动保证项目按时完成。甘特图及其各种改进，今天仍广泛用于各种组织中，并作为安排工作进度计划的手段。

2. 基本评价

泰罗制应用在生产现场管理中虽然效果显著，但其推广却并不顺利。这一方面是由于社会上传统意识的影响，另一方面是由其本身存在的弱点。

（1）冲破多年沿袭下来的、传统而落后的经验管理办法，将科学引进管理领域，并且创立一套具体的科学管理方法来代替单凭个人经验进行作业和管理的旧方法。这是管理理论上的进步，也为管理实践开创的新局面。

（2）由于采用科学的管理方法和操作程序，使生产效率提高二三倍，推动生产的发展，适应资本主义经济在这个时期的发展需要。

（3）由于管理职能与执行职能的分离，企业中开始有一些人专门从事管理工作。这就使管理理论的创立和发展有了实践基础。

（4）泰罗将工人看成是会说话的机器，只能按照管理人员的决定、指示及命令进行劳动，在体力和技能上受最大限度的压榨。泰罗的"标准作业方法""标准作业时间""标准工作量"，都是以身体最强壮、技术最熟练的工人进行最紧张的劳动时所测定的时间定额为基础的，是大多数工人无法忍受和坚持的。因此，泰罗制是资本家最大限度压榨工人血汗的手段。他将人看作是纯粹的"经济人"，认为人的活动仅仅出于个人的经济动机，忽视企业成员之间的交往及工人的感情、态度等社会因素对生产效率的影响。泰罗认为，工人集体行为会降低工作效率，只有使"每个工人个别化"才能达到最高效率。此外，他所强调的"科学管理"是"精神变革"，而"对劳资双方都有利"，掩盖了早期资本主义制度对工人进行剥削的实质。

列宁曾对泰罗制作了全面而深刻的评价。他认为，资本主义在这方面的最新发明——

泰罗制，也同资本主义其他一切进步的东西一样，具有两个方面。一方面是资产阶级剥削的最巧妙的残酷手段，另一方面是一系列最丰富的科学成就，即按科学来分析人在劳动中的机械运动、省去多余的笨拙动作、指定最精确的工作方法、实行最完善的计算和监督制等。同时，他还进一步强调，苏维埃共和国要密切注视泰罗制的最新发展，借鉴和吸收其先进的成果，改善经营管理，促进经济发展。

泰罗制是适应历史发展的需要而产生的，同时也受到历史条件和倡导者个人经历的限制。当时，要增加企业利润，关键是提高工人的劳动效率。泰罗本人长时间从事现场的生产和管理工作，故他的一系列主张主要是解决工人的操作问题、生产现场的监督和控制问题、管理的范围比较小，以及管理的内容也比较窄。企业的供应、财务、销售及从事等方面的活动，基本没有涉及。

（二）一般管理理论

当泰罗等人在美国研究和倡导科学管理的同时，欧洲出现对组织管理的研究，他们中的杰出代表是亨利·法约尔和马克斯·韦伯。

1. 法约尔理论的主要内容

法约尔（1841—1925），法国工业家，1860 年从矿业学校毕业，从 1866 年开始一直担任高级管理职务。根据自己 50 多年的管理实践经验，法约尔于 1916 年发表了《工业管理和一般管理》一书，提出适用于一切组织的管理五大职能（计划、组织、指挥、协调和控制）和有效管理的 14 条原则，见表 2-1。

表 2-1 法约尔的 14 条管理原则

1	工作分工	这条原则与亚当·斯密的"劳动分工"原则是一致的。专业化通过使雇员们的工作更有效率，从而提高了工作的成果
2	职权	管理者必须有命令下级的权力，职权赋予管理者的就是这种权力。但是，责任应当是权力的孪生物，凡行使职权的地方就应当建立责任
3	纪律	雇员必须遵守和尊重统治组织的规则，良好的纪律是有效的领导者造就的。对管理者与工人之间的关系的清楚认识，关系到组织的规则，明智的运用惩罚与对付违反规则的行为
4	统一指挥	每一个雇员应当只接受来自一位上级的命令
5	统一领导	每一组具有同一目标的组织活动，应当在一位管理者和一个计划的指导下进行
6	个人利益服从整体利益	任何雇员个人或雇员全体的利益，不应当置于组织的整体利益之上
7	报酬	对工作人员的服务必须支付公平的工资
8	集中	集中是指下级参与决策的程度，决策制定是集中（集中于管理当局）还是分散（分散给下属），只是一个适当的程度问题，管理当局的任务是找到在每种情况下最适合的集中程度

9	等级链	从最高管理到最低管理的直线职权代表了一个等级链,信息应当按等级链传递。但是,如果遵循等级链会导致信息传递的延迟,则允许横向交流,条件是所有当事人同意和通知各自的上级
10	秩序	人员和物料应当在恰当的时候处在恰当的位置上
11	公平	管理者应当蔼和公平地对待下级
12	人员的稳定	雇员的高流动率是低效率的,管理当局应当提供有规则的人事计划,并保证有合适的人选接替职务的空缺
13	首创精神	允许雇员发起和实施他们的计划,将会调动他们的极大热情
14	团结精神	鼓励团队精神,将会在组织汇总建立和谐与团结

法约尔认为,管理理论是指有关管理的、得到普遍承认的理论,是经过被普遍经验检验并得到论证的一套有关原则、标准、方法及程序等内容的完整体系,有关管理的理论和方法不仅适用于企业,也适用于军政机关和社会团体。这些正是其一般管理理论的基石。法约尔通过对企业全部活动的分析,将管理活动从经营职能(包括技术、商业、财务、安全和会计的五大职能)中提炼出来,成为经营的第六项职能。他认为管理是普遍的一种单独活动,有自己的一套知识体系,由各种职能构成。管理是管理者通过完成各种职能来实现目标的一个过程。企业中的每组活动都对应一种专门的能力,如技术能力、商业能力、财务能力及管理能力等。而随着企业由小到大、职位由低到高,管理能力在管理者必要能力中的相对重要性不断增加,而其他诸如技术、商业、财务、安全及会计等能力的重要性则会相对下降。法约尔还认为管理能力可以通过教育获得,缺少管理教育是由于没有管理理论。每一个管理者都按照自己的方法、原则和个人的经验行事,但是谁也不曾设法使那些被人们接受的规则和经验变成普遍的管理理论。

2. 对法约尔一般管理理论的评价

(1)虽然法约尔的管理思想与泰勒的管理思想都是古典管理思想的代表,但法约尔管理思想的系统性和理论性更强,后人根据他建立的构架,建立了管理学并将其引入课堂。

(2)法约尔提出的管理原则,经过多年的研究和实践证明,总的来说仍然是正确的。这些原则过去曾经给实际管理人员巨大的帮助,现在仍然为许多人所推崇。

(3)法约尔一般管理理论的主要不足之处是他的管理原则缺乏弹性,以至于有时实际管理工作者无法完全遵守。

(三)官僚组织理论

马克斯·韦伯是德国著名的社会学家和哲学家,他在组织管理方面有关行政组织的观点对社会学家和政治学家都有着深远的影响。他不仅考察了组织的行政管理,还广泛地分析了社会、经济及政治结构,深入研究工业化对组织结构的影响。他提出了所谓理想的行政组织体系理论,其核心是组织活动要通过职务或职位,而不是通过个人或世袭地位来管理。他的理论是对泰罗和法约尔理论的一种补充,对以后的管理学家,尤其是组织理论学家有重大影响,因而在管理思想发展史上被人们称之为"组织理论之父"。

1. 主要内容

马克斯·韦伯的官僚行政组织的理想组织模式是一种体现劳动分工原则的、有着明确定义的等级和详细的规则与制度，以及非个人关系的组织模式。韦伯认为，尽管这种"理想的官僚行政组织"在现实中是不存在的，但它代表了一种可供选择的现实世界的重构方式。他把这种模式作为推理的基础，用来推论在一个大的团体中，应当有哪些工作和应当如何从事这些工作。他的理论成为设计今天许多大型组织的原型。韦伯的理想官僚行政组织结构的详细特征概要地描述在表2-2中。

表 2-2 韦伯的理想官僚行政组织结构的主要特征

1	劳动分工	工作应当分解成为简单的、理性的和明确定义的任务
2	职权等级	公职和职位应当按等级来组织，每个下级应当接受上级的控制和监督
3	正式的选拔	所有的组织成员都是依据经过培训、教育或正式考试取得的技术资格选拔的
4	正式的规则和制度	为了确保一贯性和全体雇员的活动，管理者必须倚重正式的组织规则
5	非人格性	规则和控制的实施具有一致性，避免掺杂个性和雇员的个人偏好
6	职业定向	管理者是职业化的官员而不是他所管理的单位的所有者，他们领取固定的共组，并在组织中追求他们职业生涯的成就

韦伯的理想行政组织结构可分为三层，其中最高领导层相当于组织的高级管理阶层，行政官员相当于中级管理阶层，一般工作人员相当于基层管理阶层。企业无论采用何种组织结构，都具有这三层基本的原始框架。

2. 基本评价

韦伯提出的官僚组织结构，其实是一种效率很高的组织形式。因为它能在技能和效率的基础上，使组织内人们的行为理性化，具有一致性和可预测性。今天各种各样的组织，不管是工厂、学校、机关、医院或军队，都或多或少地具有官僚集权组织的某些特征。尽管官僚组织结构有较多的缺陷，但从纯技术的角度看，官僚制强调的是知识化、专业化、制度化、标准化、正式化和权力集中化，确实能给组织带来高的效率。但是，今天人们却也经常在批评官僚组织结构理论。人们将官僚制度、官僚主义及官僚作风作为组织效率低下的代名词。对于官僚制度的批评，主要有以下几个方面：

（1）诸多假设的有效性问题。比如说，官僚组织结构理论强调建立等级系统，认为它有助于促进纪律和加强统一指挥原则，而且官僚组织结构理论是以技术为根据来选择候选人的。在这里，官僚组织结构理论就隐含着这样一个假设的前提：当上级与下级之间出现不协调时，上级的判断必然比下级的判断正确。显然，这个假设存在着明显的缺陷。因为上级并不可能总是比下级正确。又比如说，官僚组织结构理论强调人际关系的非人格化，决策者在决策时考虑的只是规章、程序、合理性和效率。其中，隐含着的一个假设前提是：组织中只存在正式组织的框架，否认人的感情等非正式组织方面的因素对管理者决策的影响。显然，这个假设前提也是不能完全成立的。

（2）人们对官僚组织结构理论最激烈的批评是过分地强调执行规章制度。当然，任何一个组织都要有一定的规章制度，以规范组织和组织成员的行为。但是，过分地强调规章制度也会抑制创造力、革新精神。它使得组织的"官僚们"在遵守规章制度的借口下不做与现实不相关的决策，不过早做决策，不做其他人会做的决策。对于官僚们来说，只要按章办事就不会犯错误，至于说如何才能提高组织的效率，则不是他们所要考虑的事情。久而久之，官僚组织中的"官僚们"就形成这样的行为规范：求稳定和坚持原则对个人成功是至关重要的；宁可将冒险的决策推给别人，也不愿意自己冒可能犯错误的风险；否定一个建议比肯定一个建议更安全；慢慢研究比马上决定更为稳妥。其结果就形成人们所批评的、效率低下的"官僚主义"和"官僚作风"。

四、行为管理思想

科学管理思想通常将人只看成是"经济人"，即工人只是为了追求最高工资的人。通常工人在干活时常采取"磨洋工"的办法，因此应用严格的科学办法来进行管理。如泰罗主张用"科学管理"的方法，由工程技术人员设计科学的操作方法，工人严格地照章执行即可提高生产率；法约尔则从企业整体的角度，推行一套科学的管理原则；韦伯的官僚组织体系同时也是一种科学的管理组织体系。他们的共同特点是强调组织和管理的科学性、精密性而忽视了人的因素，工人被看成只是组织中的一个零件。因而，科学管理理论在提高劳动生产率方面虽然取得显著的成绩，但会激起工人特别是工会的反抗，使欧美等国的统治阶级感到单纯用科学管理等传统的管理理论和方法已不能有效控制工人，不能达到提高生产率和利润的目的，必须有新的企业管理理论来缓和矛盾，促进生产率的提高。在这种情况下行为管理思想应运而生。

（一）早期的行为学家及其思想

在 19 世纪和 20 世纪早期，尽管有许多人都认识到人的因素对组织成功的重要性，但是，罗伯特·欧文、雨果·明斯特伯格和玛丽·帕克·福莱特无疑是最突出的。

罗伯特·欧文是一位成功的苏格兰生意人，于 1789 年买下他的第一家工厂时才 18 岁。由于憎恶他所见到的苏格兰各处工厂中的粗劣做法（诸如雇佣的童工，许多年龄甚至不满 10 岁、13 个小时工作日及恶劣的工作条件），使得欧文成为一位改革者。他谴责工厂主们关心他们的设备胜过关心雇员。欧文指出，将钱花在提高劳动力素质上是企业经理最佳的投资之一。他认为关心雇员既能为管理当局带来高利润，同时又能减轻人们的痛苦。欧文设想了一个乌托邦式的工作场所。早在 1825 年，他就提出应在法律上规定工作日时间、制定童工法、普及教育、由公司提供工作餐，以及企业参与社区发展计划。

雨果·明斯特伯格是一位德国心理学家，开创了工业心理学领域，对工作中的个人进行科学研究以使其生产率和心理调适最大化。他在发表于 1913 年的著作《心理学与工业效率》中，论述了对人类行为进行科学研究以辨认出一般模式和解释个人之间差异的重要性。明斯特伯格建议用心理测验来改进雇员的选拔，用学习理论评价培训方法的开发及对人类行为进行研究，以便搞清激励工人最有效的方法。他看出了科学管理与工业心理学之间的联系，二者都是通过科学的工作分析，以及通过使个人技能和能力更好地适合各种工作的要求，寻求提高生产率。现代社会关于甄选技术、雇员培训、工作设计和激励的知识，很多都建立在明斯特伯格的研究工作基础上。因此，雨果·明斯特伯格被称为"工业心理学之父"。

玛丽·帕克·福莱特是一位社会哲学家，也是最早认识到应当从个人和群体行为的角度考察组织的学者之一。作为一个变革者，她的著作虽然写作于科学管理时代，但却提出了更富人本导向的思想。福莱特认为，组织应该基于群体道德而不是个人主义，个人潜能只有通过群体的结合才能释放出来，否则永远是一种潜能。管理者的任务是调和与协调群体的努力，管理者和工人应将他们看作合作者，即共同群体的一个部分。因此，管理者应当更多地依靠他的知识和专长去领导下属，而不是依靠职务的正式权力。福莱特的人本思想影响着以后人们看待动机、领导、权力和权威的方式。

（二）霍桑实验及其影响

霍桑实验是在美国西方电气公司设在伊利诺伊州西塞罗的霍桑工厂中实施的。此项研究始于 1924 年，最后在 20 世纪 30 年代早期又扩大范围继续研究了几年。最初的研究是由西方电气公司的工业工程师们设计的，目的是检查不同的照明水平对工人生产率的影响。研究人员建立了试验组和对照组，试验组被给予不同的照明强度，而对照组则保持原有的照明强度不变。工程师们原来估计个人产量与光线亮度有直接关系，但是他们发现当试验组的亮度增加时，两个组的产量都增加了。更令工程师们惊异的是，当试验组的亮度水平下降时两个组的生产率继续提高。事实上，只当光线亮度降至月光高度的水平时，试验组的生产率才有所下降。工程师们得出这样的结论，照明强度与生产率没有直接关系，但他们无法解释自己所目睹的工人行为。

到 1927 年，西方电气公司的工程师们邀请哈佛大学的埃尔顿·梅奥教授作为顾问加入研究。于是试验又重新开始，一直持续到 1932 年。新的试验包含大量的试验方案，其中有工作的重新设计、改变工作周和工作日的长度、在工作中间引入休息时间，以及个人工资计划与群体工资计划的比较等。例如，其中一项试验设计是用于评估群体计件奖金制度对群体生产率的影响。结果表明，奖金计划对工人生产率的影响小于群体的压力、接纳和安全感的影响。由此得出结论，群体的社会准则或标准是决定工人个人行为的关键要素。

梅奥的结论是行为和情绪是密切相关的，群体对个人行为有巨大影响，群体工作标准规定了单个工人的产量，在决定产量方面金钱因素比群体标准、群体情绪和安全感的作用要小。这些结论导致在组织如何发挥功能和获取目标方面对人的因素进行新的重视，同时也导致家长式管理增多。

一些人对霍桑试验的程序和现象的分析，以及结论的导出提出了批评。但是，从历史的观点来看，霍桑研究在学术上是否严谨及其结论是否得到证明并不是很重要的。重要的是，它激起了对人的因素的兴趣。霍桑研究对改变当时那种认为人与机器无差别的流行观点起了很大作用。

（三）人际关系运动

人际关系运动的成员一致相信雇员满意的重要性——一个满意的工人定会是一个富于生产性的工人。这个运动的代表人物有戴尔·卡内基、亚伯拉罕·马斯洛和道格拉斯·麦格雷戈。他们个人观点的形成，更多地来自他们各自的哲学观点而不只是大量的研究证据。

戴尔·卡内基常常被管理学者们忽略，但是他的思想和教学实践有着巨大影响。在 20 世纪三四十年代和五十年代里，上百万的人读过他的《怎么赢得朋友和影响人们》一书。此外，在此期间成千上万的人参加了他的管理讲座和研讨班。卡内基认为成功的方式是争取其他人的合作。卡内基告诫人们成功之路在于：① 通过对人们努力的真诚赞赏使人们感到他们自己是重要的；② 建立良好的第一印象；③ 通过让别人讲话对其表示同情及"从不对一个人说他错了"的方式，使人们接受你的思维方式；④ 通过赞扬人们的优点和给予反对者机会来维护他们面子的方式，改变人们的态度。

亚伯拉罕·马斯洛这位人道主义心理学家，从理论上提出了人类需要的五个层次，依次是生理需要、安全需要、社会需要、尊重需要和自我实现的需要。从动机的角度来看，马斯洛认为需要层次中的每一步必须得到满足，下一层次的需要才会被激活；一旦某种需要被充分满足，它就不再对行为产生激励作用。此外，马斯洛相信自我实现（即发挥出一个人的全部潜能）是人类生存的最高需要。那些接受了马斯洛的需要层次论的管理者，试图改变他们的组织和管理实践，以消除雇员们自我实现道路上的障碍。

道格拉斯·麦格雷戈最著名的理论，是关于人性的两套系统性假设——X 理论和 Y 理论。简要地说，X 理论基本上是一种关于人性的消极观点，假设人们缺乏雄心壮志，不喜欢工作，总想回避责任，以及需要在严密的监督下才能有效地工作；另一方面，Y 理论提出了一种积极观点，假设人们能够自我管理、愿意承担责任，以及将工作看做像休息和玩一样自然。麦格雷戈相信 Y 理论假设最恰当地抓住了工人的本质，对管理实践具有指导意义。

人际关系理论的倡导者们（包括卡内基、马斯洛和麦格雷戈）联系在一起的共同线索，是对人的能力不可动摇的乐观态度。他们坚信事业和从不动摇信念，甚至在面对矛盾的证据时也是如此，再多的反例和研究证据也不会改变他们的观点。当然，尽管其观点缺乏客观性，但人际关系运动的倡导者们确实影响了管理理论和实践。

（四）行为科学学派

行为科学理论家依靠科学方法研究组织行为，对组织中人的行为进行客观研究，小心地力图使他们的个人信仰不卷进自己的工作中。他们追求严格的研究设计，从而使他们的研究能够被其他行为科学家复制。他们这样做的目的是希望建立组织行为的科学理论。

这些心理学家，如弗雷德·菲德勒、维克托·弗鲁姆、弗雷德里克·赫茨伯格、埃德温·洛克、戴维·麦克莱兰及理查德·哈克曼，对后来人们理解领导、雇员动机和工作设计作出重要贡献。具有社会学背景的研究者也使人们对组织行为的理解取得了显著进展，如杰弗里·普费弗、肯尼思·托马斯和查尔斯·佩罗，对人们理解权力、冲突和组织设计增加了重要的见解。

（五）基本评价

行为科学对管理学的贡献，主要表现在以下两方面：

（1）行为科学引起管理对象重心的转变。传统的古典管理理论是将重点放在对事和物的管理上，强调的是使生产操作标准化、材料标准化和工具标准化，建立合理的组织结构、有效的组织系统和明确的职责分工等，而忽视了个人的需要和目标，甚至将人看成是机器，从而忽视了人的主动性和创造性。行为科学与此相反，强调要重视人这一因素的作用。它显然是认识到一切事情都要靠人去做，一切产品的生产都要靠人去实现，一切的组织目标都需要人实现。因而，应当将管理的重点放在人及其行为的管理上。这样，管理者就可通过对行为的预测、激励和引导，来实现对人的有效控制，并通过对行为的有效控制，达到对事和物的有效控制，从而实现管理的预期目标。

（2）行为科学引起管理方法的转变。随着对人性的认识和管理对象重点的变化，管理的方法也发生重大的变化，由原来的监督管理转变到人性化的管理。传统的古典管理理论强调自上而下的严格的权力和规章制度的作用，将人看成是会说话的机器，在管理活动中施以强大的外界压力，派工头进行严格的监督，造成工人心理上的压力而产生对立情绪，而忽视人的社会关系和感情因素的作用，以及人的主动性和创造性。与此相反，行为科学则强调人的欲望、感情和动机的作用，因而在管理的方法上强调满足人的需要和尊重人的个性，以及采用激励、诱导的方式来调动人的主动性和创造性，借此将人的潜力充分发挥出来。与此相对应，企业界提出了"以职工为中心的""弹性的"管理方法，出现了"参与管理""目标管理""工作内容丰富化"等各种新的管理方式。

行为科学也存在一些缺陷。例如：管理学者对人际关系理论的研究方法（包括霍桑实验中所运用的方法和过程）进行了批评。在他们看来整个实验过程中，研究者一方面受到实验室中受控实验的需要束缚，另一方面受到正在进行中的、实际经验的束缚，尤其是主观愿望先入为主的影响。

此外，行为科学研究的对象是人，告诉管理者对人管理时应采取什么行为，但在管理中被管理者的对象不仅仅是人，只对人进行研究的管理显然是不完善的。除了人性行为以外，还应有某些技术方面的知识。如果没有这些因素，管理人员即使有了行为知识，也将无法应用，这正是行为学派的缺陷。比如管理者往往要从整体、系统的角度研究管理，管理者要考虑建立管理制度和对组织整体战略进行决策，这些经常需要的管理是行为学派未触及到的。

总之，行为科学思想的出现，开辟了管理研究的一个新领域，使西方管理思想得到了丰富和发展。同时，它在实践上对于调动企业职工的积极性、改善企业内部的劳资关系、管理人员与一般职工的关系，以及一般职工相互之间的关系等方面起了一定的作用。

五、定量管理思想

1. 主要内容

管理的定量方法是从第二次世界大战中对军事问题的数学和统计解法的基础上发展起来的。例如，当英国面临如何使有限的空军力量在与德国大规模空军力量的对抗中取得最佳效果的问题时，他们转向数学家们寻求最优的配置模型。类似的，美国反潜战斗队，为了提高穿越北大西洋的同盟军船队护航的生存概率，以及为了确定飞机和水面舰艇袭击德国 U 型潜艇的最佳投弹深度，采用运筹学技术解决上述问题，并获得了满意的效果。

战争结束后，许多用于解决军事问题的定量方法被移植到工商领域。20 世纪 40 年代中期，一个号称"神童"的军官小组，加入到福特汽车公司，并且立刻开始用统计方法改进公司的决策制定工作，其中最著名的神童之一罗伯特·麦克纳马拉。后来被提升为福特汽车公司的总裁，又成为美国国防部长。在国防部他通过成本－效益分析寻求资源分配决策的定量化。他最终是在世界银行主席的位置上结束了自己的职业生涯。

那么，所谓的定量技术是什么？它们对当今管理的贡献是什么？管理的定量方法包括统计学的应用、最优化模型、信息模型和计算机模拟等。例如，线性规划方法可以使管理者改进资源分配的方案，关键路线分析可使工作进度计划更有效，经济订货批量模型可辅助企业决定应维持的最佳库存水平。定量方法最直接的贡献是在管理决策方面，特别是计划与控制决策。不过，绝不是要贬低定量方法的贡献，但应当注意到定量方法从来没有达到像人力资源方法对管理实践的那种影响程度。这无疑是由于多种因素造成的，如许多管理者不熟悉数量工具，行为问题涉及面太广而又很直观，绝大多数学生和管理者可直接了解组织中现实的、每天发生的人的问题（诸如激励下级和减少冲突）等，而无须借助建立定量模型这种更抽象的活动。

2. 对定量管理思想的评价

总起来说，定量管理思想是一种科学的管理方法，具有以下优点：

第一，使复杂的、大型的问题有可能分解为较小的部分，更便于诊断和处理；

第二，制作与分析模式必须重视细节并遵循逻辑程序，这样就将决策置于系统研究的基础上，并增进决策的科学性；

第三，有助于管理人员估价不同的可能选择，如果明确各种方案包含的风险与机会，便更有可能作出正确的抉择。

因此，定量管理方法的出现为组织的决策和计划工作提供了一个十分有用的工具。随着生产社会化程度的提高和决策过程更加复杂化，必将促进定量管理方法的进一步发展。另一方面，当前电子计算机技术正以极快的速度向前发展，管理人员的科学技术水平也在日益提高。这些因素也必将促进定量管理方法的不断完善和更加普及。但是，也必须指出定量管理思想也有局限性。

首先，并不是所有管理问题都是能够定量的。例如，有些管理问题往往涉及许多复杂的因素。这些因素大都比较微妙、难以定量，当然也就难以采用定量管理方法去解决。因此，定量管理方法并不是管理决策的唯一方法，还必须有他其有效方法与之相结合，才能对问题的全面情况作出正确的判断，从而提出恰当的解决问题的方案。

其次，定量管理工作者们提出的方案能否被采用，决定于管理的决策者。决策者有时可能更相信自己的经验判断，而不相信定量管理工作者们提供的方案。当然，这里可能会有决策者不了解定量管理知识的问题，而更多的则是由于定量管理工作者们不了解企业经营理论和实际工作情况，因而提供的方案不能切中要害、解决问题。对此，加拿大著名管理学家亨利·明茨伯格就曾尖锐地指出，定量管理学家们不了解管理工作实际是什么样子，怎么能给管理人员提供有效工具，设计有效的管理信息系统呢？因此，他断言如果停留于这种状况，数量化的决策技术和定量管理方法，根本不可能使管理成为科学。西方有的管理学者甚至认为，如果对定量管理方法运用不当，就会给管理带来危害。因此，必须使定量管理工作者向管理实际工作靠拢，使管理的决策者同定量管理工作者结合起来，才能使定量管理方法发挥其应有的作用。

此外，采用此种方法大都需要相当数量的费用。由于人们考虑到费用问题，也使它往往只是用于那些大规模的复杂项目。这一点也使它的应用范围受到限制。

总之，必须看到定量管理方法虽然是一种有用的方法，但也不是适用一切情况的"万能"方法。同时，在整个管理过程中并不只是要求发挥决策的职能作用，还必须发挥其他各个管理职能的作用；而决策过程也不是只有方案设计这一个环节，还必须解决好决策过程的其他环节。因此，为了提高管理的效率，必须将定量管理方法置于适当的地位，并使之同其他管理理论和方法结合起来。

六、现代管理理论的发展

（一）管理理论丛林

第二次世界大战后，管理学得到了迅速的发展。许多学者从不同的学科、不同的角度出发，运用不同的方法对管理展开研究，形成了各种各样的管理学派。美国加州大学洛杉矶分校的孔茨教授最早认识到这种学派林立的状况。他在 1961 年写的《管理理论的丛林》一文中，归纳了各种学派理论上的差异。他认为，20 世纪五六十年代最大的学派有六个，即管理过程学派、经验主义学派、人群行为学派、社会系统学派、决策理论学派、数量学派等。孔茨对这些学派的评价不同，认为有的学派只涉及了管理中的某个领域，有的只涉及了某种职能，有的甚至只涉及管理的手段和方法。作为管理过程学派的代表人物，孔茨曾试图使各学派走出"丛林"，建立一门统一的管理科学。这就有了 1962 年在美国加利福尼亚大学召开的学派代表与实际工作者的讨论会，但会议并未收到效果。之后，各学派的分化有增无减，以至孔茨在 1980 年发表的《再论管理理论的丛林》中指出，重要学派已从六个增加到十一个。这十一个学派包括：① 以孔茨为代表的管理过程学派；② 以麦格雷戈为代表的人群行为学派；③ 以巴纳德为代表的社会系统学派；④ 以马克兰特为代表的管理科学学派；⑤ 以西蒙为代表的决策理论学派；⑥ 以卡斯特和罗森茨韦克为代表的系统管理学派；⑦ 以德鲁克为代表的经验主义学派；⑧ 以明茨伯格为代表的经理角色学派；⑨ 以特里斯特为代表的社会系统学派；⑩ 以布里奇等为代表的经营管理学派；⑪ 以卢丹斯为代表的权变理论学派。

1. 管理过程学派

又称为管理职能学派。这一学派以管理过程或管理职能作为研究对象，认为管理就是在组织中通过别人或别人共同完成任务的过程。他们试图通过对管理过程或职能的分析研究，将由此形成的范畴、概念、原则、力量、理论和方法结合起来，构成管理的科学理论。一般来说，他们的学说都是围绕管理过程或职能的分解和设定开始的，其他的管理学内容则多归入所划分的管理过程或职能之中。

2. 经验主义学派

经验主义学派强调从管理的实际出发，而不是从一般原则出发研究管理活动。因此，在研究方法上他们主张以典型组织的典型管理案例为基本对象，对这些案例进行分析，概括出理论和方法，并将其运用于同类管理中。该学派认为管理仅仅是企业管理，因此管理的经验只限于企业。管理的任务是创造生产统一体，取得经济成就，妥善处理企业对社会的责任和影响。经验主义学派重视组织结构，认为组织结构必须具备明确、经济、稳定和适应等特性，而组织结构有五种类型，即集权的职能制结构、分权的联邦制结构、矩阵制结构、模拟分权制结构和系统结构。

3. 社会系统学派

这一学派从社会学的角度研究管理，将组织及其成员的相互关系看成是一种相互协作的社会系统。其主要观点是：组织是一个协作系统，组织是由人组成的，这些人相互之间行为和活动的协调构成了一个社会性的系统。组织的协作系统由三个因素构成，即协作的意愿、共同的目标和信息的联系。由此出发管理人员有三项职能，即：① 建立和维持一个信息联系和沟通系统;② 确定组织的目标,并运用各部门的具体目标予以阐明;③ 使组织成员为这些目标的实现做出贡献。

4. 系统管理学派

系统管理理论运用系统论的范畴和原理,对组织的管理活动和过程进行分析、研究。他们指出组织是一个整体的系统,由若干子系统组成,如传感、信息、决策及控制子系统等。同时,组织又是社会系统中的一个子系统,受其他社会子系统的影响。对于组织的管理分析,应该按照系统的原则进行,即以系统的整体最优为目标,对组织的各方面进行定性和定量的分析,选择最优方案。对组织的管理也应该遵循系统的要求,它的四个特点包括以目标为中心、以系统为中心、以责任为中心和以人为中心。系统管理过程有四个阶段,即创建系统、进行系统设计、使系统运行并予以控制,以及检查和评价系统运行情况。

5. 决策理论学派

这一学派是吸收系统理论的观点,运用计算机和运筹学等方面的知识而形成的学派。这一学派认为,管理活动的全部过程都是决策过程,故管理就是决策。决策过程分为四个阶段的活动,即情报、设计、选择和审查活动。决策不可能达到最优标准,而只能实现满意的标准。

6. 权变理论学派

又称情境理论。所谓权变就是权宜应变。这一学派认为,管理没有一成不变的方法和技术,而必须根据管理的条件和环境随机变化。为此,它主张观察和分析大量的案例,从中分析管理方法技术与条件环境的联系,寻求管理的基本类型和模式。这一学派的代表人物认为,权变关系就是管理方法技术和管理条件环境之间的两个以上变量的函数关系。权变管理就是根据条件环境的自变量与管理方法技术的因变量之间的函数关系,确定的一种最有效的管理。

7. 管理科学学派

该学派认为管理中的人是理性的人,组织是追求自身利益的理性结构,经济效果是其最根本的活动标准,管理过程是一个合乎逻辑的系统过程。因此,管理活动可以运用数学的方法来分析和表述。在此基础上科学管理学派主张,采取数学模型和程序来分析和表述决策、计划、组织及控制等管理的逻辑过程,借助计算机和运筹学求出最佳答案,实现管理目标。为此,管理科学学派创设了若干管理研究的定量分析方法,如决策树、线性规划、网络技术、动态规则、模拟方法及对策方法等。

(二)现代管理思想的新发展

进入 20 世纪 80 年代以后,随着社会、经济和文化的迅速发展,特别是信息技术的发展与知识经济的出现,世界形势发生了极为深刻的变化。面对信息化、全球化、经济一体化等新的形势,企业之间竞争加剧、联系增强,管理出现了深刻的变化与全新的格局。正是在这样的形势下,管理出现了一些全新的发展趋势。

1. 非理性主义倾向与企业文化

非理性主义倾向产生的背景是 20 世纪 70 年代末、80 年代初,由于经营风险增大,竞争激烈,管理日趋复杂,在西方管理理论界出现了一种非理性主义倾向和重视企业文化的思潮。非理性主义倾向的代表人物与代表作如表 2-3 所示。

表 2-3　非理性主义倾向的代表人物与代表作

代表人物	代表作
托马斯·J·彼得斯 小罗伯特·H·沃特曼	《寻求优势——美国最成功公司的管理经验》
威廉·大内	《Z 理论——美国企业界怎样迎接日本的挑战》
查德·帕斯卡尔 安东尼·阿索斯	《日本企业的管理艺术》
泰伦斯·迪尔 艾伦·肯尼迪	《企业文化——企业生存的习俗和礼仪》

非理性主义倾向的主要观点：一是主张以人为核心，注意人的感情，强调灵活多变与创新，回到那些简单、明了的平常道理上；二是倡导对管理实务的研究；三是重视对企业成功经验的总结，在总结中提出以"软管理"为中心的管理模式；四是高度重视企业文化（如表 2-4 所示）。

表 2-4　非理性主义倾向的四个主要观点

序　号	具　体　解　释
1	主张以人为核心，注意人的感情，强调灵活多变与创新，回到那些简单、明了的平常道理上去
2	倡导对管理实务的研究
3	重视对企业成功经验的总结，在总结中提出以"软管理"为中心的管理模式
4	高度重视企业文化

2. 战略管理思想

20 世纪 70 年代前后，世界进入到科技、信息、经济全面飞速发展时期，同时竞争加剧、风险日增。为了谋求企业的长期生存与发展，开始注重构建竞争优势。这样在经历了长期规划、战略规划等阶段之后，形成了较为系统的战略管理理论。1965 年安索夫的《公司战略》一书的问世，开创了战略规划的先河。到 1976 年安索夫的《从战略规则到战略管理》一书出版，标志着现代战略管理理论体系的形成。1980 年波特发表的《竞争战略》将战略管理的理论推向了顶峰。战略管理的思想集中在三方面：一是提出对产业结构和竞争对手进行分析的一般模型，即五种竞争力分析模型；二是提出企业构建竞争优势的三种基本战略；三是关于价值链的分析。

3. 企业流程再造理论

企业流程再造理论（BPR）是 20 世纪 90 年代初美国企业为挑战来自日本、欧洲的威胁而展开探索后发展起来的一种企业组织转型的新理论和新方法。1993 年，美国麻省理工学院教授迈克尔·哈默博士与詹姆斯·钱皮合作出版了《企业再造工程》，提出企业再造理论。所谓企业再造是指从市场需求出发，通过对企业的运作过程进行根本性的分析，对企业流程的构成要素进行重新组合和设计。它不是简单地破除原有的工作流程和信息工程技术在管理中的简单应用，而是建立在总结旧的工作流程经验的基础上应用新技术和建立新的工作流程。企业再造流程的过程见图 2-3。

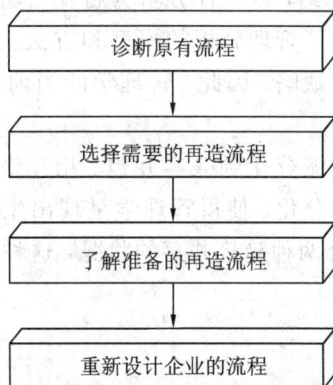

图 2-3　企业再造流程的四个过程

4. "学习型组织"理论

20 世纪 90 年代以来知识经济的到来，使信息与知识成为重要的战略资源，相应诞生了学习型组织理论。"学习型组织"理论是美国麻省理工学院教授彼得·圣吉在其著作《第五项修炼》中提出来的。"学习型组织"认为"未来真正出色的企业，将是能够设法使各阶层人员全心投入，并有能力不断学习的组织。"在学习组织中，有五项新的技能正在逐渐汇集起来，这五项技能被他称为"五项修炼"（见图 2-4）。

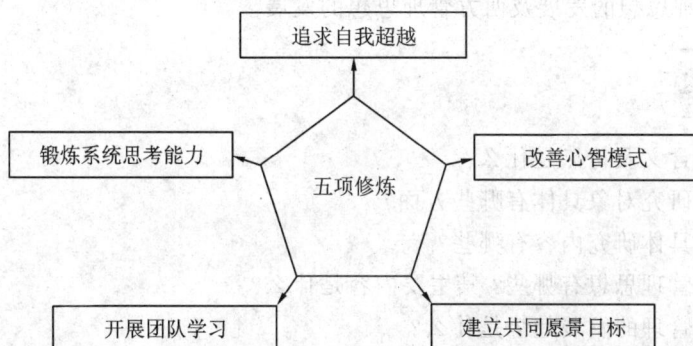

图 2-4　五项修炼

从以上对管理学发展历史过程的描述来看，管理学的发展具有如下特点：

其一，管理学的发展是从对管理中经济人、机械人的设定到对管理中社会人设定的过程。正是对于管理过程中人性看法的这种变化，使得管理学逐步趋向全面、完整和准确，并且引起了管理方法和技术的重要变革。

其二，管理学的发展是从管理过程的单个因素、单个过程和单个侧面的研究到全面而系统研究的过程。从对管理目标和任务的研究扩展到对人性的研究，从对人的行为研究扩展到对组织、制度和规范的研究，从对正式组织的研究扩展到对非正式组织的研究，从对管理的物质因素的研究扩展到对管理文化的研究，从对单个因素的研究扩展到对系统的研究，表明了管理学研究呈现出综合性和系统规范性的特点。

其三，管理学的发展是从定性分析为主到定性分析与定量分析结合的过程。早期的管理学主要是管理经验的总结和归纳，以定性分析为特征。现代管理学借助于数学、计算机和运筹学等自然科学方法，形成了管理分析的模型和方法。管理活动的实践表明，定性分析和定量分析各有所长，也各有缺陷。因此，管理学的当前发展呈现出两种方法结合和各显其长的趋势。

其四，管理学的发展是从学派分化到兼容并包、相互借鉴、吸收融合的过程。在管理学的发展中，学派的不断产生和分化，使得管理学呈现出生机勃勃的发展势头。现代管理学则呈现出学派不断分化和融合两种趋势并存的状况，这种状况使得管理学的研究更加深入和完善。

本章小结

管理学是一门从管理实践中形成和发展起来的，系统地研究管理活动、基本规律和一般方法的科学。其概念包含几层意思：① 管理是一种有意识、有组织的群体活动；② 管理是一个动态的协调过程，主要协调人与人之间的活动和利益关系，贯穿于整个管理过程的始终；③ 管理是围绕着某一共同目标进行的，目标不明确，管理便无从谈起，目标是否切合实际，直接关系到管理成败或成效的高低；④ 管理的目的在于有效地实现组织目标，提高组织活动的成效；⑤ 管理的对象是组织资源和组织活动，它是由一系列的管理职能、管理原理、管理原则、管理方法及管理制度等组成的科学体系。本章主要介绍了管理学的研究对象、中国管理思想的发展及西方管理思想的发展。

复习思考题

1. 管理学的含义及特点是什么？
2. 管理学的研究对象具体有哪些方面？
3. 管理学的具体研究内容有哪些？
4. 中国古代管理思想有哪些？其主要内容是什么？
5. 中国现代管理的发展趋势是什么？
6. 西方古代管理思想有哪些？其具体内容是什么？
7. 古典管理思想有哪些？其具体内容是什么？
8. 现代管理理论的新发展是什么？

案例分析

自我改善的柔性管理

大连三洋制冷有限公司（简称大连三洋）成立于 1992 年 9 月，于 1993 年正式投产，现有职工 400 余人，是由日本三洋电机株式会社、中国大连冷冻机股份有限公司和日本日商岩井株式会社三家合资兴办的企业。

　　大连三洋是在激烈的市场竞争中成立的。当时他们对外，面对来自国内外同行业企业形成的市场压力；对内，则面临着如何将引进的高新技术转化成高质量的产品，如何使来自各方面有着文化程度、价值观念、思维方式和行为方式巨大差异的员工，形成统一的经营理念和行为准则，适应公司发展需要的问题。因此，大连三洋成立伊始，即将严格管理作为企业管理的主导思想，强化遵纪守规的意识。

　　可是，随着公司的发展和员工素质的不断提高，原有的制度、管理思想和方法，有的已不能适应企业的管理需求，有的满足不了员工实现其精神价值的需要。更为重要的是，随着国内外市场竞争的激烈，大连三洋如何增强自身应变能力，为用户提供不同需求的制冷机产品，就成为公司发展过程中必须要解决的问题。因此，公司针对逐渐培养起来的员工自我管理意识，使其逐步升华成为立足岗位的自我改善行为，即自我改善的柔性管理，从而增强了公司在激烈市场竞争中的应变能力。

　　大连三洋的经营领导者在实践柔性管理中深深地领悟到，公司不能将员工当成"经济人"，他们是"社会人"和"自我实现的人"。基于此，大连三洋形成了自己特有的经营理念和企业价值观，也逐步形成了职工自我改善的柔性管理。

　　通过这种管理和其他改革办法，大连三洋不但当年投产当年盈利，而且5年利税超亿元，合资各方连续3年分红，很快已收回投资，并净赚了两个大连三洋。以下是大连三洋自我改善的柔性管理运作的部分内容：员工是改善活动的主体，公司从员工入厂开始，即坚持进行以"爱我公司"为核心的教育，以"创造无止境改善"为基础的自我完善教育，以"现场就是市场"为意识的危机教育。他们在吸纳和研究员工危机意识与改善欲求的基础上，总结出了自我改善的十条观念：

　①　抛弃僵化、固定的观念。
　②　过多地强调理由，是不求进取的表现。
　③　立即改正错误，是提高自身素质的必由之路。
　④　真正的原因，在"为什么"的反复追问中产生。
　⑤　从不可能中寻找解决问题的方法。
　⑥　只要你开动脑筋，就能打开创意的大门。
　⑦　改善的成功，来源于集体的智慧和努力。
　⑧　更要重视不花大钱的改善。
　⑨　完美的追求，从点的改善开始。
　⑩　改善是无止境的。

　　这十条基本观念，如今在大连三洋已成为职工立足岗位、自我改善的指导思想和自觉的行为。

　　大连三洋的职工自我改善是在严格管理的基础上日渐形成的。从公司创建起，他们就制定了严格规范的管理制度，要求员工要适应制度、遵守制度，而当员工将严格遵守制度当成他们自我安全和成长需要的自觉行动时，就进一步使制度能有利于发挥员工的潜能，使制度能促进员工的发展具有相对的灵活性。

　　例如，他们现在的"员工五准则"中第一条"严守时间"规定的后面附有这样的解释，"当您由于身体不适、交通堵塞、家庭有困难，不能按时到公司时，请拨打7317375通知公司。"在这里没有单纯"不准迟到""不准早退"的硬性规定，充分体现了公司规章制度"人性化"的一面。公司创立日举行庆典活动，公司将所有员工的家属都请来予以慰问。逢年过节，公司常驻外地的营销人员总会收到总经理亲自操笔的慰问信。在他们那里，"努力工作型"的员工受到尊重。职工合理化提案被采纳的有奖，未被采纳的也会受到鼓励。企业与员工共存，为员工提供舒适的工作环境，不断提升着员工的生活质量，员工以极大的热情关心公司的发展，通过立足岗位的自我改善成了公司发展的强大动力。

案例讨论题：
(1) 试分析三洋柔性管理模式的内涵。
(2) 在三洋的柔性管理中体现了怎样的管理思想转变？

第三章　计　　划

越 王 勾 践

　　孙子曰：兵者，国之大事，死生之地，存亡之道，不可不察也。历史上，战争是国家的大事，除了关系到人民生死、国家存亡，还涉及政治、经济、文化、法制等社会各方面。所以，运筹谋划是一个领导者决定战争胜负的首要因素和前提条件。春秋末年，越王攻灭吴国之战，就全面体现了谋划的重要性。公元前 494 年，越国进攻吴国而战败，越王勾践在危急关头，决定委屈求和保存国土，以谋东山再起。而且，还根据本国国情和吴国情况，制定了一系列强国复兴、转败为胜的战略，即"破吴七计"。勾践卑言慎行，忍辱负重。一方面收买吴国重臣，麻痹夫差；一方面实行内政改革，发展生产，恢复国家元气，赢得了百姓的拥戴。同时，他还利用外交活动实行离间计，挑拨夫差与伍子胥之间的关系。最后，他知人善用，抓住时机，终于完成了长达 13 年之久的灭吴计划。一个领导者在战前对战争的谋划同管理学原理中的计划职能是一致的。孙子以《计篇》作为 13 篇之首，且计划是管理中具有首位性的基本职能之一，可见计划的重要性。

　　　　　　　　　　（资料来源：http://zonghe.17xie.com/book/10379624.）

本章内容

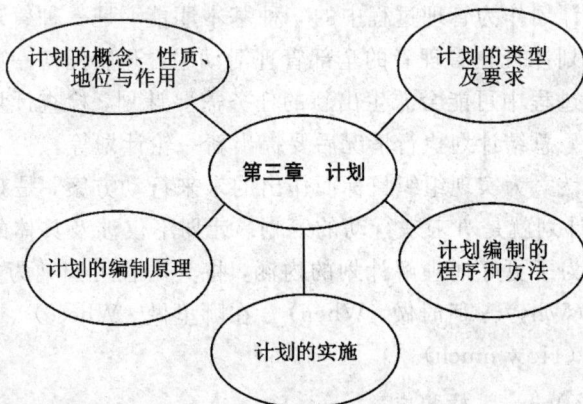

本章要点

　　· 计划的概念、性质，地位与作用

- 计划的类型及要求
- 计划编制的原则
- 计划编制的程序和方法
- 计划的实施

第一节　计划的基本内涵

一、计划的概念

对于计划的定义，不同的管理学家和管理者对于计划的定义也有所不同。在汉语中，从词性上来说它既是名词又是动词。名词意义的计划，是指为实现组织目标而进行的方案谋划与行动安排。它是计划工作的结果，是对未来行动的一种说明，也是对预期的可能方案。动词意义的计划，是一种设定目标、规划未来、选择方案、适当决策、制定战略及安排进度的连续过程。换言之，计划是实现组织目标的总体方案。其目的是为了实现组织活动的基本目标——效率、效果及效益最大化。计划还有广义和狭义之分。广义的计划是指制订计划、执行计划和检查计划的工作过程。狭义的计划是指制订计划，即提出在未来一定时期内要达到的目标及实现目标的途径。我们主要讨论狭义的计划。

哈罗德·孔茨认为："计划工作是一座桥梁，他把我们所处的这岸和我们要去的对岸连接起来，以克服这一天堑"。有计划工作这座桥，本来会发生的事，现在就可能发生了，模糊不清的未来变得更加清晰。法约尔曾指出："管理应当预见将来"。这一格言使人们对与组织的计划工作的重要性有了更深刻的理解。人们在行动之前应当知道可能需要做什么，如何做。如果没有计划，往往会导致犹豫，采取错误的手段和不合时宜地转变方向。这些都是无能为力，或者说是事业毁灭的原因。所以不会有人提出行动计划的必要性这个问题。孔茨等人认为："计划工作就是预先决定做什么，如何做和谁去做。计划工作就是在我们所处的地方和要去的地方之间铺路搭桥。"

在各类组织中，计划作为管理过程中的一种基本职能，是一种管理行为，也是一个有具体内容的行动。计划体现在管理者的全部管理活动中，开展任何一项业务工作需要事先进行计划，执行计划过程中可能会派生出新的任务需要计划，检查计划实施时可能要根据变化调整或修改计划，总结计划执行情况后要提出新一轮计划等。

本书将计划定义为，为实现组织目标而作出的未来行动方案，是对未来活动的事先谋划和安排。简言之，计划就是对未来行动的筹划。计划不仅涉及具体的目标，还包括达到目标的路径与方法。为了更好地理解计划的内涵，将其内容可归纳为"5W2H"，即做什么（What）、为什么做（Why）、何时做（When）、在哪里做（Where）、谁来做（Who）、怎样做（How）及成本（How much）。

1. What（做什么）——目标和内容

要求明确组织的战略、使命和目标，以及行动计划的具体任务和要求，明确组织未来一段时期内的中心任务和工作重点。例如：企业在未来五年或更长一段时间里，要实现什么样的战略目标；企业的年度经营计划的确定，主要包括销售收入、销售成本费用控制计划，产品的生产计划、合理安排产品投入及产出的数量和进度，使企业的多种资源得到充分的利用。

2. Why（为什么做）——原因

主要是对组织的战略、使命、目标和具体行动计划的科学性、可行性及可实现性进行全面论证，即对制定计划的依据进行必要的推敲论证。

3. Who（谁去做）——人员

计划不仅要明确规定目标、任务、地点和进度，还应规定由哪个部门、哪个人负责。比如，一种新产品的问世，需要经过市场需求调查、产品设计、样品试制、小批量试制完善、正式投产及产品试销等多个阶段。在新产品研发过程中应明确规定每个阶段主要由哪些部门和人员负责，哪些部门协助配合，各阶段的接口处由哪些部门及人员参加对接、鉴定和审核等。

4. Where（何地做）——地点

确定计划实施的地点或场所，了解计划实施的环境条件和制约因素，以便更好地安排计划实施的空间组织和布局。

5. When（何时做）——时间

规定计划中各项工作的开始和结束进度，以便对计划实施过程的有效控制，对于组织内外部多种资源进行充分利用。

6. How（怎么做）——方式、方法和手段

主要指制定实施计划的措施及相应政策和规则，对资源进行合理分配和集中使用，对组织内的人、财、物进行平衡，对各派生计划进行综合平衡。

7. How mach（多少成本）——资金和费用

制定计划必须在既定的人、财、物的基础上，制订合理的分配方案，对资金进行合理使用。

计划不是一劳永逸的，而是一个连续不断的过程。由于组织内外环境在不断发生变化，原有的计划就有可能被修改、更新，不断被新的计划所取代。只要组织存在，计划工作就会循环往复，一直进行下去。事实上，一个科学、合理、可行的计划还应包括控制的标准。考核指标和标准的确定，就需要对参与的部门和人员进行培训，使其明确应该做成什么样子，达到什么样的标准，以确保计划目标的实现。

二、计划的性质

（一）首要性

管理学大师亨利·法约尔在经典的《工业管理与一般管理》一书中，阐述了管理的五大要素，即计划、组织、指挥、协调和控制。其中，计划被放在了首位，可见计划在管理活动中的重要性。在时间上计划工作先于其他管理工作，对于其他管理活动具有指导意义。例如，管理人员在明确为完成既定目标的负责部门和人员的基础上，按照什么方针来指导和领导下级，以及采取什么样的控制方法之前，必须将实现这些目标的计划制订出来。当然，

如果想使其他所有管理职能有效进行，也必须先对其进行计划。所以，在进行任何一项工作之前，必须明确工作目标、组织面临的内外条件、方针政策及行动的具体方法，这些都需要科学地进行计划。

（二）目标性

一个计划如果没有目的性就失去了意义，任何组织和个人制订计划都是为了有效地实现既定的目标。每一个计划及其派生计划都旨在促使组织的总目标和分目标得以实现。在计划工作的最初阶段，制定具体而明确的目标，其后的所有工作都是围绕目标进行的。计划工作就是使目标更加明确、具体和可行。在实际工作过程中，管理者一般要根据实际情况确定组织的总目标，根据总目标的需要进一步明确各部门、各系统的具体工作目标。在此基础上制订科学的计划，保证组织总目标的实现。

（三）普遍性

在组织的实践活动中，计划是经常性的活动，存在于组织的各个层次、各个部门和各项工作之中，只是计划的时间、规模和要求等方面有所不同而已。在组织的总目标及一系列目标确定以后，各级管理人员都要根据总目标和子目标，分别制订各自的行动计划。高层管理人员根据总目标制订组织的战略性计划，中下层管理人员则负责制订具体的实施计划。虽然各种计划在组织运行中所发挥的作用和影响不同，但各级管理人员都要制订计划这一点是确定无疑的。基层管理人员在制订计划的过程中，往往需要在严格的规章制度和程序限制条件下制订计划。在对工作满意程度的一些研究中发现，基层管理人员取得成功的一个主要因素是因为他们具有从事计划工作的能力。

（四）效率性

计划效率是指实现目标所获得的利益与执行计划过程中所有耗损总和的比率。换句话说，计划效率是制订计划与执行计划时所有的产出与所有的投入之比。这里的投入与产出不仅包括金钱、时间或产品单位，还包括诸如个人和群体的满意度之类的评价标准。如果一个计划能够达到目标，但它需要付出的代价太大，那么这个计划的效率就很低，因此不是一份好的计划。在制订计划时要充分考虑计划的效率，不但要考虑经济方面的利益和耗损，而且要考虑非经济方面的利益和耗损。因此，计划的任务不仅是要确保既定目标的实现，还要从众多的方案中选择最优的方案，以实现资源的合理利用和效率的提高。

（五）创造性

组织环境总是面临着新问题、新变化和新机会，计划工作所面临的不确定性因素很多，这就要求在计划制订过程必须有创新性。计划有点类似于一项产品或一项工程的设计，它是对管理活动的设计。正如一种新产品的成功在于创新一样，成功的计划也依赖于创新。

（六）灵活性

计划需要对未来工作做出规定和指导，具有一定的前瞻性，但是未来的情况是不完全确定的，可能出现很多突发的状况。因此，计划并不是绝对性的，而是要具有一定的灵活性。当未来发生预料之外的情况时，一般可以在计划允许的范围内做出调整，如果不行则可以考虑直接对计划做出适当的修改。

三、计划的地位和作用

古人云："用兵之道，以计为首"。计划是管理的首要职能，是各种组织管理不可缺少的工作过程和环节。早在泰勒的科学管理时期，许多管理者就已经意识到计划在管理实践中的重要作用。美国人豪斯及其同事曾对 92 家企业的计划制订和执行情况做了调查，其中仅有 17 家企业有正式的长期计划。同时他们设定了评价企业经营效果的五个主要指标：销售额、股票价格、每股收益、利润、税后纯收入。结果在这五个方面，有长期计划的公司几乎都优于没有长期计划的公司。由此可见，计划在管理活动中的重要性，具体表现在以下几个方面：

（一）计划为组织成员指明方向，协调组织活动

计划能够给管理者和被管理者指明前进的方向。良好的计划可以明确组织的目标和活动步骤，通过科学的体系使各个部门认清自己的方向和任务，较好地协调各层次、各部门及其成员的各项活动，以确保组织计划能够按时、按质、按量实施，并达到预期的目标。

（二）计划为管理者的管理工作提供了依据

管理者在制订计划之后，并不意味着计划工作的结束，他们还要根据计划进行指挥，要根据任务确定下级的权力和责任，促使全员的活动方向趋于一致，产生协同效应，以实现既定的目标。例如，国家要根据五年规划安排各基本建设项目的投资，企业要根据年度生产经营计划安排各月的生产任务、销售任务等。

（三）计划是组织降低不确定性的重要手段

计划是基于过去，面向未来的。未来具有一定的不确定性，尤其是社会变革、经济变革和技术革新较快的当下。计划就是预期这种变化，并且设法消除变化对组织造成不良影响的一种有效的手段。如果没有预先估计到这些变化，就可能导致组织的失败。计划是针对未来的，这就使计划制订者不得不对将来的变化进行预测。根据过去的和现在的信息来推测将来可能出现哪种变化，这些变化将对达成组织目标产生何种影响，在变化确实发生的时候应该采取什么对策，并制定出一系列备选方案。这样一旦出现变化，就可及时采取措施，不至于无所适从。但是，有些变化是无法事先预知的，而且随着计划期的延长，这种不确定性也相应增大。这种情况的出现部分是由于人们掌握的与将来有关的信息是有限的，部分是由于未来的某种变化可能完全是由某种偶然因素引起的，但这并没有否认计划的作用。通过计划工作，进行科学的预测可将未来的风险减少到最低限度。

（四）计划是提高组织效率的有效方法

计划工作的一项重要任务就是要使未来的组织活动均衡发展。预先对此进行认真的研究，能够消除不必要的活动所带来的浪费，能够避免在今后的活动中由于缺乏依据而进行轻率判断所造成的损失。计划工作要对各种方案进行技术分析，选择最适当、最有效的方案来达到组织目标。此外，由于有了计划，组织中各成员的努力将会凸显出组织的协同效应，进而提高组织工作效率和效益。计划工作还有助于用最短的时间完成工作，减少未来活动中的无效重复、等待、冲突等活动所带来的浪费，降低成本。

（五）计划为管理者进行控制提供了依据

没有计划，控制便无从谈起。计划是控制的基础，控制中几乎所有的标准和指标都来自于计划。在组织的各个职能部门实施计划的过程中，活动情况与目标不可能完全一致，可能会出现偏差。纠偏对于组织活动的成功和组织的生存，具有重大的意义。要及时对组织计划的实施进行检查，发现可能存在的偏差，而计划就为组织成员活动情况的检查提供了客观的依据。计划职能与控制职能具有不可分离的联系：一方面计划的实施需要控制活动给予保证；另一方面在控制活动中发现的偏差，又能帮助管理者修订计划、建立新的目标。

四、计划的类型

由于计划工作的普遍性，计划的目标、内容及应用情况千差万别，使计划的具体表现形式多种多样。依据不同的标准可将计划分为不同的种类，各种类的计划不是彼此割裂的，而是分别适用于不同条件的一个计划体系。

(一) 按计划范围的广度分类

按计划范围的广度，计划分为战略计划、策略计划和作业计划。

(1) 战略计划是指为实现组织的目标，通过对外部环境和内部条件的全面估量与分析，从组织发展全局出发而作出的较长时期的总体性谋划和活动纲领。它涉及组织发展中带有全局性、长远性和根本性的问题，是组织的管理思想、方针的集中表现，是确定规划、计划的基础。战略计划一般由组织的高层管理人员来制订。

(2) 策略计划是为实现战略计划而采取的手段，较战略计划具有更大的灵活性，一般由中层管理人员制订。

(3) 作业计划是指规定总体目标如何实现的细节性计划，是根据战略计划和策略计划而制订的执行性计划，一般由基层管理人员制订。

【阅读材料 3-1】

明太祖朱元璋自元至正十二年参加郭子兴的红巾军起义，到元至正十六年率军攻克集庆，前后仅四年的时间，起义队伍就发展壮大到五六十万人，并建立了以应天府为中心的根据地，成为当时大江南北各种势力中不可忽视的一支力量。然而，朱元璋并没有被胜利冲昏头脑而盲目行动。他开始遍访天下有识之士，来制订下一步的战略方针。一天，朱元璋亲自登石门山拜访老儒朱升，向他请教夺取天下的方针。朱升给了他九个字："高筑墙，广积粮，缓称王"，意思是让朱元璋继续巩固根据地，发展粮食生产，不要急于称王道帝，以缩小目标，而待到准备充分再图大举，自然水到渠成、事半功倍。朱元璋听了朱升的分析，认为很有道理，便将其作为下一步的战略方针来执行。经过"高筑墙，广积粮，缓称王"战略方针的实施，朱元璋迅速巩固和发展了根据地，兵壮粮多，得到百姓拥护。这一战略决策的正确制定和实施，为他以后逐鹿中原进而统一中国做好了充分的准备。

(资料来源：陈树文.领导学 [M]. 北京：清华大学出版社，2011.)

(二) 按组织职能分类

按组织职能不同，计划可分为业务计划、财务计划和人事计划等。这些职能计划通常就是企业相应职能部门编制和执行的。因此，按职能分类的计划体系一般是与组织中按职能划分管理部门的组织体系并行的。

（1）业务计划是组织的主计划，主要包括产品开发、物资采购、物流、生产作业及销售促进等内容。业务计划又分为长期业务计划和短期业务计划，长期业务计划主要涉及业务方向调整或业务规模的发展，短期业务计划主要涉及业务活动的具体安排。

（2）财务计划主要是为业务计划服务的，也是围绕业务计划而展开的。财务计划主要研究如何从资本的提供和利用方面，促进业务活动的有效进行，为决策和控制提供了一个量化的基础。长期财务计划主要是为了满足业务规模的发展和资本增加的需要，如何建立新的融资渠道或选择不同的融资方式，如何及时进行合理投资又能最快地获得组织的最大利益；短期财务计划则是如何保证资本的供应，或如何监督这些资本的利用率。

（3）人事计划也是为业务计划服务的，主要分析如何为业务规模的维持或扩大，提供人力资源保证。其内容包括对人才的选择、对工作表现的评价、人才的培训与智力的开发，以及补偿、报酬与奖励及提升政策和制度。

职能计划的优点在于能够使组织计划的内容和实施控制更为明确，而且职能计划一般都是由相关职能部门制订，因而具有较强的可行性。

（三）按时间长短分类

按时间的长短，计划分为长期计划、中期计划和短期计划。

（1）长期计划又称远景计划。它是为实现组织的长期目标服务的，是具有战略性、纲领性指导意义的综合性发展规划。长期计划规定了组织的各个部门在较长时期内从事某种活动应达到的目标和要求，绘制了组织长期发展的蓝图。企业的长期计划，一般是五年或五年以上的计划。企业的长期计划包括企业产品发展计划、技术发展计划、企业生产规模发展计划等。长期计划由于时间跨度比较长，对未来不确定因素的估计较为困难，其精确度也难以保证。因此，长期计划一般有较大的弹性，侧重于明确今后一段时期的发展方向和一些政策性规定。

（2）中期计划是根据长期计划提出的目标和内容，并结合计划期内的具体条件变化进行编制的，具有衔接长期计划和短期计划的作用，是长期计划的具体化，又是短期计划的依据。期限一般在一至五年。中期计划一般只涉及目标指标数量的变化，较少有结构性的变化，如销售计划、技术改造计划。

（3）短期计划是根据中长期计划规定的目标和当前的实际情况，对各种活动作出的详细说明和规定，它具有较强的可操作性，是最具体的计划。短期计划在执行的过程中灵活选择的范围较小，有效的执行是其最基本也是最重要的要求。短期计划是一年以内的计划，如年度计划、季度计划、月度计划等。

需要强调的是，长、中、短期计划的时间跨度并不是固定的，可根据组织的寿命和实际需要改变。组织计划的长短应该根据组织对未来所作的承诺与所面对的环境变动性而定。例如，组织对未来的承诺度越大或经营环境变动性越小，组织所要考虑的时间幅度也会越长，则越应偏向于较长期的计划。反之，当组织对未来的承诺度越小或经营环境上的不确定性越高，则计划越会偏向短期。这是因为短期计划可以让组织更具有弹性，从而更能适应组织内外部环境的变化。

（四）按明确性程度分类

按明确性程度不同，计划分为指导性计划和具体计划。

（1）指导性计划只规定一般的方针、行动原则或指出重点，它确定最终的目标，但不确定具体的目标和具体的活动方案，不将管理者限定在具体的目标或特定的行动方案上，给予了执行者较大的自由处置权，具有较大的灵活性。例如，某公司利润增长的指导性计划可以表示为：在未来的一年里利润要增加 10％～15％。由此可见，指导性计划具有较大的灵活性。

（2）具体计划具有明确规定的目标，内容明确，以指导性计划的目标为最终目标，具有明确的可衡量的具体目标及一套可操作的行动方案。例如，某公司利润增长的具体计划可以表示为：在未来的一年里成本要降低 6％，销售额要增加 10％。由此可见，具体计划规定了为实现目标而进行的各项活动及其进度安排。

具体计划具有易于执行、考核和控制的特点，但是缺乏灵活性，制定所需的明确性和可预见性条件也很难满足。与具体计划相比，指导性计划更具灵活性，组织通常需根据环境的不确定性和可预见性程度的不同，选择制订这两种不同类型的计划。

（五）按计划例行化程度分类

按照例行化程度，计划可分为程序性计划和非程序性计划。

组织的活动可分为两类：一类是例行活动，是指一些重复出现的工作，这些活动具有重复性和规律性。每当出现这类工作或问题时，人们只需利用既定的程序来解决，而不需要重新研究。另一类是非例行活动，不重复出现的或新出现的活动，如新产品的开发、生产规模的扩大等。解决这类问题没有一成不变的决策方法和程序，因为这类问题在过去从未发生过，或因为其他的一些原因（如性质、结构复杂）而导致解决这类问题没有固定的方法和模式。

程序性计划　是指组织中那些例行的活动，一般指那些重复出现的工作，如订货、材料的出入库及市场的分析等。由于有关这类活动的决策经常反复，且具有一定的规律和一定的结构。因此，我们可以相应地建立一定的决策程序。如果在工作中出现这种情况或问题，我们就可以调用既定的程序来解决，而不需要再去做重复性的工作进行重新研究。

非程序性计划　是指组织活动中的非例行活动，不重复出现，如新产品的研究开发、生产规模的扩张及商品品种结构的调整等。处理这类问题一般没有固定的程序或方法，因为这类问题或在过去尚未发生过，或因为其确切的性质和结构捉摸不定、很复杂，或因为其十分重要而需要用个别方法加以处理。

（六）按计划的表现形式分类

哈罗德·孔茨和海因·韦克里从抽象到具体，将计划分为以下层次体系：宗旨、使命、目标、战略、政策、程序、规则、规划和预算（具体如图 3-1 所示）。

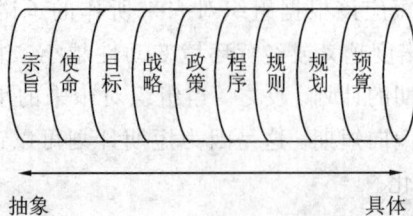

图 3-1　计划的层次体系图

1. 宗旨

宗旨是指一个组织最基本的目标,宗旨明确了一个组织是干什么的,应该干什么。例如,一个企业的宗旨可能是追求股东权益最大化或是向社会提供有价值的商品和服务等。

2. 使命

使命表明一个企业的基本职能或任务,主要指的是组织机构的价值,在社会中应起的作用和所处的地位,是决定组织的性质,并且区别于其他组织的标志。各种组织的活动,如果要使其有意义,至少应该有自己的宗旨或使命。比如:大学的使命是教书育人和科学研究,研究所的使命是科学研究,医院的使命是治病救人,GE 公司的使命是使世界更光明,福特企业的使命是让大众能拥有汽车。

3. 目标

目标是在充分理解组织宗旨的条件下建立起来的,是组织活动在一定条件下要达到的预期结果。组织的宗旨或使命往往比较抽象和原则化,需要将其细化为组织及各部门一定时期的目标。组织中各个管理层次都应该建立自己的目标,组织低层次目标必须与高层次目标相一致。组织要完成一个高层次目标,必须先完成较低层次的目标,循序渐进。

4. 战略

战略一词源自大约公元前 400 年的希腊语,意为指挥军队的艺术和科学,是指通过对交战双方进行分析判断而作出对战争全局的筹划和指导。而对于组织而言则是指在组织使命统领之下立足具体环境与条件,为获取长远的持续竞争优势,达到组织总目标而采取的行动和利用资源的总计划。战略并不确切地概述组织怎样去完成它的目标,而是由无数主要的和次要的计划组成。按照任务完成的范围分类,一个组织的战略主要包括公司战略、经营战略和职能战略三个层次。

5. 政策

政策是组织在决策或处理问题时用来指导和沟通思想与行动方针的明文规定。政策是行动的指南,以明确组织活动的方向和范围,表明鼓励什么和限制什么,以保证行动同目标相一致。政策一般可分为两类,一类是国家制定的政策,对于组织而言属于不可控因素,只能遵守和执行;另一类则是组织自己制定的政策制度等,具有一定的灵活性。作为明文规定的政策,通常列入计划之中,而一项重大的政策则往往单独发布。政策要规定范围和界限,但其目的不是要约束下级使之不敢擅自决策,而是鼓励下级在规定的范围内自由处置问题,主动承担责任,实现既定目标,需要管理者的适度分权,这是政策与规则的主要区别。

6. 程序

程序规定了如何处理那些重复发生的、例行问题的标准方法,所以也是一种计划。它是制订处理未来活动方法的计划,规定如何按照要求的方式去处理未来的活动,详细列出必须完成某类活动的方式和方法,并按时间顺序对必要的活动进行排列。因此,它又是一种工作步骤。程序可以看作是一种经过优化的计划,是对大量日常工作过程及工作方法的提炼和规范化。制订程序的目的是减轻主管人员的决策负担,明确各个工作岗位的职责,提高管理活动的效率和质量。管理的程序化水平是管理水平高低的重要标志。制订和贯彻各项管理工作的程序是组织的一项基础工作。程序与政策不同,没有给行动者自由处理的权力，在实践工作中程序往往表现为组织的规章制度。

7. 规则

规则通常是最简单形式的计划。规则明文规定，在某种条件下允许或禁止的某种特定行为，没有酌情处理的余地，其本质是反映了一种必需或无需采取某种行动的管理决策。规则不同于程序。规则指导行动但不规定时间顺序，可以将程序看作是一系列规则的组合，然而一条规则可能是程序的组成部分，也可能不是。比如，"禁止吸烟"是一条规则，但和程序没有任何联系。另外，规则也不同于政策。政策的目的是要指导决策，明确管理人员的权力范围，并给执行人员留有酌情处理的余地；而规则也可作为指导行动的指南，但是在运用规则时执行人员没有自行处理之权。究其实质而言，规则和程序均旨在抑制思考。当管理者不希望组织成员使用他们的自行处理权时，才应该使用规则和程序。

8. 规划

规划是执行既定方案所必需的目标、政策、程序、规则、任务分配，要采取的步骤、使用的资源及为完成既定行动方案所需的其他因素的复合体。规划是一个综合性的、粗线条的、纲领性的计划，通常需要预算来支持。规划有大有小，有长远的也有近期的，其目的在于划分总目标实现的进度。通常情况下，一个主要规划可能需要很多辅助性计划，在该主要计划进行之前都必须将这些支持计划制订出来并付诸实施。

9. 预算

预算也称为数字化的计划，是用数字表示预期结果的一份报表。预算通常是为规划服务的，会涉及组织运营，如支出预算、资本预算和现金预算等。

五、影响计划有效性的因素

计划要根据组织自身以及环境特点来制订，组织及其所处环境特点不同，计划工作的重点也不同。影响计划工作重点的因素有以下几个方面。

1. 组织层次

组织的管理层一般可以分为高层管理者、中层管理者和基层管理者，组织的管理层次会对计划的有效性产生一定的影响。图3-2表明了组织的管理层次与计划及决策类型之间的一般关系。在大多数情况下，基层管理者的计划活动主要是制订作业计划。当管理者在组织中的等级上升时，他的计划角色就更具战略导向性。对于大型组织的最高管理者，他的计划任务基本上都是战略性的。而在小企业中，所有者兼管理者的计划角色兼有战略和作业两方面的性质。

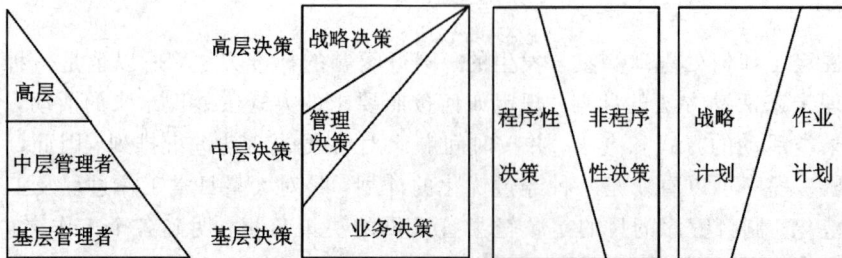

图3-2　组织层次与计划及决策类型的关系

2. 组织的生命周期

组织都要经历一个生命周期，开始于形成阶段，然后是成长、成熟，最后是衰退。在组织生命周期的各个阶段，计划的类型并非都具有相同的性质，计划的时间长度和明确性应当在不同的阶段上做相应的调整。在组织的幼年期，管理者应当更多地依赖指导性计划，因为这一阶段要求组织具有很高的灵活性。在成长阶段，随着目标更确定，资源更容易获取和顾客忠诚度的提高，计划也更具有明确性，因此管理者应当制订短期的、更具体的计划。当组织进入成熟期这一相对稳定的时期，可预见性最大，从而也最适于长期的具体性计划。当组织从成熟期进入衰退期，计划也从具体性转入指导性，这时目标要重新考虑，资源要重新分配，管理者应制订短期的、更具指导性的计划。

3. 环境的不确定性程度

环境的不确定性越大，计划越应当是指导性的，计划期限也应越短。如果重要的技术、社会环境、经济和法律等发生快速变化，那么精确规定的计划反而会成为组织取得绩效的障碍。此时，环境变化越大，计划就越不需要精确，管理就越应当具有灵活性。

总之，在不断变化的世界里计划必须是灵活的。因为，在不断变化的世界里环境变得更具有动态性和不确定性，所以不可能准确地预测未来。因此，管理良好的组织很少在非常详细的、定量化的计划上花费时间，而是开发面向未来的多种方案，但这并不等于说计划是不重要的。

六、计划的要求

在进行计划工作时，要明确三方面的要求：

1. 依据整体目标

计划工作的任务是制订科学、可行的分工协作方案，必须以整体目标为依据。对于做什么事，为什么做这些事，谁来做这些事，都要从整体目标出发予以全面考虑。在此过程中，"目的—手段"链分析具有重要意义，即每一个目标可能是实现另一个更大目标的手段，如此递推下去，会达到一个相对的最终目的——分工协作的整体目标。因此，"目的—手段"链分析，不仅能够明确不同工作的意义，还可以揭示分工协作的原因。

2. 关注资源配置

计划工作的第二个要求，是为工作任务的承担者配备资源条件，以此保证任务能够完成。这里所说的资源，是组织可支配的资源，也是有限的资源。如何对承担不同任务的、不同工作者赋予恰当的资源支配权，以达到资源优化配置的目的，是贯穿计划工作各方面内容的一条基本线索。管理者要在资源条件的约束下，权衡不同的工作方案并加以选择，使分工协作方式更能符合实际情况。

3. 进行满意决策

计划工作的核心，是从实际出发确定相对较优的可行方案，作为安排分工协作方式的依据。在客观和主观条件的约束下，人们不能追求最优决策，而要实施满意决策。与此相应，让谁满意，满意到什么程度就可以决策，是极为重要的问题，需要加以明确。

第二节　计划的编制过程

一、计划的编制原理

计划工作作为一种基本的管理职能活动,有自己的规律,自然也应有自己的原理。在计划的编制过程中应遵循一定的原理:限定因素原理、许诺原理、灵活性原理和导向变化原理,如图 3-3 所示。

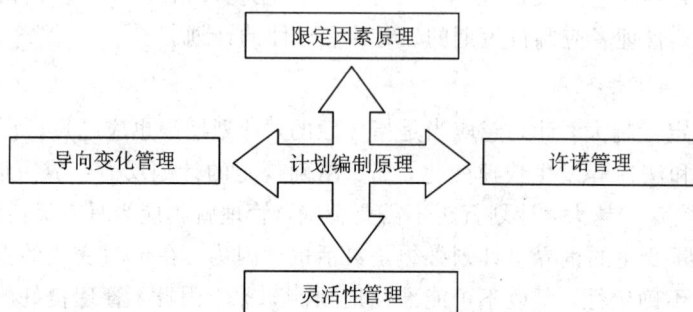

图 3-3　计划编制原理

(一)限定因素原理

限定因素是指妨碍组织目标实现的因素。也就是说,在其他因素不变的情况下仅仅改变这些因素,就可以影响组织目标的实现程度。限定因素原理是决策的精髓,可以将其表述为:主管人员越是能够找出和解决,对影响达到目标起主要限定性或策略性作用的因素,就越能够有针对性地、有效地拟定各种行动方案。限定因素原理有时又被形象地称为"木桶原理",其含义是木桶能盛多少水,取决于桶壁上最短的那块木板条。限定因素原理表明,主管人员在制订计划时必须全力找出影响计划目标实现的主要限定因素或战略因素,有针对性地采取得力措施,这样有利于组织将主要精力转移到关键性因素上。

(二)许诺原理

许诺原理强调计划工作应选择合理的期限,主要是指任何一项计划都是对完成各项工作所做出的许诺。许诺越大,实现许诺的时间就越长,实现许诺的可能性就越小。根据许诺原理,合理的计划应确定一个未来的时期。这个时期的长短取决于实现决策中许诺任务所必需的时间。在编制计划过程中还应长短结合、确定计划的合理期限,并制订相关的保证措施,注重长期因素与当前行动的协调一致。因此,恰当的完成期限往往是对计划最严格的要求,必须选择合理的计划期限,而不应随意缩短计划期限。

(三)灵活性原理

灵活性原理是指在制订计划时应留有余地,以便在出现意外情况时有能力做出调整和改变而不致付出太大代价。计划中体现得灵活性越大,由未来意外事件引起损失的危险性就越小。必须指出,灵活性原理是指制订计划时要留有余地,至于执行计划,则一般不应有灵活性。灵活性原理的应用,受下述三个条件的限制:

一是不能总是以推迟决策的时间来确保计划的灵活性。因为未来的不确定性是很难完全预料的，若一味等待获取更多的信息，尽量将未来可能发生的问题考虑周全，往往会坐失良机，导致失败。

二是使计划具有灵活性必须符合经济性原则，而使计划具有灵活性是要付出一定代价的。如果因为灵活性而增加的收益不能补偿它的费用支出，就不符合计划的效益性。

三是有时客观条件和现实情况会影响甚至完全扼制计划的灵活性。有些情况往往根本无法使计划具有灵活性。比如，某个派生计划的灵活性可能导致全盘计划的改动，甚至有落空的危险。为了确保计划本身具有灵活性，在制订计划时应量力而行、不留缺口，但要留有余地。本身留有余地的、具有灵活性的计划又称为"弹性计划"，是指能适应情况变化的计划。

（四）导向变化原理

导向变化原理意是指管理者在计划的执行过程中，在朝着既定目标努力的基础上必须定期对所发生的事件和所期望的事情进行检查，适时调整自身行为以适应环境变化需要。

尽管管理者在拟定计划时预测了未来可能发生的情况，并制定了相应的应对措施，但是未来情况随时都可能发生变化：一是因为在预见时不可能面面俱到；二是情况在不断变化；三是计划往往赶不上变化，总有一些问题是不可能预见的，所以要定期检查计划，如果情况已经发生变化，就要调整计划或重新制订计划。因此，导向变化原理可以表述为：计划的总目标不变，但实现目标的进程可以因情况的变化随时改变。导向变化原理与灵活性原理不同。灵活性原理是使计划本身具有适应性，而导向变化原理是使计划的执行过程具有应变能力。因此，管理者应对计划进行实时监控，在计划的总目标不变的情况下做出适时调整，以达到预期的目标。

【阅读材料 3 - 2】

有一对兄弟，他们的家住在 80 层楼上。有一天他们外出旅行回家，发现大楼停电了！虽然他们背着大包的行李，但看来没有什么别的选择。哥哥对弟弟说："我们就爬楼梯上去！"于是，他们背着两大包行李开始爬楼梯。爬到 20 楼的时候他们开始累了，哥哥说："包太重了，不如这样吧，我们把包放在这里，等来电后坐电梯来拿。"弟弟同意了。于是，他们把行李放在了 20 楼，继续向上爬。他们有说有笑地往上爬，但是好景不长，到了 40 楼两人实在累了。想到还只爬了一半，两人开始互相埋怨，指责对方不注意大楼的停电公告，才会落得如此下场。他们边吵边爬，就这样一路爬到了 60 楼。到了 60 楼，他们累得连吵架的力气也没有了。弟弟对哥哥说："我们不要吵了，爬完它吧。"于是他们默默地继续爬楼梯，终于 80 楼到了！兄弟俩兴奋地来到家门口，才发现他们的钥匙留在了 20 楼的包里……

有人说，这个故事其实就是反映了我们的人生：20 岁之前，我们活在家人、老师的期望之下，背负着很多的压力和包袱，自己也不够成熟，能力不足，因此步履难免不稳。20岁之后，离开了众人的压力，卸下了包袱，开始全力以赴地追求自己的梦想，就这样愉快地过了 20 年。可是到了 40 岁，发现青春已逝，不免产生许多的遗憾和追悔，于是开始遗憾这个、惋惜那个、抱怨这个、嫉恨那个……就这样在抱怨中度过了 20 年。到了 60 岁，发现人生已所剩不多，于是告诉自己不要再抱怨了，就珍惜剩下的日子吧！于是默默地走完了自己的余年。到了生命的尽头，才想起自己好像有什么事情没有完成……原来，我们所有的梦想都留在了 20 岁的青春岁月，还没有来得及完成……

（资料来源：刘雪梅，胡建宏. 管理学原理与实务 [M]. 北京：清华大学出版社，2011.）

二、计划的编制程序

虽然可以用不同的标准将计划分成不同的类型,计划的形式也多种多样,但是管理人员在编制任何完整的计划过程中,往往需要遵循一定的逻辑和步骤,具体步骤如图 3-4 所示。

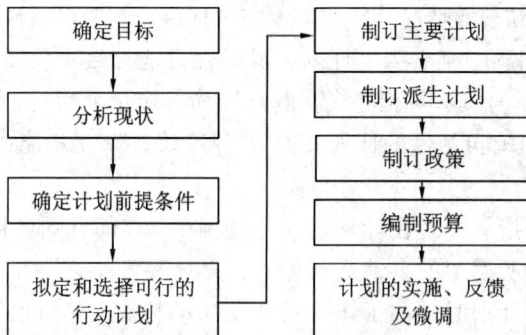

```
┌──────────────┐        ┌──────────────┐
│   确定目标    │   ┌──→ │  制订主要计划  │
└──────┬───────┘   │    └──────┬───────┘
       ↓           │           ↓
┌──────────────┐   │    ┌──────────────┐
│   分析现状    │   │    │  制订派生计划  │
└──────┬───────┘   │    └──────┬───────┘
       ↓           │           ↓
┌──────────────┐   │    ┌──────────────┐
│ 确定计划前提条件 │  │    │   制订政策    │
└──────┬───────┘   │    └──────┬───────┘
       ↓           │           ↓
┌──────────────┐   │    ┌──────────────┐
│ 拟定和选择可行的 │──┘    │   编制预算    │
│   行动计划    │        └──────┬───────┘
└──────────────┘               ↓
                        ┌──────────────┐
                        │ 计划的实施、反馈 │
                        │    及微调     │
                        └──────────────┘
```

图 3-4　计划编制程序

(一)确定目标

目标是指期望的成果,为组织整体、各部门和各成员指明了方向,描绘了组织未来的状况,并且作为标准可用来衡量实际的绩效。确定目标是决策工作的主要任务,是制订计划的第一步。计划工作的主要任务是在明确组织使命和宗旨的基础上,对目标进行分解,以便落实到各个部门、各个活动环节。确定的目标要求符合 SMART 标准,并通俗易懂、简明扼要。如果组织并无明确的宗旨,界定并描述组织的宗旨便成为计划工作的重要内容,常见于新建组织或处于重大变革时期的组织计划工作当中。如果有既定宗旨目标,需要将其贯彻到计划的制订和实施当中去,并传播到组织的成员、顾客及其他相关利益群体,使其能够深刻理解和践行计划。

【知识链接 3-1】

SMART 标准

组织目标制定的要求——SMART 标准。

具体的(specific):明确、不含糊。

可衡量的(measurable):定量化。

能达到的(attainable):太高、太低都会失去意义。

相关的(relevant):围绕企业宗旨和远景展开。

限定时间(time-bound):必须有起止时间和区间。

(二)分析现状

计划是组织现在所处的此岸通往未来要去的彼岸的一座桥梁。目标指明了组织要去的彼岸。因此,组织应有开放的精神,将组织、部门置于更大的系统当中,以动态的观点对组织的外部环境和内部条件做调查研究,对未来可能出现的变化和预示的机会进行初步分析及形成判断;根据自己的长处和短处搞清自己所处的地位;估计自己利用和把握机会的能力;列举主要的不确定因素,分析其发生的可能性和影响程度;明确组织未来期望得到的结果。对于企业来说,常用的分析方法有 SWOT 分析法和 PEST 分析法,需对以下几方面的环境因素进行预测分析，如图 3-5 所示。

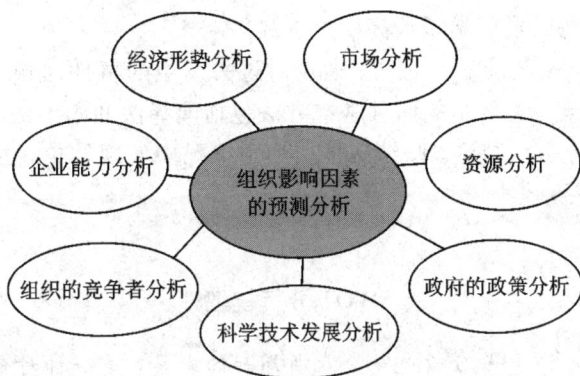

图 3-5 组织影响因素分析

1. 经济形势分析

经济形势直接影响组织的发展。经济形势较好时，可以给组织提供较多的发展机遇，促进组织的发展；反之，则会在诸多方面限制组织的发展。

2. 市场分析

企业产品的市场销售状况直接影响产品的产量、销售收入及成本高低，对市场销售状况的预测是企业确定经营目标的直接依据和最重要的前提。

3. 资源分析

组织在实现其目标时都必须利用各种资源。组织确定的目标必须与组织所能使用的人、财、物的资源相适应，否则计划目标是难以达到的。因此，资源预测在很大程度上影响组织目标的确定。

4. 政府的政策分析

政府的政策对组织发展有直接而重大的影响，如税收政策、信贷政策、产业政策等，都与组织的发展息息相关。组织在确定目标时，必须了解并预测政府政策及其变更趋势，以便充分利用政策带来的机会谋求发展。

5. 科学技术发展分析

科学技术的发展日新月异，技术进步对组织发展的影响越来越显著。组织在保证所确定的目标具有先进性时，必须尽可能地预测今后一定时期内新产品、新工艺和新材料的发展趋势。

6. 组织的竞争者分析

组织的竞争者分析包括对国内外的竞争者、潜在的竞争者的战略、市场、薪酬和管理制度等。

7. 企业能力分析

企业外部环境的好坏会对组织的发展造成一定的影响，而企业是否能够对于环境做出科学评估和准确把握，应具备一定资源和能力的支持。因此，要对组织的能力和拥有的资源进行分析。

上述这些环境因素，有的可控，有的不可控。一般来说，不可控的因素越多，预测工作的难度也就越大。同时，对以上各环境因素的预测同样应遵循"重要性"原则，即与计划工作关系最为密切的那些因素应给予最高度的重视。

在分析现状的同时，还应总结过去。通过对过去发生的事件回顾总结，以探讨过去通向现在和未来的一些规律。常用的两种基本方法包括演绎法和归纳法。演绎法是从一般规律到个别情况，并从中引出结论。归纳法是从个别情况中发现结论，并推论出具有普遍意义的规律。

【知识链接 3 - 2】

SWOT 分析模型

在战略管理学里，SWOT 分析是一个众所周知的工具，是一种对企业内外部条件各方面内容进行综合和概括，进而分析组织的优劣势、面临的机会和威胁的方法。SWOT 分析代表分析企业优势（strength）、劣势（weakness）、机会（opportunity）和威胁（threat）。其中优劣势分析主要是着眼于企业自身的实力及其与竞争对手的比较，而机会和威胁分析将注意力放在外部环境的变化及对企业的可能影响上。在分析时应将所有的内部因素（即优劣势）集中在一起，然后用外部的力量来对这些因素进行评估。

PEST 分析模型

PEST 分析是指宏观环境的分析，P 是政治（politics）、E 是经济（economic）、S 是社会（society）和 T 是技术（technology）。同时，这四方面还可继续细分，用于对企业集团所处背景的分析。有时亦会用到 PEST 分析的扩展变形形式，如 SLEPT 分析、STEEPLE 分析。STEEPLE 是以下因素英文单词的缩写，即社会/人口（social/demographic）、经济（economic）、技术（technological）、环境/自然（environmental/natural）、政治（political）、法律（legal）、道德（ethical）。

（三）确定计划前提条件

前提条件是关于计划的环境的假设条件，对前提条件认识得越清楚、越深刻，计划工作越有效，而且员工对于这一前提的理解越透彻、越认同，企业计划工作就越协调、实施越容易。计划具有一定的预测性，但将来又是复杂的，要对未来环境的每个细节都做出假设，又是不切合实际。因此，前提条件应限于那些对计划的贯彻和实施起关键性作用的假设条件。

（四）拟定和选择可行的行动计划

"条条大路通罗马""殊途同归"，目标的实现可以有多种途径和方法。因此，在设计和编制计划时应进行大胆设想和精心设计，拟定出尽可能多的行动计划，但同样重要的是要进行初步筛选，减少备选方案的数量，以便集中力量仔细地对一些最有希望的方案进行分析比较。拟定和选择行动计划包括三个内容：拟定可行的行动计划、评估计划和选定计划。

拟订可行性行动计划要求拟订尽可能多的计划。可供选择的行动计划数量越多，被选计划的相对满意程度就越高，行动就越有效。因此，在可行的行动计划拟订阶段，要广泛发动群众，充分利用组织内外的专家，通过他们的献计献策产生尽可能多的行动计划。在寻求可供选择的行动计划阶段需要"巧主意"和创新性。尽管没有两个人的脑力活动完全一样，但科学研究表明创新过程一般包括浸润（对一个问题由表及里的全面了解）、审思（仔细考虑这一问题)、潜化(放松和停止有意识的研究,让下意识起作用)、突现(呈现绝妙的,也许有点古怪的答案)和调节(澄清、组织和再修正这一答案)。

在拟订出各种备选行动计划以后,需要按照目标要求对其进行评价。评价主要从以下三方面分析行动计划的优点和缺点:

① 分析每一种行动计划的制约因素和隐患,找出行动计划中妨碍达到目标的具体因素。对制约因素分析得越彻底,对于每种行动计划的了解也就越透彻。

② 在将行动计划预期结果同组织目标进行比较时,既要比较可量化的因素,又要比较不能量化的因素,如组织信誉、公共关系及成熟程度等。

③ 考察每种行动计划的综合效益,着重考虑每种行动计划预计完成目标的程度。对其进行全面分析对比之后,择优确定最终的行动计划。

这一阶段的最后一步是按一定的原则选择一个或几个较优的计划。选择方案是整个计划流程中的关键一步。这一步的工作完全建立在前面工作的基础之上。为了保持计划的灵活性,往往会选择两个甚至两个以上的方案,并且决定首先采取哪种方案,还要将其余的方案也进行细化和完善,作为后备方案。

(五)制订主要计划

制订主要计划就是将所选择的计划用文字形式正式表达出来。作为管理文件,计划要清楚地确定和描述"5W2H"。

(六)制订派生计划

组织主要计划确定后,需要拟订一系列派生计划,对主要计划加以支持和补充,以进一步完善计划方案。比如,企业的一项新产品开发计划确定后,为了保证计划能够具体落实,还需要制订相应的资金筹措计划、原材料供应计划,以及新产品设计、试制、生产和销售计划等一系列派生计划,使新产品开发计划完善起来。再如,当一家公司决定开拓一项新的业务时,这个决策是要制订很多派生计划的信号,如雇用和培训各种人员的计划、筹集资金计划、广告计划等。

(七)制订政策

确定方案后必须制订相应的政策,以保证计划方案的顺利实施,用来指导实施计划的具体行动,从而保证组织成员能够按要求去努力完成计划任务。比如,企业制订了开拓新市场的计划目标,并具体制订了提高产品质量、改善服务、降低成本、加强广告宣传等一系列措施。然而,要保证这些措施得以有效地贯彻执行,还须制定相应的技术政策、投资政策、销售政策、人事和奖励政策等,以保证计划目标的实现。

(八)编制预算

择优确定计划方案以后,管理者就要根据计划任务要求来编制预算,并使之数字化。预算中的数字可以是财务性的(如投入、收入、支出、成本等),预算中的数字也可以是非财务性的(如直接工作量、生产量等)。通过预算可对所需人力、物力和财力资源进行定量分配,以保证计划任务所需资源得到周密安排。同时,预算又是控制的有效工具,依据预算指标可以对计划执行情况进行监督控制。

(九)计划的实施、反馈及微调

计划工作还应包括计划的执行过程,在计划的执行过程中要加强监督检查,加强协调与配合,建立有效的信息反馈系统和控制机制,及时发现计划执行过程中的问题与偏差。根据实际情况对执行过程中的偏差进行纠正，或者对计划进行微调以保证计划的顺利实施。

【阅读材料 3 - 3】

桌子上放了一个装水的罐子。从桌子下面拿出一些正好可以从罐口放进罐子里的鹅卵石，并将其装满。再从桌底下拿出一袋碎石子，将碎石子从罐口倒下去，摇一摇后再加一些碎石子。然后从桌下拿出一袋沙子，慢慢倒进罐子里。倒完后，最后从桌底下拿出一大瓶水，将水倒在看起来已经被鹅卵石、碎石子及沙子填满的罐子里。当这些事情都做完之后，请同学们讨论从这件事情中得到了哪些重要启示？

三、计划的方法

计划工作效率的高低和质量的好坏，很大程度上取决于计划编制的方法。在计划工作实践中人们积累了丰富的经验，产生了很多行之有效的计划方法。由于计划工作主要涉及三大问题，一是如何从复杂的环境中合理地确认目标，二是如何有效地运用有限资源去实现目标，三是如何设立工作标准从而提高目标实现的效率。因此计划方法也大致可分为三种：目标定位方法、资源配置方法和指标设置方法。

（一）目标定位方法

计划的关键是确定工作目标，为此必须分析组织所处的环境，把握未来可能的变化，通过内外部条件的分析和比较，合理地确定组织的行动目标。在此过程中，环境扫描方法、未来预测方法、战略分析方法和标杆比较方法等，在实践中常常用到。

1. 环境扫描方法

环境界定了管理系统的活动范围，从而定义了管理者的选择空间。确定有计划分工协作的整体目标时，必须进行环境扫描与分析。所谓环境扫描方法，是通过信息收集和分析，考察影响管理系统活动状况的约束条件，通过对环境状况的性质界定和可能变化，确定分工协作的活动目的和工作方式。在实际工作中，环境扫描方法又分为全面扫描和竞争分析。

（1）全面扫描：是通过全面分析组织与环境的相互关系，对组织在环境中的存在与发展作出总体决策，从而提高分工协作效率。这种平衡包括两方面：一是组织在一定范围内对环境因素作出选择；二是组织在一定范围内创造或影响环境。组织要适应环境，不可能让环境适应组织，这是组织与环境关系的基本点。从环境侧面来看，组织是否在环境中发挥特定的作用，成为影响环境的一个因素，决定了组织存在的意义。从组织角度来看，组织能否适应环境状况不断调整，确定相应的目标和战略，决定了组织存在的条件。

（2）竞争分析：是一种特殊的环境分析，主要关注作为环境因素的竞争对手状况。由于竞争对手是直接的利益相关者，故对于竞争对手的信息收集具有特殊要求，通常称为情报收集和处理。建立一定的情报系统，有目的地收集与竞争相关的信息，以确定谁是对手、他们在做什么及对自己会产生什么影响等。这是计划工作的又一个基本方法。

2. 未来预测方法

不管环境还是管理系统本身，都在不断变化之中。如何把握环境和自身的变化趋势，以此确定相应的工作目标与方法，是计划工作必须解决的问题。与此相应，预测方法在计划工作中具有重要地位。

预测是一种复杂的推断技术，常用预测方法分为两种类型：定性预测和定量预测。定性预测依靠人们的经验进行，也可以征询相关人员的意见，通常用于情况复杂、信息有限及时间紧迫的情况。定量预测依靠数据分析进行，以充分的信息把握为预测基础。实际工作中的做法是：建立和运用一组计算规则，对过去的数据进行收集和分析整理，从中发现导向未来的变化趋势，以此预测未来情况。表3-1描述了常用的预测方法技术。

表3-1 预测方法技术简表

方法技术		特点描述	应用事例
定量预测技术	时间序列分析	有数学方程拟合某个趋势曲线，然后根据次方程预测未来	依据四年前的销售数据预测下一个季度的销售额
	回归模型	根据已知或假设的变量预测另一个变量	找出能够预测特定销售水平的因子，如价格
	经济计量模型	采用一组回归模型模拟经济的某个部分	当税法修改后轿车销售量的变化
	经济指标	采用一个或多个经济指标预测经济的未来形态	运用GNP的变化预测可支配收入的变化
	替代效应	采用数学公式预测一种新产品或新技术，怎样、何时及在什么情况下将替代原有产品或技术	预测DBD播放机对传统录像机销量的影响
定性预测技术	评审小组意见	综合评审专家意见	召集公司人力资源管理者，预测下一年度院校毕业生的招聘需求
	销售人员意见	综合销售人员的估计，以确定顾客期望的购买意向	预测下一年度工艺激光器的销售
	顾客评价	依据现有顾客购买情况所作的估计	调查决定市场期望的产品品种和数量

（资料来源：秦志华.管理学[M].大连：东北财经大学出版社，2011.）

预测的准确性与环境状况密切相关。当环境变化的方式比较清晰时，应用预测技术考察环境通常可获得比较准确的结果。环境变化越复杂而模糊，预测的难度越大。

3. 战略分析方法

环境扫描和趋势分析的意义，在于为确定组织的发展目标和实现路径提供依据，从而建立相应的分工协作方式。在面临竞争对手的情况下，还要对竞争对手和自身情况进行比较分析，找到组织生存发展的可能空间，确定在竞争中发展的工作任务。战略分析方法由此产生。

在各种战略分析方法中，SWOT矩阵具有特殊地位。这一方法从组织自身和所处环境两个维度出发，考察环境对于自身的影响和自身应对环境的能力，不仅以动态方式分析刻画了组织的发展空间，而且明确了组织如何在环境中发展。由于SWOT矩阵将外界环境同内部资源结合起来考虑问题，使组织在进行目标选择和战略定位时，具有很强的系统性和针对性，因此得到广泛应用。SWOT矩阵的分析思路如图3-6所示。

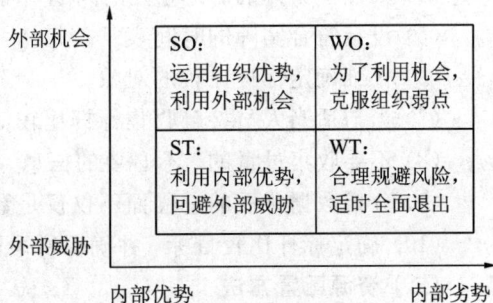

图3-6 SWOT分析法

在图 3-6 中，从外部环境的机会与威胁、内部资源的优势与劣势出发，确定了四种组织目标和战略定位的选择空间，并给出了原则性提示。其中，O 代表外部机会、T 代表外部威胁、S 代表内部优势、W 代表内部劣势。由于四种因素的不同组合，出现四个管理活动的不同空间，可以制订如下四种不同的工作计划：

SO：这是最理想的局面，即外部环境的机会多，内部资源的条件好，组织能够运用自身优势有效地把握和利用机会。因此，组织会采取各种办法，从矩阵其他位置移到这个位置。

ST：这是指外部环境的威胁大，内部资源的条件好。因此，需要从组织的优点出发应对环境中的威胁，将组织优势扩大到最大限度，使威胁降低到最小限度。

WO：这是指外部环境的机会多，内部资源的条件差。在这种情况下，要尽量抓住机会，积累资源和扩展实力，从而将劣势降到最小，使机会得到有效利用。

WT：这是指外部环境的威胁大，内部资源的条件差。这是最困难的局面。在这种情况下，如何寻找回避危险的空间，进行力所能及的发展，具有重要意义。

4. 标杆比较方法

组织之间的竞争是一个优胜劣汰的过程。在竞争中脱颖而出的组织，由于其各方面的优越性，会成为其他组织仿效的样板，为其他组织制订计划提供参照，标杆比较方法就由此产生。

所谓标杆比较方法，就是以先进组织的某些方面为标准，检查自身的工作状况，确定改进自身的工作目标。组织之间的相似性越大，标准的参照作用也越大。因此以标杆比较方法指导计划工作时，通常在相似组织中寻找活动、流程及绩效上有最佳表现的对象。

应用标杆比较方法时，要仔细研究标杆组织的成功原因，并将自身情况与之相比较，找出实际差距，拟订改进计划，迎头赶上。在实际工作中标杆管理有多种形式，包括标准标杆管理（standard bench marking）、流程标杆管理（process bench marking）及结果标杆管理（result bench marking）等。由于标杆比较方法具有明确性和针对性的特点，因此被广泛应用。这一方法的使用需要注意如下一些问题。

(1) 将标杆比较工作与战略目标联系在一起。

(2) 组织合理规模的计划团队——6～8 人的团队是有效的。

(3) 吸收受到标杆直接影响的人员加入团队。

(4) 聚焦于具体的、针对性的问题，而不是宽泛的、一般性的问题。

(5) 设定符合实际的时间表。

(6) 仔细确定标杆比较的对象。

(7) 当与适当人员接触收集标杆比较信息时要遵守约定。

(8) 不要收集过量的、不必要的信息。

(9) 分析数据背后的过程而不仅仅是数据本身。

(10) 确定标杆比较目标，并确保所采取的行动能够实现目标。

(二) 资源配置方法

计划工作不仅要确定行动目标，还要为实现目标进行资源配置。如何从实际出发，利用有限资源更好地实现工作目标，需要专门的方法技术，其中 BCG 矩阵、业务排程及全面预算等方法运用的比较广泛。

1. BCG 矩阵

BCG（boston consulting group）矩阵又名组合矩阵、市场增长率-相对市场份额矩阵、波士顿咨询集团法、波士顿矩阵法、四象限分析法或产品系列结构管理法等，由波士顿咨询集团开发，主要用于企业的资源安排。

BCG 矩阵的基本思想是从企业发展战略出发，根据工作目标定位进行资源配置的相应安排。具体操作办法是：以市场竞争地位和业务增长速度为坐标，建立二维分析矩阵，对企业经营的不同业务进行归类，标在 2×2 维的矩阵中，确定哪项业务可以提供较高的潜在收益、需要加强资源配置，哪项业务在低效益地消耗公司资源、需要进行调整。BCG 矩阵的横轴表示市场份额，从强到弱说明不同业务的竞争地位；纵轴表示市场增长，从低到高说明不同业务的发展空间。根据分析评估的结果，每项业务都被归入四个象限之一，如图 3-7 所示。

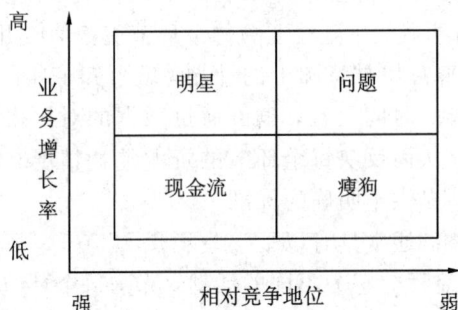

图 3-7 BCG 矩阵

在图 3-7 中，归于不同象限的业务，分别被称为明星业务、问题业务、现金流业务和瘦狗业务。每种业务具有不同特点，需要不同的资源配置方法。

（1）明星业务：是指处于高增长率、高市场占有率象限内的产品业务群。这类产品和业务正在发展，市场空间大，可利用的机会多。这是可能成为现金流产品的业务，需要加大投资以支持其迅速发展。采用的发展战略是积极利用市场机会，扩大经济规模，以长远利益为目标提高市场占有率，加强竞争地位。

（2）现金流业务：又称厚利产品，是指处于低增长率、高市场占有率象限内的产品业务群。这些业务已进入成熟期，销售量大，利润率高，负债比率低，但发展空间有限，业务增长率低，因此无需增大投资。这类业务是企业利润的主要来源，也是回收资金的主要渠道，是支持其他产品业务发展，尤其明星产品投资的后盾。对这一象限内的大多数产品，在资源配置上采用收获战略，以短期收益最大化为原则。

（3）问题业务：是处于高增长率、低市场占有率象限内的产品群。前者说明市场机会大、前景好，后者说明营销上存在问题。其财务特点是利润率较低、所需资金不足及负债比率高。在产品生命周期中处于引进期，因种种原因未能开拓市场局面的新产品业务，大都属于问题业务。在资源配置上，对问题业务通常采取选择性投资战略，即首先确定该象限中哪些可能成为明星产品，然后进行重点投资，提高市场占有率，最终使之转变成"明星产品"。问题产品的改进与扶持方案，一般均列入企业长期计划中。

（4）瘦狗业务：也称衰退类产品，是处在低增长率、低市场占有率象限内的产品业务群。其财务特点是利润率低、处于保本或亏损状态、负债比率高及无法为企业带来收益。对这类产品应采用收缩战略：减少批量、逐渐撤退，对典型亏损产品立即淘汰。在资源配置上进行调整，尽量节省资源向其他业务转移。

2. 甘特图

（1）甘特图的概念。

甘特图又称横道图，是由亨利·甘特在 20 世纪初开发的一种资源配置技术，是以图示的方式通过活动列表和时间刻度形象地表示出任何特定项目的活动顺序与持续时间。甘特图是一个完整的用条形图表示进度的标志系统。其横轴表示时间，纵轴表示要安排的活动，线条表示在整个期间上计划和实际的活动完成情况。

（2）甘特图的编制。

甘特图的意义在于直观地表明任务计划的开始时间，以及实际进展与计划要求的对比。首先，甘特图使管理者明确，在流程上的每个环节应该何时开始进行。其次，通过实际执行中的时间和任务进度来对比甘特图上的计划，就可知道实际执行到底是领先于计划，还是落后于计划，并且差异的时间天数，也可通过数据的对比得到。而且，复杂的甘特图还可以实现对人工的分配，从而反映每个环节的资源消耗情况。因此说，甘特图既是一种计划手段，也为后续的控制提供了明确的标准。

编制一个完整的甘特图，通常具有以下一些步骤：

① 将整个项目或整个流程分解为不同的活动环节，每个环节之间既相互独立，又具有相互的、承前启后的关联性。

② 确定各个环节的顺序是按照时间顺序和流程顺序排列，明确每个环节必须依赖的上游环节及所决定的下游环节。

③ 确定各个环节的开始时间和持续工期。

④ 创建甘特图草图，将所有的项目按照开始时间将工期标注在甘特图上。

⑤ 确定关键性路径。关键性路径是由贯穿项目始终的关键性任务所决定的，既表示了项目的最长耗时，也表示了完成项目的最短可能时间。关键性路径会由于单项活动进度的提前或延期而发生变化。

⑥ 针对各项活动的时间和顺序特征进行优化。

（3）利用软件绘制甘特图。

目前已经有很多软件支持甘特图的绘制，如办公软件类 Microsoft 的 Excel 和 Project、Open Office、WPS 等都可以实现甘特图的制作，还有一些专门的小软件也可以绘制甘特图。下面介绍 Microsoft 的 Excel 2003 版本，以一个生产企业的简单流程为例绘制基本的甘特图。

某公司的运营流程分为五个环节：生产环节，用时三个月；生产之前的采购环节，用时两个月；采购之后到生产之前的运输环节，用时一个月；生产之后是销售，从工厂配送到各地的销售中心，用时两个月；最后的零售环节，用时三个月。整个流程开始于每年的 1 月份。依据以上述流程数据，绘制甘特图。

第一步，明确各项流程的顺序和起始时间。按照工业企业的流程，各个环节依次为采购-运输-生产-配送-零售。由于采购开始于 1 月份，用时两个月，所以运输环节开始于 3

月份。依次类推，得到所有的时间点为生产开始于 4 月份、配送开始于 7 月份、零售开始于 9 月份。

第二步，以数据建立 Excel 表格如表 3-2 所示。

表 3-2 计 划 运 营 表

	A	B	C
	任务环节	开始时间	持续时间
1	采购	1	2
2	运输	3	1
3	生产	4	3
4	配送	7	2
5	零售	9	3

第三步，以该区域绘制图表，选择插入-图表-条形图-堆积条形图。

第四步，在完成的图表上双击左边的条形，在打开的数据系列格式中即使得"开始时间"列代表的条形，也不在图表中显示出来。

第五步，进行适当的美化和微调，达到最后的甘特图（如图 3-8 所示）。

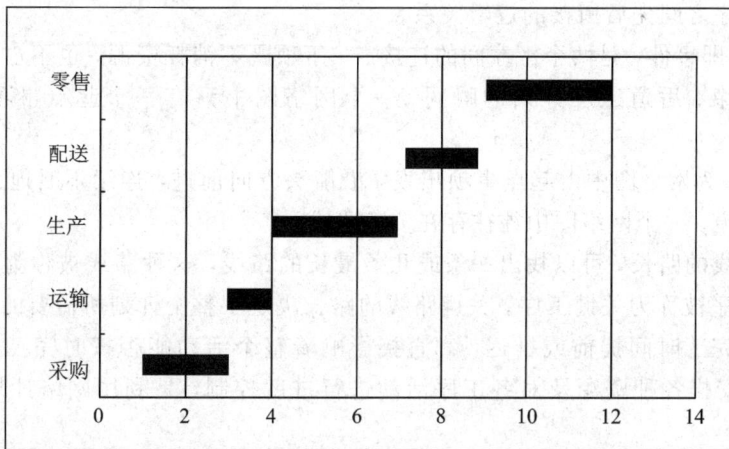

图 3-8 甘特图

对于该流程的甘特图，我们可以用来指导实际管理。在每个时点我们都可以找到对应的时间坐标，从而了解计划中应该从事的工作环节。比如现在是 7 月份，我们就知道应该完成生产环节，并进入配送环节了。如果生产环节还没有结果，就代表企业执行出了问题，没有达到预期的生产进程，需要进行改制了。

【知识链接 3-3】

亨利·劳伦斯·甘特

亨利·劳伦斯·甘特（1861—1919），是人际关系理论和科学管理运动的先驱者之一，也是甘特图即生产计划进度图的发明者。他曾在哥伦比亚、哈佛、耶鲁等大学任教，主要著作有 1910 年的《工作、工资和利润》、1916 年的《工业领导》和 1916 年的《工作的组织》等著作。亨利·劳伦斯·甘特是科学管理之父——泰罗的亲密合作者，也是科学管理运动的先驱者之一。甘特在成为机器工程师之前，当过教师和制图工，后来致力于科学管理的研究与推广。甘特对科学管理理论的重要贡献，在于非常重视工业中人的因素，提出了任务和奖金制度，并强调对工人进行教育的重要性。此外，就是用于生产计划进度的甘特图，也是当时管理思想的一次革命。

3. 网络计划法

网络计划法（PERT）是以工作流程为依据的计划方法，描述了各业务项目的顺序和时间，有时还加入相应的成本数据，使资源配置更为具体。其中计划评审技术（PERT）能够比较精确地指出节约时间、提高效率的关键环节，被广泛使用。运用网络计划方法时，必须清楚地界定业务项目内容，明确不同业务之间的关系，识别潜在的业务问题，对不同业务在时间、成本及效果上的情况进行比较。因此，网络计划能够监控业务项目的进度和难点，调动资源保证项目按计划进行。

网络图由以下部分构成：

（1）"→"：即活动，是一项工作的过程有人力、物力投入，经过一段时间才能完成。箭线下的数字便是完成该项工作所需的时间。此外，还有一些活动既不占用时间，也不消耗资源，是虚设的，称为虚工序。网络图中应用虚工序的目的是为了避免工序之间含混不清，以正确表明工序之间先后衔接的逻辑关系。

（2）"O"：即事件，是两个工序间的连接点。事项既不消耗资源，也不占用时间，只表示前道工序结束、后道工序开始的瞬间。一个网络图中只有一个起点事项和一个终点事项。

（3）路线：为网络图中由起点事项出发，沿箭头方向前进，连续不断地到达终点事项为止的一条通道。一个网络图中往往存在多条路线。

比较各路线的路长，可以找出一条或几条最长的路线，这种路线被称为关键路线。关键路线上的工序被称为关键工序。关键路线的路长决定了整个计划所需要的时间。关键路线上各工序的完工时间提前或推迟，都直接影响着整个活动能否按时完工。确定关键路线、据此合理安排各种资源及对各工序活动进行进度控制，是利用网络计划技术的主要目的。

开发一个网络的步骤如下：

（1）识别完成项目所必需的每项业务。

（2）决定事件完成的顺序。

（3）绘制业务流程图，确定每项活动及其与其他活动的关系，用圆圈表示事件，用箭头表示活动。

（4）计算每项业务所需时间，如最佳时间估计表示理想环境下的工作时间，最大可能时间估计表示正常条件下的工作时间，悲观时间估计表示最坏可能下的工作时间。然后计算期望的活动时间。

（5）利用包含每项业务时间的网络图，决定整个项目和其中每项业务的开始、结束日期，并编制进度计划。

网络计划技术虽然需要大量而繁琐的计算，但在计算机广泛运用的时代，这些计算大都已程序化了。这种技术之所以被广泛运用，是因为它有一系列的优点：

第一，该技术能清晰地表明整个工程中各个项目的时间顺序、相互关系、关键环节和路线，以便管理者对实施过程进行重点管理。

第二，可对工程的时间进度与资源利用实施优化。在计划实施过程中，管理者可调动非关键路线上的人力、物力和财力，对关键作业进行综合平衡。这样既可节省资源，也能加快工程进度。

第三，可事先评价达到目标的可能性。该技术指出了计划实施过程中可能发生的困难点及其对整个任务产生的影响，准备好应急措施，从而减少完不成任务的风险。

第四，便于实施与控制。管理者可将工程（特别是复杂的大项目）分成许多支持系统来分别组织实施与控制。这种化整为零、聚零为整的管理方法，可达到局部和整体的协调一致。

第五，易于操作，并具有广泛的应用范围，适用于各行各业及各种任务。

（三）经济分析方法

计划的目的是利用有限资源更好地实现组织目标，为此必须注重经济分析。计划工作中常用的经济分析方法有盈亏平衡法和全面预算法，二者在企业组织中得到广泛应用。

1. 盈亏平衡法

（1）盈亏平衡点分析的概念。盈亏平衡点又称零利润点、保本点、盈亏临界点等，是指全部销售收入等于全部成本时的产量。以盈亏平衡点为界限，当销售收入高于盈亏平衡点时企业盈利；反之，企业就亏损。盈亏平衡点可以用销售量来表示，即盈亏平衡点的销售量，也可以用销售额来表示，即盈亏平衡点的销售额。

盈亏平衡点分析，就是基于盈亏平衡点的计算和控制，来制订企业生产计划或销售计划的方法。其实质是对产品销售量、成本和利润三者之间关系的计算与讨论，分析各种方案对企业盈亏的影响，并从中选择最佳的方案。

（2）盈亏平衡点分析的基本原理。企业是盈利性的组织，其基本目标通常是利润最大化。而利润=收入-成本，故盈亏平衡点分析就从收入和成本两方面来展开。如图3-9盈亏平衡图，从收入方面来看企业的销售收入（I）等于销售量（Q）乘以销售价格（P）。出于简化计算的考虑，我们假定销售价格不变，并且销售量等于生产量。

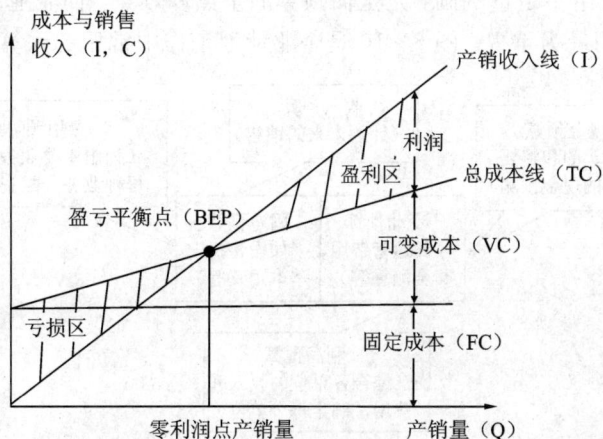

图 3-9 盈亏平衡图

一般而言，从成本方面来看，企业生产产品的总成本（TC），可分为两大类：固定成本（FC）和可变成本（W）。固定成本，是指成本额不随产量（Q）变化的那一类要素成本。相对的，成本额要素是随着生产量（Q）不断变化的，即 $VC = CQ$ 就是可变成本。企业中典型的固定成本（如厂房、设备），在产能范围内不论生产多少，这些成本都是固定的，不会发生变化。而原材料消耗、水电费、人力成本等成本因素，则是随着生产量的增加而增加，也随着生产量的减小而减小的，这些就是可变成本。综合上述，企业的利润为：

$$R = I - TC = PQ - (FC + VC) = (P - C)Q - FC$$

对于企业，存在一个利润为零时的生产量（销售量）$Q = FC/(P - C)$，这个产量就是盈亏平衡点。当企业生产量等于盈亏平衡点时，企业所得收入能更好弥补企业生产损耗的成本，企业不赔不赚；当企业生产量大于盈亏平衡点时，从企业利润（R）的公式中计算，企业可获得正的利润；当企业生产量小于盈亏平衡点时，企业就会遭受亏损的损失。

（3）盈亏平衡点分析示例。某手机生产厂正在计划是否投资生产一款新手机。据估算，投资生产新款手机的固定成本为 300 万元，可变成本为 1200 元/部，预计该手机的市场售价 1500 元/部，预计销售量为 12000 部，那么手机厂是否该投资生产这款新手机呢？首先，计算新手机项目的盈亏平衡点为：

$$Q = \frac{3000000}{1500 - 1200} = 10000（部）$$

将盈亏平衡点 10000 与预计销售量 12000 比较，显然预计销售量大于盈亏平衡点，即新项目投资可以获得盈利，因此最后的计划为投资生产。

2. 全面预算法

预算是数字计划，用以对业务活动的资源配置进行量化的预先管理。在实际工作中，管理者常要为收入、费用和专项投资制订预算。除此之外，预算还被用于改进时间、空间和材料的利用。这时使用非财务数字（如人工小时、能力利用率等），对各种业务活动的资源配置进行量化分析和管理，以提高资源使用效率，起到全面预算方法的作用。

由于在市场经济条件下，对于要素资源的配置强调价格机制的作用，因此全面预算通常依托财务会计工作进行。与此相对应，如何对不同业务活动所需的资源条件进行财务计量，对其产生的效益给予定量刻画，是全面预算的重点和难点。而企业作为微观效益组织，对于全面预算的作用最为重视。图 3-10 是企业计划工作中常用的预算方法。

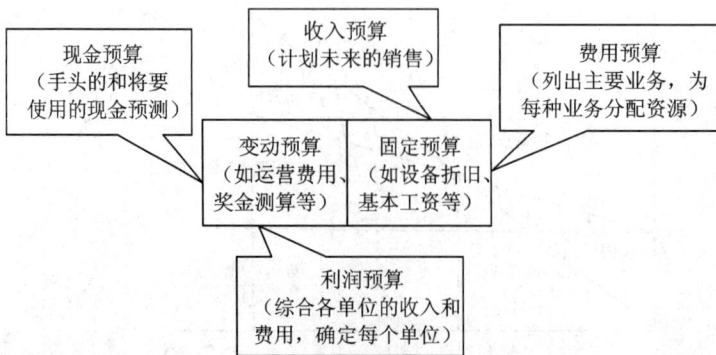

图 3-10　企业计划工作中常用的预算方法

上述预算项目在实际工作中密切相关,其中收入预算、费用预算及利润预算等与盈亏平衡分析具有直接关系,而现金预算是企业生产经营的杠杆。这些方面的预算都要从固定预算和变动预算两方面进行,以保持资源配置的稳定性,并适应环境条件的不断变化。

3. 投入产出法

投入产出法是20世纪40年代美国经济学家里昂惕夫首先提出来的,为此他获得了1973年的诺贝尔经济学奖。投入产出法是用数学方法从数量方面,对国民经济各部门或组织内各组成部分和各环节之间的相互依存、相互制约关系进行研究的一种方法。它认为任何系统的经济活动都包括投入和产出两部分。所谓投入,就是将人力、物力及财力投入生产过程,在其中被消耗,这是生产性的消费;所谓产出,是指生产活动的结果,主要包括物质产品和服务产品。

投入产出法是一种综合计划方法。首先,要根据某一年份的实际统计资料求出各部门之间的投入与产出的一定比例,编制投入产出表。其次,计算出直接消耗系数和间接消耗系数(合计便是完全消耗系数)。然后,进一步根据某些部门最终产品的要求(供居民消费、政府使用和出口的最终消耗),算出各部门应达到的状况。最后,以此作为依据来进行综合计划。这种方法的主要特点是:

(1) 反映了各部门(或各类产品)的技术经济结构,可用于合理安排各种比例关系,特别是可作为综合平衡方面的一种有效工具。

(2) 在计划编制过程中,不仅能充分利用现有的统计资料,还能建立各种统计指标之间的内在关系,使统计资料系统化。编制的投入产出表则是一个比较全面的、反映经济过程的数据库,可用来进行多种经济分析和经济预测。

(3) 由于通过表格形式反映经济现象,设计的数学知识不深,因而易于理解,并易于为计划工作者所接受。

(4) 适用范围较广,不仅可用于国家、部门或地区等宏观层次的计划制订,还可用于企业的计划安排。

(四) 滚动计划法

1. 滚动计划的概念

滚动计划法是一种定期修订未来计划的方法。这种方法根据计划的实际执行情况和环境变化,定期修订计划并逐期向前推移,将短期、中期和长期计划有机结合起来,使计划不断滚动、延伸,故被称为滚动计划法。该方法主要应用于长期计划的制订和调整,可以较好地避免不确定性带来的不良后果。

2. 滚动计划法的具体做法

滚动计划法的具体做法是在计划制订时,同时制订未来若干期的计划,但计划内容采用近细远粗的办法,即近期计划的内容尽可能详尽,远期计划则较粗糙。在计划期的第一阶段结束时,根据该阶段计划执行情况和内外部环境变化情况,对原计划进行修订,并将整个计划向前滚动一个阶段,以后根据同样的原则逐期滚动。例如:五年计划规定每年编制一次,每次向后波动一年;年度计划规定每季(或半年)编制一次,每次向后滚动一季。具体如图 3-11 所示。

编制滚动计划的关键在于科学地确定计划修正因素,即要搞清未来时期企业内外部条件变化的情况。因为只有如此，才能使新编制的计划符合实际情况，适应变化了的内外部环境。计划修正因素主要包括以下几项内容：

（1）差异分析。差异是指第一个执行期（2011 年）的计划与实际之间的差距。第一个执行期结束时，无论是超额完成了计划或未完成计划，都应对差异产生的原因进行定性或定量分析。这是因为分析结果对新计划的编制有直接影响。

（2）客观条件分析。环境是指企业周围的境况，由多种因素构成。对企业直接发生影响的因素主要有国家的方针与政策、社会道德与风尚、科学与技术、社会为企业提供的条件、社会对产品的需求及本企业产品在市场上的竞争能力等。由于企业的生存和发展是以外部环境为条件的，且外部环境又是不断发生变化的，因此企业必须重视调查收集和研究分析来自外部环境的各种信息，并据此编制计划，使计划更具有适应性。

（3）经营方针调整。经营方针是指为实现经营目标，根据企业的经营思想所确定的企业总体或某项重要经营活动所应遵循的原则。它是针对某一时期生产经营活动所要解决的主要问题提出来的。由于企业外部环境和内部条件在不断发生变化，因而不同企业或同一企业在不同时期，其经营方针也不相同的。这就要求企业必须根据变化了的情况调整其经营方针，以使外部环境、内部条件和经营目标三者实现动态平衡。

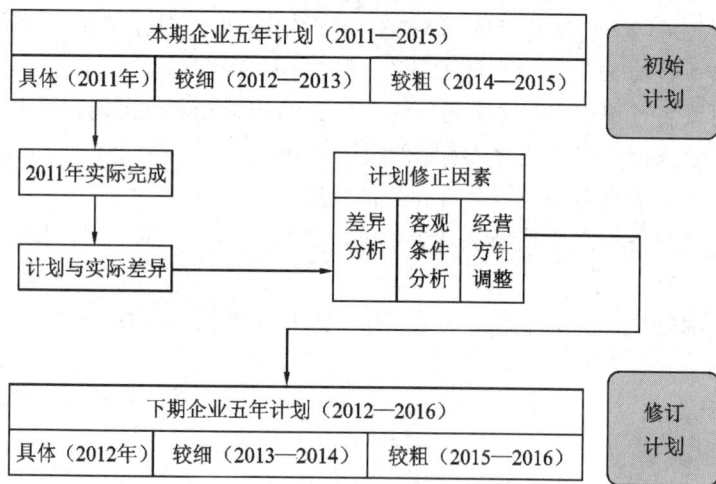

图 3-11　滚动计划的过程

3. 滚动计划法的特点：

（1）近细远粗：将计划分为若干个执行期，其中近期行动计划编制得具体而详细，而远期计划则相对粗略。

（2）保持各期计划的灵活性：计划执行一定时期，就根据执行情况和环境变化对以后各期计划内容进行修改、调整，并根据同样的原则逐期滚动。这样便大大增强了计划的弹性，从而提高了组织的应变能力。

（3）保持各期计划之间的连续性：使长期、中期和短期计划相互衔接。短期计划内部各阶段相互衔接，保证了能根据环境的变化及时进行调节，并使各期计划基本保持其连续性和一致性。

（4）使计划更加切合实际：由于滚动计划相对缩短了计划时期，加大了对未来估计的准确性，能更好地保证计划的指导作用，从而提高了计划的质量。

（5）计划编制的工作量较大：滚动间隔期的选择，要适应企业的具体情况。如果滚动间隔期偏短，则计划调整较频繁，会降低计划的严肃性。一般情况下，生产比较稳定的多件、大批企业宜采用较长的滚动间隔期，生产不太稳定的单件、小批生产企业则可考虑采用较短的间隔期。

（五）线性规划法

在现实企业管理中，经常遇到这类问题：企业要达到利润的最大化，但同时又要受到有限的资金、人员及一些其他限制条件的制约。那么如何在这些约束条件下达到最大化的目标呢？线性规划就是针对这一类问题的计划方法。

所谓线性规划，就是求线性目标函数在线性约束条件下的最大值或最小值的问题。线性规划是运筹学的一个重要分支，也是研究较早、发展较快、应用广泛及方法较成熟的一个分支。目前，在工农业生产、商业运输、经济管理等方面，线性规划都发挥了不小的作用，帮助企业进行科学管理，合理安排人力、物力资源，提高企业运营的效率。

线性规划法一般采取如下三个步骤：

第一步，建立目标函数。

第二步，加上约束条件。在建立目标函数的基础上，附加下列约束条件。

第三步，求解各种待定参数的具体数值。在目标最大的前提下，根据各种待定参数约束条件的具体限制，便可找出一组最佳的组合。

第三节　计 划 的 实 施

【阅读材料 3 - 4】

猎 杀 骆 驼

有一位父亲带着三个孩子，到沙漠去猎杀骆驼。他们到了目的地，父亲问老大："你看到了什么？"老大回答说："我看到了猎枪，还有骆驼，还有一望无际的沙漠。"父亲摇摇头说："不对。"父亲以同样的问题问老二。老二回答说："我看见了爸爸、大哥、弟弟、猎枪，还有沙漠。"父亲又摇摇头说："不对。"父亲又以同样的问题问老三。老三回答说："我只看到了骆驼。"父亲高兴地说："你答对了。"

制定目标而能产生效果，秘诀就是"明确"二字。成功的目标，必须是明确的。进一步说，目标要具体化、量化。对于企业而言，一个时期的战略目标必须是明确、而具体的。对于一个团队来说，行动的目标也必须是明确而具体的。只有这样，才能让全体成员明确下一步努力的方向，也才能对全体成员产生巨大的激励作用。有了明确而具体的目标，不管具体到哪个阶段，也不管在实现目标的进程中遇到了什么意外的情况或问题，都能保证企业或团队成员调整自己的工作任务和努力程度，始终朝着既定目标前进。

计划制订以后需要落实，将行动方案变为实际行动。由于组织的行动方案主要在管理者主持下制订，而行动方案的实施需要所有组织成员共同参与。因此，如何将管理者的意图转变为全体工作者的意志，是计划能否落实的关键。在此过程中，必须明确分工协作不同环节和层次的工作目标，建立清晰的工作标准，并使责任主体理解和认同，促进全体工作者积极主动地为实现目标而努力。

一、目标的含义及性质

（一）目标的含义

目标是一个组织的各项管理活动所追求的或所期望达到的最终成果。目标为所有的管理决策指明了方向，并且作为标准可以用来衡量实际的绩效。正是由于这些原因，目标成为计划的基础。如果一个组织长期不能实现自己的目标，就会逐渐丧失自己存在的价值。目标不仅是一个组织的基本特征，还是一个组织的存在意义。

（二）目标的性质

目标对于组织及其成员计划的有效实施，具有较强的指导性。因此，应在理解目标含义的基础上明确目标的性质，如图 3 - 12 所示。

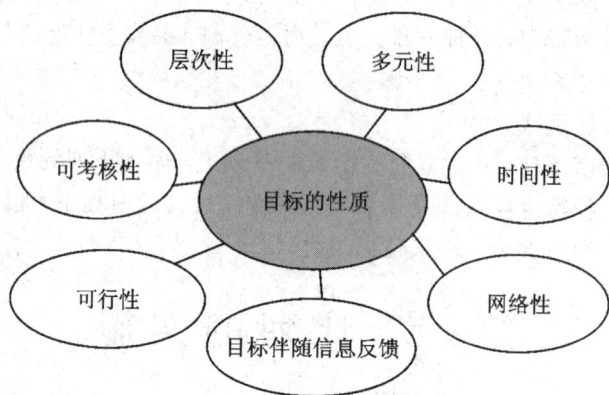

图 3 - 12　目标的性质

1. 目标的层次性

目标是分层次、分等级的。从组织结构的角度来看，目标形成一个有层次的体系，从广泛的社会经济目标到特定个人目标，是分层次、分等级组成。

为便于对目标层次的理解与把握，我们不妨将组织目标归纳为三个基本层次：

第一层次为社会层，即企业组织满足于社会发展和市场需要的目标。如企业要以合理的成本为社会提供所需要的产品和服务，创造更多的价值。

第二层次为组织层，即企业组织和专业系统自身发展的目标和策略。例如，某生产汽车的企业为进一步扩大市场占有率，确定设计、生产和销售可靠的、成本低及节能型的各种汽车的目标，并将包括关键成果领域在内的目标更加具体化，如一定时期内的投资收益率、产品生产率等，这些目标还需进一步转化为分公司、分部或小组的目标。

第三层次为个人层，为组织最低层，即成员个人的目标，如收入分配、专业技术水平及业绩成就等。

一个企业组织的多重目标除了具有一定的层次性外，我们还应了解企业的总目标与个别目标对管理阶层的关系，这三个层次的目标有时候是矛盾的，要求组织能够进行很好的协调。

2. 目标的多元性

不论是组织或个人，所确定的目标往往是多个而非单一的。即使是组织的主要目标，一般也是多种多样的。一个组织同时有好几个目标，目标的多元性表现为各种形式，如数量与质量、投入与产出、积累与消费等。

3. 目标的时间性

目标都是有时间跨度的，分为短期、中期和长期目标，同时要求三者之间的协调。如忽视短期目标的长期化，就可能使短期目标无助于、阻碍长期目标的实现，甚至以放弃长期目标为代价；同样，如果忽略长期目标的短期化，就无法确定长期目标实现的先后顺序，甚至使制定的目标成为一纸空文。

4. 目标的网络化

一个组织的目标通常是通过各种互为联系的、活动的相互影响、相互促进来实现的。如果各种目标互不联结、互不支持，则执行的结果必然会给整个组织或企业带来不利，甚至严重的负面影响。目标和计划很少是线性的，即这个目标实现后紧跟着再去实现下一个目标。有效的计划方案，其具体目标共同形成一个左右关联、上下衔接、互相呼应着的一个有机网络。

目标和计划是按一定的网络方式互相连接的，只有使各个目标互相连接、彼此协调、互相支援，目标网络才具有效果。一般情况下，企业组织内部某一单位或部门，很易制订似乎完全适合的目标，但却常常出现部门为此目标与彼目标相互抵触、互为矛盾的问题，以至于造成组织局部或整体目标网络的梗阻和不畅。例如，制造部门可能认为生产过程常是最佳目标，但这可能与营销部门要求所有产品都能随时供应的愿望相抵触，或者与财务部门要求库存资金维持在相当低水平的目标相抵触。

5. 目标的可考核性

目标考核的途径是将目标量化。目标定量化往往会降低组织运行的效率，但对组织活动的控制、成员的奖惩会带来诸多方便。按照目标的可考核性，可将目标分为定量目标和定性目标。定量目标显然具有明显的可考核性，对于定性目标可通过详细说明、给出相关的特征、规定完成日期及采用评分法等方法来提高它的可考核性。

6. 目标的可行性

目标应该具有挑战性，但绝不能太困难，这样的目标将会激励所有的员工都去寻找改善组织绩效的途径。当目标不切合实际时，会导致员工努力的失败，影响他们的士气。当目标太容易实现时，又会使员工动力不足。《追求卓越》的作者之一汤姆·彼得斯认为，高品质计划始于极富挑战性的目标。这种目标又称为延伸目标，可以激励员工达到更高的水平。

7. 目标伴随信息反馈性

信息反馈是将目标管理过程层中，目标的设置和实施情况不断地被反馈给目标设置和实施的参与者，让人员实时知道组织对自己的要求，了解自己的贡献情况。如果建立了目标再加上及时反馈，就能更进一步加强员工的工作表现。

二、目标的界定

工作目标的确立依赖于目标的合理界定。只有准确界定目标，才能够使任务分解和行为选择更加合理。为此需要进行深入、系统的目标分解，使每一项工作都具有清晰的考察指标，并使之被工作主体理解和接受。

【阅读材料 3 - 5】

山田本一分解赛程

1984 年，在东京国际马拉松邀请赛中名不见经传的日本选手山田本一出人意外地夺得了世界冠军。当记者问他凭什么取得如此惊人的成绩时，他说了这么一句话：凭智慧战胜对手。当时许多人认为这个偶然跑到前面的矮个子选手是在故弄玄虚，因为马拉松赛是体力和耐力的运动，只有身体素质好又有耐性才有望夺冠，爆发力和速度都还在其次，说用智慧取胜确实有点勉强。

两年后，意大利国际马拉松邀请赛在米兰举行，山田本一代表日本参加比赛。这一次，他又获得了世界冠军。记者又请他谈经验。

山田本一性格木讷、不善言谈，回答的仍是上次那句话：用智慧战胜对手。这回记者在报纸上没再挖苦他，但对他所谓的智慧迷惑不解。

十年后，这个谜终于被解开了。他在他的自传中是这么说的：每次比赛之前，我都要乘车把比赛的线路仔细地看一遍，并把沿途比较醒目的标志画下来。比如第一个标志是银行，第二个标志是一棵大树，第三个标志是一座红房子……这样一直画到赛程的终点。比赛开始后，我就以百米的速度奋力地向第一个目标冲去，等到达第一个目标后，我又以同样的速度向第二个目标冲去。40 多公里的赛程，就被我分解成这么几个小目标轻松地跑完了。起初，我不懂这样做的道理，把我的目标定在 40 多公里外终点线上的那面旗帜上，结果跑到十几公里时就疲惫不堪了，我被前面那段遥远的路程给吓倒了。

（一）目标的分解

目标分解是落实工作计划的基本路径，即根据实现组织目标所需要的步骤和条件，确定与此相应的工作任务，落实到不同类型、不同层次的工作主体，引导具体的工作行为。目标分解包括整体目标向局部目标的分解、长期目标向阶段目标的分解等。

1. 目标分解过程中需要注意的问题

（1）目标分解应按整合分合原则进行，即将总体目标分解为不同层次、不同部门的分目标。各个局部目标的综合能够体现总体目标，保证总体目标的实现。

（2）目标分解要注意所需要的条件及其限制因素，如人力、物力、财力，以及协作条件、技术保障等，使任务承担者具有完成任务的基本条件。

（3）各分目标在内容与时间上要相互衔接、平衡发展、目标的表达要简明扼要，有具体的目标值和完成的时限要求。

2. 目标分解的途径

（1）按时间顺序分解：即定出目标实施进度，将总体目标分解为阶段目标，以便实施中的检查和控制。这种分解形式构成了目标的时间体系。

（2）按空间关系分解，又包括以下两种：一是按管理层次的纵向分解，即将目标逐级分解到每一个管理层次，直至分解到个人；二是按职能部门的横向分解，即将目标项目分解到有关职能部门。

在目标分解的基础上，可以形成立体的目标系统，不仅使每个人对目标的整体一目了然，还能明确个人在目标系统中所处的地位，有利于调动人们的积极性、主动性和创造性。

（二）指标的设计

计划指标也就是计划期内应该达到的可测量的工作目标，通常以正式文件加以确定。合理的计划指标，能够对实现组织目标的关键成功因素加以明确刻画，从而帮助人们抓住关键的工作环节作出重点安排，从而提高工作的准确性与有效性。在计划指标的编制过程中，应注意以下问题：

①　计划指标是工作目标的细化，不能转化为测评指标的计划缺乏可行性。因此，设计计划指标时要尽量具体化和明确化。

②　计划指标应该科学化、专业化。就是说，指标必须具有充足的科学根据，能够对实现工作目标的关键环节加以准确刻画。

③　计划指标是可衡量的工作目标，包括对于工作成果和工作过程的衡量。通过建立量化的工作要求，能够帮助人们检查工作状况、改进工作效果。

④　计划指标应该具有结构性，表达要清楚、准确，防止不同的人从不同的角度产生不同的理解，为此指标要简洁、明了、通俗且易懂。

一个指标只能说明某一方面的工作要求。为了全面指导和测评分工协作状况，需要建立一系列互相联系而又各自独立的工作指标，从而构成计划管理的指标体系。

（三）标准的认同

目标和指标设定以后还要进一步确定标准。所谓工作标准，是对于工作指标完成水平的要求。例如，对于销售人员的工作要求，在确定将客户回访次数作为工作指标后，要进一步提出每月回访量的要求，这就是工作标准。由于工作标准对于工作行为具有直接约束性，故往往成为工作人员的关注重点。

工作标准只有得到工作者的理解和认同，才能转化成为此而努力的实际行动。对于标准的理解和认同情况，取决于标准的可理解性、可接受性和可比较性。可理解性是指标准的表述不能晦涩难懂，要使人们容易理解它的内涵和要求。可接受性是指标准的设置要符合实际，不能好高骛远，使大多数工作者既能够又愿意为此而努力。可比较性是指标准的设置具有参照系，使实际状况与工作标准能够相互比较，从而发挥自我控制和工作改进的作用。

归根结底，工作标准的认同取决于组织目标与个体目标之间的内在联系。只有在个体目标基础上建立起来的组织目标，以及对于组织目标的具体表述和量化说明，才能得到大多数工作者的理解和认同。

三、目标管理

（一）目标管理的由来

目标管理于 20 世纪 50 年代中期出现在美国，是以科学管理理论和行为科学理论（特别是其中的参与管理）为基础形成的一套管理制度。凭借这种制度，可使组织的成员亲自参加工作目标的制订，实现自我控制，并努力完成工作目标；而对于员工的工作成果，由于有明确的目标作为考核标准，从而使对员工的评价和奖励做到更客观、更合理，因而大大激发了员工为完成组织目标而付出努力。由于这种管理制度在美国应用得非常广泛，而且特别适用于对主管人员的管理，所以被称为"管理中的管理"。

1954 年，美国企业管理专家德鲁克在《管理的实践》一书中，首先提出了"目标管理和自我控制"的主张，并通过通用汽车公司联邦分权制的实例，对目标管理进行了具体的介绍。德鲁克提出目标管理的基本思想是：① 必须明确企业本身的目标，主张企事业组织必须为每个领域制订发展方向。② 企事业组织的各项目标能否完成，完全取决于经营管理人员如何进行管理。③ 为了将企业推向前进，每项业务目标都必须同整个企业目标一致，尤其是管理人员的目标，更要以整个企业的成果为中心来考虑。企业每个经营管理人员都必须以整个企业的目标为总目标，并以此制订各个分目标。④ 企业各级管理人员对下级进行考核，也必须根据为实现目标所作贡献的大小进行评价和奖励。⑤ 在目标的实施过程中要充分相信群众，实行权力下放和民主协商、职工参与管理、自我控制、让职工自己管理自己、独立自主地完成目标。

我国从 1978 年开始，伴随着全面质量管理和承包经营责任制的推行，在一些大企业中试行目标管理制度，取得了显著成效。目前，我国各级组织中实行的计划指标层层分解、归口管理的办法，也有些类似于目标管理。实践证明，这是一种有效的科学管理制度。

（二）目标管理的含义与特点

1. 目标管理的含义

目标管理（MBO），即组织通过对外部环境和内部条件的综合分析，确定组织在一定时期内预期达到的目标，制订出目标，并为实现该目标而进行的组织、激励、控制和检查工作，通过员工的自我管理来实现企业经营目标的一种管理方法。可以从以下几方面对这个概念进行理解：

（1）目标管理是一种综合的以工作为中心和以人为中心的管理方法。它不仅重视工作，也很重视人。

（2）目标的设置，是通过组织中的上级管理人员与下级管理人员、员工一起共同协商制订的组织目标，并由此形成组织内每个员工的责任及分目标。

（3）目标的分解，是通过目标的层层分解和相互协调，将责任、权力及利益也进行层层分解，通过建立目标层次体系和目标网络来实现对人的管理。

（4）目标的执行过程是让员工实施自我管理、自我控制，不需要上级管理者的直接指挥。

（5）目标完成后需要对目标完成情况进行检查，并对目标进行评估，根据评估的结果来决定奖惩。

2. 目标管理特点

目标管理与其他管理方法相比较，具有以下几方面的特点：

（1）具有目标体系，是一种总体的管理。实行目标管理要通过一定的宗旨，确立组织某一时期特定的战略目标，以此为重点，将组织的工作目的和任务转化为全体职工的明确目标。通过发动群众自下而上、自上而下地制订目标，在组织内部建立起一个纵横交错、相互联系的目标体系，并将目标明确固定下来。目标体系是将全体职工有机地组织起来，使人们产生整体观念和团结欲望，有利于发挥集体的力量。因此，目标管理能够发挥组织各部门和全体职工的积极性，是一种全方位的管理，可取得全面的管理效果。

（2）实行参与管理，是一种民主的管理。目标管理实际上也是一种参与管理制度。在目标管理的实施过程中，为了使全体职工参与管理，应实行管理民主化。例如，个人目标的制订主要依靠执行者本人，这与以往由上而下摊派工作任务的做法截然不同。在制订目标时，尽量尊重目标制订者的愿望，使人们能够增强责任感和提高工作兴趣。目标管理重视协商、讨论和意见交流，而不是命令、指示及独断专行，是一种体现民主的管理。

（3）实行自我控制，是一种自觉的管理。目标管理是一种"主动"的管理方式，自觉地努力追求目标的实现，以积极的行动代替空洞的言论，以自我要求代替被动从属，以自我控制代替被人把持，这也是目标管理的特征之一。目标管理注重人性，以目标激励人们，使人们将隐藏的潜力尽量地发挥出来，并以自我控制实现组织和个人的目标。

（4）注重管理实效，是一种成果管理。目标管理非常强调成果，注重目标的实现，重视成果的评定，因此也被称为"根据成果进行管理的方法"。目标管理对目标的实现和成果的评定，都要求得比较明确、具体、客观而公平。根据成果评定的结果，给予相应的奖励和表彰，并作为晋升、提升的依据。这种将组织业绩的提高和职工个人晋升等个人利益结合起来的做法，必然会成为激励职工积极争取更好成果的推动力。

（三）目标管理的过程

1. 目标管理的原则

目标管理是一种以组织目标和工作成就为核心的领导方法、管理方式，在实施目标管理时必须首先树立以下基本理念，以指导和规范组织管理的行为方式。

（1）强调以目标为中心的管理，而不是什么态度、纪律、表现，或者管理者的个人好恶。

（2）强调以目标网络或目标体系为基础的系统管理，确保组织目标的整体性和一致性，不至于出现"挂一漏万"的现象。

（3）强调以人为中心的参与式管理，而不是自上而下的命令式管理。组织员工是目标管理的主体，而不是一两个管理者。

2. 目标管理的基本过程

目标管理主要由目标制订、目标实施和目标成果评价三个阶段形成一个循环周期，预定目标实现后，又要制订新的目标，进行新一轮循环，如图 3-13 所示。

图 3-13　目标管理的基本过程

（1）目标的制订。

在实行目标管理中，目标的制订是一项最繁重的工作，要求建立一个以组织总目标为中心的目标体系。组织在制订目标时，应建立在对其内部条件和外部环境进行充分分析及研究的基础上，通过领导和员工的上下沟通，对目标项和目标值反复商讨、评议、修改，取得统一的看法，最终形成组织目标。制订的目标既要保证提高组织的业绩，又能激励和提高广大职工的积极性和创造性。组织的总目标制订后，就要将其分解到下属各部门、各单位直至员工个人，即制订分目标。制订分目标的方法是自上而下、层层展开，自下而上、层层保证。

制订目标时应当采取协商的方式，一般可由上级向下级提出自己的方针目标，由下级制订各自的目标方案，通过协商为下级创造参与规划的机会，充分调动下级的积极性。在制订目标时，要注意协调好目标横向与纵向之间的关系，以保证上下、左右之间目标的系统性和一致性。目标体系应与组织结构相吻合，从而使每个部门都有明确的目标，每个目标都有人负责。

（2）目标的实施。

目标既定，主管人员就应放手将权力交给下级，而自己去抓重点的综合性管理。在目标实施过程中，上级关心的应是下级是否根据方针达到目标，取得最终成果。至于下级采用什么方法和手段，通过什么途径去达到目标，则完全可由下级自主选择决定。在权限下放的同时，也要强调下级的执行责任和报告义务。

在目标实施过程中应加强检查和控制，否则会变成放任自流。目标实施过程的检查一般实行下级自查报告和上级巡视指导相结合。报告内容包括目标实施进展状况、自己所做的主要工作、遇到的困难及希望得到的帮助等。自查报告要制度化，在检查的基础上将目标实施的进展状况、存在的困难等，通过一定的图表和文字反映出来，对目标值和实际值进行比较、分析，对目标的实施实行动态控制。

（3）目标成果的评价。

目标管理过程的最后阶段要进行目标成果评价，以确认成果和考核业绩，并与个人的利益和待遇结合起来。目标成果的评价一般实行自我评价和上级评价相结合，共同协商确认成果。目标管理重视自我评价，并将其作为自我控制的一种手段。每个人通过自我评价，对完成某项任务感到满意，就更能激起自我提高的愿望，力求提高自己的能力。对目标成果的评价，也是上级发挥领导能力的最好时机。上级可利用进行成果评价的有利机会，与下级进行意见交流，针对每个人的情况进行具体而细微的指导和帮助。

目标成果的具体评价一般采用综合评价法，即对每一项目标按目标的达到程度、复杂困难程度和在达到目标过程中的努力程度三个要素来评定。确定各要素的等级分，再加上修正值，便可得出单项目标的系数值。结合考虑单项目标在全部目标中的权数，便得出综合考虑的目标成果值，根据目标成果值确定目标成果的等级。

（四）对目标管理的评价

目标管理在国内外很多企业都得到了极为成功得运用，但实施中也出现过许多问题。因此，必须客观分析其优劣势，才能扬长避短，收到应有的实效。

1. 目标管理的优点

（1）管理强化，水平提高。

目标管理最大的好处就是它能促进管理水平的提高。以最终结果为导向的目标管理，可迫使各级管理人员去认真思考计划的效果，而不仅仅是考虑计划的活动。为了保证目标的实现，各级管理人员必须深思熟虑各种实现目标的方法和途径，考虑相应的组织机构、人选，以及需要何种资源和帮助。

（2）成果导向，结构优化。

目标管理促使管理人员根据目标去确定组织的任务和结构。目标作为一个体系，规定了各层次的分目标和任务，那么，在允许的范围内组织机构要按照实现目标的要求来设置和调整，各个职位也应当围绕所期望的成果来建立，这就会使组织结构更趋合理与有效。为了取得成果，各级管理人员必须根据他们期望的成果授予下属人员相应的权力，使其与组织的任务和岗位的责任相对应。

（3）任务承诺，责任明确。

目标管理是由各级管理人员和工作人员去承担完成任务的责任，从而让各级管理者和工作人员不再只是执行指标和等待指导，而成为专心致志于自己目标的人。他们参与自己目标的拟订，将自己的思想纳入计划之中，了解自己在计划中所拥有的自主处置的权限，能从上级领导那里得到多少帮助，自己应承担多大的责任，这样他们会将管理工作做得更好。

（4）监督加强，控制有效。

目标管理能使责任更明确，由此就不难推理，它会使控制活动更有效。控制就是采取措施纠正计划在实施中出现的与目标偏离，以确保任务的完成。有了一套可考核的目标评价体系，监督就有了依据，控制就有了准绳，也就解决了控制活动最主要的问题。

2. 目标管理的局限性

目标管理有许多优点，但其也存在缺陷。有的缺陷是方法本身存在的，有的缺陷则是在实施过程中因工作没做到位而引起的。

（1）目标难确定。

真正可考核的目标是很难确定的，尤其是要让各级管理人员的目标都具有正常的"紧张"和"费力"程度，即"不跳够不到""跳一跳够得到"的合理程度，是非常困难的。而这个问题恰恰是目标管理能否取得成效的关键。为此，目标设置要比展开工作和拟定计划需要做更多的研究。

根据先进性、可行性、可量化及可考核等要求确定管理目标体系，会对各级管理人员产生一定的压力。为了达到目标，各级管理人员有可能会出现不择手段的行为。为了防止以不道德手段去实现目标，高层管理人员一方面要确定合理的目标，另一方面还要明确表示对行为的期望，给道德的行为以奖励，而给不道德的行为以惩罚。

（2）目标短期化。

几乎在所有实行目标管理的组织中，确定的目标一般都是短期的，很少会超过一年。其原因是组织外部环境的可能性变化，各级管理人员难以做出长期承诺。短期目标的弊端在管理活动中是显而易见的，会导致短期行为，以损害长期利益为代价，换取短期目标的实现。为防止这种现象的发生，高层管理人员必须从长远利益来设置各级管理目标，并对可能出现的短期行为作出某种限制性规定。

（3）目标修正不灵活。

目标管理要取得成效，就必须保持目标的明确性和肯定性。如果目标经常改变，则说明计划未经深思熟虑，所确定的目标也无意义的。但是，如果目标管理过程中环境发生了重大变化，特别是上级部门的目标已经修改，计划的前提条件或政策已变化的情况下，还要求各级管理人员继续为原有的目标而奋斗，这显然是愚蠢的。然而，由于目标是经过多方磋商确定的，要改变它并不是轻而易举的事，常常修订一个目标体系与制定一个目标体系所花费的精力和时间是差不多的，结果很可能不得不中途停止目标管理的进程。

本章小结

　　计划是管理的首要职能，本章主要介绍了计划的基本内涵、计划的编制过程、计划的方法和目标管理等内容。计划的基本内涵主要介绍了计划的概念、性质、地位和作用，计划的类型，计划的要求，以及影响计划有效性的诸多因素。计划的编制过程主要介绍了计划的编制原理、程序和计划的方法，比如目标定位方法、甘特图、网络计划法、投入产出法和滚动计划法等现代计划技术方法。计划的实施主要介绍了目标的含义及性质、目标的界定、目标管理的概念及由来、目标管理的过程和对目标管理的评价等内容。

复习思考题

　　1. 什么是计划？计划的性质有哪些？
　　2. 简述计划的多种类型。
　　3. 试述影响计划有效性的因素。
　　4. 试述编制计划的整个过程。
　　5. 什么是滚动计划法？简述其基本做法。
　　6. 什么是目标管理？目标管理的特点是什么？
　　7. 简述目标管理的基本过程。
　　8. 简述目标管理的优缺点。
　　9. 针对某一企业，用 Excel 办公软件绘制其业务甘特图。

案例分析

宏远实业发展有限公司的未来

　　进入 12 月份以后，宏远实业发展有限公司（以下简称宏远公司）的总经理顾军一直在想着两件事。一是年终已到，应抽个时间开个会议，好好总结一下一年来的工作。今年外部环境发生了很大的变化，尽管公司想方设法拓展市场，但困难重重，好在公司经营比较灵活，苦苦挣扎，这一年总算摇摇晃晃走过来了，现在是该好好总结一下，看看问题到底在哪儿。二是该好好谋划一下明年怎么办，更远的是想想以后 5 年怎么干，乃至于以后 10 年怎么干。上个月顾总从事务堆里抽出身来，到淮海大学去听了两次关于现代企业管理的讲座，教授的精彩演讲对他触动很大。公司成立至今，转眼已有十多个年头了。十多年来，公司取得过很大的成就，靠运气、靠机遇，当然也靠大家的努力。细细想来，公司的管理全靠经验，特别是靠顾总自己的经验，遇事都由顾总拍板，从来没有公司通盘的目标与计划，因而常常是干到哪儿是哪儿。可现在公司已发展到有几千万资产、三百来号人，再这样下去可不行了。顾总每想到这些，晚上都睡不着觉，到底该怎样制订公司的目标与计划呢？

这正是最近顾总一直在苦苦思考的问题。

宏远公司是一家民营企业，是改革开放的春风为宏远公司的建立和发展创造了条件。因此，顾总常对职工讲，公司之所以有今天，一靠他们三兄弟拼命苦干，但更主要的是靠改革开放带来的机遇。20年前，顾氏三兄弟只身来到了省里的工业重镇A市。当时他们口袋里只有父母给的全家的积蓄800元人民币，但顾氏三兄弟决心用这800元钱创一番事业，摆脱祖祖辈辈日出而作、日落而归的脸朝黄土、背朝天的农民生活。到了A市，顾氏三兄弟借了一处棚户房落脚，每天分头出去找营生。在一年时间里他们收过破烂，贩过水果，打过短工，但他们感到这都不是他们要干的。老大顾军经过观察和向人请教，发现A市的建筑业发展很快，城市要建设，老百姓要造房子，所以建筑公司任务不少，但当时由于种种原因，建筑材料却常常短缺，因而建筑公司也失去了很多工程。顾军得知，建筑材料中水泥、黄沙都很缺。他想到，在老家镇边上，他表舅开了家小水泥厂，生产出的水泥在当地还销不完，因而不得不减少生产。他与老二、老三一商量，决定做水泥生意。他们在A市找需要水泥的建筑队，讲好价，然后到老家租船、借车把水泥运出来，去掉成本每袋水泥能净得几块钱。利虽然不厚，但积少成多，一年下来他们挣了几万元。当时的中国，"万元户"可是个令人羡慕的名称。当然，这一年中顾氏三兄弟也吃尽了苦，顾军一年里住了两次医院，一次是劳累过度晕在路边被人送进医院，一次是肝炎住院，医生的诊断是营养严重不良引起抵抗力差而得肝炎。虽然如此，看到一年下来的收获，顾氏三兄弟感到第一步走对了，决心继续走下去。他们又干了两年贩运水泥的活，那时他们已有一定的经济实力了，同时又认识了很多人，有了一张不错的关系网。顾军在贩运水泥中看到改革开放后，A市角角落落都在大兴土木，建筑队的活忙得干不过来，他想，家乡也有木工、泥瓦匠，何不把他们组织起来，建个工程队，到城里来闯天下呢？三兄弟一商量，说干就干，没几个月一个工程队开进了城，当然水泥照样贩，这也算是两条腿走路了。

一晃20年过去了，当初贩运水泥起家的顾氏三兄弟，今天已是拥有几千万资产的宏远公司的老板了。公司现有一家贸易分公司、一家建筑装饰公司和一家房地产公司，有员工近300人。老大顾军当公司总经理，老二、老三做副总经理，并分兼下属公司的经理。顾军老婆的叔叔任财务主管，他们表舅的大儿子任公司销售主管。总之，公司的主要职位都是家族里面的人担任，顾军具有绝对权威。

公司总经理顾军是顾氏兄弟中的老大，当初到A市时只有24岁，他在老家读完了小学，接着断断续续地花了6年时间才读完了初中，原因是家里穷，又遇上了水灾，两度休学，但他读书的决心很大，条件一经许可，他就去上学，而且边读书边干农活。15年前，是他带着两个弟弟离开农村进城闯天下的。他为人真诚，好交朋友，又能吃苦耐劳，因此深得两位弟弟的敬重，只要他讲如何做，他们都会去拼命干。正是在他的带领下，宏远公司从无到有，从小到大。现在A市顾氏三兄弟的宏远公司已是大名鼎鼎了，特别是去年，顾军代表宏远公司一下子拿出50万元捐给省里的贫困县建希望小学后，民营企业家顾军的名声更是非同凡响了。但顾军心里明白，公司这几年日子也不太好过，特别是今年，建筑公司任务还可以，但由于成本上升，创利已不能与前几年同日而语了，只能是维持，略有盈余。况且建筑市场竞争日益加剧，公司的前景难以预料。贸易公司能勉强维持已是上上大吉了，今年做了两笔大生意，挣了点钱，其余的生意均没成功，况且仓库里还积压了不少货无法出手，贸易公司日子不好过。房地产公司更是一年不如一年，当初刚开办房地产公司时，由于时机抓准了，两个楼盘着实赚了一大笔，这为公司的发展立了大功。可是好景不长，房地产市场疲软，生意越来越难做。好在顾总当机立断，微利或持平把积压的房屋作为动迁房基本脱手了，要不后果真不堪设想，就是这样，现在还留着的几十套房子也把公司压得喘不过气来。

　　面对这些困难，顾总一直在想如何摆脱现在这种状况，如何发展。发展的机会也不是没有。上个月在淮海大学听讲座时，顾军认识了 A 市的一家国有大公司的老总，交谈中顾总得知，这家公司正在寻找在非洲销售他们公司当家产品——小型柴油机的代理商，据说这种产品在非洲很有市场。这家公司的老总很想与宏远公司合作，利用民营企业的优势，去抢占非洲市场。顾军深感这是个机会，但该如何把握呢？10 月 1 日，顾总与城市住房和城乡建设委员会的一位处长在一起吃饭，这位老乡告诉他，市里规划从明年开始江海路拓宽工程，江海路在 A 市就像上海的南京路，两边均是商店。借着这一机会，好多大商店都想扩建商厦，但苦于资金不够，这位老乡问顾军，有没有兴趣进军江海路。如想的话，他可牵线搭桥。宏远公司的贸易公司早想进驻江海路了，但苦于没机会，现在机会来了，机会很诱人，但投入也不会少，该怎么办？随着改革开放的深入，住房分配制度将有一个根本的变化，随着福利分房的结束，顾军想到房地产市场一定会逐步转暖。宏远公司的房地产公司已有一段时间没正常运作了，现在是不是该动了？

　　总之，摆在宏远公司老板顾军面前的困难很多，但机会也不少，新的一年到底该干些什么？怎么干？以后的 5 年、10 年又该如何干？这些问题一直盘旋在顾总的脑海中。

案例讨论题：
（1）你如何评价宏远公司？
（2）宏远公司是否应制订短、中、长期计划？为什么？
（3）如果你是顾总，该如何编制公司发展计划？

（资料来源：http：//www.nyinfo.ha.cn/digital/new/251628707.html.）

第四章 组 织

案例导入

凯迪公司的组织

凯迪公司是上海市的一家中型企业，主要业务是为企业用户设计和制作商品目录手册。公司在浦东开发区和市区各设有一个业务中心，这里简称之 A 中心和 B 中心。

A 中心内设有采购部和目录部。采购部的职责是接受用户的订单，并选择和定购制作商品目录所需要的材料，目录部则负责设计用户定制的商品目录。凯迪公司要求每个采购员都独立开展工作，而目录部的设计人员则须服从采购员提出的要求。

凯迪公司的总部和 B 业务中心都设在市区。B 中心的职责是专门负责商品目录的制作。刘利是凯迪公司负责业务经营的主管，他经常听到设计人员抱怨自己受到的约束过大，从而无法实现艺术上的创新与完美。最近，刘利在听取有关人员的建议后，根据公司业务发展的需要，决定在 B 中心成立了一个市场部，专门负责分析市场需求和挖掘市场潜力，并向采购员提出建议。市场部成立后不久，刘利听到了各种不同意见。比如，采购员和设计员强烈反映说，公司成立市场部不但多余，而且干涉了他们的工作。对于此，市场部人员则认为采购员和设计员太过墨守成规、缺乏远见。刘利作为公司的业务经营主管，虽然做了大量的说服工作并先后调换了有关人员，但效果仍不理想。他很纳闷，公司的问题究竟出在什么地方？

问题：凯迪公司的问题究竟出在什么地方？对这些问题的回答与管理的组织职能密切相关，也正是本章学习内容和通过学习要解答的问题。

本章内容

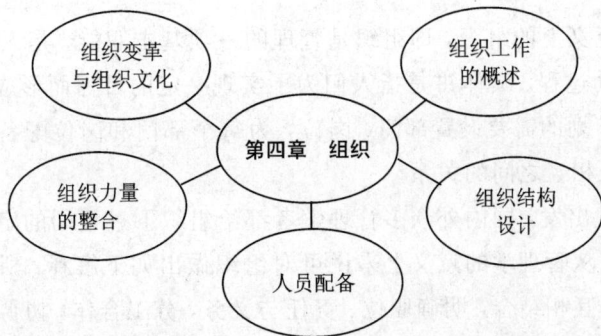

┌─────────────┐
│ **本章要点** │
└─────────────┘

- 组织的含义与特征
- 组织工作的含义、基本程序和作用。
- 组织结构设计
- 人员配备
- 组织力量的整合
- 组织变革与组织文化

第一节　组织工作概述

一、组织的含义与特征

（一）组织的含义

从词源上讲，管理学中组织的概念可从不同的角度去解释和理解。

在我国古汉语中，原始意义是编织的意思，即将丝麻织成布帛。唐朝著名国学大师孔颖达首先将组织这个词语引申到社会行政管理中，他说："又有文德能治民，如御马之执矣，使之有文章如组织矣。"《辞海》对组织的定义为："按照一定的目的、任务和形式加以编制。"组织是有目的、有系统、有秩序地结合起来，按照一定的宗旨和系统建立的集体。

在西方，英文中的组织一词源于医学中的"器官"，因为器官是自成体系的、具有特定功能的细胞结构。牛津大学辞典中的定义是："为特定目的所作的，有系统的安排。"人类为了生存，在与大自然搏击的过程中结成了群体。只要有群体的活动，就需要管理，同时也就产生了组织。

从管理学的角度分析，组织有两种含义。

一种是名词意义上的组织，是人类最一般的、常见的现象，是指按照一定的目的、任务和正式结构建立起来的社会实体，如政府行政机构、军队、警察、工厂企业、公司财团、学校、医院、宗教党派、工会、农会及学术行业等组织。由于人们活动的多样性，组织也有多种类型。

另一种是动词意义上的组织，即组织是管理的一项基本职能，是人与人之间或人与物之间资源配置的活动过程。具体讲是指人们为了实现一定的目标而形成的系统集合，也就是根据组织目标和计划的需要设置部门、岗位，为每个部门和岗位配备人员，明确部门和岗位的职责、职权及相互之间的关系。

从管理学的角度出发，国内外众多管理学者都给组织下过不同的定义。借鉴国内外有关学者的最新研究，从管理学的意义上来说可对组织做出如下解释：所谓组织，是人们为了实现一定的目标，互相结合，明确职位、责任与义务，分工合作，协调行动的人工系统及其运转过程。

(二) 组织的特征

管理学意义上的组织必须具备以下特征：

1. 组织有一个共同目标

共同目标是组织的基本构成要素，一个组织之所以能够生存和发展，就因为它有一定的目标。一个组织如果没有目标，就失去了存在的理由，组织是实现目标的工具。

2. 组织是一个人工系统

组织是由领导人或一个决策集团组建起来的群体结构，是由为实现目标所需要的各类人员所构成。人既是组织中的管理者，又是被管理者，建立良好的人际关系，是对组织工作的基本要求。

3. 组织是一个有分工协作的结构

为了达成目标，组织中的各类人员就必须进行分工协作，设置不同的部门、形成不同的职位、赋予各个部门及其职位相应的权力与责任，同时进行协调，使组织成员形成一个有机整体。

4. 组织是一个实体

组织的内部包括正式组织和非正式组织。正式组织是为了有效地实现组织目标，而明确规定组织成员之间职责范围和相互关系的一种结构，其组织制度和规范对成员具有正式的约束力。非正式组织是人们在共同工作活动中，由于具有共同的兴趣和爱好，以共同的利益和需要为基础而自发形成的团体。

5. 组织是一个过程

组织过程通常被看作是组织结构的创新、维系和变革，并保证组织结构发挥最大效用，以确保组织目标的实现。因此组织不仅要设置部门机构，还要密切关注其运转过程和运转效率。

二、组织工作的含义

一家工商企业、一个非营利机构或一个公共机关，都要将总体任务分配给各个成员、各个部门去承担，建立起他们之间相互分工又相互合作的关系。这种关系形成了一种框架或结构，这就是组织职能的目的。

一般认为组织工作有狭义和广义之分。狭义的组织工作，就是设计和保持一种良好的组织，使人们能够互相配合、协调、有序地共同活动。而广义的组织工作就是将组织运营的各要素（人、财、物、时间、信息）、各环节（供、产、销）和组织内外部的各种关系，从分工协作上、空间（生产单位的组成和各单位的平面布局）和时间（供应、生产及销售的时间衔接）的相互关系上，进行合乎逻辑的配置，使之形成一个有机的整体。基于组织的基本职能，管理学中所说的组织工作主要是指第二个方面，即在广义上来使用的。所以，组织工作的基本内容就是设计一种组织结构，保证其有效的运行，并通过组织的变革保证其与环境的适应性。具体地说，组织的内容包括以下几方面。

1. 设计组织结构

根据组织目标设计和建立一套组织机构和职位系统，即设置部门和岗位。

2. 合理分配职权

通过组织的有效运行确定职权关系，通过确定和合理分配各部门、各岗位的职权与职责以及各部门、各岗位之间的关系，从而将组织上下、左右联系起来。

3. 选拔与配置人员

为各个部门、岗位配备合适的人员，以保证组织结构的有效运转。

4. 建设组织文化与推进组织的协调和变革

推进组织在长期的实践活动中所形成的，并且为组织成员普遍认可和遵循的，具有组织特色的价值观念、团体意识、工作作风、行为规范和思维方式与时俱进的发展。

根据组织内外部要素的变化，当原有的组织结构已不能适应实现目标的要求时，适时地对组织结构和人员进行调整与变革。

归纳起来，前两方面构成了组织（结构）设计，第三方面属于人力资源管理，第四方面则属于组织变革。

三、组织工作的基本程序

虽然各个组织所处的环境、采用的技术、制定的战略及发展的规模有所不同，以及所需的职务、部门及其相互关系也不同，但任何组织在进行机构和结构的设计时都有一些共同的基本程序，如图 4-1 所示。

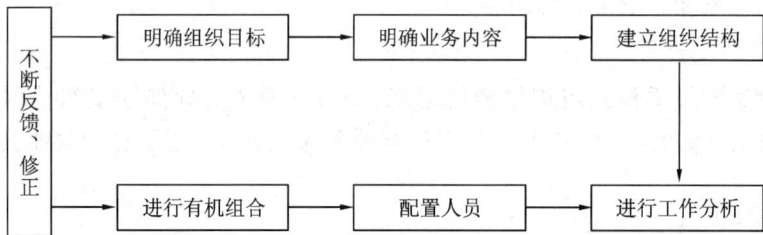

图 4-1　组织工作的基本程序

1. 明确组织目标

组织目标是进行组织设计的基本出发点，任何组织都是实现其特定目标的工具。如果没有目标，组织就失去了存在的意义。因此，组织工作首要的是明确在计划工作中提出的目标。

2. 确定业务内容

确定业务内容也就是分解组织目标，即依据组织目标的要求，确定为完成组织目标所必须进行的业务管理工作的内容，明确各类活动的范围界限和大概的工作量，进行业务活动的总体设计，使总体业务活动的程序得到优化。例如，一个企业提出生产总目标后，为了实现这一目标（总任务），就必然细化出采购、技术研发、销售、人员配备及后勤保障等不同的业务。

3. 建立组织结构

依据组织规模、内外环境和技术特点，借鉴同类其他组织设计的经验教训，研究应采取何种管理组织形式，需要设计哪些单位和部门，并根据业务的性质、业务量的大小将性质相同或相近的管理业务工作划归到适当的单位和部门负责，建立层次化、部门化的组织结构。例如，对一般生产企业来讲，企业可设置生产部、技术研发部、供销部（负责采购和销售业务）及人事后勤部（负责后勤和人事工作）等不同的部门。

4. 进行工作分析

依据组织目标的要求，进行工作分析，规定各单位、各部门及其责任者对其管理业务工作应负的责任，以及考核工作绩效的标准；依据搞好业务工作的实际需要，赋予各单位、各部门及其责任者相应的权力；建立各种管理规范和运行制度。

5. 配备人员

配备人员，即依据工作分析提出的任职条件和资格，挑选、配备人员，并明确其职务、职权及职责。

6. 进行有机组合

进行有机组合，即通过明确规定各单位、各部门之间的相互关系，以及他们之间信息沟通、协调控制的原则、方法和手段，将各组织单元上下、左右有机地组合起来，建立一个能够即时沟通协调、高效运作的管理组织系统。

7. 不断反馈、修正

在组织运行过程中，根据出现的新问题和新情况，对原有组织结构及人员构成适时进行修正，使其不断完善。

四、组织工作的作用

组织工作的基本作用可以概括如下：

（1）组织能够实现分工协作，提高工作效率。

由于人类受到生理的、心理的和社会的种种限制，为了达到某种目的就必须进分工合作，而合作之所以能有更高的效率、能更有效地实现某种目标，在多数情况下就是组织工作执行得当的缘故。因而组织职能的产生就是人类为了克服个人能力所限，而有意识地去确定责、权、利关系与协调关系，建立通畅的信息系统，调整各方的利益关系，强化组织各部门和人员的内部信息沟通。

（2）组织能够把个体和集体力量整合起来，提高要素的使用效益。

组织工作就是通过各种形式培养员工的归属意识和对组织的忠诚，培养员工群体的价值观体系及意识。把个人的力量汇集成一个整体的力量，进而借助集体的力量人们才能在复杂的环境之中实现个人的价值，集体也才能有效地发挥个人的力量来实现集体的目标，从而达到"1+1>2"的作用。这既是对个体能力的超越，也是对集体能力的超越，也就是说组织能够提高生产要素的使用效益。

（3）组织的高效运作，可以有效地实现人与事的合一

组织工作的开展过程实际就是组织职能发挥作用的过程，通过人员培训与开发、选拔和配备，使员工明确专门的岗位和工作，明确要完成的任务和应承担的职责，从而在一定意义上可以这样讲，组织职能就是确保"事有人做，人有事做，事得其人，人得其事"，以保证组织目标的实现。通过组织起来，使不同系统实现统一指挥，从而避免各自为政、彼此削弱。

（4）根据组织内外部要素的变化，适时调整组织结构。

适时调整组织结构，即进行组织变革，以适应组织内外环境发展变化。

【阅读材料 4 - 1】

三个和尚水吃不完
——协作创新

我们有过一句老话，"一个和尚挑水吃，两个和尚抬水吃，三个和尚没水吃。"如今，这个观点过时了。现在的观点是"一个和尚没水吃，三个和尚水多地吃不完。"有三个庙，它们距离河边都比较远。怎么解决吃水问题呢？第一个庙，和尚挑水的路比较长，一天刚挑满了一缸水就累了、不干了。于是三个和尚商量，咱们来个接力赛吧，每人挑一段路。第一个和尚从河边挑到半路停下来休息，第二个和尚继续挑，又转给第三个和尚，挑到缸里灌进去，空桶回来再接着挑，大家都不累，水很快就挑满了。这是协作的办法，也可以称为"机制创新"。第二个庙，老和尚将三个和尚徒弟都叫来，说："我们立了新的庙规，引进了竞争机制。和尚们都去挑水，谁挑得水多，晚上吃饭加一道菜，谁挑的水少，吃白饭，没菜"。三个和尚拼命去挑，一会儿水就挑满了。这个办法称为"管理创新"。第三个庙，三个和尚商量，天天挑水太累，咱们想想办法。山上有竹子，把竹子砍下来连在一起，竹子中心是空的，然后买一个辘轳。第一个和尚把一桶水摇上去，第二个和尚专管倒水，第三个和尚在地上休息。三人轮流换班，一会儿水就灌满了。这称为"技术创新"。你看，三个和尚要喝水，要协作，引进新的机制，采取办法搞机制创新、管理创新和技术创新。办法在变，观念也在转变。

综上所述，如何解决了"三个和尚没水吃"的难题？这就是他们发扬团结协作的精神，即组织工作的魔力起了作用。

第二节　组织结构设计

一、组织结构的概念及内容

（一）组织结构的概念

组织是一个实体，必然有一个组织的框架体系，这就是通过组织结构来表现其形式和功能。科学合理的组织结构是实现组织计划的关键。所谓组织结构，就是组织内的全体成员为实现组织目标，在管理工作中进行分工协作，通过职务、职责、职权及相互关系构成的结构体系。组织结构描述组织的框架体系，主要涉及企业部门构成、基本的岗位设置、权责关系、业务流程、管理流程及企业内部协调与控制机制等。简单地讲，就是人们的职、责、权关系。因此，组织结构又可称为权责关系，其本质上则就是组织成员间的分工协作关系。

（二）组织结构的内容

1. 组织结构中的复杂性

组织结构中的复杂性，是指组织结构内各要素之间的差异性，包括组织内的专业化分工程度、垂直领导的层级数目及组织内人员和各部门地区分布情况等。

2. 组织结构中的规范性

组织结构中的规范性，是指一个组织内运作的规章制度、工作程序、生产过程及产品的标准化程度等规范准则。

3. 组织结构中的集权性与分权性

组织结构中的集权性与分权性，是指组织内的决策权力的集中与分散程度。

由此可见，组织结构的这三种特性揭示了组织结构的真正内涵。它们既是组织结构外在表现形式的决定因素，也直接决定着组织协调机制框架的设计、调整或变革。

二、组织结构设计的概念和任务

（一）组织结构设计的概念

组织结构设计是指对一个组织结构进行规划、构造、创新或再造，以确保组织目标的有效实现。由于组织结构包括横向和纵向两方面，故组织结构设计的实质是对组织人员进行横向和纵向分工。

（二）组织结构设计的任务

组织结构设计的任务主要包括提供组织结构图和编制职务说明书。

1. 组织结构图

组织结构图作为组织的框架体系，决定着组织的形状，通过结构图就能知道组织有多少个部门和多少个岗位，它反映出来的是管理人员横向和纵向的分工关系。如图 4-2 所示，方框表示各种管理职务或相应的部门、岗位，连线表示它们相互之间的关系及各种管理职务或部门、岗位在组织结构中的地位。例如，三个副总经理必须服从总经理的指挥，并向总经理汇报工作，同时他们又直接领导着下辖的两个或三个部门经理的工作。

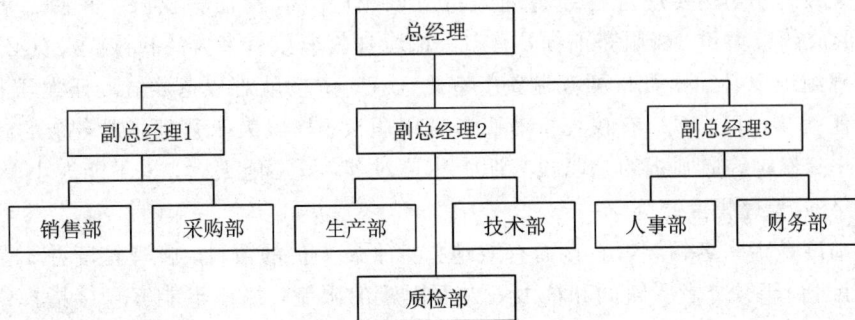

图 4-2　组织结构图

2. 职务说明书

职务说明书要求简单、明确地指出每个岗位的工作内容、职责及权力，与其他部门和职务的关系，承担该职务的员工必备的基本素质、知识背景、工作经验及能力条件等。组织结构图只能显示组织有多少个部门和岗位，但不能明确显示各个部门和岗位的职责、职权及相互关系，而通过职务说明书就能知道各部门、各岗位的职责及相互之间的关系。

三、组织结构设计的基本原则

管理人员在设立或变革一个组织的结构时，就是在进行组织结构设计。为了能设计出适合组织实际而高效的组织结构，应遵循一些基本的原则，而这些原则也是组织工作必须遵循的原则。

（一）目标统一原则

从根本上讲，组织是一种实现目标的工具，组织工作应将人们承担的所有任务组成一个体系，以有利于组织成员共同为实现组织的目标而努力。目标统一原则就是组织工作中每个部门或个人的贡献越是有利于组织目标的实现，组织结构就越是合理而有效。

（二）分工合理原则

分工即将组织的任务分解成更小的组成部分，合理分工要做到事事有人做、人人有事干，即不留有空当，也不出现重叠。分工有许多优点，可以带来经济性，但过细的分工也可能带来某些负面影响，产生非经济性。这是因为过细的劳动分工会使工作变得高度重复、枯燥而单调，导致职工产生厌烦和不满情绪，甚至会造成缺勤、离职和工作质量下降等消极后果。因此，分工合理原则就是组织工作越能反映出为实现组织目标所必需的工作分工，相互之间的关系越协调，越有利于降低组织运行的成本和提高运行效率。

（三）统一指挥原则

除了组织最高行政指挥者外，其他所有成员在工作中都会收到来自上级行政部门或负责人的命令，根据上级的指令开始或结束、进行或调整、修正或废止自己的工作。但是，一个下属如果同时接受两个上司的指导，而这些上司的指示并不总是保持一致的话，那么他的工作就会造成混乱。组织工作中不允许存在"多头领导"现象，与之相对立的"统一指挥"或"命令统一"的原则，指的是组织中的任何成员只能接受一个上司的领导。

（四）权责对等原则

在组织设计中，还要规定各级管理人员应该相应具有责任和权限，并使二者最佳结合，从而形成约束力量。权限是前提，有多大的责任就应该有多大的权限，权责必须对等。有效的管理组织中必须是责权相互制衡。有责无权，责任就难以落实；责任大于权限，则大部分责任就会难以实现。有权无责，就会滥用职权；权限大于责任，则多余的权限就会节外生枝。责权对等原则指的是职权与职责应该对等，既不能太大，也不能太小。

（五）有效管理幅度原则

管理幅度是指一名领导者直接而有效地指挥下属人员的数目。管理幅度并不是越大越好。事实上，由于领导者受时间和精力等方面因素的限制，往往不能够直接指挥组织各方面活动。如果管理幅度过大，超出领导者的能力，就会造成组织管理的混乱；而管理幅度过小，则会造成管理费用高和资源浪费。因而有效管理幅度原则是指在考虑各种影响因素的基础上，确定一个适宜的管理幅度。

（六）集权与分权相结合原则

组织工作分工越精细，协作劳动就越紧密。这就需要集中统一的指挥与管理，以便加强各部门之间的协调配合，因而集权是组织保持统一与协调的内在需要，但过于集权会降低组织的弹性与适应性。因此组织中权力要适当分散。集权与分权相结合原则是指管理人员应根据实际需要进行合理的集权与分权。

（七）因事设职和因人设职相结合的原则

组织设计必须确保实现组织目标活动的每项内容都能落实到具体的职位和部门，做到"事事有人做"，而不是"人人有事做"。这样，组织设计中自然就要求从工作特点和需要出发，因事设职、因职用人。但这并不意味着组织设计可以忽视人的因素、人的特点及人的能力。组织设计必须在保证有能力的人有机会去做他们真正胜任的工作同时，使工作人员的能力在组织中获得不断提高和发展。一句话，"人"与"事"的要求应该得到有机的结合。

四、组织设计的权变方法

（一）机械式组织与有机式组织

机械式组织亦称刚性组织，是综合使用传统设计原则的自然产物，有严格的结构层次和固定的职责，强调高度的正规化、正式的沟通渠道及决策常采用的集权形式。每个下级只接受一个上级的监督和控制，有正式的职权层级链，形成稳定的、僵硬的和高耸的非人格化的结构形式。它追求的主要目标是稳定运行中的效率，注重对任务进行高度的劳动分工和职能分工，以客观的不受个人情感影响的方式挑选符合职务规范要求的合格任职人员，并对分工以后的专业化工作进行严密的层次控制，同时制订出许多程序、规则和标准。个性差异和人性判断被减少到最低限度，提倡以标准化来实现稳定性和可预见性，规则和条例成为组织高效运行的润滑剂，组织结构的特征是趋向刚性。

有机式组织亦称柔性组织或适应性组织，相对于机械式组织而言的，是现代组织设计原则的产物，强调纵向和横向的合作。职责常常根据需要进行不断的调整，更多地依靠非正式渠道进行沟通，决策常采用分权形式。一方面，保持着较宽的管理跨度，以层次少、扁平式的结构使员工能够对问题做出迅速反应；另一方面，作为一种松散的结构，不具有标准化的工作和规则条例。所以，它所关注的是人性化和团队合作。在有机式组织中的劳动分工是柔性化和非标准化的。员工多是职业化的，具有熟练的技巧，并经过训练能处理多种多样的问题。他们所受的教育已经使他们将职业行为的标准作为习惯，不需要多少正式的规则和直接监督。例如，向计算机工程师分配一项任务，就无需告诉他如何做，因为他对大多数的问题都能够自行解决或通过征询同事后得到解决，这是依靠职业标准来指导他的行为。

（二）组织结构与环境

在所有其他条件相同的情况下，机械式的组织与稳定的环境更为匹配，而有机式的组织则与动态的、不确定的环境更加适应。

环境与结构关系可作为进一步的证据，帮助说明为什么现在许多管理人员将他们的组织改组为精干、快速、灵活。全球的竞争态势下，由所有竞争者推动的日益加速的产品创新，以及顾客对高品质和快速交货的高要求，都是环境因素动态性的表现。机械式组织并不适于对迅速变化的环境做出反应。因此，我们看到了管理者们改组他们的组织，以便使它们变得更具有机性。

（三）组织结构与战略

组织战略的变化往往先行于组织结构的变化，战略的变化必将引起组织结构的变化，而且组织战略的类型不同，企业活动的重点不同，组织结构的选择有异。例如，从企业经营领域的宽窄来分，企业经营战略可分为单一经营战略和多种经营战略。如果一家公司最初采取的是只向有限的市场提供一种或少数几种产品和服务的战略，通常可能采用倾向集权的组织结构。因为这类企业的组织目标强调内部效率和技术质量，控制和协调主要通过纵向层级来实现，不太需要横向协调。但是随着企业的发展，其战略会自然而然地趋于多元化，提供多种产品并扩展到新的市场，企业的层级组织也会随之发展为分权的结构。这是因为此时企业的目标更强调灵活性和快速决策，以适应外部环境。

（四）组织结构与规模

一般来讲，大型组织倾向于比小型组织具有更高程度的专业化和横向、纵向的分化，规则条例也更多。但是，这种关系并不是线形的，而是规模对结构的影响强度在逐渐减弱。也即随着组织的扩大，规模的影响愈发不重要了。例如，一个拥有 2000 名左右员工的组织，已经是相当机械式的了，再增加 500 名员工不会对其产生多大的影响。相比之下，只有 300 个成员的组织，如果增加 500 名员工就很可能使它转变为一种更机械式的结构。

组织的规模往往与组织的成长或发展阶段相关联，伴随着企业成长的各个时期，不同成长阶段要求不同的组织模式与之相适应。企业在成长的早期，组织结构常常是简单、灵活而集权的。随着员工的增多和组织规模的扩大，企业必须由创业初期的松散结构转变为正规、集权的，其通常的表现形态就是直线职能型结构。而当企业的经营进入多元产品和跨地区市场后，分权的事业部结构可能更为适宜。企业进一步发展而进入集约经营阶段后，不同领域之间的交流与合作，以及资源共享、能力整合和创新力激发问题日益突出，这样以强化协作为主旨的各种创新型组织形态便应运而生。总之，组织在不同成长阶段所适合采取的组织模式是各不一样的。

【阅读材料 4 - 2】

环境和战略转变与组织结构转型

20 世纪 90 年代，以信息产业为代表的知识经济迅速发展，知识的扩散、研发与制造快速发展，以及专业化的分工，缩短了与高科技相关产业从萌芽期到成熟期的时间，进一步推动了技术和产业结构的快速变化，催化了高科技产业迅速进入了以"激烈竞争"为特点的"成熟性"产业阶段。

竞争激烈使得高科技产业的利润率迅速下降，战略转型成为企业的必由之路，大型企业是否需要转型及如何转型就成为了最核心的战略问题。很多大型的高科技公司都是在遭遇到了巨大的危机之后，才开始了痛苦的战略转型。1990—1993 年，IBM 累计亏损 160 亿美元，自此之后 IBM 开始以"软件和服务"为目标的战略转型。为了应对 Google 的巨大潜在威胁，微软自 2005 年开始向"互联网应用"转型。

优秀的企业领导者可以准确地掌握产业的动态变化，进行前瞻性预测。20 世纪 90 年代初，IBM 的 CEO 郭士纳就发现，"企业 IT 系统的管理服务"是一个巨大的潜在市场，并开始了其战略转型。通过多年的市场调研，诺基亚公司发现"手机终端＋互联网"将是未来手机产业新的增长点。这样的前瞻性预测大幅度减少了企业在战略转型时期的痛苦，并降低企业的风险。

在企业组织工作方面，国际信息领域巨头们审时度势，以柔性的有机组织架构来应对产业的变化，即通过使公司的组织结构保持一定的弹性，小幅度动态的调整自己的组织结构，使之与产业变化同步，从而降低公司战略转型的困难，并实现迅速的战略转型。这其中最具典型的代表，可以说是美国苹果公司所架构的网络化柔性组织形态。

（五）组织结构与技术

在其他条件相同的情况下，采用的技术越是常规化的，组织结构也应当越是机械式的；相反，采用的技术越是非常规化的，组织结构就应当越是有机式的。由于常规技术只有少量的例外，可通过标准化的协调和控制来实现。例如：用于生产钢铁、汽车或发电等大规模标准化的生产过程；桥梁建造或园林建筑等工程建造过程，虽有"例外"，但这些工程可分解以后的单体，也可采用常规技术大规模标准化进行。非常规技术以诸多例外和问题难以分析为特征，这类技术最突出的代表是许多航天业务、信息产品等，非常规的技术要求具有灵活性。采用的技术类型不同，要求组织的控制和协调方法因而各异。一般越是常规的技术，越需要高度结构化的组织；反之，非常规的技术，要求更大的结构灵活性。

五、组织的横向结构设计

（一）组织的横向结构含义

横向结构包括职能结构和部门结构。职能结构是指组织有多少项业务和各业务之间的关系；而部门结构是指组织有多少个部门和各部门之间的关系。

（二）部门化及划分部门

一个组织可能有很多项业务，因此就可能有很多个部门，有时一个部门承担一项业务，有时承担多项业务。因此，业务的数量与部门的数量不一定是相等的。当组织的任务分成了具体可执行的工作以后，接着就要将这些工作按照某种要求归并成一系列组织单元（如任务组、部门、科室等）。这就是部门的划分。部门是指组织为完成规定的任务有权管辖的一个特殊领域。部门化是指将工作和人员合并成可以管辖的单位的过程。部门的划分主要有以下原则：

1. 部门力求维持最少

建立组织机构的目的不是供人欣赏，而是为了有效地实现组织目标。因此，部门的划分要避免追求组织结构中的各级平衡或以连续性和对等性为特征的刻板结构，组织结构要求精简，部门必须力求最少。

2. 组织结构应具有弹性

组织中的部门应随业务的需要而增减，其增设、合并或撤销应随组织目标任务的变化而定。通过设立临时工作部门或工作组来解决临时出现的问题也是一种弹性结构。

3. 确保组织目标的实现

组织结构是由管理层次、部门结合而成的。组织结构要求精简，部门必须力求最少，但这是以有效地实现目标为前提的。因此，不能为了精简而精简。企业主要的职能是生产、营销及财务等，此类职能必须有相应的部门，而且各部门的工作量应平衡，避免忙闲不均。

4. 检查部门与业务部门分设

考核、检查部门的人员不应隶属于受其检查的部门，避免检查人员的"偏心"，以便真正发挥检查部门的作用。

（三）划分部门的方法

划分部门的常用方法有以下几种：

（1）人数部门化。人数部门化是完全按人数的多少来划分部门，如军队中的师、团、营、连、排即为此种划分方法。这是最原始、最简单的划分方法，仅仅考虑了人的数量。在高度专业化的现代社会这种划分方法越来越少，特别是现代企业逐渐从劳动集约化向技术集约化转变，单纯按人数多少划分部门的方法有逐渐被淘汰的趋势。

（2）时间部门化。时间部门化是在正常的工作日不能满足工作需要时所采用的一种划分部门的方法。医院、消防队、航空公司和炼钢厂等基层作业常采用轮班制方式加以组织，所以将人员划分为早班、中班和夜班。按时间划分部门主要基于以下考虑：人的生理需要吃饭、睡觉、休息和娱乐；有些工作需要很长的时间，而且不能间断；有时出于经济和技术需要的考虑等，而正常的工作日无法满足这种需要而采用的一种方法。这种划分适用于最基层的组织。

（3）职能部门化。职能部门化是以组织的主要经营职能为基础设立部门，凡属同一性质的工作都置于同一部门，由该部门全权负责该项职能的执行，如企业中设置生产、营销、财务、人力资源等部门就是按职能划分的。职能部门化有利于提高管理的专业化程度，有利于提高管理人员的技术水平和管理水平。但是，由于各部门长期只从事某种专业业务的管理，易导致所谓的"隧道视野"的现象，也不利于高级管理人才的培养。

（4）工艺部门化。工艺部门化是以工作程序为基础组合各项活动，从而划分部门的一种方法。例如，在机械制造企业，通常按照毛坯、机械加工及装配的工艺顺序分别设立部门。这种划分方式在生产工艺复杂、要求严格的情况下是必要的，有利于加强专业工艺管理，提高工艺水平。

（5）产品部门化。按产品划分部门化就是将某种产品或产品系列的设计、制造、销售等管理工作划归一个部门负责。这种划分在多品种生产经营的大中型企业是十分必要的，有利于充分利用管理者的专业知识和技能，有利于组织专业化生产和经营，还有利于扩大销售和改善售后服务工作。目前国内外大中型企业中的产品事业部，就是典型的按产品划分的部门。

（6）区域部门化。区域部门化是根据地理因素来设立管理部门，将不同地区的经营业务和职责划归于不同门全权负责。对于一个地域分布较广或经营业务涉及区域较广的组织来说，按地区划分部门是必要的。因为不同地区的政治经济形势、文化科学技术水平、用户对产品的要求及购买习惯等都有很大差别。按地区划分部门，有利于各部门因地制宜地制定政策、进行决策及提高管理的适应性和有效性，还有利于培养独当一面的管理人才。我国管理组织中的地区性分公司、办事处，国外企业组织中的地区事业部等，都是按地区划分的部门。

（7）顾客部门化。顾客部门化是以被服务的顾客为基础来划分部门，这种划分主要适用于销售部门。不同的顾客对产品及其服务的要求往往有比较明显的差别，为了更好地为顾客服务，促进商品销售，在顾客面较广的企业，可按顾客的不同类型分别设立不同的销售部门（如商业企业内设批发部门和零售部门等）。

总之，一个组织究竟采用何种方式划分部门，应视具体情况而定，而且这些划分方式往往是结合采用的，如职能或参谋机构一般都按职能划分；生产部门可按工艺或产品划分；销售部门则可根据实际需要按地区或客户划分。

六、组织的纵向结构设计

组织的纵向结构包括层次结构和职权结构。层次结构是指管理层次的构成，职权结构是指各层次、各部门在权力和责任方面的分工及相互关系。组织的纵向结构设计是对组织结构中的层次结构、职位、职权、工作程序及规章制度等做出规定。

（一）管理幅度与管理层次

管理幅度是影响组织内部各单位规模大小的重要决定因素。在一个单位内究竟能将多少相近、相关的工作职位与职位组合在一起，主要取决于该单位主管的有效管理幅度。

所谓管理幅度，就是一位管理人员直接有效地指挥和监督的下属人数，又称"管理宽度"或"管理跨度"。一个人受其注意力范围的限制，能直接有效管理的下属数量总是有限的，这就是管理幅度作为组织设计的一条基本原则的缘由。如图 4-3 所示，主管人员 A 的管理幅度为 3、B 的管理幅度为 4、C 的管理幅度为 7、D 的管理幅度为 5。

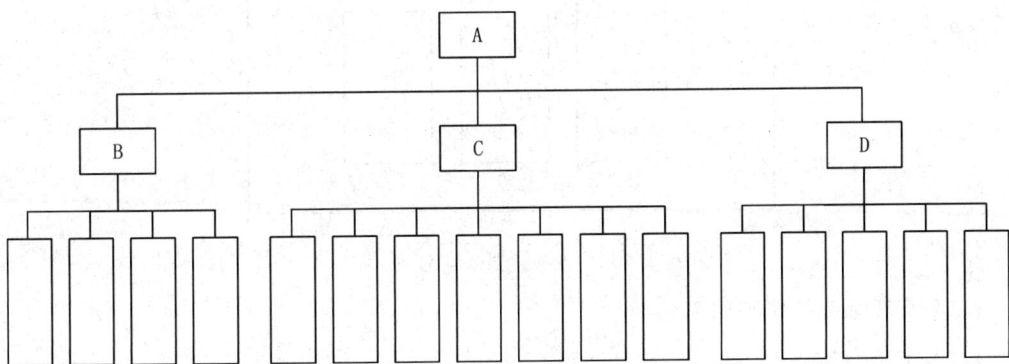

图 4-3 管理幅度示例

基于同样的理由，最高管理者的委托人也需要将其受托担任的部分管理工作再委托给另一些人来协助进行，依次类推，直至受托人能直接安排和协调组织成员的具体业务活动，由此形成组织中从最高管理者到具体工作人员之间的不同管理层次。管理层次是随着组织规模的扩大和关系的复杂化而产生的，与规模、管理幅度密切相关。

组织的管理层次受到组织规模和管理幅度的影响。在管理幅度一定的条件下，管理层次与组织的规模大小成正比。组织规模越大，成员数目越多，其所需的管理层次就越多。在组织规模一定的条件下，管理层次与管理幅度成反比。每个管理者所能直接控制的下属人数越多，所需的管理层次就越少。管理人员委托一定数量的人分担其管理工作，结果是减少了他必须直接从事的业务工作量，但与此同时也增加了他的受托人的工作量。所以，增加管理层次节约出来的时间，一定要大于用于监督的时间。这是衡量一个管理层次是否合理的重要标准。

假设有一个组织，它的作业人员约为 4096 人。如果管理幅度分别按 4、8、16 对其进行组织设计，那么相应的管理层次依次为 6、4、3，所需管理人员数量分别为 1365、585、273，如图 4-4 所示。

管理幅度的宽窄对组织形态和组织活动效率或产生显著影响。在组织中作业人员一定的情况下，管理幅度越窄，设置的组织层次就越多，从而组织就表现为高而瘦的结构特征，谓之为"高耸型组织"（图 4-4(a)）。反之，管理幅度越宽，组织层次就越少，从而该组织就成为"扁平型组织"（图 4-4(c)）。在"高耸型组织"中，窄幅度的监督控制可能使管理更为周密，但由于管理层次多，不仅加长了信息传递渠道，影响了信息传递的速度和组织活动的效率，而且管理人员配备数量增加（达 1365 名），而在"扁平型组织"中管理人员配备数量仅为 273 名，从而造成管理成本上升。相比之下，宽幅度的监督控制可以克服窄幅度管理的缺陷，但是会降低管理的效能，使管理者对下属不能进行密切监督和有效控制。

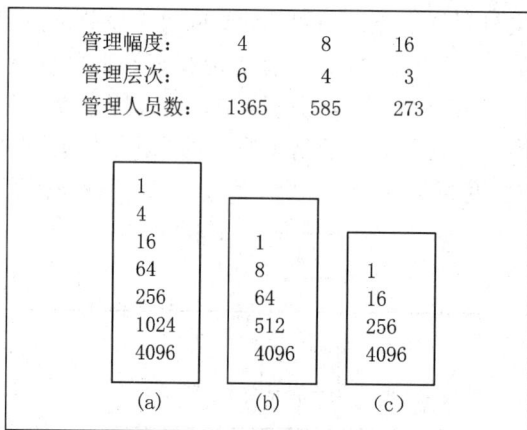

管理幅度：	4	8	16
管理层次：	6	4	3
管理人员数：	1365	585	273

(a)	(b)	(c)
1		
4		
16	1	
64	8	1
256	64	16
1024	512	256
4096	4096	4096

图 4-4　管理幅度对比

（二）管理幅度的影响因素

1. 工作能力

管理者的综合能力、理解能力及表达能力强，可迅速把握问题的关键，对下属的请示提出恰当的指导建议，并使下属明确地理解，从而可缩短与每一位下属接触所占用的时间，管辖较多的人员而不会感到过分紧张。同样，如果下属具备符合要求的能力，受过良好的系统训练，可根据自己的正确判断解决很多问题，不必事事都向上级请示汇报，这样就可以减少与其主管接触的时间和次数，从而增大管理幅度。

2. 工作内容和性质

（1）决策与用人：管理人员的主要工作在于决策和用人。管理者处在管理系统中的不同层次，决策与用人所用的时间比重各不相同。越接近组织的高层，管理者用于决策的时间越多，用于指导、协调下属的时间越少。所以，越接近组织的高层，其管理幅度就越小。

（2）下属工作的相似性：下属从事的工作内容、性质相近，则管理者对每个人工作的指导和建议也大体相同。同一管理者就可以指挥和监督较多的下属，管理幅度就可以相对大些。

（3）计划的完善程度：下属如果单纯的执行计划，且计划本身制订得详尽、周到，下属对计划的目的和要求十分清楚，这样管理者对下属指导所需时间就少，管理幅度就可以扩大些；反之，如果下属不仅要执行计划，还要将计划进一步分解或计划本身不完善，那么对下属指导、解释及管理的幅度难以扩大。

（4）非管理事务的多少：管理者作为组织不同层次的代表，往往需要花费相当的时间去从事一些非管理性事务，处理这些事务所需的时间越多，越不利于管理幅度的扩大。因而非管理事务增加，其工作量就会相应增加，此时的有效管理幅度就小；反之，非管理事务减少，管理幅度就会扩大。

3. 工作条件

（1）助手的配备情况：如果下属遇到的所有问题，不分轻重缓急，都需要管理者亲自处理，那么必然会占据管理者大量的时间，其所能直接领导的下属数量就会受到一定的限制。如果给管理者配备了必要的帮手，由助手和下属进行一般的联络，并直接处理一些问题，则可大大减少管理者的工作量，增加其管理幅度。

（2）工作地点的接近性：不同下属的工作岗位在地理空间上的分散，会增加下属与管理者及下属与下属之间的沟通难度，从而影响每个管理者的管理幅度。

（3）信息手段的配置：掌握信息是进行管理的前提，利用先进的技术收集、处理及传输信息，不仅可帮助管理者更快、更全面地了解下属的工作情况，从而及时提出忠告和建议，而且可使下属更多地了解与自己工作有关的信息，从而更好地自主处理分内的事务，这显然有利于扩大管理者的管理幅度。

4. 工作环境

组织环境是否稳定，会在很大程度上影响组织活动内容和政策的调整频次与管理幅度。环境变化越快，变化程度越大，组织中遇到的新问题越多，下属向上级的请示就越必要、越经常，而此时管理者因为必需花更多的时间去关注环境的变化、考虑应变的措施，能用于指导下属工作的时间和精力就越来越少。因此，环境越不稳定，各层次主管的管理幅度就越受限制。

（三）组织形态

按照现代组织管理幅度的大小及管理层次的多少，可形成两种结构模式：扁平型结构和高耸型结构。所谓扁平型结构，就是在组织规模一定的情况下，管理层次少而管理幅度大的组织结构，锥状高耸型结构的情况则相反。扁平型组织结构和高耸型组织结构各有利弊：

扁平型组织结构可缩短上下级距离，密切上下级关系，信息纵向流通快，管理费用低，而且由于管理幅度较大，被管理人员有较大的自主性、积极性及满足感，同时也有利于更好地选择和培训下属人员；但由于不能严密地监督下属，上下级协调较差，管理幅度加大，也加重了同级间相互沟通联络的困难。

高耸型组织结构具有管理严密、分工明细及上下级易于协调的特点。但管理层次越多，带来的问题也越多。因为管理层次越多，需要从事管理的人员迅速增加，彼此之间的协调工作也急剧增加。管理层次的增加会使上下级的意见沟通和交流受阻，最高管理者要求实现的目标、制定的政策和计划，不是下级不完全了解，就是层层传达到基层之后，由于信息失真而变了样。管理层次增多后，管理费用增加，上级管理者对下级的控制变得困难，同时由于管理严密，也影响了下级人员的主动性和创造性。因此，一般来说应尽可能地减少管理层次，这也是近年来组织结构变革的趋势。

七、集权、分权与授权

（一）权力的来源及其形式

1. 权力的来源

传统观念认为权力是授予的，如股东的权力来源于股东大会。现代的接受理论则认为权力来源于下属接受指挥的意愿，但只有当下属接受其指挥时管理者的权力才能形成。权力只有在一定的范围内才能发挥作用。权力应用必须与组织目标相一致，只有在特权范围内才能行使职权，在分管的权力范围内也会存在冲突，也受到下级是否服从的影响。

2. 权力的形式

按照权力性质的不同，权力可分为三种形式：

（1）直线权力：是指上级指挥下级的权力，上下级之间的命令权力关系，其与组织等级链是相联系的。在组织等级链上的管理者一般都拥有直线权力，其一方面接受上级指挥，另一方面又指挥下级。

（2）参谋权力：是指组织成员所拥有的向管理者提供咨询或建议的权力，属于参谋性质。组织中的任何成员都拥有参谋权力，管理者也会设置专门的参谋人员协助管理。

（3）职能权力：是指某人员或部门根据高层管理人员的授权而拥有的对其他部门的人员直接指挥的权力，但这一种有限的权力只有在被授权的职能范围内有效。

三种权力的关系如下：一是，参谋人员的专业知识水平比管理者相对较高，要求参谋的建议具有较高的创新性。当直线权力与参谋权力间出现矛盾时，可采用：① "参谋建议，直线指挥"，参谋的建议权不能干预直线人员权力范围内的活动；② 次序有先后，即"先参谋，后指挥"，直线人员在执行决策前为避免重大损失，事先征求参谋人员的建议。二是，直线有大权，职能有特权。在一个组织中，直线人员拥有除上层直线人员赋予的职能部门的职能权力以外的大部分直线权力。职能部门的管理人员除拥有本部门下属的直线权力外，还拥有上层赋予的特定权力，可以在其职能范围内对其他部门及其下属部门发号施令。

一般而言，直线权力范围大，职能权力范围小；直线人员拥有指挥权，但职能范围内只能遵从职能部门的安排，职能部门也必须在职能范围内执行，不能超出职权范围。

（二）集权与分权

1. 集权与分权的概念

一般认为，集权是指组织的决策权较多地由高层管理者集中掌握，体现的是上级的重要性；而分权则是指决策权较多地分散于组织的中低层管理者由其来掌握与运用，体现的是下级的重要性。所谓决策权，指的是决定做什么、怎样做与由谁来做的权力。

2. 集权与分权的优缺点

（1）集权的优缺点：集权的优点主要体现在适度集权，有利于实现组织的统一指挥和控制，维护组织政策的统一性。一般组织规模较小时，宜采用集权方式。

然而，现代社会组织规模大型化、组织活动多样化和外部环境复杂多变的特点，也使高度集权的弊端日益暴露。首先,高度集权有可能从正确性和及时性两方面损害决策的质量;其次,组织的决策、管理权限过度集中会极大地压制组织成员的工作热情和创造性;最后,高度集权会使组织内各个部门和中、下层管理职位权限过少,缺乏自我调整的能力,也削弱了整个组织对环境变化的应变能力,这一切都会对组织的持续发展产生极大的危害。

(2)分权的优缺点:由于存在集权,但组织中总是存在着分权的倾向,尤其是当组织规模扩大、组织内的单位增多、现场作业活动分散之时,中、下层主管会有很强的分权要求,希望获得更多自主决策和自治的权力。于是,适度分权可以减轻高层管理者的决策负担,提高决策质量,提高组织对环境的应变能力,调动下属的积极性。

然而,决策权力的分散也受到两个限制:一是有可能破坏组织政策的统一性,带来组织活动失控的危险;二是基层管理人员所具备的素质和能力,基层管理者具有能够正确、有效运用决策权的能力时,分权才能取得好效果,否则经常发生一些大大小小的失误,只会反过来给上级主管添麻烦,影响组织目标的实现。

3. 分权的标志

集权与分权是同时存在的两种倾向,是一个相对的概念,走向极端的绝对集权与绝对分权就只剩下了个体,组织不复存在。不同组织之间,只有集权与分权程度的差别。一般认为,衡量组织分权程度的标准有以下几条:

(1)决策的频度:也就是决策的数量。一般来讲,如果组织中较低层次上的管理者所做的决策数量越多,则意味着组织的分权程度越高。例如,A企业的车间主任每天做20项决策,B企业的车间主任每天做10项决策,则我们可以认为A企业的分权程度高于B企业。

(2)决策的幅度:也就是决策的范围。一般来讲,如果组织中较低层次上的管理者所做的决策范围越广、涉及的职能越多,则意味着分权程度越高。例如,A企业的生产部经理能在员工的聘用、奖惩及设备的采购等方面拥有决策权,B企业的生产部经理却不拥有人事方面的决策权,则我们可认为A企业的分权程度高于B企业。

(3)决策的重要性:如果组织中较低层次的管理者所做的决策越重要,则意味着组织的分权程度越高。例如,A公司的部门经理有权决定给每个员工配备一台计算机,而B公司的部门经理只有权决定给每个员工配备一张办公桌,则由于计算机的重要性大于办公桌,故A公司的分权程度要比B公司高。

(4)决策的影响面:较低层次的管理者所做的决策影响面越大、越长远,涉及的费用越大,则意味着该组织的分权程度越高。例如,由于药品的质量问题会对组织和社会有很大的影响,故制药厂对质检部门的分权程度要比家具厂对质检部门的大。如果药品发现质量问题,则质检部门有权要求立即停止该药的生产和销售,甚至可以要求重新研发;而家具厂的质检部门则只能提出改进生产措施或对部分不达标准的产品降价销售的建议。

(5)决策的审批手续:即对决策的控制程度。如果较低层次的管理者做决策时,需要办理的审批手续越简单,也就是高层次对较低层次决策的控制程度(低层次向上"事先请示,事后报告"的次数)越低,则意味着分权程度越高。如果外资企业在A市申请注册只要盖一颗图章，而在 B 市申请注册要盖 10 颗图章，则 A 市政府机关的分权程度要高于 B 市的分权程度。

4. 影响集权与分权程度的主要因素

集权和分权对于一个组织来说都是必要的、相对的。该由下级获得的权力过于集中，是上级"控权"；该由上级掌握的权力过于分散，是上级"失职"。

（1）经营环境条件和业务活动性质。如果组织所面临的经营环境具有较高的不确定性，并处于经常变动之中，组织在业务活动过程中必须保持较高的灵活性和创新性，这种情况要求实行较大程度的分权。反之，面临稳定的环境和按常规开展业务活动的组织，则可以实行较大程度的集权。

（2）组织的规模和空间分布广度。组织规模较小时，实行集权化管理可使组织的运行取得高效率。但随着组织规模的扩大，其经营领域范围甚至地理区域分布可能相应地扩大，这就要求组织向分权化的方向转变。

（3）决策的重要性和管理者的素质。一般而言，涉及较高的费用支出和影响面较大的决策宜实行集权，重要程度较低的决策可实行较大的分权。如果组织中管理人员素质普遍较高，则分权具备比较好的基础。

（4）方针政策一致性的要求和现代控制手段的使用情况。鉴于集权有利于确保组织方针政策的一致性，所以在面临重大危机和挑战时组织往往会采取集权的办法。另外，拥有现代化通信和控制手段的组织，在职权配置上经常会呈现两个方向的变动：一是重要和重大问题的决策可实行更大程度的集权，而次要问题的决策则倾向于更大程度的分权。

（5）组织的历史和领导者个性的影响。严格地说，这些是对组织集权或分权程度的现实影响因素。如果组织是在自身较小规模的基础上逐渐发展起来，并且发展过程中亦无其他企业加入，那么集权倾向较明显。因为规模小时，大部分决策都是由高层管理者直接制定和组织实施的，这种做法可能延续下来并为大家所认同。相似的，企业中个性较强和自信的领导者，往往喜欢按照自己的意志来运行，这时集权会成为常见状态。

正确地处理集权与分权关系对于组织的生存和发展至关重要。从国内企业的实际情况来看，许多组织都普遍地存在一种过分集权的倾向。而集权过度则会带来一系列弊端，主要表现在：

第一，降低决策的质量和速度。在规模相对比较大的组织中，高层主管距离生产作业活动的现场较远。如果管理权力过于集中，现场发生的问题需要经过层层请示汇报后由高层人员做出。这样做出来的决策，不仅难以保证其应有的准确性，而且时效性也会受到影响。

第二，降低组织的适应能力。过分集权的组织，可能使各个部门失去自我适应和自我调整的能力，从而削弱组织整体的应变能力。

第三，致使高层管理者陷入日常管理事务中，难以集中精力处理企业发展中的重大问题。

第四，降低组织成员的工作热情，并且不利于组织成员能力的成长。管理权力的高度集中，不仅会挫伤下层管理人员和作业人员的工作主动性和创造性，还使他们丧失了在实践中锻炼和提高自己能力的机会，从而可能对组织的长远发展造成不利的影响。

（三）（制度）分权与授权

1. 分权与授权的相同点

组织权力的分散可通过两种途径来实现：一是改变组织设计中对管理权限的制度分配，即（制度）分权，二是促成主管人员在工作中充分授权。（制度）分权与授权的结果是相同的，都是使较低层次的管理人员行使较多的决策权，即实现权力的分散化。

制度分权，指的是在组织结构设计时或在组织变革过程中，按照工作任务的要求将一定的决策权限划分到相应的管理职位中，由规章制度正式确认的、相对稳定的分权方式；而授权则是指主管人员在实际工作中为调动下属积极性和提高工作效率，将原本属于本职位的部分职权委托给向其直接报告工作的下属或某些职能部门使用，使他们在一定的监督之下自主解决问题和处理业务。

2. 分权与授权的区别

分权和授权的区别主要体现在如下三方面。

（1）分权具有必然性，授权具有随机性。

分权是在工作分析时，根据岗位工作的需要规定该岗位必要职责和权限，不论是谁，只要在这个岗位上就拥有这一权限；而授权则要根据实际工作的需要和下属的工作能力来决定，一般是管理者觉得精力有限而下属能力又能够承担时才会授权。

（2）分权具有相对稳定性，授权具有灵活性。

分权针对的是岗位，是预先从制度上明确规定了的属于某岗位的权力，不能随便调整；授权针对的是某项工作和人，是活动过程中将一部分原本属于管理者的权力因某项工作的需要临时或长期委任给某个下属，但可以随时调整。

（3）分权是一项组织工作的原则，授权则是一项领导艺术。

分权是在组织设计时对管理人员的一种纵向分工，也是一项制度，一旦规定就必须严格执行；而授权主要在于调动下属才干和积极性，可灵活把握。

3. 管理者的授权行为是促进组织达到分权状态的重要途径

科学、合理的授权过程由以下四个有机联系的环节构成：

（1）任务的分派：管理者在进行授权的时候，需要确定接受授权的人，即受权人所应承担的任务是什么。正是从实现组织目标而执行相应任务的需要出发，才产生了授权。

（2）职权的授予：即根据受权人开展工作、实现任务的需要，授予其采取行动或指挥他人行动的权力。授权不是无限制地放权，而是委任和授予下属在某些条件下处理特定问题的权力，所以必须使受权者十分明确地知道所授予他们的权限范围。

（3）职责的明确：从受权人一方来说，在接受了任务并拥有了所必需的权力后，相应地就有责任和义务去完成其所接受的任务，并就任务完成情况接受奖励或处罚。有效的授权必须做到使受权者"有职就有权，有权就有责，有责就有利"，并且授权前要遵循"因事择人，施能授权"和"职以能授，爵以功授"的原则，正确地选择受权者，做到职、责、权、利及能相互平衡。

（4）监控权的确认：授权者应该明白自己对授予下属完成的任务执行情况负有最终的责任，为此需要对受权者的工作情况和权力使用情况进行监督检查，并根据检查结果调整所授权力或收回权力。可以说，建立反馈机制、加强监督控制，是确保授权者对受权者的行为保持监控力的一项重要措施，也是授权区别于"放任自流"做法的一个重要方面。

4. 授权的原则

正确授权的主要原则如下：

(1) 授权要明确。授权可以是具体的，也可以是一般的；可以是书面的，也可以是口头的。无论何种形式，授权者都必须向受权者明确所授事项的任务目标及权责范围，使其能十分清楚地工作。没有明确目的的授权，会使受权人在工作中摸不着边际、无所适从。

(2) 权责利对等原则。为了保证受权者能够完成所分派的任务，并承担起相应的责任，授权者必须授予其充分的权力并许以相应的利益。只有职责而没有职权，就会使被授权者无法顺利地开展工作并承担起应有的责任；而只有职权而无职责，也会造成滥用权力、瞎指挥和官僚主义。因此，授权必须是有职有权，有权有责且有责有利。

(3) 命令统一的原则。授权必须在命令统一的原则下进行，这有利于管理者的有效控制。

(4) 视能授权的原则。由于授权者对分派的职责负有最终的责任，因此慎重选择受权者是十分重要的。在选择受权者时，应遵循"因事择人，视能授权"的原则，即应根据所选受权者的实际能力，授予相应的权力和对等的责任；对既能干又肯干的要充分授权，对适合干但能力有所欠缺或能力强但有可能滥用权力的，要适当保留决策权。

八、常见的组织结构基本类型

(一) 直线制

1. 特点

直线制是最早使用的，也是最为简单的一种结构，又称单线制结构或军队式结构。直线制的主要特点是组织中各种职位按垂直系统直线排列的，各级主管负责人执行统一指挥和管理职能，不设专门的职能机构。如图 4-5 所示，说明直线制组织结构的特点。组织中各种职务按垂直系统直线排列，各级管理人员对所属下级拥有直接的一切职权，组织中每一个下属只能向一个直接上级报告。

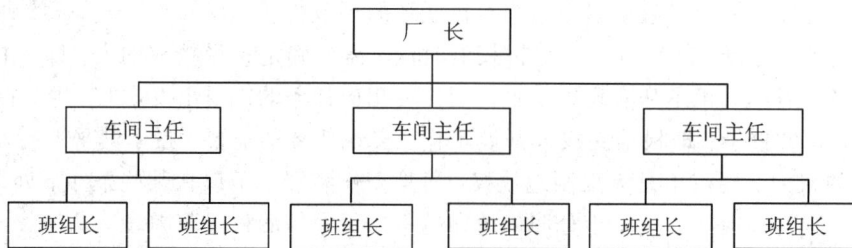

```
                        ┌────────┐
                        │  厂 长  │
                        └────────┘
              ┌───────────────┼───────────────┐
        ┌──────────┐    ┌──────────┐    ┌──────────┐
        │ 车间主任 │    │ 车间主任 │    │ 车间主任 │
        └──────────┘    └──────────┘    └──────────┘
         ┌────┴────┐    ┌────┴────┐    ┌────┴────┐
      ┌──────┐┌──────┐┌──────┐┌──────┐┌──────┐┌──────┐
      │班组长││班组长││班组长││班组长││班组长││班组长│
      └──────┘└──────┘└──────┘└──────┘└──────┘└──────┘
```

图 4-5　直线制组织结构

2. 优缺点

直线制组织结构的优点：结构比较简单，权力集中，责任分明，命令统一，沟通简捷，比较容易维护纪律和秩序。

直线制组织结构的缺点：缺乏弹性，易导致专制，不利于组织总体管理水平的提高；同时，在组织规模较大的情况下，所有的管理职能都集中由一人承担，往往由于个人的知识及能力有限而感到难于应付、顾此失彼，可能会发生较多失误；此外每个部门基本关心的是本部门的工作，因而各部门之间的协调比较差，难以在组织内部培养出全能型管理人才。

3. 适应性

直线制组织结构的一般只适用于初创阶段的组织或生产规模较小、产品单一、管理简单、业务性质单纯，没有必要按职能实行专业化管理的小型组织或现场的作业管理。

（二）职能制组织结构

1. 特点

职能制组织结构的主要特点是：按照专业分工设置相应的职能部门，实行专业分工管理，各职能部门在自己的业务范围内都有权向下级下达命令和指示，即下级除了要服从上级管理人员的直接领导和指挥以外，还要受上级各职能部门的管理。职能制组织结构形式如图4-6所示。

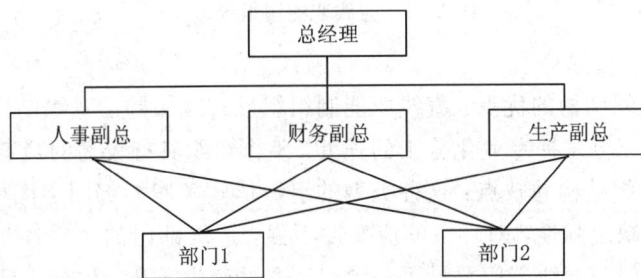

图 4-6 职能制组织结构

2. 优缺点

职能制组织结构的优点：在于可以在很大程度上实现职能专业化的作用，能够发挥专家的作用，减轻上层管理人员的负担。

职能制组织结构的缺点：即非常明显其违背了组织设计的统一指挥原则，容易导致多头领导，造成管理混乱。组织中常常会因为追求职能目标而看不到全局的。

3. 注意

在该组织结构中，由于视野狭小，没有一项职能部门对最终结果负全部责任。每一职能部门之间相互隔离，很少了解其他职能部门在干些什么。只有高层管理者能看到全局，所以它得担当起协调的角色。不同职能间利益和视野的不同会导致职能间不断地发生冲突，各自极力强调自己的重要性。因此，实际生活中没有纯粹的职能制组织结构。

（三）直线职能制组织结构

1. 特点

这是一种集直线制和职能制两种类型组织形式的优点为一体，而形成的一种组织结构形式。其特点在于直线管理者将一部分直线职权授予参谋部门或人员，使其成为拥有职能职权的职能部门，因而形成直线部门与职能部门共存的组织结构。它将直线指挥的统一化思想和职能分工的专业化思想相结合，在组织中设置纵向的直线指挥系统和横向的职能管理系统。它与直线制的区别就在于设置了职能机构，与职能制的区别在于职能机构只是作为直线管理者的参谋和助手，它们不具有对下面直接进行指挥的权力。这种组织结构形式如图 4 - 7 所示。

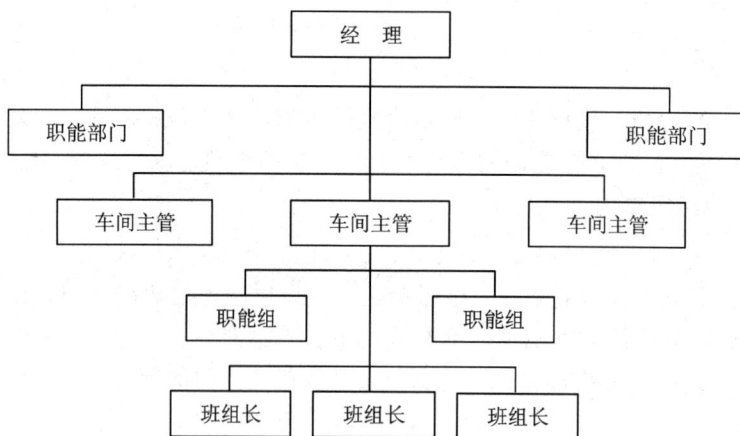

图 4 - 7　直线职能制组织结构

2. 优缺点

直线职能制组织结构的优点：直线职能制组织形式既保持了直线制集中统一指挥的优点，又具有职能制充分发挥专业化分工的长处，整个组织具有较高的稳定性。

直线职能制组织结构的缺点：这种类型的组织形式各职能部门之间横向联系较差，信息传递路线较长，缺乏弹性，对环境的应变性不强，下级部门的主动性与积极性会受到限制。当职能参谋部门与直线部门意见不一致时，容易产生矛盾，致使上级管理人员的协调工作量加大。直线职能制组织结构形式，一般在企业规模比较小、产品品种比较简单、工艺比较稳定、市场销售情况比较容易掌握的情况下采用。

3. 适应性

目前我国大多数组织采用的就是这种组织结构形式。

（四）事业部制组织结构

1. 特点

事业部制，亦称 M 型结构。事业部制是于 1924 年由美国通用汽车公司（前）总裁斯隆首创，所以又称"斯隆模型"。事业部是企业以产品、地区或顾客为依据，由相关的职能部门结合而成的相对独立的单位，是一个利润中心。其特点是每个事业部都有自己的产品和市场，按照"统一政策，分散经营"的原则，实行分权化管理，各事业部实行独立核算、自负盈亏，彼此之间的经济往来要遵循等价交换原则。其组织结构形式如图 4 - 8 所示。

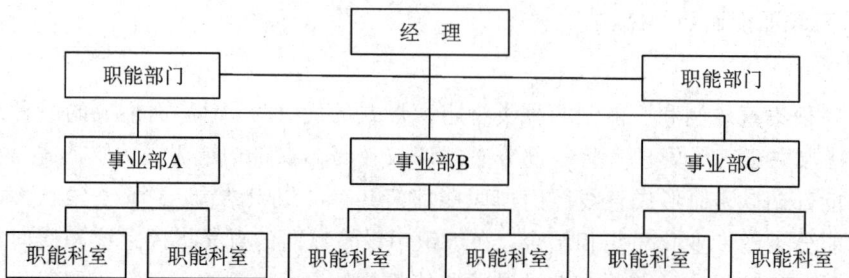

图 4 - 8　事业部制组织结构

2. 优缺点

事业部制组织结构有利于发挥各事业部的积极性和主动性，有利于总部管理人员摆脱繁琐的日常运营管理事务的负担，从而能够关注公司长远的战略规划；每个事业部都是利润中心，有利于培养高级经理人员，各事业部经理们容易获得广泛的管理经验，从而提高管理技能。事业部制的主要缺陷是活动和资源出现重复配置。例如：每一个事业部都可能有一个市场营销部门，其成本花费很高，甚至效率下降；同时每一个事业部制只关心自身的经营活动，易产生本位主义，导致高层管理人员协调难度加大。

【阅读材料 4 – 3】

斯隆的事业部创举

1916 年，随着联合汽车合并入通用汽车公司，作为通用汽车公司副总裁的阿尔弗雷德·斯隆，意识到通用汽车公司管理上存在问题。皮埃尔·S·杜邦兼任总经理后，斯隆在他的支持下开始了改革的进程。斯隆认为，通用汽车公司应采取"分散经营、协调控制"的组织体制，并第一次提出了事业部制的概念。他将通用汽车公司按产品划分为雪佛兰、别克等21 个事业部，分属 4 个副总经理领导。有关全公司的大政方针，如财务控制、重要领导人员的任免、长期计划及重要研究项目的决定等，由公司总部掌握，其他具体业务则完全由各事业部负责。斯隆的战略及其实施产生了效果。1921 年，通用汽车公司生产了 21.5 万辆汽车，占美国国内销售的 7%。到 1926 年底，斯隆将小汽车和卡车的产量增加到 120 万辆。到现在，通用汽车公司已拥有美国 40% 以上的汽车市场。

3. 适应性

事业部制主要适用于规模大、产品或服务种类繁多、分支机构分布区域广的现代大型企业。目前我国许多成功的企业（如海尔、联想、清华同方等）均是采用事业部制的组织结构。

（五）矩阵制组织结构

1. 特点

矩阵制组织结构由职能部门和产品项目纵横两套管理系统叠加在一起而形成。矩阵制创造了双重指挥链，使用职能部门来获得专业化经济，同时配置了一些对组织中的具体产品、项目和规划负责的经理人员，其可为自己负责的项目从各职能部门中抽调有关人员。这样在横向的职能部门基础上增加纵向产品或项目的结果，就将职能部门化和项目部门化的因素交织在了一起，因此称之为矩阵。如图 4－9 所示。

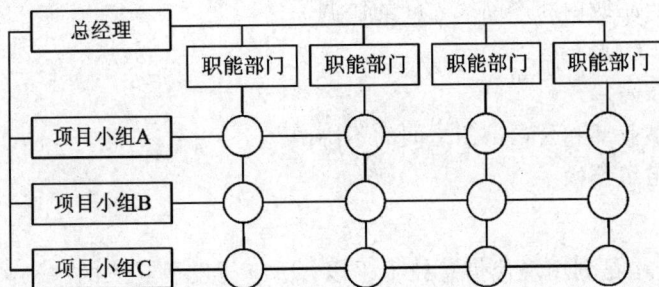

图 4－9　矩阵制组织结构

2. 优缺点

矩阵制的主要优点：发挥了职能部门化和产品部门化两方面的优势，促进专业资源在各项目中的共享，便于一些复杂而独立的项目之间的协调与合作，具有很大的灵活性。

矩阵制的主要缺点：放弃了统一指挥原则，形成双重领导，造成一定程度上的混乱。因此，要求管理者妥善地权衡这些利弊。

3. 适应性

矩阵制组织结构形式适用于经营涉及面广、产品品种多、临时性的、复杂的重大工程项目组织。

（六）多维组织结构

1. 特点

多维结构是事业部结构与矩阵结构相结合进一步发展的产物，企业中同时存在着多个交叉的管理系统。

通常一个员工或企业同时受到三个或三个以上的管理系统的管理。其内容主要包括：① 按产品或服务项目划分的部门；② 按职能划分的参谋机构；③ 按地区划分的管理机构（如图 4 - 10 所示）。

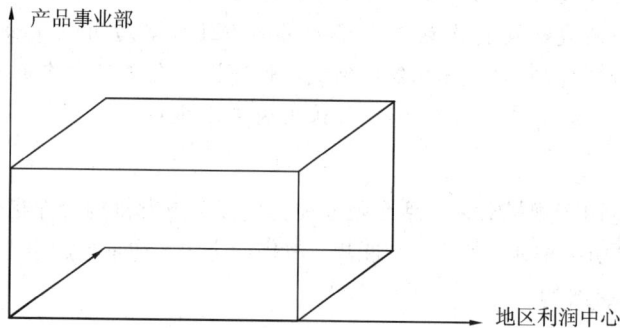

图 4 - 10　多维组织结构

2. 优缺点

多维组织结构的优点：

① 各方面力量协调配合，有利于组织整体目标的实现；

② 公司和事业部目标获得更好的一致性；

③ 获得公司产品线内和产品线之间的协调。

多维组织结构的缺点：

① 管理费用较高；

② 可能导致事业部和公司部门之间的不协调。

（七）网络型组织结构

1. 特点

网络型组织结构是利用现代信息技术手段，适应与发展起来的一种新型的组织机构。网络型组织结构是一种结构很精干的中心机构，以契约关系的建立和维持为基础，依靠外部机构进行制造、销售或其他重要业务经营活动的组织结构形式。被联结在这一结构中的各经营单位之间并没有正式的资本所有关系和行政隶属关系，只是通过相对松散的契约。正式的协议契约为纽带，透过一种互惠互利、相互协作、相互信任和支持机制来进行密切的合作。

采用网络结构的组织，所做的就是通过公司内联网和公司外互联网，创设一个物理和契约"关系"网络，与独立的制造商、销售代理商及其他机构达成长期的协作协议，使他们按照契约要求执行相应的生产经营功能。由于网络型企业组织的大部分活动都是外包、外协的，因此，公司的管理机构就只是一个精干的经理班子，负责监管公司内部开展的活动，同时协调和控制与外部协作机构之间的关系（虚拟企业），如图4-11所示。

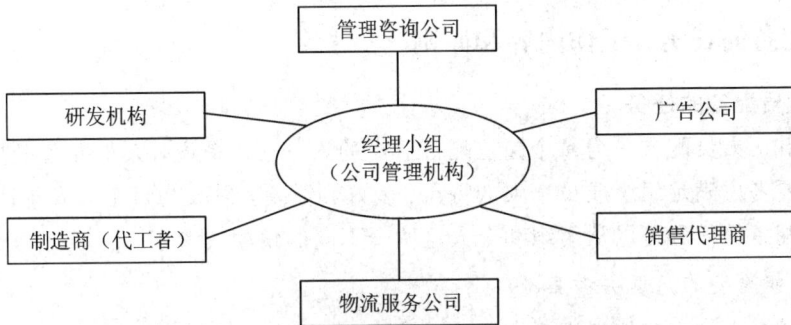

图4-11 网络型组织结构

2. 优点和缺点

网络型组织结构的优点：是网络型组织结构极大地促进了企业经济效益实现质的飞跃。具体表现为：一是降低管理成本，提高管理效益；二是实现了企业全世界范围内供应链与销售环节的整合；三是简化了机构和管理层次，实现了企业充分授权式的管理。

网络型组织结构的缺点：是可控性太差。这种组织的有效动作是通过与独立的供应商广泛而密切的合作来实现的，面临着道德风险和逆向选择性风险。

(八) 当代组织结构发展新趋势

随着新的管理思想和组织理论的出现，一些组织（尤其是企业）的组织结构形式逐渐呈现出网络化、扁平化、灵活化、多元化、全球化等趋势。伴随着这种趋势，柔性组织、网络组织和虚拟组织等新型组织结构类型也不断涌现出来。

1. 柔性组织结构

柔性组织（有机式组织）能够适应各种变化，可以及时根据变化迅速来平衡"控制权"与"自主权"，协调"集权"与"分权"，从而提高组织的灵活性。柔性组织结构是一种多极化、多元性的组织结构，核心机构负责公司总体战略和整体事务；各分支机构在地位上与核心机构相互平等、相互依赖及互为补充。因此，柔性组织结构是集权与分权的有机统一。为了弥补柔性的不足，实现柔性与稳定性的和谐并存，有的公司成立了临时性的项目组或多功能团队来集中处理关键问题。在现代企业，尤其是现代高科技企业中，迫切需要创建柔性组织系统。

2. 虚拟组织结构

虚拟组织是柔性组织的高级形式，其最大特点是组织决策集中程度很高，但部门化程度很低，或者根本不存在实体的部门。虚拟组织结构的灵活性很强，如果认为其他公司在生产、销售、服务等某一方面具有更强的优势，就与这些公司联合，或是将自己相对劣势的部门转让出去。虚拟组织结构的形式包括产品联盟、技术联盟、知识联盟及战略联盟等。

第三节　人员配备

人员配备是组织设计的逻辑延续。这项工作的主要内容和任务是通过分析人与事的特点，谋求人与事的最佳组合，实现人与事的不断发展。

一、人员配备的任务、工作内容和原则

（一）人员配备的任务

简单地讲，人员配备是为每个岗位配备适当的人。也就是说，人员配备既要满足组织的需要，又要考虑满足组织成员个人的特点、爱好和需要，以及为每个人安排适当的工作。因此，人员配备的任务可以从组织和个人这两个不同的角度去考察。

1. 从组织需要的角度去考察

（1）要通过人员配备使组织系统开动运转。

设计合理的组织系统要能有效地运转，必须使机构中每个工作岗位都有相应的人去占据，使实现组织目标所必须进行的每项活动都有合格的人去完成。这是人员配备的基本任务。

（2）为组织发展准备干部力量。

组织处在一个不断变化发展的社会经济环境中。组织的目标和活动的内容需要经常根据环境的变化作适当调整，组织的适当调整过程往往也是发展壮大的过程，随之组织的机构和岗位不断改变和增加。因此，在为组织目前的机构配备人员时，还要考虑机构可能发生的变化，通过使用来培训管理干部为明天做组织准备和提供工作人员，特别是管理干部。

（3）维持成员对组织的忠诚。

对整个组织来说，人才流动虽有可能给企业带来"输入新鲜血液"的好处，但其破坏性可能更甚，如人员不稳定、职工离职率高，特别是优秀人才的外流，往往使组织几年的培训费用付之流水，而且可能破坏组织的人事发展计划，甚至影响企业在发展过程中的干部需要。因此，要通过人员配备来稳住人心、留住人才，维持成员对组织的忠诚。

2. 从组织成员需要的角度去考察

留住人才，不仅要留住其身，更要留住其心，只有这样才以达到维持他们对组织忠诚的效果。因此，就人员配备来说，要达到这个目的必须注意如下方面：

（1）通过人员配备，使每个人的知识和能力得到公正地评价、承认及运用。

工作的需求与自身的能力是否相符、是否感到"大材小用"而"怀才不遇"，以及工作的目标是否富有挑战性。这些因素与人们在工作中的积极、主动和热情程度有着极大的关系。

（2）通过人员配备，使每个人的知识和能力不断发展、素质不断提高。

知识与技能的提高，不仅可以满足人们较高层次的心理需要，还往往是职业生涯中通向职务晋升的阶梯。通过人员配备，使每个组织成员都能看到这种机会和希望。

（二）人员配备的工作内容

为了完成上述任务，人员配备工作主要内容可概括为选人、育人、用人和留人，具体主要包括：

（1）确定人员需要量。确定人员需要量是通过职务设计和分析来完成的。人员需要量的确定主要以设计出的职务数量和类型为依据。职务类型提出了需要什么样的人，职务数量则告诉我们每种类型的职务需要多少。

（2）合理选配人员。职务设计和分析指出了组织中需要配备哪些素质的人。为了保证担任职务的人员具备职务要求的知识和技能，必须对组织内外的候选人进行筛选，做出最恰当的选择。

（3）制定和实施人员培训计划。人员，特别是管理人员的培训，无疑是人员配备中的一项重要的工作。培训，既是为了适应组织技术变革、规模扩大的需要，也是为了实现成员个人的充分发展。因此，必须利用科学的方法，有计划、有组织、有重点地进行全员培训，特别是对有发展潜力的未来管理人员的培训。

（4）人事考评，量才录用。要避免"大材小用"或"小材大用"，通过人事考评做到将合适的人在于合适的时候调整与安置到合适的位置，调动员工的工作积极性，保持最佳的工作情绪和工作状态，充分发挥出每一个成员的最大工作潜能。

（5）事业、待遇和感情留人。创造一个适合人才成长、能最大程度发挥其作用的组织组织环境，真正做到工作上重视、生活上关心，待遇上优厚，用事业、待遇及感情留住组织组织发展需要的人才。

（三）人员配备的原则

为求得人与事的优化组合，人员配备过程中必须遵循一定的原则。

1. 因事择人原则

人员配备要在职务分析的基础上，根据职务说明书和职务规范的要求，将与职务岗位要求相匹配的人员放到相应的岗位上，以使工作能够卓越、有效地完成。因而，选人首先要求工作者具备相应的知识和能力。

2. 因才使用原则

一个人的知识、技能和基本素养不同，所适应的岗位也是不同的；同样，不同的工作，要求不同的人去完成。因此，从人的角度来考虑，只有根据人的特点来安排工作，才能使人的潜能得到充分发挥，使人的工作热情得到最大限度的激发。

3. 人事动态平衡原则

人与事的配合需要进行不断的调整，使能力有发展并得到充分证实的人，担任更高层次的、负责多的工作，使能力平平、不符合职务需要的人有机会进行力所能及的活动，使每一个人都能得到最合理的使用，实现人与工作的动态平衡。

二、管理人员需要量的确定

确定组织目前和未来对管理人员的需要量，是确保组织根据自身的需要，在适当的时候为适当的职位选配到合适数量和类型的人员，并为促进人员的不断发展而进行地对组织人力资源的全面规划与安排。

1. 组织现有的规模、机构和岗位

管理人员的配备首先是为了指导和协调组织活动的展开，因此首先需要参照组织结构系统图，根据管理职位的人员数量和种类来确定企业每年平均需要的管理人员数量。

2. 管理人员的流动率

不管组织做出何种努力，在一个存在劳动力市场且由市场机制发挥作用的国度，总会出现组织内部管理人员外流的现象。此外，由于自然力的作用，组织中现有的管理队伍会因病老残退而减少。因此，要确定未来的管理人员需要量，就要求计划对这些自然或非自然的管理干部减员进行补充。

3. 组织发展的需要

任何企业对管理人员的需要，从根本上说都是根据企业落实其未来发展目标和战略需要决定的。对一个企业来讲，如果决定开发一项业务或建立一个新部门，就意味着需要增加新的成员和岗位；如果企业转型计划紧缩某些业务，则会削减人员；如果战略上需要维持现状，则只有在岗人员离岗时才能雇用新员工。因此，基于对企业发展目标和经营规模的评估，计划组织未来的管理干部队伍，还需要预测和评估组织发展与业务扩充的要求。

综合考虑上述几种因素，便可大致确定未来若干年内组织大致需要的管理干部数量，从而为管理人员的选聘和培养提供依据。

三、管理人员选聘

（一）人员选聘的渠道

管理人员的选聘主要有两种途径：一种是组织从内部提拔；另一种是组织从可以从外部招聘。

1. 组织内部提升

内部提升是指组织成员的能力增强并得到充分证实后，被委以需要承担更大责任的更高职务。作为填补组织由于发展或病老残退而空缺的管理职务的主要方式，内部提升制度具有以下优点：

（1）有利于鼓舞士气，提高工作的热情，调动组织成员的积极性。

内部提升制度给每个人带来希望，使组织的每个成员只要在工作中不断提高能力和取得成绩，就有可能被调配担任更重要的工作。职务提升的前提是有空缺的管理岗位，而空缺的管理岗位的产生主要取决于组织的发展。只有组织发展了，个人才可能有更多的提升机会，个人的发展与组织的发展共为一体。因此，内部提升制度能更好地维持成员对组织的忠诚，使那些有发展潜力的员工能更加自觉地、积极地工作，以促进组织的发展，从而为自己创造更多的职务提升机会。

（2）有利于吸收外部人才。

内部提升制度表面上是排斥外部人才，不利于吸收外部优秀的管理人员的。其实不然，真正有发展潜力的管理者都知道加入到这种组织中，担任这种管理职务的起点这种虽然比较低，有时甚至需要一切从头做起，但是凭借自己的知识和能力，可以花较少的时间便可熟悉基层的业务，从而能迅速地提升到较高的管理层次。由于内部提升制度也为新来者提供了美好的发展前景，故而外部人才会乐意应聘到这样的组织中去工作。

（3）有利于保证选聘工作的正确性。

已经在组织中工作若干时间的候选人，组织对其了解程度必然要高于外聘者。候选人在组织工作的经历越长，组织越有可能对其作全面、深入的考察和评估，从面选聘工作的正确程度可能越高。

（4）有利于使被聘者迅速展开工。

管理人员能力的发挥要受到他们对组织文化、组织结构及其运行特点了解程度的影响。在内部成长中提拔上来的管理干部，由于熟悉组织中错综复杂的机构和人事关系，了解组织运行的特点，故而可以迅速地适应新的管理工作，而且工作起来要比外聘者显得更加得心应手，并能迅速打开局面。

同时，内部提升制度也可能带来以下弊端。

（1）引起同事的不满。

在若干个内部候选人中提升一个管理人员，可能会使落选者产生不满情绪，从而不利于被提拔者展开工作。避免这种现象的一个有效方法是不断改进干部考核制度和方法，正确地评价、分析及比较每一个内部候选人的条件，努力使组织得到最优秀的干部，并使每一个候选人都能体会到组织的选择是正确的、公正的。

（2）可能造成"近亲繁殖"的现象。

从内部提升的管理人员往往喜欢模仿上级的管理方法。这虽然可使老一辈管理人员的优秀经验得到继承，但也可能使不良作风得以发展，从而不利于组织的管理创新，不利于管理水平的提高。要克服这种现象，必须加强管理队伍的教育和培训工作，特别是不断组织他们学习管理的新知识。此外，在评估候选人的管理能力时，必须注意对他们创新能力的考察。

2．外部招聘

外部招聘是根据一定的标准和程序，从组织外部众多候选人中选拔符合空缺职位工作要求的管理人员。外部招聘干部具有以下优点：

（1）被聘干部具有"外来优势"。

所谓"外来优势"主要是指被聘者没有"历史包袱"，组织内部成员只知其目前的工作能力和实绩，而对其历史特别是职业生涯中的失败记录知之甚少。因此，如果他的确有工作能力，那么便可迅速打开局面；相反，如果从内部提升，成员可能影响后者大胆地放手工作。

（2）有利于平息、缓和内部竞争者之间的紧张关系。

组织中空缺的管理职位可能诱发几个内部竞争者都希望得到。如果员工发现自己的同事，特别是原来与自己处于同一层次、且具有同等能力的同事被提升而自己未果时，就可能产生不满的情绪，对工作懈怠，不听管理甚至拆台。通过外部选聘可能使这些竞争者得到某种心理上的平衡，从而有利于缓和他们之间的紧张关系。

（3）能够为组织带来新鲜空气。

来自外部的候选人可以为组织带来新的管理方法及经验，他们没有太多的束缚，工作起来可以放开手脚，从而给组织带来较多的创新机会。此外，由于他们新近加入组织，与上级或下级没有历史上的个人恩怨关系，从而在工作中可能很少顾忌复杂的人情网络。

当然，外部招聘也有许多局限性，主要表现在：

（1）被聘用的干部难以很快组织起有效的工作。

外聘干部不熟悉组织的内部情况，同时也缺乏一定的人事基础。因此，需要一段时间的适应才能进行有效的工作。

（2）被聘用的干部可能与初期的要求不太相符。

组织对应聘者的情况不能深入了解，虽然选聘时可借鉴一定的测试、评估方法，但一个人的能力是很难通过几次短暂会晤、几次书面测试而得到正确反映的。被聘者的实际工作能力与选聘时的评估能力可能存在很大差距，因此组织可能会聘用到一些不符合要求的管理干部。

（3）对内部员工的打击。

大多数员工都希望在组织中有不断发展的机会，都希望能够担任越来越重要的工作。如果组织经常从外部招聘管理人员，且形成制度和习惯，则会堵死内部员工的升迁之路，从而挫伤他们的工作积极性，影响他们的士气。同时，有才华、有发展潜力的外部人才在了解到这种情况后也不敢应聘。因为一旦应聘，虽然在组织中工作起点很高，但今后提升的机会却很小。

（二）管理人员的选聘程序与方法

不论是外部招聘还是内部提升，为了保证新任管理人员符合工作的要求，往往需要将竞争机制引入人员配备工作中，通过竞争可使组织筛选出最合适的管理人员。一般情况下，通过竞争来选聘管理人员的程序和方法如下：

1. 公开招聘

当组织中出现需要填补的管理职位时，根据职位所在的管理层次，建立相应的选聘工作委员会或小组。选聘工作机构要以相应的方式，通过适当的媒介公布待聘职务的数量、性质及对候选人的要求等信息，向组织内外公开"招标"，以此来鼓励那些自认为符合条件的候选人应聘。

2. 粗选

应聘者的数量可能很多。选聘小组不可能对每一个人进行详细的研究和认识，否则所花费用过高。这时需要进行初步筛选。内部候选人的初选可以比较容易地根据组织以往的人事考评来进行。而对外部应聘者则需通过简短的初步会面、谈话，尽可能多地了解每个申请人的情况，观察他们的兴趣、观点、见解及独创性等，淘汰那些不能达到这些基本要求的人。

3. 对粗选合格者进行知识与能力的考核

在粗选的基础上，要对余下数量相对有限的应聘者进行细致的考核和评价。

（1）智力与知识测验：包括智力测验和知识测验两种基本形式。智力测验是目前流行的一种评估个人潜能的基本方法，要求通过候选人对某些问题的回答来测试他的思维能力、记忆能力、思维灵敏度和观察复杂事物的能力等。知识测验是要了解候选人是否掌握了与待聘职务有关的基本的技术知识和管理知识，缺乏这些知识候选人将无法进行管理工作。

（2）竞聘演讲与答辩：是知识与智力测验的补充。测验可能不足以完全反映一个人的基本素质，不能表明一个人运用知识与智力的能力。发表竞聘演讲、介绍自己任职后的计划及打算，既介绍了自己"准备怎么干"，又就选聘工作人员或与会人员的提问进行答辩，可为候选人提供充分展示才华和自我表现的机会。

（3）案例分析与候选人实际能力考核：测试、评估候选人分析问题和解决问题的能力，可借助"情境模拟"或"案例分析"的方法。这种方法是将候选人置于一个模拟的工作情境中，运用多种评价技术来观察、测试他的工作能力和应变能力，以判断其是否符合某项工作的要求。情境模拟的具体方法很多，其中"公文筐测验"和"无领导小组讨论"是经常使用的技术。

公文筐测验是在假定情境下实施的，该情境模拟一个公司所发生的实际业务和管理环境，提供给受测人员的信息涉及财务、人事备忘录、市场信息、政府法令公文、客户关系等十几份甚至更多的材料。这些材料通常放在公文筐中，因而得名公文筐测验。测验要求受测人员以管理者的身份，模拟真实生活中的想法，在规定条件下（通常是较紧迫困难的条件，如时间与信息有限、独立无援、初履新任等）对各类公文材料进行处理，形成公文处理报告。评价者通过观察应试者在规定条件下处理过程中的行为表现和书面作答，评估其计划、组织、预测、决策和沟通能力。评分除了看书面结果外，还要求被试者对其问题处理方式做出解释，并根据其思维过程予以评分。公文筐测验具有考察内容范围广、表面效度高的特点，因而非常受欢迎，使用频率居各种情境模拟测验之首。

无领导小组讨论也是评价中心中比较常用的技术。在无领导小组讨论中，被试人被分为不同的小组，每组4～8人不等。他们就某些争议性比较大的问题进行讨论，要求在有限的时间里形成一致意见，并以书面形式汇报。讨论过程中不指定谁是领导，也不指定受测者应坐的位置，让受测者自行安排组织，评价者观测受测者的组织协调能力、口头表达能力、辩论说服能力等各方面是否达到拟任岗位的要求，以及自信程度、进取心、情绪稳定性、反应灵活性等个性特点是否符合拟任岗位的团体气氛，由此来综合评价受测者之间的差别。

4. 民意测验和公示

管理人员是通过别人的劳动来实现自己的目标的。管理工作的效果是否理想不仅取决于管理人员自己的努力程度，而且受到被管理人员接受程度的影响。因此，在选配管理人员，特别是在选配组织中较高管理层次的管理人员时，还应注意征询所在部门甚至是组织所有成员的意见，进行民意测验，以判断组织成员对他（他们）的接受程度。

5. 选定管理人员

在上述各项工作的基础上利用加权的方法，算出每个候选人知识、智力和能力的综合得分，并考虑到民意测验反映的受群众拥护程度，根据待聘职务的性质选择聘用既有工作能力，又被同事和下属广泛接受的管理人员。

四、人员培训

（一）培训与管理队伍的稳定

管理人员的培训，不仅可以为组织的发展准备干部，对管理人员自己来说也是非常重要的。通过培训不仅可直接丰富个人的知识、增强个人的素质及提高个人的技能，而且可以认识个人的发展潜力，使那些在培训中表现突现的管理人员在培训后有更多的机会被提拔而担任更重要的工作。由于培训为个人发展和职务晋升提供了美好的前景，使个人未来在一定程度上有了保障，增强了管理人员在职业方面的安全感。因此，它有利于维持管理人员对组织的忠诚，促进管理队伍的稳定性。

管理队伍的稳定与组织成员培训工作是相互促进的：一方面，培训提供了个人发展的机会，能够减少管理人员的离职；另一方面，管理干部的稳定性能促进企业放心地进行人力投资，使企业舍得花钱培训，而无需担心为他人作嫁衣。

【阅读材料 4 - 4】

杜邦：慧眼选奇才

人才固然可贵，但能够发现人才并且善于使用人才的人更为可贵。如果没有识千里马的伯乐，谁会知道眼前站着的就是奇才呢？在现代化的大生产中，一个企业的成功需要各种各样的专门人才，包括经济学家、统计学家、管理人员、科研人员及法律专家等。只有将这些专门人才的智慧集聚在一起，合众人之力，才能保证企业在激烈的竞争中走向成功。要将如此众多的人才最有效地组织在一起，并且要充分发挥各自的优势，的确不是一件容易的事。

皮埃尔·杜邦慧眼识珠，非常明智地将约翰·拉斯科布网罗进杜邦的人才宝库，并且给他提供充分发挥才能的机会，使他心甘情愿地一直追随着皮埃尔，为杜邦公司的发展立下了汗马功劳。拉斯科布来自法兰西，长得矮矮胖胖，看上去很普通。一次偶然的机会皮埃尔·杜邦结识了他，通过交谈发现他头脑清楚、思维敏捷，分析问题有条有理，而且能说会道，很适合做公关工作。于是，皮埃尔请拉斯科布担任自己的私人秘书。当拉斯科布显示出处理财政问题的才能时，皮埃尔马上用其所长，提升他为得克萨斯州有轨电车轨道公司的财务主管，不久又将其晋升为杜邦公司的财务主管。

当杜邦公司买下通用公司后，拉斯科布随着皮埃尔从杜邦公司来到通用汽车公司，在董事会执行委员会工作，并任该公司的财务委员会主席。这一职务为他进一步施展才华提供了广阔的舞台，从而成为美国证券市场上引人注目的人物。拉斯科布协助皮埃尔创建了杜邦证券经营公司和通用汽车承兑公司，为杜邦染指金融界，并进一步向金融寡头发展立了大功。后来，他还担任皮埃尔银行家信托公司、克蒂斯航空公司及密苏里太平洋铁路公司的董事。1928 年，《美国评论之评论》杂志将拉斯科布称为"杜邦公司的金融天才"，又称其为"华尔街的奇才"。

就是这位奇才，1928 年出任艾尔·史密斯竞选运动的主持人，并且担任了民主党全国主席，被称为"民主党的救星"，在整个美国的社会活动中发挥了重要的作用。如果没有皮埃尔·杜邦这样善于发现和使用人才的"伯乐"，拉斯科布恐怕难以有如此大的发展。

(二) 管理人员培训的具体目标

旨在提高管理队伍素质、促进个人发展的培训工作,必须实现以下四方面的具体目标:

1. 传递信息

传递信息是培训管理干部的基本要求,通过培训使管理人员了解企业在一定时期内的生产的特点、产品性质、工艺流程、营销政策及市场状况等方面的情况,熟悉公司的生产经营业务。

2. 改变态度

每个组织都有自己的文化、价值观念和行动的基本准则。管理人员只有了解并接受了这种文化,才能在其中有效地工作。因此,要通过对管理人员,特别是新聘管理人员的培训,使他们逐步了解组织文化,接受组织的价值观念,按照组织中普遍的行动准则来从事管理工作,与组织同化。

3. 更新知识

管理者必须掌握与企业生产经营有关的科技知识。这些知识,既可在工作前的学校教育中获取,更应该在工作中不断补充和更新,因为随着科学技术进步速度加快,人们原先拥有的知识结构在迅速地陈旧和老化。为了使企业的活动跟上技术进步的速度,为了使管理人员能有效地管理具有专门知识的生产技术人员,就必须通过培训来及时补充和更新他们的科学、文化和技术知识。

4. 发展能力

管理是一种职业,有效地从事这种职业除了必须具备职业要求的基本知识,并在职业活动中不断提高,还要有能力持续、不断地提升。管理人员培训的目的就是在实际工作中努力提升他们的工作能力。

(三) 培训方式

1. 在岗培训

大量的培训是在工作岗位上进行的,这是一种将学习和应用直接结合起来的培训方法,不存在从理论到实践的转化问题。在岗培训一般由经验丰富的管理人员或员工骨干实地示范工作,在工作过程中也可以利用工作之余或节假日进行。

下面是几种在岗培训的常用方式:

(1) 示范。受训者先观摩演示者的工作示范,然后自己逐渐动手练习。这种方法的优点是学习的内容与工作直接相关、针对性强,缺点是可能会由于演示者自身的不足而造成失误。要避免失误的发生应在示范之后进入辅导教育阶段,建立受训者与培训者之间的互动关系,以促使受训者尽快掌握操作技能。

(2) 指导。这是由受训者先通过观察指导者的工作过程,再模仿其举止行为,而指导者在受训者完成一系列练习过程中提供必要的支持和帮助,受训者则是在富有经验的人的指导下开展工作的。如果指导者在组织中有一定的地位,则通过二者之间的持续对话,使指导者施加其影响于受训人,并为其争取更多的锻炼机会,使其增强自信。同时,对组织方针和文化有更透彻的了解,这种方式特别适合管理人员的培养。

(3) 岗位轮换。岗位轮换,也称职务轮换,是通过横向的交换使员工从事另一岗位工作,使员工在逐步学会多种工作技能的同时,也增强其对工作间相互依赖关系的认识,并产生对组织活动的更广阔视角。这种系统的换岗安排，使员工参与不同工作活动而发挥自身的灵活性，增长和丰富自己的才干及经验，并使不同部门之间建立更紧密的联系。岗位轮换的主要缺点是由于时间限制，每种工作的时间都不会很长，受训者可能没有机会完整地运用某些技能。

（4）业余进修。业余进修，是指员工利用工作之外的时间，通过自学或函授、网上教育等形式获得新知识，进行个人能力的开发。随着知识社会的来临和竞争的加剧，这种业余进修已越来越引起员工的重视。对于员工的这种自我开发行为，组织应制定相应的政策予以鼓励，激发员工的上进心和学习热情。

大多数的培训是以在岗培训方式进行的，这可归因于该类方法的简单易行及成本通常较低。

2. 脱岗培训

有些技能的培训相当复杂，难以边工作边学习，在这种情况下就需要脱岗培训。脱岗培训是指培训对象脱离工作岗位，集中时间和精力参加培训活动。脱岗培训的优点是系统、正规及有深度。通常培训效果较好，尤其对提高管理人员和技术人员的素质非常有效。缺点是短期内会在一定程度上影响单位工作，且培训成本较高。脱岗培训的具体方式包括：

（1）课堂讲授法：是一种最普遍采用的传统培训方法，由教师在课堂中讲解培训课程的概念、知识和原理。其最大优点是可在较短的时间内向较多的培训对象传递大量的信息，且平均培训成本较低。缺点是单向沟通，受训人员参与性较差。

（2）视听教学法：是指用录像带、光盘、幻灯片等电化教学手段实施培训的方法。其优点是通过视听的感官刺激，可使参训人员留下深刻印象。缺点是缺乏交流沟通，实际效果较差。

（3）研讨法：是指先由专家或专业人士就某一培训专题进行讲座，随后由培训对象就此主题进行自由讨论，以达到深入理解的目的。此法较适用于管理人员的培训。

（4）商业游戏：是将参加培训的人员分为若干小组，每个小组代表一家公司。根据公司目标对各项经营策略做出决策，并通过计算机和网络在模拟的市场中与其他公司竞争。这种培训方法可用来开发领导决策能力和培养团队合作精神。

五、人事考评

（一）人事考评的目的和作用

1. 为确定管理人员的工作报酬提供依据

人事考评是许多组织进行人事评估的主要目的。由于管理人员的工作与一般流水线上的操作或按件计酬的工人有着本质的区别。这种区别主要表现在：管理人员的工作往往具有较大的弹性，其工作效果通常难以精确地量化处理，这种结果往往受到存在于管理人员之外的许多难以界定的因素影响。这样一来，在确定管理人员的工作报酬时，不仅要根据担任这项职务所必需的素质的能力工资或职务工资，还应根据管理人员的工作态度、努力程度及实际表现等因素来确定绩效工资，这就需要通过人事考评来提供依据。

2. 为人事调整提供依据

组织期初配备的管理人员并不一定与工作要求完全相符。由于有些管理人员在选聘时及实际工作过程中表现出来的素质和能力并不完全一致，有的工作成效突出、能力出众及进取心强，有的则表现平平。因而根据组织发展的需要，必须结合管理人员在工作中的实际表现，对组织的人事安排经常进行调整：对前者提供晋升的机会，对后者安排到力所能及的岗位上，对另一些人则可保持现在的职位。人事考评可为我们制定包括提升、降职或维持现状等方面的人事调整计划提供依据。

3. 为管理人员的培训提供依据

"人无完人，金无足赤"。管理人员的社会阶层、文化背景、过去经历及受教育程度等因素，决定了他们在具备一定优秀素质的同时，也存在着某些方面的素质缺陷。这些素质缺陷影响了他们管理技能的提高，对他们现在的工作效率或未来的提升机会构成了不同程度的障碍，且这些缺陷往往是由于缺少学习和训练的机会而形成的，因此可通过组织的人员培训来消除或改善。人事考评可帮助组织了解每个管理人员的优势与局限，因而能够指导企业针对管理队伍的状况及特点来制定相应的培训和发展规划。

4. 有利于促进组织内部的沟通

制度化的人事考评，可使下级更加明确上级或组织对自己的工作和能力要求，从而了解努力的方向；可使上级更加关心下属的工作和问题，从而关注他们的成长；可以使上下级经常对某些问题进行讨论，从而促进理解的一致性等。这些由于考评而带来的沟通增加，必然会促进人们对组织目标与任务的理解，融洽组织成员特别是管理人员之间的关系，从而利于组织活动的协调进行。

（二）人事考评的内容

一般来说，为确定工作报酬提供依据的考评，着重于管理人员的平时表现，而为人事调整或组织培训进行的考评则偏向技能和潜力的分析。

1. 关于贡献考评

贡献考评，是指考核和评估管理人员在一定时期内担任某个职务的过程中，对实现组织目标的贡献程度，即评价和对比组织要求某个管理职务及其所辖部门提供的贡献与该部门的实际贡献。贡献往往是努力程度和能力强度的函数。因此，贡献考评可以成为决定管理人员报酬的主要依据。贡献评估需要注意以下两个问题：

第一，应尽可能将管理人员的个人努力和部门成就区别开来，即力求在所辖部门的贡献中辨识出有多大比重应归因于主管人员的努力。

第二，考评既是对下属的考评，也是对上级的考评，应根据组织发展目标制定客观的标准，评价具体人员及其部门对组织目标实现的贡献程度。

2. 关于能力考评

能力考评是指通过考察管理人员在一定时间内的管理工作，评估他们的现实能力和发展潜力，即分析他们是否符合现任职务所具备的要求，任现职后素质和能力是否有所提高，从而能否担任更重要的工作。

由于管理人员的能力要通过日常的具体工作来表现，而处理这些工作的技术与方法又很难与那些抽象地描述管理者素质特征或能力水准的概念对上号。因此，能力考评中切忌只给抽象概念打分，那么怎样才能得到现实、可靠而客观的能力考评结论呢？关于人事考评，美国管理学家孔茨认为："应该根据组织对不同管理人员的基本要求，借助管理学的知识，将管理工作进行发展，然后用一系列具体的问题说明每项工作，来考评管理人员在从事这些工作中所表现出的能力。"

（三）人事考评的工作程序与方法

公平的考评要求依据一定的程序、确定合理的考评内容、选择适当的考评者及测试考评的误差，向被考评对象传达考评的结论，使之对不利于自己的评价有申辩的机会，以真正起到改善的效果。

1. 确定考评的内容

管理职务不同，工作要求不同，管理人员应具备的能力和贡献也不同。所以，考评管理人员，首先要根据不同岗位的工作性质，设计合理的考评表，以合理的方式提出问题，通过考评者对这些问题的填写得到考评的原始资料。

2. 选择考评者

考评工作往往被视为人事管理部门的任务，即人事部门的主要职责之一。而考评表则应由被考评对象在业务上发生联系的有关部门的工作人员去填写。与被考评的对象发生业务联系的人员主要有三类：上级、关系部门及下属。由上级来填写的考评表，主要是考核、评价下属的理解能力和组织执行能力，关系部门的考评主要是评估当事人的协作精神，下属的评价侧着重于管理者的领导能力和影响能力。

3. 分析考评结果

辨识误差时为了得到正确的考评结果，首先要分析考评的可靠性，剔除那些明显不符合要求的、随意乱填的表格。在此基础上，要综合各考评的打分，得出考评结论，并对考评的主要内容进行对照分析。检查和分析考评中有无不符合事实的、不负责任的评价，检验考评结论的可信程度。

4. 传达考评结果

考评结果应及时反馈给有关当事人。反馈的形式可以是上级主管与被考评对象直接单独面谈，也可以用书面形式通知，以使被考评者有时间认真考虑这些结论。如果认为考评有欠公正或不全面，则可在认真准备后再会面时有充分申辩或补充的机会。

5. 根据考评结论，建立组织的人才档案

有规律地定期考评管理干部，可使企业了解管理干部的成长过程及特点，可使组织建立起人力资源档案，可帮助组织根据不同的标准将管理人员分类管理，从而为组织制定人事政策、组织管理人员培训和发展提供依据。

第四节　组织力量的整合

组织结构中的各部分要能协调地为组织目标服务，为此，需要整合组织中的各种力量，使分散在不同层次、部门和岗位的组织成员和谐一致地进行工作。

一、正式组织与非正式组织

（一）正式组织的活动与非正式组织的产生及其区别

组织设计的目的是为了建立合理的组织机构和结构，规范组织成员在活动中的关系。

设计的结果是形成所谓的正式组织。这种组织有明确的目标、任务、结构、职能，以及由此而决定的成员间的责权关系，对个人只有某种程度的强制性。但是，不论组织设计的理论如何完善，设计人员如何努力，人们都无法规范组织成员在活动中的所有联系，也无法将所有这些联系都纳入正式的组织结构系统。

非正式组织与正式组织是相对的。最早由美国管理学家梅奥通过"霍桑实验"提出，是指人们在共同的工作过程中自然形成的以感情、喜好等情绪为基础的、松散的、没有正式规定的群体。校友会、钓鱼协会、桥牌协会等，几乎在所有的社会经济单位中，都存在着一种非正式组织。

显然，正式组织的活动以成本和效率为主要标准。因此，维系正式组织的主要是理性的原则，要求组织成员确保形式上的合作以提高活动效率和降低成本，并通过对他们在活动过程中的表现给予正式物质与精神的奖励或惩罚来引导他们的行为。而非正式组织则主要以感情和融洽的关系为标准，有能力要求和迫使其成员遵守共同的、不成文的行为规则。对于那些自觉遵守和维护规范的成员，非正式组织会予以赞许、欢迎和鼓励，而那些不愿就范或犯规的成员，非正式组织则会通过嘲笑、讥讽、孤立等手段予以惩罚。因此，维系非正式组织的主要是接受与欢迎或孤立与排斥等感情上的因素。

由于正式组织与非正式组织的成员是交叉混合的，由于人们感情的影响在许多情况下要更甚于理性的作用。因此，非正式组织的存在必然要对正式组织的活动及其效果产生影响。

（二）非正式组织的影响

1. 非正式组织的积极影响

（1）满足员工心理的需要。

非正式组织是自愿性质的，其成员甚至是无意识地加入进来。他们之所以愿意成为非正式组织的成员，是因为这类组织可给他们带来某些需要的满足。比如，工作中或作业间的频繁接触，以及在此基础上产生的友谊，可以帮助他们消除孤独的感觉，满足他们"被爱""施爱之心于他人"的需要。基于共同的认识或兴趣，对一些关于关心的问题进行谈论、甚至争论，可以帮助他们满足"自我表现"的需要；从属于某个非正式群体这个事实本身，可以满足他们"归属""安全"的需要等。可见，组织成员的许多心理需要是在非正式组织中得到满足的。

（2）增强团队精神。

人们在非正式组织中的频繁接触会使相互之间的关系更加和谐、融洽，从而易于产生和加强合作的精神。这种非正式的协作关系和精神如果能带到正式组织中来，则无疑有利于促进正式组织的活动协调进行。

（3）促进组织成员的成长。

对于那些工作中的困难者和技术不熟练者，非正式组织中的伙伴往往会自觉地给予指导和帮助。同伴的这种自觉、善意的帮助，可以促进他们技术水平的提高，从而帮助正式组织起到一定的培训作用。

（4）维护正式组织的正常活动秩序。

为了群体的利益及在正式组织中树立良好的形象，往往会自觉或自发地帮助正式组织维护正常的活动秩序。虽然有时也会出现非正式组织的成员犯了错误而互相掩饰的情况，但为了不使整个群体在公众中留下不受欢迎的印象,非正式组织对那些严重违反正式组织纪律的害群之马,通常会根据自己的规范利用自己特殊的形式予以惩罚。

2. 非正式组织可能造成的危害

(1) 非正式组织的目标如果与正式组织冲突,则可能对正式组织的工作产生极为不利的影响。

比如,正式组织力图利用职工之间的竞赛以达到调动积极性、提高产量与效益的目标,而非正式组织则可能认为竞赛会导致竞争,造成非正式组织成员的不和,从而设法阻碍和破坏竞赛的开展,其结果必然是影响企业竞赛的气氛。

(2) 非正式组织要求成员一致性的压力,往往出会束缚成员的个人发展。

有些人虽然有过人的才华和能力,但非正式组织一致性的要求可能不允许他冒尖,从而使个人才智不能得到充分发挥,对组织的贡献不能增加,这样便会影响整个组织工作效率的提高。

(3) 非正式组织的压力还会影响正式组织的变革,发展组织的惰性。

这种情况的发生并不是因为所有非正式组织的成员不希望改革,而是因为其中大部分人害怕变革会改变非正式组织赖以生存的正式组织结构,从而威胁非正式组织的存在。

（三）积极发挥非正式组织的作用

(1) 允许、乃至鼓励非正式组织的存在,为非正式组织的形成提供条件,并努力使之与正式组织吻合。

正式组织在进行人员配备工作时,可以考虑将性格相投、有共同语言及兴趣的人安排在同一部门或相邻的工作岗位上,使他们有频繁接触的机会,这样就易使两种组织的成员基本吻合。在正式组织开始运转后,注意展开一些必要的联欢、茶话、旅游等自在促进组织成员间感情交流的联谊活动,为他们提供业余活动的场所,在客观上为非正式组织的形成创造条件。

促进非正式组织的形成,有利于正式组织效率的提高。人们通常都有社交的需要。如果一个人在工作中或工作之后与别人没有接触的机会,则可能心情烦闷、感觉压抑或对工作不满,从而影响效率。相反,如果能有机会经常与别人聊聊对某些事情的看法、谈谈自己生活或工作中的障碍,甚至发发牢骚,那么就容易卸掉精神上的包袱,以轻松、愉快及舒畅的心理状态投身到工作中去。

(2) 通过建立和宣传正确的组织文化来影响非正式组织的行为规范,引导非正式组织提供积极的贡献。

许多管理学者在近期的研究中发现,不少组织在管理的结构上并无特殊的优势,但却获得了超常的成功。成功的奥秘在于有一种符合组织性质及其活动特征的组织文化。所谓组织文化是指被组织成员共同接受的价值观念、工作作风、行为准则等群体意识的总称。组织通过有意识地培养、树立和宣传某种文化来影响成员的工作态度,使他们的个人目标与组织的共同目标尽量吻合,从而引导他们自觉地为组织目标的实现积极工作。因此,对于非正式组织而言,先进的组织文化可以帮助树立正确的价值观念和工作与生活的态度,从而有利于产生符合正式组织要求的非正式组织的行为规范。

二、直线与参谋

组织中的管理人员是以直线主管或参谋两类不同身份来从事管理工作的。

（一）直线、参谋及其相互关系

前述的由于管理幅度的限制而产生的管理层次之间的关系，即所谓直线关系。

从直线关系形成的过程来看，由于低层次的主管必须接受上级的指挥和命令，直线关系就是一种命令关系，是上级指挥下级的关系。这种命令关系自上而下，形成一种等级链。链中每一个环节的管理人员都有指挥下级工作的权力，同时又必须接受上级管理人员的指挥。这种指挥和命令的关系越明确，就越能保证整个组织的统一指挥。因此，直线关系是组织中管理人员的主要关系，组织设计的重要内容便是规定和规范这种关系。

参谋关系是伴随着直线关系而产生的。组织的规模越大，活动越复杂，参谋人员的作用就越重要，参谋的数量就越多，从而参谋与直线的关系就越复杂。现代组织的运营中，由于很难找到精通各种业务的"全才"，直线主管也很难使自己拥有组织本部门活动所需的各种知识，人们常借助设置一些助手，利用不同助手的专门知识来补偿直线主管的知识不足，以此协助他们的工作。这些具有不同专门知识的助手通常称为参谋人员。因此，参谋的设置是为了方便直线主管的工作，减轻他们的负担。随着组织规模的扩大，参谋人员的数量也会不断增加，参谋机构亦会逐渐规范化。为了方便这些机构的工作，直线主管也会授予它们部分职能权力。但是，它们的主要职责和特征仍然是同层次直线主管的助手，主要任务仍然是提供某些专门服务，进行某些专项研究，以提供某些咨询。

从上面的分析可以看出，直线与参谋是两类不同的职权关系。直线关系是一种指挥和命令的关系，授予直线人员的是决策和行动的权力；而参谋关系则是一种服务和协助的关系，授予参谋人员的是思考、筹划和建议的权力。这样区分直线与参谋的一个标准就是分析不同管理部门和管理人员在组织目标实现中的作用。

实际中，人们将那些对组织目标的实现负有直线责任的部门称为直线机构，而将那些为实现组织基本目标协助直线人员工作而设置的部门称为参谋机构。根据这个标准，人们通常将企业中致力于生产或销售产品与劳动的部门归为直线机构，而将采购、人事、会计等列为参谋部门。

（二）直线与参谋的矛盾

设置作为直线主管助手的参谋职务，不仅可以保证直线的统一指挥，还能够适应管理复杂活动所需要多种专业知识的要求。然而，在实践中直线与参谋的矛盾往往是组织缺乏效率的原因之一。考察这些低效率的组织活功，通常可以发现两种不同的倾向：

第一，虽然保持了命令的统一性，但参谋作用不能充分发挥；第二，参谋作用发挥失常，破坏了统一指挥的原则。因此，在实际工作中直线与参谋都有可能产生让对方不满的情绪。

从直线经理的方面说，他们需要对自己所辖部门的工作结果负责。一是，当那些上级参谋人员和部门对与自己有关的工作发表议论、评论及指手画脚时，就有可能认为是干预了自己的工作，从而可能对他们产生不满；二是，参谋人员只有服务和建议的权力，对直线人员的工作没有任何约束力，因此后者可能对他们的建议完全可以不予重视，只是根据自己的认识和判断行事，并以所谓的"参谋不实际""参谋不了解本部门的特点""参谋们只知纸上谈兵"等作为借口。直线人员对参谋作用的敌视和忽视，使得后者的专业知识不能得到充分利用。

从参谋人员的角度来看，他们会因为直线主管的轻视而产生不满。由于专门从事研究和咨询的参谋人员往往受过较高水平的正规教育，再加上组织的重视，为了利用其某些专业知识，他们理所当然地希望通过提出有见解的、能被采纳的建议来证明自己的价值，作为进取的途径。但当有人告诉他们，决策是直线管理的职能，他们的作用只是支持性的、辅助性的、仅是第二位的时，他们自然会感觉到受到了挫折甚至侮辱，从而会产生对直线人员的不满。

参谋人员为了克服来自低层直线管理者的抵制，往往会不自觉地寻求上级直线经理的支持。在许多情况下，他们能够得到这种支持，并对低层直线管理者产生一定作用。于是可能会出现另外一种倾向，他们以指挥者的姿态强迫低层直线管理者接受自己的观点，从而可能重新激起低层直线管理人员的不满，也有一些参谋人员过高估计了自己的作用。某些正确的建议被直线经理采纳并取得了积极的成果以后，"贪天功为已有"。相反，如果建议在实施过程中遇到困难，没有取得预计的有利结果，这时又会迫不及待地推卸责任，声明之所以未能取得有利结果，是因为直线经理曲解了他们的建议或没有完全按照他们的说法去做。

（三）正确发挥参谋的作用

解决这对矛盾的关键是要合理利用参谋的工作。参谋的作用发挥不够或过分，都有可能影响直线经理，从而影响整个组织活动的效率。合理利用参谋的工作，要求明确直线与参谋的关系，授予参谋机构必要的职能权力。同时，直线经理也必须向参谋人员提供必要的信息条件。

1. 明确职权关系

无论是直线经理或参谋人员都应认识到，直线经理需要制定决策，安排所辖部门的活动，并对活动的结果负责；而参谋人员则是在直线经理的决策过程中，进行研究、提供建议，指明采用不同方案可能得到的不同结果，以供直线经理在运用决策权力的过程中参考。

对于直线经理来说，只有了解参谋工作，才有可能自觉地发挥参谋的作用，利用参谋的知识，认真对待参谋的建议，充分吸收其中合理的内容，并勇于对这种吸收及据此采取行动的结果负责，而不是在行动中出现了问题后，责怪参谋人员由于缺乏经验而制定了理论脱离实际的计划。

对于参谋人员来说，只有明确了自己工作的特点，认识到参谋存在的价值在于协助和改善直线的工作，而不是去削弱他们的职权，才有可能在工作中不越权和争权，而是努力地提供好的建议，以说服直线经理乐于接受自己的方案。在方案实施和取得成绩后，参谋人员不居功自傲，而应清楚直线经理要对纳何种方案和采取何种行动担负一定的风险。因此，活动的成绩应首先归功于直线的经营管理人员。

总之，直线与参谋，越是明确各自的工作性质，了解彼此的职权关系，就越有可能重视对方的价值，从而自觉地尊重对方和处理好相互间的关系。

【阅读材料 4 - 5】

谁 拥 有 权 力

王华明近来感到十分沮丧。一年半前，他获得某名牌大学工商管理硕士学位后，在毕业生人才交流会上，他凭着满腹经纶和出众的口才，力挫群芳，荣幸地成为某大公司的高级管理职员。由于其卓越的管理才华，一年后他又被公司委以重任，出任该公司下属的一家面临困境的企业厂长。当时，公司总经理及董事会希望王华明能重新整顿企业，使其扭亏为盈，并保证王华明拥有完成这些工作所需的权力。考虑到王华明年轻，且肩负重任，公司还为他配备了一名高级顾问严高工（原厂主管生产的副厂长），为其出谋划策。

然而，在担任厂长半年后王华明开始怀疑自己能否控制住局势。他向办公室高主任抱怨道："在我执行厂管理改革方案时，我要各部门制订明确的工作职责、目标和工作程序。而严高工却认为，管理固然重要，但眼下第一位的还是抓好生产、开拓市场。更糟糕的是他原来手下的主管人员居然也持有类似的想法，结果这些经集体讨论的管理措施执行受阻，倒是那些生产方面的事情推行起来十分顺利。有时我感到在厂里发布的一些命令，就像石头扔进了水里，我只看见了波纹，随后过不了多久，所有的事情又回到了发布命令以前的状态，什么都没改变。"

2. 授予必要的职能权力

明确了参谋人员对管理复杂活动的必要性以后，直线经理会理智地意识到必须充分利用参谋的专业知识和作用。但是，人并不是单纯的理性动物，也非在任何时候、任何条件下都是理智的，影响人的行为还有许多非理性的因素。为了确保参谋人员作用的合理发挥，授予他们必要的职能权力往往是必需的。

授予职能权力是指直线主管将原本属于自己的指挥和命令直线下属的某些权力授给有关的参谋部门或参谋人员行使，从而使这些参谋部门不仅具有研究、咨询和服务的责任，而且在某种职能范围内（如人事、财务等）具有一定的决策、监督和控制权。

组织中参谋人员发挥作用的方式主要有以下四种：

第一，参谋专家向他们的直线上司提出意见或建议，由后者将建议或意见作为指示传达到下级直线机构。这是纯粹的参谋形式，参谋与低层次的直线机构不发生任何联系。

第二，直线上司授权参谋直接向自己的下级传达建议和意见，取消自己的中介作用，以减少自己不必要的时间和精力消耗，并加快信息传递的速度。

第三，参谋不仅向直线下属传达信息、提出建议，还要告诉后者如何利用这些信息，应采取何种活动。这时，参谋与直线的关系仍然没有发生本质的变化。参谋仍然无权直接向直线下属下命令，只是就有关问题与他们商量，提出行动建议。如果直线下属理睬或不予重视，则需要直线上司来发出行动指示。

第四，上级直线主管将某些方面的决策权和命令权直接授予参谋部门，即参谋部门不仅建议下级直线主管应该怎么做，还需要求他们在某些方面必须怎么做。这时，参谋的作用发生了质的变化，参谋部门不仅要研究政策建议或行动方案，还要布置方案的实施、组织政策的执行。

必须指出，参谋部门职能权力的增加也有带来多头领导、破坏命令统一的危险，多头领导往往会造成组织关系的混乱和职责不清。因此，组织中要谨慎地授予职能权力。为了避免命令的多重性，组织中较高层次的直线主管还应注意：在授予某些职能权力后，要让相应的参谋人员放手展开工作，而不能仍然频繁地使用已经授予的权力。

3. 向参谋人员提供必要的条件

虽然直线与参谋的矛盾往往主要是由参谋人员的过分热心所造成的。因此缓和他们之间的关系时，首先要求参谋人员经常提醒自己"不要越权""不要篡权"，但同时直线经理也应认识到，参谋人员拥有的专业知识正是自己所缺乏的，必须自觉地支持和利用他们的工作。要取得参谋人员的帮助，必须先帮助参谋人员的工作，向参谋人员提供必要的工作条件，特别是有关的信息情报，使他们能及时地了解直线部门的活动进展情况，从而能够提出有用的建议。

三、委员会

作为集体工作的一种形式，组织中存在着多种多样的委员会。

（一）运用委员会的理由

委员会的性质和形式是多种多样的，概括起来运用委员会的方式进行工作的理由主要有：

（1）综合各种意见，提高决策的正确性。

这通常是采用委员会的工作方式的主要理由。例如，集体决策的质量要优于个人决策。由于个人的知识、经验和判断能力总是有限的，因而能够提出的解决特定问题的方案数量也是有限的。而集体讨论则可增加方案的数量，可供选择的方案数量越多，被选方案的正确程度或满意程度就可能越高。又如，委员会工作可以综合各种不同的专门知识，组织中需要解决的问题往往很少只涉及某一个方面的职能。企业的经营决策通常同时需要生产、营销、财务及人事等各方面的专业知识。决策的层次越高，对知识的要求越广，从而越宜采用集体决策的方式。再者，集体讨论可启发和活跃人的思维，开拓人的思路，促进人的思考，及时地放弃自己的不合理设想，或在充分吸收他人意见的基础上不断完善，或使新设想不断产生、补充和完善。

（2）协调各种职能，加强部门间的合作。

组织内的许多工作是相互关联的，如产品设计、采购供应、生产制造和销售服务，因而部门经理的决策不仅影响到本部门的工作，而且会对其他部门的活动产生影响，通常在组织中常通过建立由主要职能部门经理组成的执行委员会或管理委员会来协调不同部门的活动和组织信息的交流，通过委员会的定期或不定期会议，使得各个部门经理交换情报，了解相关部门的工作计划、存在的问题及相互要求，以保证取得或提供相互间的必要配合。

（3）代表各方利益，诱导成员的贡献。

组织是由不同成员构成的，他们分属于不同的利益集团。委员会的运用，往往也是为了使组织内不同利益集团能够派出自己的代表，发出自己的呼声。例如，企业中的最高决策机构董事会就是由各利益集团的代表所构成的，从法理上董事会主要是代股东来行使资本所有权的，但是企业活动离不开管理人员和工人的努力。因此，在现代董事会的构成中往往都包括了管理层和职工方面的代表，组织在处理涉及不同部门的关系或同一部门内部的各种纠纷时，往往也根据这个标准来选择委员会的成员。

（4）组织参与管理，调动执行者的积极性。

我们知道，上级的实际权威往往在很大程度上取决于下级的接受，仅仅担任纯粹执行职能的组织成员在组织活动中对上级制定的决策并不总是积极响应的，有时甚至采取抵制的态度。尽管上级决策者可能去做了大量的解释和说服工作，但这种解释或说服并不总是有效的。相反，人们通常愿意接受自己帮助制定的决策。通过委员会来研究和决定解决某个问题的方案，不仅可以使更多的人（包括计划执行者的代表）参与整个决策过程，使他们了解信息，增加知识，从而为计划的执行提供了更好条件，而且参与本来就是一种重要的激励方式，能够推动人们在执行过程中的更好合作。

（二）委员会的局限性

1. 时间上的延迟

为了取得大体一致的意见，制定出各方面基本上都能接受的决策，委员会需要召开多次会议，这些会议通常要消耗大量的时间。委员会是一个讲坛，所有成员都有权得到发言的机会，以阐明自己的观点，说服别人或向别人提出质询。只有在充分讨论的基础上，才有可能得到基本一致的集体决议。综合了各种知识和意见的集体决策，其正确性往往伴随着时间上的迟缓性。这种时间上的延误，往往需要组织付出极大的代价，因为行动的最好时机可能会在委员会无休止的争论中已悄悄地溜走了。

2. 决策的折中性

委员会的成员既是不同利益集团的代表，同时也有自己个人的利益，他们往往将委员会作为充分表现自己、实现个人或集团目标的手段。在这种情况下，委员会难以发挥积极的促进合作的功能。只要某个利益集团或其代表的利益未能得到满足，委员会就难以做出任何决策，在满足了各个委员的要求后委员会也许最终能得到全体一致的决策，那么这种决策与其说是集体的意见，不如说既是各种利益冲突的结果，又是各种势力妥协与折中的产物。显而易见，决策的质量是有限的，甚至是没有实质性的内容。

3. 权力和责任构成的分离

从理论上来说，作为集体中的每个成员都必须对委员会的每项决策及其执行情况负责。但是了解了委员会决策可能是各种利益集团相互妥协的结果后，则认为这种"集体决策"是没有任何意义的：委员会的决策可能反映了每个人的意见，但并未反映任何人的所有意见，而任何人都不会愿意对那些只代表了自己部分利益和观点的决策及其行动负完全的责任。职权与责任的分离是委员会的主要缺陷之一，可能会导致没有任何委员会成员去关心委员会的工作效率。

（三）提高委员会的工作效率

显然，委员会的工作形式如果应用不当，则有可能影响决策的速度和质量，增加决策的成本。因此，要求我们不断探索和改进这些缺点，提高委员会工作效率的方法。

1. 审慎使用委员会工作的形式

由于委员会的工作需要消耗大量的时间和费用，因此对于这些琐碎、繁杂、具体、数量多，而且时效性强的日常事务，不宜采用委员会的形式去处理。相反，处理那些对组织的全局影响更重要、更长远，从而对时间要求往往不是很严格，组织必须进行详细论证的问题，则可利用作为提供咨询的参谋机构，甚至作为制定政策的决策机构的委员会的工作方式。另外，由于委员会通常是作为协调的工具，因而对于处理那些涉及不同部门的利益和权力的问题，委员会的形式往往是比较有效的。

2. 选择合格的委员会成员

根据委员会的性质来选择恰当的委员，一般委员会成员应具有问题所涉及的不同专业的理论和实际知识。如果运用委员会的目的是协调各方面的利益和权限，那么委员会的成员就应是相关职能部门的负责人或利益群体的代表。如果委员会作为一个决策机构来工作，那么委员会的成员就不但应掌握必要的专门知识，能够代表不同方面的利益，而且应具备相当的综合、分析能力和合作精神。在任何性质的委员会中，成员都应有较强的表达能力和理解能力，不仅善于表达自己的观点，还具有较强的沟通能力，能正确及时把握其他成员的思想。

3. 确定适当的委员会规模

委员会的规模主要受到两个因素的影响：沟通的效果和委员会的性质。

由于委员会是利用开会、讨论的方式来开展工作的。信息沟通的质量与参加会议的人数成反比：委员会的成员越少，沟通的效果越好；反过来，成员越多，沟通的难度越大。因此，从信息沟通这个角度去考察，似乎倾向于较小的委员会规模。

但是，只有少数人组成的委员会，不可能"综合各种知识""代表各方面利益""使执行者有足够的参与机会"。为了在保证代表性的同时取得较好的沟通效果，有人将所需讨论的问题细分为若干方面，然后成立小组委员会，从而使相关部门或群体的代表都有足够的机会去发表自己的意见。

在确定委员会的规模时，要努力在追求"沟通效果"与"代表性"这两者之间取得适当的平衡。

4. 发挥委员会主席的作用

委员会主席是一个重要的角色，委员会的工作成效无疑要在很大程度上受到主席领导才能的影响。为了避免时间的浪费和无聊的争论，委员会主席应在每次会议之前制订详细的工作计划，选择恰当的会议主题，安排好议事日程，为与会者准备必要的、能够帮助他们熟悉情况的、有关议题的背景材料。在讨论过程中，要善于组织和引导，既能公正地对待每一种意见，不偏袒任何一种观点，尊重每一个成员，给他们以平等的自由发表意见的机会，同时，也能从总体的角度出发，综合各种意见，提出易于被大部分成员所接受的新观点。

5. 考核委员会的工作

要提高委员会的工作效率，必须了解委员会的工作情况，对委员会的工作效率进行考核。由于委员会主要是通过会议来进行工作的，因此考核委员会的工作必须检查其会议效率。会议效率与召开会议所得到的有利结果和为取得该有利结果而支付的费用有关。

虽然我们难以计算委员会的决策带来的直接货币收益，特别是难以对会议本身带来的协调、沟通和激励作用进行量化处理，但是我们可以很方便地利用下述公式来计算委员会召开会议的直接成本：

$$C = A \times B \times T$$

式中，C 表示会议的直接成本，A 表示与会者平均小时工资率，B 表示与会人数，T 表示会议延续的时间。

显然，在委员会成员数量与工资水平不变的情况下，减少为取得特定结果而所需的会议时间是减少会议直接成本，从而提高委员会工作效率的重要途径。

第五节　组织变革与组织文化

一、组织的变革

从地球生物的演化过程看，适应环境者生存。当今社会变化极快，由于技术的不断进步，全球机会的增加，一个组织可能适应今天的环境，但过了一段时间，在新的环境下它可能就不适应了。因此，需要进行组织变革，几乎所有现代组织都以某种方式进行着变革。

（一）组织变革的概念

亚蒙·哈默和卡洛·阿泽利奥·钱皮曾在《公司再造》一书中将"3C"力量，即顾客（customers）、竞争（competition）及变革（change），看成是影响市场竞争最重要的三种力量，并认为这三种力量中变革尤为重要。变革无处不在，而且持续不断，这已成常态。

组织变革，是指运用行为科学和相关管理方法，对组织的权力结构、组织规模、沟通渠道、角色设定、组织与其他组织之间的关系，以及对组织成员的观念、态度和行为，成员之间的合作精神等进行有目的的、系统的调整和革新，以适应组织所处的内外环境、技术特征和组织任务等方面的变化，提高组织效能。由此可见，组织的变革是通过自我改造过程，保持活力的重要手段。

（二）组织变革的动因

1. 外部力量

环境是推动组织变革的主要力量，环境变化往往是组织进行变革的一个最为直接的原因。外部的压力来自各项关键因素，包括顾客、竞争对手、科技进步、经济发展等。按美国著名学者詹姆斯·斯通纳（著有《管理学教程》）等人的观点，企业竞争优势新的来源基础是速度/时间、灵活性、质量/设计、信息技术、联盟/网络、快速创新改进、技能更新、服务增值、大企业内部的小企业化、分包及全球化等。当前市场中新的竞争格局出现，竞争主体已由单个企业转变为整条商品供应链的联合体。因而整个产品或服务的技术改进、劳动力市场的波动及全球化与信息化等都产生了变革的需要。

总之，环境的剧烈变化在很大程度上改变了企业传统的竞争方式，弱化了企业传统的竞争优势基础，并迫使企业本着创新的思想寻找新的竞争优势来源，以便在快速变化的经营环境中求生存。这对企业组织提出了一系列新的要求。企业组织，不论组织结构设计，还是组织工作的运行与管理，都必须进行不断变革以适应环境要求。

2. 内部力量

内部压力是因一些内部决策或活动出现的。组织变革的内部环境因素有许多，如企业目标、人员素质、技术水平、权力机制系统、人际关系、经营范围和经营方式的调整等。组织变革的征兆如下：

（1）组织机构臃肿、职能重复、人浮于事或组织机构明显漏缺、经营管理环节脱节；

（2）经理对企业业务行政的统一指挥体系命令无力，不能令行禁止；

（3）责、权、利冲突得不到协调，企业内耗加剧，职工缺乏责任感和积极性；

（4）信息沟通不畅，决策形成过程非常缓慢或时常做出错误的决策，企业常错失良机；

（5）企业缺乏创新，对市场环境变化反应不敏感。

战略的修订、技术的进步、新设备的引进及员工的态度等，常常也会引起管理政策和实践的变革。例如，随着员工受教育的程度和职业流动意向的提高，他们对工作的主动性和能力发展的需要会增强。又如许多国外公司都积极开拓中国市场，这些公司的组织结构必须进行相应的改变去配合发展。

（三）组织变革的内容

一般而言，组织变革按其工作的内容和重点可分为以下五种类型，即结构变革、技术变革、物理环境变革、人员变革和组织文化变革。

1. 结构变革

一个方案是管理者可以对这些组织结构要素的一个或多个加以变革。例如，合并部门职责、精简纵向层次、拓宽管理幅度，从而使组织结构更为扁平。此外，为了提高组织的正规化程度，也可以制定和实施更多的规则与程序。

另一个方案是对实际的组织结构设计做出重大的改革。可能包括从职能型向产品分部结构的转变，或者形成一种矩阵型结构或虚拟结构，也可以考虑重新设计工作安排，如修订工作说明书、丰富工作内容、实行弹性工作制、改变组织的报酬制度和福利制度等。2005 年史蒂夫·鲍尔默对美国微软公司进行的组织大变革。

2. 技术变革

早期对管理和组织行为的研究大多着眼于技术的变革。泰勒的科学管理即是基于运作和时间的研究来推进变革发展，提高生产效率的。今天的技术变革通常涉及新的设备、工具和方法的引进，以及实现自动化和信息化等，始于工业革命时期，现在仍然是一种常用的变革方案。

3. 物理环境变革

工作空间的布局不应是随意的。一般来说，当管理者要对空间结构、内部设计、设备安置等做出改变时，总会考虑到工作需要、正常的交往需要和社会需要等诸多因素。例如，现代组织的办公室采用开放式的大办公空间的设计方式，这样可使员工之间更容易交流。研究表明，物理环境本身的改变并不能对组织或个人的绩效产生实质性影响，但它能使员工的某些行为更为容易或更为困难，也就是说，员工和组织的行为可以因此而得到增强或减弱。

4. 人员变革

人员变革是组织变革的核心，也是组织中最为引人注目的敏感问题，因为它常常涉及每一个员工的切身利益。人员变革涉及人员的变动，但不是简单的裁员和辞退。现代组织更注重改善组织人力资源管理与开发工作，通过培训与开发、沟通与参与、决策与问题解决过程来改变员工的态度和行为，使个体和群体更为有效地工作。

5. 组织文化变革

组织文化是由相对稳定而持久的因素构成的。这一事实往往导致文化的变革具有相当大的阻力。一种文化往往需要很长一段时间才能形成，而一旦形成又常常成为牢固和不易更改的。但随着时间的推移和环境的改变，这种根深蒂固的组织文化有可能会变得不合时宜，成为组织发展的障碍。这时，组织管理当局就应该积极推进组织文化的变革，包括聘请或解聘高层经理人员、进行组织重组、改变人员甄选和社会化过程、改革绩效评估和奖酬制度、支持新的文化价值观等。

（四）组织变革的过程和程序

1. 组织变革的一般过程

组织变革的过程包括解冻—变革—再冻结三个阶段，如图 4-12 所示。

（1）解冻阶段。这是改革前的心理准备阶段。本阶段的中心任务是改变员工原有的观念和态度，组织必须通过积极的引导激励员工更新观念、接受改革，并参与其中。

（2）变革阶段。这是变革过程中的行为转换阶段。此时组织上下已对变革做好了充分的准备，变革措施就此开始。组织要将激发起来的变革热情转化为改革的行为，关键是要能运用一些策略和技巧减少对变革的抵制，进一步调动员工参与变革的积极性，使变革成为全体员工的共同事业。

（3）再冻结阶段。这是变革后的行为强化阶段，其目的是通过对变革驱动力和约束力的平衡，使新的组织状态保持相对的稳定。由于人们的传统习惯、价值观念、行为模式及心理特征等都是在长期的社会生活中逐渐形成的，并非一次变革所能彻底改变的。因此，改革措施顺利实施后还应采取种种手段对员工的心理状态、行为规范和行为方式等不断地巩固与强化，否则稍遇挫折便会反复，应使改革的成果不断巩固。

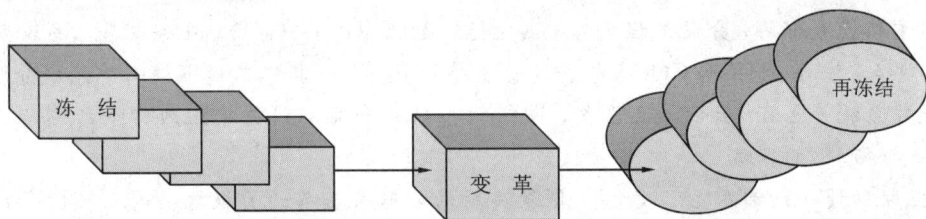

图 4-12 组织变革的一般过程

2. 组织变革的程序

（1）进行组织诊断，发现变革征兆。

组织变革的第一步就是对现有的组织进行全面的诊断，这种诊断必须有针对性，要通过搜集资料的方式，对组织的职能系统、工作流程系统、决策系统及内在关系等进行全面的诊断。组织除了要从外部信息中发现对自己有利或不利的因素外，更主要的是能够从各种内在征兆中找出导致组织或部门绩效差的具体原因，并确立需要进行整改的具体部门和人员。

（2）分析变革因素，制订改革方案。

组织诊断任务完成之后，就要对组织变革的具体因素进行分析。例如：在组织结构缺陷方面，职能设置是否合理、决策中的分权制度如何、各管理层级间或职能机构间的关系是否易于协调；在人员结构方面，员工参与改革的积极性怎样；在技术与业务方面，如采用的技术是否存在缺陷，工作流程中的业务衔接是否紧密等。在此基础上制订几个可行的改革方案，以供选择。

（3）选择正确方案，实施变革计划。

制订改革方案的任务完成之后，组织需要选择正确的实施方案，然后制订具体的改革计划并贯彻实施。推进改革要做到有计划、有步骤、有控制地进行。当改革出现某些偏差时要有备用的纠偏措施以便及时纠正。

（4）评价变革效果，及时进行反馈。

组织变革是一个包括众多复杂变量的转换过程，再好的改革计划也不能保证取得完全理想的效果。因此，变革结束之后管理者必须对改革的结果进行总结和评价，及时反馈新的信息。对于没有取得理想效果的改革措施，应当给予必要的分析和评价，然后再做取舍。

【阅读材料 4 - 6】

微软公司的组织变革

2013 年 7 月 12 日微软首席执行官史蒂夫·鲍尔默宣布了一项组织架构重整及高级管理层重新洗牌方案。这是该公司业务再造的最新尝试，以适应竞争规则由苹果、谷歌等竞争对手制定的时代。鲍尔默在致员工的一封电子邮件中介绍重组情况和未来战略，他写道："此次调整是为了更好地定位公司，把握好界定当前技术应用模式的移动设备和服务，创造出新的电脑运算体验。"这次调整包括打破主要经营部门之间壁垒的尝试，这种分隔长期以来一直将微软的员工限定在精心界定的部门范围内。很多观察人士及前任高管批评称，这种部门壁垒遏制了跨越微软经营活动范围的新创意。这次调整还彻底改变了鲍尔默2005 年确立的业务结构，当时他创立了一个由强有力并高度自主的部门业务领导人所组成的经营框架。然而，近年来随着个人电脑的使用转向智能手机及平板电脑，并被苹果、谷歌等公司所开发的软件主导，Windows 的影响力已经衰落。因此，在新的方案里微软会按职能重新设置部门，分设工程（包含供应链和数据中心）、市场、业务拓展、高级战略与研究、财务、法务、HR 和 COO（包含运营支持及 IT 等）。其中工程下设四个领域分支，分别是操作系统、应用、云计算及设备，即微软当前的产品部门将重组为四个新部门，旨在体现"一个微软"的战略。

"互联网使一切都发生了改变"，微软公司的创始人盖茨认为微软公司必须改革，他希望新的结构是这一正确方向上的一个新起点。

（五）组织变革的阻力及管理

1. 变革的阻力

组织成员反对变革的原因一般有三个：一是不确定性。由于变革使已知的东西变成模糊不清和不确定性的，人们不得不面临一种与已知和未知相对换的风险。组织中的员工对不确定性有一种厌恶感；二是关心个人得失。担心失去既得利益，变革会威胁到人们为现状做的一切努力，失去现有的（如地位、权力、福利）；三是认为变革不是为了组织的最佳利益。有人认为变革不符合组织的目标和最佳利益，变革的推动者所倡导组织的变革会降低组织的生产效率或使产品质量下降，从而积极反对变革。

2. 降低变革阻力的策略

美国管理学家罗宾斯提出了六种降低变革阻力的策略。

（1）教育和沟通。这一措施假定变革阻力的根源在于信息失真或沟通不利造成的。员工不了解全部事实，不清楚自己未来的情况，误以为变革对自己不利，或者不符合组织的最佳利益，从而引起员工对变革的反对，可以采取个别会谈、小组讨论、报告会等形式帮助员工进行沟通。

（2）参与。一个人要是参与了变革，就不容易形成阻力。因此，在实施变革之前可以考虑让持反对意见的人参与决策，然而这样也有负面效应：一方面，决策人员增多，造成意见难以统一，浪费大量时间；另一方面，持反对意见的人总是倾向于符合自己利益的决策，这样使决策出现偏差，甚至造成决策失误。

（3）促进和支持。管理人员可以提供一系列支持性、便利性措施，减少因员工对变革的恐惧和忧虑而产生的阻力。例如，向员工提供心理咨询，新技能和新岗位培训，短期带薪休假，以促进他们心理调整，这种措施的缺点是消耗时间、花费较大，往往要结合其他措施共同进行。

（4）谈判。这种措施较多地适用于一些有影响力的反对者身上。其方法就是以某种有价值的东西换取他对变革的支持（或不反对），谈判相对于前几种措施而言是有一定危险的。它取决于变革的推动者为克服阻力而做出让步的程度，而且这种谈判有可能成为反对者们勒索权力的途径。

（5）操纵与合作。操纵就是将努力转移到施加影响上，如有意夸大或歪曲事实而使变革显得更具有吸引力，制造不实谣言使员工接受变革等。合作是介于谈判和操纵之间的一种形式，主要是通过收买反对派领袖人物参与变革决策来降低阻力。

（6）强制。这种措施就是管理人员运用手中的合法权利直接控制下属，命令其服从，如调换工作及解雇、降级、不予升职等。一些具有悠久历史的世界著名企业在进行战略变革时都不可避免地进行了大幅度的人事调整，目的就是统一认识，减少变革阻力。

二、组织文化

（一）组织文化的概念

"文化"一词来源于古拉丁文，本意是指"耕作""教习""开化"。在中国古书籍中最早将"文"和"化"两个字联系起来的是《易经》，"观乎天文，以察时变；观乎人文，以化成天下。"其意思是指圣人在考察人类社会的文明时，运用儒家的诗书礼乐来教化天下，以构造"修身齐家治国平天下"的理论体系和制度，使社会变得文明而秩序。然而，在欧洲的历史中"文化"一词主要是指由于人类在思维和理性方面的发展而引起的整体社会生活的变化。英国文化人类学家爱德华·泰勒在1871年出版的《原始文化》一书中第一次将文化作为一个中心概念来使用，并系统表述为"文化（文明）是一个复杂的总体，包括知识、信仰、艺术、道德、法律、风俗及人类，在社会里所获得、接受的任何其他才能和习惯的复合体。"

从古今中外对文化内涵的阐述看，文化的内容十分广泛。现在一般的理解是：文化是各个成员之间长期相互作用而积淀下来的共同价值、规范、态度及信念等的总和。一旦某项文化融入某个组织，便与组织相互作用逐渐形成了组织中的全体成员所特有的凝聚力、行为准则和价值观等，并指导着他们的行为和价值取向。基于当前对文化内涵的一般理解，学界给组织文化的定义是：组织文化就是组织在长期的实践活动中所形成的，并且为组织成员普遍认可和遵循的，具有本组织特色的价值观念、基本信念、行为规范和思维模式等的总和。

（二）组织文化的特征及构成

1. 组织文化的特征

20世纪80年代以来，组织文化理论之所以成为管理学界的新热点，究其原因是其将组织管理对人的个体研究上升到人的整体研究，以"企业——人的集合体"为研究对象，从而将现代管理理论提高到了一个新的高度，更深刻地揭示了人性假设，以"全面发展文化自由人"的观点出现。组织文化表现出的一般特征有如下几方面：

（1）"内在"与"外在"的有机结合。

组织文化所包含的各种精神因素、信念、道德、心理、智能因素等，是作为一种内质存在于组织员工之中，成为指导员工行为和形成组织行动的基础，是一种无形的存在而又表现出本质的内涵。组织文化的外在表现为员工行为、厂风厂规、产品形象及服务等，是其内质的载体，使内在与外表形成有机结合。

（2）"软"与"硬"的有机结合。

组织文化是在组织特定的环境中，由职工间的共同利益繁衍出共同的价值观，形成了一套行为规范，指导、暗示、驱动员工去做或不做什么事。它是依靠潜移默化来影响、控制、规范人们的行为，是非强制性的"软管理"。同时，在组织长期的运作中又将道德、精神与科学技术相结合，形成组织的规章制度来约束、规范员工有秩序的行动，这又构成了有形的带强制性"硬管理"。

（3）稳定与发展相统一。

随着组织的诞生而同时产生的，并随着组织的发展而不断充实的组织文化，具有相对的稳定性，并能长期地对组织的运转及员工的行为产生影响。一个组织中，精神文化又比物质文化具有更多的稳定性。例如，松下幸之助的经营哲学并未因他的退休而被公司废弃，但组织文化在社会环境中因环境的变化而得到发展，改变现有的组织文化，重新设计和塑造健康的组织文化过程就是组织适应外部环境，改变员工价值观念的过程。

（4）融合和继承相统一。

每一个组织都是在特定的文化背景之下形成的，必然会接受、继承这个国家和民族的文化传统及价值体系。但是，组织文化在发展过程中，也必须注意吸收其他组织的优秀文化，融合世界上最新的文明成果，不断地充实和发展自我。也正是这种融合继承性使得组织文化能够更加适应时代的要求，并且形成历史性与时代性相统一的组织文化。

2. 组织文化的构成

一般情况下，普遍认为组织文化的构成大致可分为三个层次，即精神层、制度层和物质层，如图4-13所示。

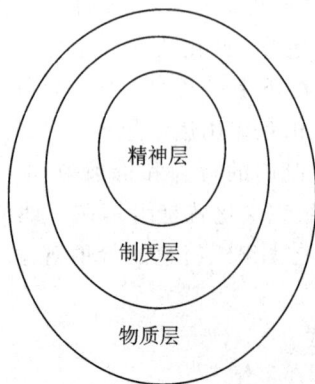

图4-13　组织文化的构成

（1）物质文化。

物质文化是组织文化的表层部分，是形成制度层和精神层的条件。它是指由企业职工创造的产品和各种物质设施等所构成的实物文化，是能够看得见、摸得着的文化形态。它主要指企业形象，如组织标志、标准色、标准字、产品品牌设计、建筑风格、厂服、厂歌、厂徽、厂旗、产品（包括包装）款式等。物质文化是企业和员工的理想、价值观、精神面貌的具体反映，是现代企业在社会上的外在形象的具体写照，是社会对企业进行总体评价的起点。

（2）制度文化。

制度文化介于深层理念和具体实物文化之间，是组织文化的中间层次，包括各种规章制度、行为规范、领导风格、职工修养及人际关系等。这些内容都以成文或不成文的规定为组织所有的员工接受和奉行。每一个组织都有自己的制度文化，没有规矩不成方圆。成文的制度使组织进入良性的运行机制。而那些不成文的行为规范、传统习惯及领导风格等，在某种程度上比成文的规定所起的作用还大。制度文化主要包括工作制度、责任制度、特殊制度和组织风俗四方面，都是组织精神、价值观和组织目标的动态反映。

（3）精神文化。

精神文化是组织文化的深层，所以又称为深层文化或观念文化，是指组织的生产经营活动过程中领导和职工共同信守的组织精神、组织道德、价值观念、组织目标及行为准则等。它是组织文化的核心内容，是形成物质文化和制度文化的基础，是衡量一个组织是否形成自己的文化的标志和标准。具体讲精神文化又包括了五个方面，即经营哲学、组织最高目标、组织精神、组织风气和道德。

3．组织文化的功能

通过组织文化和组织价值观体系的建立，组织文化可以对组织的管理和发展起到以下几方面的作用。

（1）强化组织成员对组织的认同感。

组织运行实践过程，实质上是组织价值观转变为全体成员所有的过程，通过培育组织成员的认同感和归属感，建设成员与组织之间的相互信任和依存关系，使个人的行为、思想、感情、信念、习惯等与整个组织有机地整合在一起，形成相对稳固的文化氛围，培养群体意识，统一全体成员的思想，增强组织的凝聚力。

（2）实现内化控制和约束作用。

组织文化引导塑造和约束员工的态度和行为，强调共同的价值观体系，从而保证组织中的每一个成员都朝同一个方向努力，实现个人目标和组织目标的高度一致。这是组织文化最重要也是最有用的一个功能。

（3）增强整个组织的稳定性和协调作用。

组织文化像一种黏合剂，通过为组织成员提供言行举止的标准，减少了组织内部各个部门之间的摩擦，将整个组织聚合起来，创造和谐的工作环境。

（4）具有激励作用。

组织文化强调非理性的感情因素，将人的因素放在首位，因而组织文化有利于最大限度地激发组织成员的工作热情、进取精神和创新精神。

（5）塑造组织形象的作用。

组织文化最集中地概括和体现了组织的宗旨、价值观和行为规范，有利于提高组织的声誉，扩大组织的社会影响。

（6）提高组织对环境的适应性。

组织文化具有某种程度的强制性和改造性，能从根本上改变员工旧的价值观念，建立起新的价值观念，使之适应组织外部环境的变化要求。

【阅读材料 4 - 7】

奔驰的企业文化

1. 奔驰企业精神——核心价值

作为一个拥有百年历史的著名汽车品牌，奔驰已形成了一个核心企业精神：公平、尽责。"公平"是指公平竞争、公平经营。这是每个企业必须遵循的游戏规则，梅赛德斯-奔驰也是在产品质量、花色品种、技术水平、市场销售和售后服务等各方面凭借自身的实力来力争上游。"尽责"是指在将梅德斯-奔驰的经营范围——汽车行业，尽到自己作为一个顶级品牌的责任，不仅为了自己的经济利益，还要兼顾社会所认同，成为同类企业仿效的楷模。

2. 奔驰企业经营理念

第一，传统理念。梅赛德斯-奔驰是汽车的发明者创立起来的汽车企业，其发展也充分反映了整个汽车工业的发展，因此其经营更趋向于采用传统和高效的规则。

第二，快乐感理念。人们的需求不会局限在马斯洛的某一需求层次上，随着科技、社会、经济和市场的发展，人们的生活水平提高了。

第三，共同责任理念。人类社会的发展为我们周围的环境带来了不可估量的负面影响。汽车排出的废气造成了大气污染，形成酸雨；大量化学制品的合成材料的使用和废弃、滥砍滥伐、污水排放造成生态失衡。

3. 奔驰企业价值观念

第一，传统价值——"安全、优质、舒适、可靠"。

第二，潮流价值，着重强调个性特点。

第三，社会价值。梅赛德斯-奔驰将首创的三滤催化系统作为欧洲车型的标准配备，成为一个里程碑。各大汽车厂商纷纷效仿，推动了汽车环保事业的蓬勃发展。

4. 塑造组织文化的主要途径

组织文化的塑造是个长期的过程，同时也是组织发展过程中的一项艰巨、细致的系统工程。从其途径上讲，组织文化的塑造需要经过以下几个过程：

（1）选择正确的组织价值观是塑造良好组织文化的首要战略问题。

选择组织价值观要立足于本组织的具体特点，根据自己的目的、环境要求和组织性质等选择适合自身发展的组织文化模式。同时，要把握住组织价值观与组织文化各要素间的相互匹配，达到组织文化的整体优化。

（2）强化组织成员的认同感。

要将基本认可组织价值观的方案通过一定的强化方法使其深入人心，具体做法包括：利用组织的一切宣传媒体，宣传组织文化的内容和精要，以创造浓厚的环境氛围；培养和树立典型，以其特有的感召力和影响力为组织成员提供可效仿的具体榜样；加强相关培训教育，有目的的培训和教育，能够使组织成员系统地接受组织的价值观，并强化成员的认同感。

（3）提炼定格。

组织价值观的形成不是一蹴而就的，必须经过分析、归纳和提炼方能定格。在经过群众性的初步认同实践后，应当将反馈回来的意见加以剖析和评价，在系统分析的基础上进行综合化的整理、归纳、总结和反思，去除那些落后或不适宜的内容与形式，保留积极的、进步的形式和内容，将经过科学论证和实践检验的组织精神、组织伦理与行为规范等予以条理化、完善化和格式化，再经过必要的理论加工和文字处理，用精练的语言表述出来。

（4）巩固落实。

要巩固落实已提炼定格的组织文化，应做到以下两方面：一方面，要建立必要的保障制度。在组织文化演变为全体员工的行为之前，要使每一位员工在一开始就能自觉、主动地按照组织文化组织精神的标准去行动会比较困难，而建立某种奖优罚劣的规章制度十分必要。另一方面，领导者在塑造组织文化的过程中起着决定性的、表率作用。

（5）在发展中不断丰富和完善。

任何一种组织文化都是特定历史的产物。当组织的内外条件发生变化时，组织必须不失时机地丰富、完善和发展组织文化。这既是一个不断淘汰旧文化和生成新文化的过程，也是一个认识与实践不断深化的过程。组织文化由此经过不断的循环往复以达到更高的层次。

本章小结

（1）组织工作就是根据组织目标和计划的需要进行组织设计，包括设置部门、岗位，为每个岗位配备人员，明确部门与岗位的职责、职权，以及相互之间的关系等。其基本程序为：明确组织目标，确定业务内容，建立组织结构，进行工作分析，配备人员，进行有机组合，以及不断反馈、修正。

（2）组织结构本质上是组织成员间的分工协作关系。组织结构设计的实质是对组织人员进行横向和纵向分工。其任务主要是提供组织结构图和编制职务说明书，组织结构设计应遵循目标可行、因事设职与因职用人相结合、分工合理、统一指挥、权责对等（相符）原则、精简效能原则、有效管理幅度等基本原则。

（3）管理幅度也称管理跨度、管理宽度，指一名领导者直接领导的下属人员的数目。影响管理幅度的因素主要有管理层次、管理者与下属的素质和能力、工作内容与性质、计划的完善程度、工作条件、工作环境等。

（4）集权是指组织的决策权较多地由高层管理者集中掌握，而分权则是指决策权较多地分散于组织的中低层管理者由其来掌握与运用，授权则是指主管人员将属于本职位的部分职权委让给向其直接报告工作的下属或某些职能部门。

（5）人员配备是组织设计的逻辑延续，这项工作的主要内容和任务就是通过分析人与事的特点为每个岗位配备适当的人，具体包括确定人员需要量、合理选配人员、制定和实施人员培训计划及人事考评等。

（6）正确对待非正式组织，就是要允许存在、谋求吻合，通过积极引导、不断规范，充分发挥其积极作用。

（7）组织变革就是组织根据内外环境的变化，及时对组织中的要素进行调整、改进和革新的过程。其目的是适应未来组织发展的要求，增强组织的活力，实现组织的目标，并最终实现组织的可持续发展。

（8）组织文化大致可分为精神层、制度层和物质层三个层次，其核心是精神层面的共同价值观。

复习思考题

1.组织工作的含义和主要内容是什么？

2.机械式和有机式组织的区别是什么？

3.组织设计的影响因素有哪些？

4.组织结构部门化的方式有哪些？

5.比较几种常见的组织结构，分析其优点和缺点。

6.影响组织集权和分权的因素有哪些？

7.简述人员配备的主要内容是什么？

8.分析内部提升和外部招聘的优点和缺点。

9.分析人事考评的重要作用是什么？

10.正式组织与非正式组织的区别是什么？

11.简述运用委员会的理由有哪些？

12.组织变革的内容及推动力量有哪些？

13.分析组织变革的阻力，如何消除组织变革的阻力？

14.简述组织文化的特征和构成是什么？

15.论述塑造组织文化的途径有哪些？

案例分析

王 厂 长 的 烦 恼

某地方生产传统工艺品的企业，伴随着我国对外开放政策，逐渐发展壮大起来。销售额和出口额近十年来平均增长 15% 以上。员工也由原来的不足 200 人，增加到了 2000 多人。企业还是采用过去的类似直线型的组织结构，企业一把手王厂长既管销售，又管生产，是一个多面全能型的管理者。最近一段时间企业发生了一些事情，让王厂长应接不暇。其一，生产基本是按订单生产，由厂长传达生产指令。碰到交货紧时往往是厂长带头，和员工一起挑灯夜战。虽然按时交货，但质量不过关，产品被退回，还被要求索赔。其二，以前企业招聘人员人数少时王厂长一人就可以决定了，现在每年要招收大中专学生近50人，还要牵涉到人员的培训等，他明显感觉到以前的做法行不通了；其三，过去总是王厂长临时抓人去做后勤等工作，现在这方面工作太多，临时抓人去做，是做不了和做不好的。凡此种种，以前有效的管理方法已经失去作用了。

案例讨论题：

（1）从案例中给出的信息看，企业明显采用的是哪种类型的组织结构？这种组织结构有何特点，采用该组织结构是否已制约企业的正常发展，是否是造成王经理烦恼的根源？

（2）你认为企业需要采用哪种组织结构形式适合企业发展？其特点何在？能化解王经理的烦恼吗？请将它设计出来。

第五章　决　　策

日本石英表产业的繁荣

我们都知道日本石英表在世界上的霸主地位，但较少知道石英表的最先发明者是瑞士。号称世界"钟表王国"的瑞士在 1969 年就研制出第一只石英电子手表，但擅长机械制造技术的瑞士企业界领袖们没有深入分析该产品的市场前景，认为石英表没有发展前途，因此没有给予充分重视。日本人通过细致、周到的市场分析和预测，认为石英表这项技术很有市场需求，前景无限，为此决定投资进行大量生产。结果，日本的石英表技术誉满全球，仅在 20 世纪 70 年代后 5 年就挤垮了 100 多家瑞士手表厂。面对市场上出现的新变化，瑞士企业和日本企业不同的决策导致了不同的结果，这充分说明了决策对企业生存和发展的影响至关重要。

本章内容

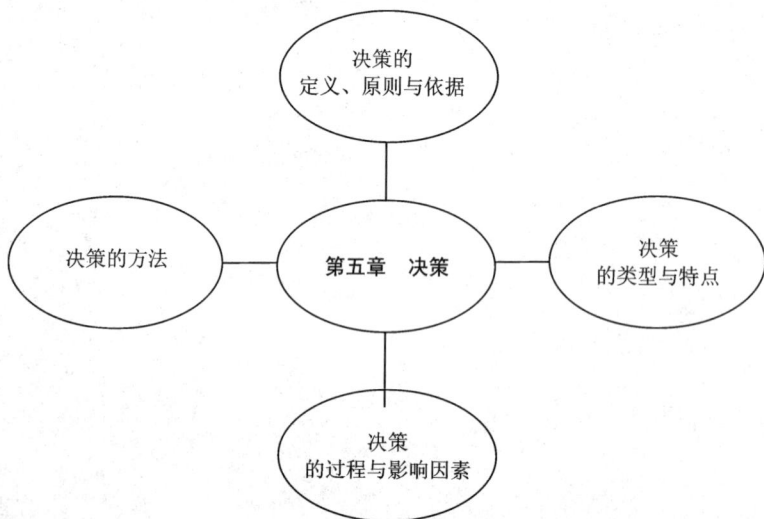

本章要点

- 决策的定义、原则与依据
- 决策的类型与特点

· 决策的过程与影响因素

· 决策的方法

第一节　决策的定义、原则与依据

一、决策的定义

在汉语中，"决"是指决定、决断、断定，"策"则是指计谋、计策、主意等。"决策"二字的含义是"决定对策"。"决定"的意义就是从众多对象中选择自己需要的，并放弃那些不需要的；"对策"的意义就是对付问题的方法。"兵来将挡，水来土掩"，决策自古有之。战略决策如诸葛亮做《隆中对》三分天下，战术决策如孙膑为田忌赛马献策而胜齐威王。

关于决策的定义，学术界和实业界众说纷纭，见仁见智，至今没有定论。从实际操作的角度来看，有学者认为："决策是指从两个或两个以上的可行方案中选择一个合理方案的分析判断过程。"

从决策的过程来定义，"决策是组织的决策者以其知识、经验和掌握的信息为依据，遵循决策的原理和原则，采用科学的方法，确定组织未来的行动目标，并从两个以上可能实现目标的行动方案中选择一个较为满意的方案进行分析决断的过程"。

美国著名的经济学家赫伯特·A·西蒙在谈到管理的本质时指出："决策是管理的心脏，管理是由一系列决策组成的，管理就是决策"。

美国学者亨利·艾伯斯认为："决策有狭义和广义之分。狭义地说，决策是在几种行为方针中做出选择；广义地说，决策还包括在做出选择之间必须进行的一切活动。"

管理学教授里基·格里芬在《管理学》中指出："决策是从两个以上的备选方案中选择一个的过程。"

美国学者詹姆斯·斯通纳、爱德华·弗雷曼和丹尼尔·小吉尔伯特在《管理学教程》中将决策理解为制定决策，就是选择一系列的行动去处理某个问题或利用某个机会，它是每个管理工作者最重要的组成部分。

美国学者路易斯、古德曼和范特将决策定义为："管理者识别并解决问题及利用机会的过程"。

系统论专家杰伊·洛西认为：决策就是为了实现一个特定的目标，根据客观情况在占有一定信息与经验的基础上，借助一定的工具、技巧和方法，对影响目标实现的诸因素进行准确的计算和判断选优后，对行动作出决定。

我国学者周三多认为："所谓决策，是指组织或个人为了实现某种目标而对未来一定时期内有关活动的方向、内容及方式的选择或调整过程。"对这一定义的理解，须把握以下三点：首先，决策的主体既可以是组织，也可以是个人；其次，决策是对未来的谋划；第三，决策既包括对未来活动的方向或内容的选择或调整的战略决策，也包括对未来的活动方式选择或调整的战术决策。

以上这些说法从决策的不同角度说出了一定的道理，综合以上观点我们认为，决策是一个提出问题、分析问题及解决问题的过程，是组织在明确主要问题的基础上，为未来的行动确定目标，在众多方案中选择一个最优的方案或策略，并加以实施的过程。

从决策的定义可以看出包含以下几层含义。

1. 决策的主体是管理者

组织在进行决策时，管理者可以单独做出决策，这样的决策称为个体决策；也可以与其他管理者共同做出决策，这样的决策称为群体决策。

2. 决策有明确的目标

确定目标是决策程序的第一步工作，决策所要解决的问题必须十分明确，所要达到的目标必须具体，没有明确的目标是无法决策的。决策不仅仅是解决问题，有时也是利用机会。

3. 决策必须有多种备选方案

决策不同于解决问题。对于一个问题，如果只有一个解决方案，就不存在决策问题。因此，至少要有两个或两个以上的备选方案，决策者才能从中进行比较、选择，最后确定一个合理而满意的行动方案。

4. 决策是一个过程

如果选择合理满意的方案之后，不付诸实践，决策也就没有什么意义了。所以，决策既是一个认识过程，又是一个行动过程。

5. 决策需面向未来，就要进行科学预测

有人讲："现代管理的重点在于经营，经营的重点在于决策，决策的重点在于预测。"由此可见，预测和决策是难以分割的。在进行决策时，必须知道采用每种方案后，可能出现的各种结果。选择方案的标准主要是看每种方案实施后的经济效果，因此必须对各方案可能出现的结果有充分的预见，否则无法比较。

【知识链接 5-1】

选择越多越好

有选择好，选择愈多愈好，这几乎成了人们生活中的常识。但是最近由美国哥伦比亚大学、斯坦福大学共同进行的研究表明：选项多反而可能造成负面结果。科学家们曾经做了一系列实验，其中有一个让一组被测试者在 6 种巧克力中选择自己想买的，另外一组被测试者在 30 种巧克力中选择。结果，后一组中有更多人感到所选的巧克力不大好吃，对自己的选择有点后悔。

另一个实验是在加州斯坦福大学附近的一个以食品种类繁多而闻名的超市进行的。工作人员在超市里设置了两个试吃摊：一个有 6 种口味，另一个有 24 种口味。结果显示有 24 种口味的摊位吸引的顾客较多：242 位经过的客人中，60% 会停下试吃；而 260 个经过 6 种口味的摊位的客人中，停下试吃的只有 40%。不过最终的结果却出乎意料：在有 6 种口味的摊位前停下的顾客 30% 都至少买了一瓶果酱，而在有 24 种口味的摊前的试吃者中只有 3% 的人购买东西。

太多的东西容易让人犹豫不定，拿不准主意。同理，对于管理者，太多的意见也会混淆视听。不要以为越多的人给出越多的意见就是好事，其实往往适得其反，由于每个人看问题的角度不同，给出意见的动机也不尽相同，所以太注重听取别人的意见很容易让自己拿不定主意。在征求意见之前，我们必须要有一个属于自己的坚定信念，要明确最终的目的是什么，这样才能在众多的声音中保持清醒的头脑，找出最适合企业发展的金玉良言。

（资料来源于：刘沂生. 管理学 ［M］. 北京：科学出版社，2011：73.）

二、决策与计划的关系

决策与计划是何种关系？两者中谁的内容更为宽泛，或者说哪个概念是被另一个包容的？管理理论研究中对这个问题有着不同的认识。

有人认为，计划是一个较为宽泛的概念。作为管理的首要工作，计划是一个包括环境分析、目标确定及方案选择的过程，决策只是这一过程中某一阶段的工作内容。比如，法约尔认为，计划是管理的一个基本部分，包括预测未来并在此基础上对未来的行动予以安排；西斯克认为，"计划工作在管理职能中处于首位"，是"评价有关信息资料、预估未来的可能发展及拟订行动方案的建议说明"的过程，决策是这个过程中的一项活动，是在"两个或两个以上的可选择方案中做一个选择"。而以西蒙为代表的决策理论学派则强调，管理就是决策，决策是包括情报活动、设计活动、抉择活动和审查活动等一系列活动的过程；决策是管理的核心，贯穿于整个管理过程。因此，决策不仅包括了计划，还包容了整个管理，甚至就是管理本身。

我们认为，决策与计划是两个既相互区别，又相互联系的概念。

（一）决策与计划的区别

作为管理学中的两个重要概念，决策与计划之间存在着不少区别。明确这些差异，可以帮助我们更好地理解计划与决策。

1. 决策的本质是选择，计划的本质是预测

正如我们在决策的概念中所界定的，决策是从两个或两个以上的备选方案，选择一个最优方案的过程。之所以强调两个或两个以上，是因为决策的本质是选择。如果在确定了目标及各类条件的前提下，只有一个方案，并且必须得到执行，那么这个过程就不能称之为决策。相反，计划并没有这种要求。上述的这个过程完全符合计划的描述，所以完全属于计划的范畴。

实际上，计划的本质是预测。从前面对于计划的学习可以看到，计划所强调的是"预见未来"并"进行安排"。在确定了组织目标的前提下，重在分析并评估各类因素的影响，从而制定行动方案，将未来的组织活动置于相对的稳定和确定之中。这个过程中可能有从备选方案中选择最后行动方案的活动，但这项活动并不是计划所必需的。唯一的备选方案称为最后方案，并不违背计划的概念。

2. 决策具有更强的风险性

我们常说的风险性，是指未来并不是明确而具体的，而是存在变量的，呈现出多种可能。决策活动更强调风险性，更注重对未知情况的思考，如风险决策、不确定性决策等。计

划过程也会遭遇到不确定的未来，但计划工作的重点在于在已知的情形下规划以后的活动，其往往更注重确定性而非风险性。比如企业的投资决策，强调的是在多种可能的资产组合中进行选择，这其中就很可能遭遇到损失。而企业的投资计划，更多强调的是在决策后的投资活动安排及这种决策的细化。

3. 决策的研究领域更广泛

计划概念，主要的应用在于经济管理领域，而决策的应用和研究范围则相对更大一些。除了管理学和经济学，决策在心理学、政治学、社会学、法学及计算机科学等领域，也有非常重要的地位。如因研究决策而获得诺贝尔经济学奖并得到普遍推崇的著名学者赫伯特·西蒙，就是一位心理学家。相应地，决策研究也从这些领域引入了更多的研究方法，使得决策研究相对于计划呈现出更加丰富和繁荣的局面。

（二）决策与计划的联系

虽然决策与计划有很多差异，但这两个概念之间也存在着密切的联系。

1. 决策和计划都是以特定的目标为前提计划

决策和计划都需要目标作为指导，确定组织的发展方向，才能进一步制定战略、政策、程序等，形成完整的计划体系。缺乏目标就如同没有航向的船舶，根本谈不上什么航海计划。决策同样也是以特定的目标为前提的。决策的主体意图，就是要通过决策过程来实现目标。在多个备选方案的选择中，其指导的根本标准，也是看哪个方案能够更有效果和效率的完成主体目标。

2. 决策过程和计划过程具有相似性

从行为过程来看，计划和决策也有很多相似之处。通常认为，决策的过程包括确定决策目标、拟定备选方案及评价备选方案及选择方案这样一些典型环节。这与计划过程中的确立目标、确定和评估备选方案、选择方案、制定派生计划等环节，从形式上和逻辑上具有很大的相似性。

3. 决策是计划的前提，计划是决策的落实

我国著名管理学者周三多认为，计划过程是决策的组织落实过程。决策是计划的前提，计划是决策的逻辑延续。计划通过组织在一定时期内的活动任务分解给每个部门、环节及个人，从而不仅为这些部门、环节和个人在该时期工作提供了具体的依据，还为决策目标的实现提供了保证。也正是因为如此，在实际工作中计划与决策是相互渗透的。决策制定过程中，无论是对内部能力优势或劣势分析，还是在方案选择时关于各个方案执行效果或要求的评价，实际上都已经蕴涵决策的实施计划。反过来，计划的编制过程，既是决策的组织落实过程，也是决策更为详细的检查和修订过程。

4. 决策和计划都需要得到后续活动的支持

不论是决策，还是计划，要想实现其预设的组织目标，都需要得到后续的管理活动的支持。两者虽然从不同方面对组织目标进行了分析和阐述，并形成了备选方案，按照特定的规则确立了最后的行动方案，但不论这个过程多么详尽和完美，都只是实现组织目标的第一步。在决策和计划阶段，组织的发展还只是存在于纸面上和头脑中，并没有得到贯彻

实施，转化为组织实际的经营绩效和成果。后续的管理活动（比如组织、领导、控制等）都是在决策或计划之后，实现组织目标所必需的。

三、决策的原则

在决策的过程中，无论是组织还是个人都应遵循一定的原则，具体如图 5-1 所示。

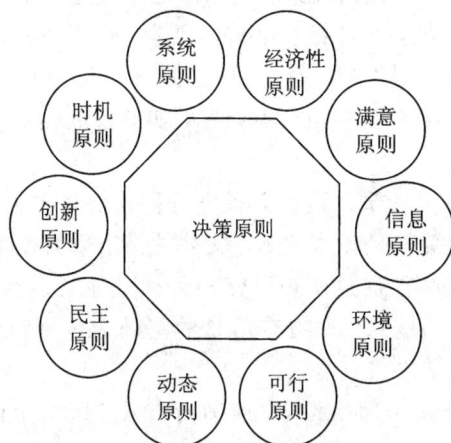

図 5-1　决策的原则

（一）系统原则

系统原则是科学决策应有的思维内容。管理决策必须进行系统的思考，将要解决的问题看做一个系统，这个系统是由若干个相互关联的子系统组成的。而决策本身又是更大系统中的一个子系统，因而不能以单一、孤立的方式去处理问题。

系统性客观上要求决策应达到整体化、综合化及最佳化的要求。整体化要求决策不能只从事物的某一部分、某一指标去考虑问题，而必须从整体和全局出发，全面考虑系统与系统之间、系统与子系统之间的相互联系和相互作用，正确处理好部门利益和整体利益的关系。综合化要求对决策的各项指标和利害得失进行全面衡量、综合分析，不仅要分析决策对象，还要分析决策对象和社会其他系统的相互作用与相互关系。最佳化要求决策者在动态中去调整好整体与部门的关系，使部门的功能和目标服从于系统总体的最佳目标，使系统达到总体最优。

（二）经济性原则

经济性原则，是指研究经济决策所花的代价和取得收益的关系，研究投入与产出的关系。领导决策必须以经济效益为中心，并且要将经济效益同社会效益结合起来，以较小的劳动消耗和物质消耗取得最大的成果。如果一项决策所花的代价大于所得，那么这项决策是不经济的。

（三）满意原则

所谓满意原则，就是指在一定的内、外环境条件下，对各种方案进行技术、经济及社会的综合比较，依据"技术先进、经济合理、实施可行、政策允许"的评价标准选择出满意的方案。一些组织在选择决策方案时，常常容易出现两种极端性错误：一是片面认为决策方案应是最佳方案，不是最佳方案就不能选择；二是片面认为既然难以选择出最佳方案，那么随意选择一个决策方案即可。这些都是不可取的。

由于组织处在复杂多变的环境中，决策者对未来一个时期做出"绝对理性"的判断时必须具备以下条件：决策者应掌握一切相关信息，包括决策者对未来的外部环境和内部条件的变化能准确预见；决策者对可供选择的方案及其结果完全知道；决策不受时间和其他资源的约束。显然，这四个条件对任何决策者，无论是个人还是集体，也不论其素质有多高，都不可能完全具备。因此，决策不可能避免一切风险，也不可能利用一切可以利用的机会去实现"最优化"，而只能要求是"令人满意"的，或"较为适宜的"。任何一项决策方案，都不能使人达到百分之百的满意，就一项决策而言，如能达到相对满意，利大于弊就可以了。

（四）信息原则

信息在决策中的作用非常重要，是决策者进行科学决策的基础和前提。没有准确、全面、有效和及时的信息，决策就是无水之源、无本之木。管理决策的信息原则是指决策者要进行科学的决策，首先就必须通过调查研究和各种其他渠道获取大量的、准确的、全面的、系统的、有效的和及时的信息，在占有信息的基础上运用科学的方法和手段加工、处理、分析及评价信息，为科学决策服务。

管理决策对信息的要求是全面、及时、准确而有效。所谓全面就是要收集和掌握决策所需要的全部信息。如果是国家或地区战略决策，则要求有各方面、较长时间的信息，至少应该包括上级有关指示、综合国情国力、地区优势和制约因素、预测结论、历史资料等；如果是企业经营决策，则要求有市场、技术、资源、人才及发展趋势等。所谓及时，就是所有信息必须在尽可能短的时间内进入决策活动，要不失时机、灵敏地为决策提供信息，并利用时间差，获得有价值的时效。所谓准确，强调信息是真实表征了事物的客观运动规律和变化情况，否则将严重影响决策的科学性。如果是一条虚假的信息，则比没有信息更糟。所谓有效，是指信息对决策有帮助、有作用，使决策更科学。

在正常情况下，决策的科学性、准确性与决策所需信息的质量和完整性成正比。信息越全面、越及时、越准确及越有效，决策的基础就越坚实，决策过程中的思维广度和深度就越大，决策的科学化程度就越高。从某个意义上讲，决策过程实际上是一个信息的收集、加工、分析、评判和转换的过程。

（五）环境原则

决策者在进行管理决策时离不开对决策环境的分析、判断和利用。因为管理决策是按管理决策目标来进行的，而管理决策目标的确定是依据事物所处的内外环境条件来考虑的。外部环境是决策者无法控制而只能去适应的环境，对决策有两类作用：为决策提供机会和对决策造成威胁。内部条件是决策者可以控制的环境因素，包括决策者的使命，以及组织的人力、物力、财力、信息、技术资源条件等。

管理决策的环境原则告诉决策者：决策活动受制于内外环境条件，决策活动要充分利用内外环境条件，主动适应内外环境条件。除重视硬环境条件因素外，更应高度重视软环境条件因素对决策结果的影响。

（六）可行原则

管理决策的可行原则主要用于决策方案的评价阶段，这是一个十分重要的决策原则。如果说一个决策从"问题的发现""目标的确定"到"方案的拟订"都满足管理决策的系统原则、满意原则、信息原则和环境原则，还不能说决策就是科学的，最多也只能说在理性思维方面是科学的。管理决策是一个需要实践的活动过程，决策不去实践、不去接受实践的检验，就不是真正的决策。因此，管理决策的科学性就必须符合可行性原则。

管理决策的可行性原则是指决策方案可以在实践中付诸行动。为此应当从"技术先进、经济合理、实施町行、政策允许、方案可比"五项准则上，对方案进行全面的可行性评价，并给出结论。

（七）动态原则

管理决策的动态原则又称管理决策的变化原则，告诉决策者在进行决策时一定要有动态的、变化的观念，而不能用固定的、一成不变的观念去决策。事物永远在运动和变化，这是自然界的普遍规律。由于决策总是在行动之前做出，那么变化的世界及内外环境条件就成为决策的不确定因素，给决策带来风险性，这是决策者在决策时必须重视的问题。

决策者树立了管理决策的动态原则思想后，决策时就会考虑未来可能给决策带来的有利或不利影响，做好多个预备方案的拟订、评审及排序工作，一旦情况发生变化就可主动调整、更换决策方案，使决策工作更具有适应性。决策的动态原则还要求决策者懂得：决策方案一经选定就不要轻易变更，但变化了的环境条件迫使方案更改时，要做好各项耐心、细致的说服工作和准备工作，使决策方案的调整让更多执行者和贯彻者能顺理成章地接受并照办。

（八）民主原则

管理决策的民主原则要求决策者在决策活动中的每个阶段都要有民主意识、群众意识，听取群众的意见。同时，要求决策者要发扬民主作风，善于集中群体的经验和智慧。坚持管理决策的民主原则是决策必须遵循的一条重要原则。随着社会的发展，决策的难度越来越大，组织面临的环境越来越复杂多变，决策所涉及的专业领域和知识范围往往超出个人能力驾驭的范围，要做出一个令人满意的正确决策，单靠决策者个人的智慧和力量是远远不够的。决策者决策时，必须借助众人智慧，充分发挥和领导群体中每个成员的作用，广泛听取有关专家和群众的意见。所以，决策逐渐由个人决策发展为集体决策乃至集团决策。集团决策既不是简单地通过集体讨论来决定，也不是少数服从多数，而是根据科学决策的程序，由决策的决断机构根据决策的信息机构提供的信息，根据参谋咨询机构提供的可选方案，采用科学的决策方法，遵循若干决策原则做出决策。

（九）创新原则

决策是一种创造性劳动，是一种充分发挥决策者、参与者、关心者聪明才智的创造性劳动。决策之所以可贵，贵在创新。外部环境和内部条件的变化，使决策者面对越来越激烈的竞争态势，靠保守和墨守成规很难做出具有时代性的、科学性的决策。决策者的决策只有不断创新、锐意进取，才能开创新的局面。

管理决策的创新原则就是指在管理决策活动的全过程中，以新的思想为指导，创造出不同于过去的新方案、新思路及新方法，使决策结果以新取胜、以奇取胜。这要求决策者在决策的内容、步骤、方法、方案和政策措施上要敢于提出独到的见解，敢于采用新方法。这是时代发展的内在要求。

管理决策的创新应注意如下几方面：一是在管理决策全过程中充分发挥创新思维，特别是在"决策目标"和"方案拟订"阶段更应重视创新活动的开展。二是注意创新与维持相协调。维持是创新的基础，创新是维持的发展；维持是为了实现创新的成果，创新为维持提供更高的起点；维持使决策保持稳定，创新使决策具有适应性。三是在创新中注意统一性和灵活性相结合。四是创新具有风险，应该允许有缺陷。只有人们不断地运用创新思维去修正缺陷、完善方案，才会产生新的决策方案。

（十）时机原则

中国有句古话："机不可失，时不再来。"也有古人曰："先之则不过，后之则不及。"这说明决策必须掌握适当的时机。决策者所掌握的各种信息绝非唯我独有，时机成熟了，决心仍摇摆不定，行动仍迟疑不决，别人就可能先期登峰。不管什么行业的决策者，抓不住恰当的时机等于葬送正确的决策。

管理决策的时机原则主要是告诫决策者：审时度势是管理决策的第一要义。审时就是审察时机，是确定事物必要性的先决前提；度势就是把握形势，了解自己所处的环境，权衡自己所具有的优劣，从而决定自己能否有所作为、何时作为及如何作为。

【知识链接 5 - 2】

通用电气公司的"群策群力"会议

通用电气公司前总裁韦尔奇在 20 世纪 80 年代后期发起了"群策群力"（Work－Out）活动，意在集中公司内外上下各方面的智慧，培植、收集和实施好点子。"群策群力"的运作方式是员工的一种座谈会，邀请几十名到一百名员工参加，还聘请公司外部的专业人员（比如大学教授）来启发和引导员工进行讨论，而员工的上司并不在场。有了"群策群力"会议，许多技术与管理上的问题可能会在平等而热烈的争论中得以迅速解决，通过"群策群力"计划，员工从中得到了许多宝贵的意见和建议，为公司创建了一种能够平等交流与沟通的文化。

（资料来源：倪杰. 管理学原理[M]. 2 版. 北京：清华大学出版社，2011：104.）

四、正确决策的标准

什么是有效的和正确的决策？其判断标准是什么？对于这个问题，有三种颇具代表性的观点。

第一种观点是由被誉为"科学管理之父"的泰勒提出，并为一些运筹学家和管理科学学派的人士们所推崇的"最优标准"。在泰勒看来，任何一种管理工作都存在一种最佳的工作方式。他认为，管理这门学问注定会具有更富于技术的性质。同时，他将技术定义为"确切地知道别人干什么，并注意他们用最好、最经济的方法去干"。应该肯定，追求最佳决策是管理者一项非常优秀的心理品质，但由于主、客观条件的限制，并不总是能达到这样的结果。

第二种观点是西蒙提出的"满意标准"。他对运筹学家们的"最优标准"提出了尖锐的批评，指出："热衷于运筹学的人很容易低估这种方法适用条件的严格性。这可能导致一种名为数学家失语症的患者将原始问题加以抽象，直到数学和计算难点被抽象掉为止（并失去了全部真实的外观），并将这一简化了的新问题求解，然后假装着认为这就是他一直想要解决的问题。"因此，西蒙提出了他的"满意标准"。

第三种观点是美国管理学家哈罗德·孔茨提出的"合理性标准"。所谓合理，他认为，"首先，他们必须力图达到如无积极行动就不可能达到的某些目标。其次，他们必须对现有环境和限定条件下依据什么方针去达到目标有清楚的了解。再次，他们必须有情报资料的依据，并有能力根据所要达到的目标去分析和评价决策方案。最后，他们必须有以最好的办法解决问题的强烈愿望，并选出能最满意地达到目标的方案"。孔茨认为，由于未来环境的不确定性，要做到完全合理是困难的。因此，管理人员必须确定的是有一定限度的合理性，是"有界合理性"。

从实际情况来看，满意原则与合理性原则往往成为决策所依据的标准，而不是所谓的最优原则。这是因为对管理者而言，要使决策达到最优，需要同时具备以下条件：能够获得有关决策的所有信息；能够判断所有信息的价值所在，并据此拟定出所有可能的备选方案；能够准确预测每一种方案在未来的执行结果。但是，现实的情形通常是不可能完全满足上述条件。由于组织所处环境的复杂性和变动性，管理者不仅很难搜集到反映这些情况及其变化的全部信息，即使对于收集到的有限信息，受管理者自身处理和利用信息能力的局限，他们往往也只能拟定出数量有限的方案而不是全部可能的方案。同时，由于任何方案在未来实施的过程中都要受到各种不确定因素的影响和干扰，其实施结果并非完全可以控制。因此，现实中的管理者在有限理性的前提下，通常难以作出最优决策，只能遵循满意原则作出相对满意的决策。

【知识链接 5 - 3】

赫伯特·西蒙

赫伯特·西蒙（Herbert A. Simon，1916—2001），美国管理学家和社会科学家，经济组织决策管理大师，第十届诺贝尔经济学奖获奖者。他曾先后在加利福尼亚大学、伊利诺工业大学和卡内基-梅隆大学任计算机科学及心理学教授，还担任过企业界和官方的多种顾问。他倡导的决策理论，是以社会系统理论为基础，吸收古典管理理论、行为科学和计算机科学等内容而发展起来的一门边缘学科。他由于在决策理论研究方面的突出贡献，而被授予 1978 年度诺贝尔经济学奖。

西蒙在管理学上的第一个贡献是提出了管理的决策职能。今天决策理论枝繁叶茂，与西蒙对这个领域的开创性贡献是分不开的。西蒙对管理学的第二个贡献是建立了系统的决策理论，并提出了人有限度理性行为的命题和"令人满意的决策"的准则。他的主要著作有《管理行为》《经济学和行为科学中的决策理论》《管理决策的新科学》《人工的科学》《人们的解决问题》《思维模型》等。

哈罗德·孔茨

哈罗德·孔茨（Harold Koontz，1908—1984），美国管理学家，管理过程学派的主要代表人物之一。早年于美国耶鲁大学获博士学位，而后在美欧各国讲授管理学，并在美国、荷兰、日本等国家的大公司中任咨询工作。他曾担任美国管理学会会长，在美国加利福尼亚管理研究院任管理学的名誉教授。他从 1941 年始陆续出版了二十几本书和发表了八九十篇论文，主要代表著作有《管理学原理》《管理理论丛林》《再论管理理论丛林》等。

孔茨和西里尔·奥唐奈首先提出管理过程学派，即管理职能学派，认为管理就是在组织中通过别人或同别人一起完成工作的过程，并将管理职能分为计划、组织、人事、领导和控制五项，而将协调作为管理的本质，也作为五项职能有效综合运用的结果。

五、决策的依据

决策在形成的过程中离不开信息。决策者只有快速、准确地获得信息，有效地利用信息，适时把握时机，才能获得更好的决策效益。然而，信息的数量和质量直接影响决策水平。因此，收集和处理信息就成为决策过程中重要的一部分工作。为了保证信息的质量必须做到以下几点。

(一) 信息必须有高度的可信度

可信度是指信息的真实性和准确性，包括两方面：一是信息员收集的原始信息是真实、准确的；二是作为决策依据的经过加工的信息必须是真实、准确的。

(二) 信息必须有高度的完整度

完整度是指决策信息应包含决策所需要的全部内容，如范围、种类、时间等多方面要求。为了做出科学的决策，不仅要有反映成绩的正面信息，还要有失败教训的反面信息；不仅有内部信息，还要有外部信息；不仅要有局部的信息，还要有总体的信息。

(三) 信息必须有高度的精确度

信息应准确反映对象的细微及本质特征，信息精确度越高，对决策的帮助将越大。然而，在现实生活中人们很难收集到完全精确的信息，总要有一定误差的存在，那么决策者在决策时对这些误差就要有所考虑，做到心中有数。

(四) 信息必须适度

管理者在收集信息时应就收集什么样的信息、收集多少信息以及从何处收集信息等问题进行成本-收益分析。因为信息量过大固然有助于决策水平的提高，但对组织而言可能是不经济的，而信息量过少则使管理者无从决策或导致决策达不到应有的效果。

在西蒙的决策过程中，信息的高效流动就是科学决策的前提条件。决策信息的生成主要包括信息收集、信息加工、信息传递、信息储存、信息输出和信息反馈六方面。图 5-2 表示决策过程中信息流动的过程。信息源是信息的出处。常见的信息源包括各种类型的出版物、档案资料、会议记录、传媒工具及重要人物的讲话等。在信息时代，各种类型数据库的创建使得信息的获取更加快捷。信息载体包括人脑、语言、文献资料和实物等。信息附着在载体上，并通过信息载体发挥作用。在决策的各个阶段，信息在信息源和决策者之间交互，将知识、数据、方法等传递给决策者，影响决策的制定；同时，决策形成过程中产生的新知识、新数据及新方法又会回流到信息源，经过信息载体的加工、处理生成新的信息记录下来，并完成更新工作。

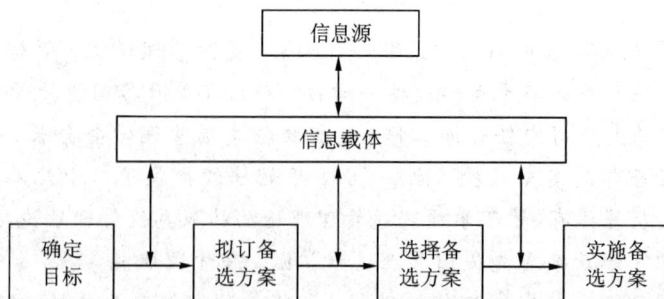

图 5-2　决策过程中信息流动的过程

决策过程中尽可能通过多种渠道收集信息,作为决策的依据。但信息收集的多少及从何处收集信息等,其本身也要进行"成本-收益"分析。

第二节　决策的类型与特点

一、决策的类型

决策贯穿于管理全过程,涉及各方面的工作。因此,决策的内容十分广泛。决策所要解决的问题和采用的方法是多种多样的,分清决策问题所属的类型,并使其条理化、清晰化,无疑是正确选择决策方法的一个重要前提。

(一) 按决策的重要性分类

1. 战略决策

战略决策是指直接关系到组织生存发展的全局性、长远性和方向性问题的决策,如组织目标和方针的确定、企业的并购重组等决策。这种决策对于组织的发展具有重要的意义,一般涉及的时间较长、范围较广且影响较为深远,具有前瞻性、指导性、长远性和对抗性等特点。战略决策多是复杂的、非程序化、带有风险的决策,常常依赖于决策者的直觉、经验和判断能力,搞好战略决策是组织高层管理者的主要职责。

2. 战术决策

战术决策又称管理决策,是指在组织内贯彻的决策,属于战略决策执行过程中的具体决策。战术决策旨在实现组织中各环节的高度协调和资源的合理使用,如企业生产计划和销售计划的制订、设备的更新、新产品的定价及资金的筹措等决策都属于战术决策的范畴。它是对战略决策的总目标具体化和细分化,为业务决策的制定提供依据和指明方向。所以,战术决策是连接战略决策与业务决策的纽带,常由高层管理者和中层管理者密切结合做出。

3. 业务决策

业务决策又称执行性决策,是指为实现阶段战术目标而进行的具体业务问题的决策,是日常工作中为提高生产效率和工作效率而做出的决策,如企业的经营计划编制、人员调配、物资设备管理等决策。业务决策为战术决策服务,是战术决策的延续和具体化,具有琐碎性、短期性、日常性和局部性等特点。它往往与作业控制相结合,属于低层次决策,由经济活动系统的中、基层管理人员来完成。

组织中不同层次的管理者所承担的决策任务是各不相同的。基层管理者主要从事业务决策,中层管理者主要从事管理决策,高层管理者主要从事战略决策。但这并不意味着基层管理者对战略决策和管理决策不闻不问。实践表明,它们之间是相互联系的。高层管理者经常通过战略决策来引导管理决策和业务决策,中层管理者在做出管理决策时经常要对战略决策有深入的了解,同时他们也指导和帮助基层管理者进行业务决策。

【知识链接 5-4】

决　策

研究人员曾经做过一次调查,向每一位被调查的管理者提出三个问题:"您认为每天最重要的事情是什么？""您每天做什么花的时间最多？""您在履行职责时感到最困难的是什么？"结果显示，90%以上的答案是"决策"。

1955年，美国《财富》杂志所列出的全球500强企业，到目前为止只剩下1/3。为什么会出现这种状况呢？根据美国兰德公司统计："世界上每100家破产倒闭的大企业中，85%的破产原因是由于企业管理者的决策不慎造成的。"

启示：管理过程中的决策这一环节无疑是最重要的部分。毛泽东曾经说过，领导无非两部分，除了用人，就是决策。在企业的生存与发展过程中，决策起着决定性的作用。相同的企业，相同的环境，因为采取了不同的决策，企业的发展情况会出现巨大的差异。

（资料来源：周立华，王天力. 管理学［M］. 北京：清华大学出版社，2012：118.）

（二）按决策的主体分类

1. 个体决策

个体决策是单个人做出的决策，是指管理者主要根据个人所掌握的信息并依靠个人的知识、经验及判断力而做出的决策。

个体决策的优点：

（1）决策速度快。由于是由个体作出决策，因此只需要个体形成明确的思路和方案即可，不需要经过其他人的相互讨论与交流，节省了很多时间和成本。

（2）责任清晰。决策存在失误的可能性，因此作出错误决策的个体，应该承担责任并接受一定的惩罚。这样才能形成对决策的审慎态度及提高决策的精度。个体决策就能很好地符合这种要求，决策者即为责任者。

个体决策的缺点

（1）信息和知识比较缺乏。受到个体经验和认知的影响，个体所拥有的信息和知识是有限的。对于决策来讲，一般所拥有的信息和知识越多，作出正确决策的可能性就越大。因此，对于个体决策这个方面是其劣势之一。特别是决策问题不是决策者所熟悉的领域时决策失误的可能性更大。

（2）易受到主观性影响。个体都会拥有主观性，比如情绪、性格、爱好等。这些主观性在某种程度上会影响人们的理性判断，从而作出错误的或偏离的决策。

（3）被接受性受限制。当个体所作出的决策，在组织内或组织部门内进行推行时，可能会遇到不太被接受的情况。特别当这个决策触及到其他人的利益，或与其他人观点不符合时，更是如此。

2. 集体决策

集体决策是指由多人共同参与决策分析和决策制定的整个过程。集体决策的决策者是相互制约、相互补充的人群或人们的共同体。集体决策时的决策能力不仅取决于诸如学识、胆略、经验等个人素质，还取决于集体中上述个人素质的组合所形成的集体智力结构和决策方式。最常用的集体决策形式有头脑风暴法、名义小组技术及德尔菲法等。

集体决策的优点

（1）能提供较完整的信息，有利于提高决策的科学性。具备不同知识背景和经验的决策者在收集信息、解决问题的方法和思路上往往具有一定的差异。他们的广泛参与有利于提高决策的全面性和科学性。

（2）产生更多的备选方案。由于决策者之间的充分交流，可集思广益产生更多的方案。尤其是集体成员之间在专业背景、知识结构、年龄结构，以及性别和阅历方面的互补性越强、效果越好。

（3）容易得到更多的认同，有助于决策的顺利实施。许多决策在做出最终选择方案后，会由于没有得到更多员工的普遍接受而以失败告终。但是，如果让受到决策影响和实施决策的人员参与决策的制定，将更有利于被接受和有效实施。

（4）提高合法性。集体决策制定过程是与民主思想相一致的，因此人们觉得集体制定的决策比个人制定的决策更合法。

集体决策的缺点

（1）消耗时间，速度、效率可能低下。组成一个由各个领域的专家、员工组成的决策集体，并力争以民主方式拟定最满意的行动方案显然要花费时间。因为其成员之间的相互影响有可能陷入盲目讨论的误区，从而既浪费时间，又降低决策速度和效率。

（2）少数人统治。集体中的成员永远不会是完全平等的，成员在集体中的地位可能会因职位、经验、对有关问题的认识、易受他人影响的程度、语言技巧及信心等不同而不同。因此，很可能在决策中出现以占优势地位的个人或小群体为主发表意见，进行决策的情况。

（3）屈从压力。在集体中要屈从社会压力，从而导致所谓的群体思维，即要求在组织成员内取得一致的欲望会战胜取得最好结果的欲望。这会抑制少数派和标新立异者的不同观点，以求取得一致性。群体思维削弱了组织中的批判精神，会影响到决策的质量。

（4）责任不清。在集体决策中，组织成员分担责任，但实际上谁对最后的结果负责却往往不清楚。在个人决策中，谁负责任是明确具体的。而在集体决策中，任何单个成员的责任都会被冲淡。因此，集体决策和个人决策各有优缺点，两者不能适用于所有情况。

个人决策与集体决策的比较如表 5-1 所示。

表 5-1　集体决策与个体决策的比较

方　式	个体决策	集体决策
速度	快	慢
准确性	较差	较好
创造性	较高，适用于工作结构不明确，需要创新的工作	较低，适用于工作结构明确，有固定程序的工作
效率	由任务复杂程度决定，通常用时少，但代价高	从长远看耗时长，但代价低，效率高于个人决策
风险性	视个人知识、经验及风格而定	视群体风格、结构合理性而定

3.个体决策和群体决策的选择

个体决策和群体决策，哪种决策更好呢？实际上，个体决策和群体决策都有明显的优缺点，往往个体决策的优势，就是群体决策的劣势，两者不存在绝对的优劣。在实际的管理应用中，应该依据问题的性质、成本的限制和群体自身的性质来决定合适的方式。比如对于简单、不需要很大深度的决策，完全可以采用个体决策。对于重大的决策，需要慎重考虑，对于非常复杂的决策，群体决策更优。但如果决策的时间限制和成本限制比较强，个体决策将是更可行的选择。反之，对于限制宽松的问题尽量采用群体决策。此外，如果群体内部存在明显的利益冲突，或者严重的爱憎喜好对立，则群体决策极可能演变成辩论与争吵，而无法展现群体决策的优势，在这种情况下用个体决策可能更优。

（三）按决策的重复性分类

1. 程序化决策

程序化决策又称为常规决策或重复决策，是指经常重复发生，能按照已规定的程序、处理方法和标准进行的决策，其决策步骤和方法可程序化、标准化及简单化，并可重复使用。像请假的批准、退货的处理、库存减少到一定程度时的重新订货等，都属于程序化决策，这类决策主要由基层管理者甚至工作人员做出。

2. 非程序化决策

非程序化决策又称为非常规决策或例外决策，是指具有极大偶然性、随机性，又无先例可循且有大量不确定性的决策。这类决策往往是独一无二的，因此在很大程度上依赖于决策者的知识、经验、洞察力及胆识来进行。像新产品的开发、多样化经营、收购与兼并、工程投资等都属于非程序化决策，这类决策一般由高层管理者做出。

（四）按决策问题所处的环境条件或环境因素的可控程度分类

1. 确定型决策

确定型决策是指可供选择的方案只有一种自然状态时的决策，即各备选方案所需的条件是已知的并能预先准确了解各方案的必然后果的决策。这种决策，由于各方案的条件、后果已知，所以只要比较一下各种方案，就可做出最佳决策。例如，某企业要贷款，可从三家银行获得，利率分别为 6%、7% 和 8%。在其他条件相同的情况下，应该从利率为 6% 的银行贷款最合算。

2. 风险型决策

风险型决策是指可供选择的方案中存在着两种以上的自然状态，哪种状态可能发生是不确定的，但可估计其发生的客观概率决策。由于风险是组织面对的、一种普遍的决策环境，故风险型决策是组织管理中最重要的决策类型，如建设新工厂的投资决策、新产品开发决策和企业兼并决策等。

对于风险型决策，我们通过期望值法来进行决策。所谓期望值，是每种可能状态的收益或损失，乘以这种可能状态发生的概率，再将所有乘积相加的结果。期望值是一个加权平均指标，表示在考虑了发生可能性的基础上，平均各种状态下不同收益的一种均值。如果一个方案的期望值高，就代表综合考虑了各种状态可能性之后该方案的平均收益比较高。相应地，我们就可以认为这个方案是一个比较好的方案。

我们用一个例子来理解期望值法。秦岭水泥厂现在考虑一项扩张投资决策，有四个备选方案：新建一个大型厂和一个小型厂。而建厂之后水泥销售市场的状况，则有多种情况，可能出现乐观的未来而供不应求。这种情况下，建设大型厂的收益会比较大，利润为 500 万元；建设小型厂的收益就会相对较小，利润为 350 万元。未来也可能出现悲观的情况而使产品积压。这种情况下，建设大型厂将会亏损 300 万元，建设小型厂将亏损 100 万元。秦岭水泥厂经过估计，预测未来乐观的可能性为 70%，悲观的可能性为 30%。那么秦岭水泥厂该如何决策？

首先，计算建设大型厂方案的期望收益（万元）：$500 \times 70\% + (-300) \times 30\% = 260$。

其次，计算建设小型厂方案的期望收益（万元）：$350 \times 70\% + (-100) \times 30\% = 215$。因为建设大型厂方案的期望值更高，所以这个方案为该风险条件下的最优方案。

这里需要注意，并非建设大型厂方案在所有可能性下都是最优方案。当对于未来可能性的预测发生变化时，期望收益将同时发生变化，方案可能会出现不同的结果。比如秦岭水泥厂经过进一步市场调查，修正了自己对于未来的预测，未来乐观和悲观的可能性对比变成了 50% 对 50%。因此新的期望值对比为

建设大型厂方案的期望收益（万元）：$500 \times 50\% + (-300) \times 50\% = 100$。

建设小型厂方案的期望收益（万元）：$350 \times 50\% + (-100) \times 50\% = 125$。所以建设小型厂，将成为在未来有利和不利可能性各半条件下的最优方案。

3. 不确定型决策

不确定型决策是指各备选方案可能出现几种结果，但在各种结果出现概率未知的情况下，完全凭决策者的经验、感觉和创造性而做出的决策。例如：某企业拟将一种新产品投放市场，有三种生产方案可以选择：大批量、中批量和小批量。由于缺乏历史资料，对于产品投放市场后的销量怎样并不清楚，只有好、一般及差这三种状态的大致估计，此时的决策即为不确定型决策。处理这类问题无规律可循，一般依靠决策者的经验和直觉来进行决策。

对于不确定型决策，我们通常的解决办法是将其转化为风险型或确定型。当然，这种转换是不完全的，依靠的是引入决策主体导向，因此其决策的精度也会大幅下降。比较常用的处理方法，有等可能值法、乐观法、悲观法、乐观系数法和后悔值法。

（1）等可能值法：也称拉普拉斯决策准则。采用这种方法，是假定自然状态中任何一种发生的可能性是相同的，通过比较每个方案的损益平均值来进行方案的选择。在利润最大化目标下，选取平均利润最大的方案，在成本最小化目标下选择平均成本最小的方案。

（2）乐观法：也称赫威斯决策准则，大中取大的准则。决策者不知道各种自然状态中任一种可能发生的概率，决策的目标是选最好的自然状态下确保获得最大可能的利润。首先，确定每一种可选方案的最大利润值；然后，在这些方案的最大利润中选出一个最大值，与该最大值相对应的那个可选方案便是决策选择的方案。由于根据这种准则决策也能有最大亏损的结果，因而称之为冒险投机的准则。

（3）悲观法：与乐观法相对，悲观法也称瓦尔德决策准则，小中取大的准则。决策者不知道各种自然状态中任一种发生的概率，决策目标是避免最坏的结果，力求风险最小。进行决策时，首先要确定每一种可选方案的最小收益值，然后从这些方案的最小收益值中选出一个最大值，与该最大值相对应的方案就是决策所选择的方案。

（4）乐观系数法：基于乐观法和悲观法的一种改进方法。其要点在于决策主体设定自己的乐观程度，从而确定一个乐观系数。以 1 代表极度乐观，以 0 代表极度悲观，决策主体判断自己的相对程度，从而得到自己的乐观系数（在 $0 \sim 1$ 之间），再依据乐观系数来计算每种方案的收益。

（5）后悔值法：也称萨凡奇决策准确性准则。决策者不知道各种自然状态中任一种发生的概率，决策目标是确保避免较大的机会损失。运用最小、最大后悔值法时，首先要将决策矩阵从利润矩阵转变为机会损失矩阵，然后确定每一种可选方案的最大机会损失，再

在这些方案的最大机会损失中选出一个最小值，与该最小值对应的可选方案便是决策选择的方案。后悔值法选择出来的方案，是使得即使发生最坏的情况，决策者的意外损失也会降到最小，从而后悔程度最小的方案。

【知识链接 5－5】

风 险 诱 惑

主人外出前，召来三个仆人，按他们不同的才干分配银子：老张五千、小王两千、小李一千。主人走后，老张和小王两人用所得银子做生意，分别赚了五千、两千。小李胆小慎微，为显示对主人的忠诚，将一千两银子埋了起来。主人回来后，对老张和小王两人赞赏有加，而且要将许多重要的事委派给他们管理。主人则斥责小李懒惰与胆怯，将其逐出门外并将一千两银子奖赏给了老张。

现代企业需要的不仅是忠实，更渴求胆识。畏手畏脚、从不冒险的企业家顶多维持不亏本的境地，而取得卓越成功的通常皆是有胆有识、敢冒风险的人。风险和利益的大小是成正比的。如果风险小，许多人都会去追求这种机会，因此利益也就不会很大。如果风险大，许多人就会望而却步，所以能得到的利益也就会更大些。从这个意义上来说，有风险才有利益。也可以说，利益就是对人们所承担风险的相应补偿。有风险才有诱惑，没有风险的社会，就没有成果可言。

（资料来源：周立华，王天力. 管理学 [M]. 北京：清华大学出版社，2012：117.）

（五）按决策影响时间的长短分类

1. 中长期决策

中长期决策是指有关组织今后发展方向的长远性、全局性的重大决策。一般影响时间为五年或更长时间。它多属于战略决策，如投资方向选择、人力资源开发、组织规模的确定等。这种决策需要一定数量的投资，具有实现时间长和风险较大的特点。

2. 短期决策

短期决策是指为实现组织长期战略目标而采取的短期策略手段。一般影响时间为一年以内。它多属于短期战术决策或业务决策，如企业日常营销决策、物资储备决策、生产中的劳动力调配和资金分配等。

（六）按决策起始点划分

1. 初始决策

初始决策是指组织对从事某种活动或从事该活动的方案所进行的初次选择。初始决策是零起点决策，是在有关活动尚未进行而环境未受到影响的情况下进行的。

2. 追踪决策

追踪决策，是在初始决策的基础上对组织活动方向、内容或方式的重新调整。随着初始决策的实施，组织环境发生变化，这种情况下所进行的决策就是追踪决策。因此，追踪决策是非零起点决策。

3. 初始决策与追踪决策的比较

两者相比，具有如下特征：

（1）回溯分析。初始决策是在分析初始条件与预测基础上制定的。而追踪决策是在初始方案实施后，由于管理人员对环境的认识发生了重大变化，或者当前环境与早期认识的初始环境有重大区别的情况下进行的。因此，追踪决策须从回溯分析开始，即对初始决策的形成机制与环境进行客观分析，列出失误的原因，以便管理人员有针对性地采取调整措施。回溯分析还应当挖掘初始决策中的合理因素，以之作为决策调整的基础。显然，追踪决策是一个扬弃的过程，应当将初始决策的"合理内核"予以保留。

（2）非零起点。初始决策是在有关活动尚未进行，对环境尚未产生任何影响的前提下进行的。追踪决策则不然，由于初始决策的实施，使追踪决策所面临的环境条件已经受到了某种程度的改造、干扰与影响，不再处于初始状态，而是已经发生了变化。

（3）双重优化。初始决策是在已知的备选方案中择优，而追踪决策则需双重优化。这表现在两个方面：一方面，追踪决策所选择的方案只有在原来方案的基础上有所改善，追踪决策才有意义，即追踪决策方案要优于初始决策方案；另一方面，追踪决策还需要在能够改善初始决策效果的各种可行方案中，选择最优或最满意者。以上两者中，前一种优化是追踪决策的最低要求，后一种优化是追踪决策应力求实现的根本目标。

（七）按决策问题所面临的对象分类

1. 非对抗型决策

非对抗型决策指不针对特定的竞争对手的决策，其所面临的是环境因素的影响及变动。

2. 对抗型决策

对抗型决策又称对策或竞争性决策，是指针对特定竞争对手，为获得竞争胜利而做出的决策，如下棋、体育竞赛等，历史典故齐王与田忌赛马也属此类决策。对这类决策问题的研究已形成了一个数学分支——对策论（game theory），又称竞赛理论或博弈论。

【知识链接 5 - 6】

田 忌 赛 马

齐国的大将田忌喜欢赛马。有一回，他和齐威王约定，要进行一场比赛。他们商量好，把各自的马分成上、中、下三等。比赛的时候，要上马对上马、中马对中马、下马对下马。由于齐威王每个等级的马都比田忌的马强得多，所以比赛了几次，田忌都失败了。田忌觉得很扫兴，比赛还没有结束，就垂头丧气地离开赛马场。

这时，田忌抬头一看，人群中有个人，原来是自己的好朋友孙膑。孙膑招呼田忌过来，拍着他的肩膀说："我刚才看了赛马，威王的马比你的马快不了多少呀！"孙膑还没有说完，田忌瞪了他一眼："想不到你也来挖苦我！"孙膑说："我不是挖苦你，我是说你再同他赛一次，我有办法准能让你赢了他。"田忌疑惑地看着孙膑："你是说另换一匹马来？"孙膑摇摇头说："连一匹马也不需要更换。"田忌毫无信心地说："那还不是照样得输！"孙膑胸有成竹地说："你就按照我的安排办事吧。"

齐威王屡战屡胜，正在得意洋洋地夸耀自己马匹的时候，看见田忌陪着孙膑迎面走来，便站起来讥讽地说："怎么，莫非你还不服气？"田忌说："当然不服气，咱们再赛一次！"说着，"哗啦"一声，把一大堆银钱倒在桌子上，作为他下的赌钱。齐威王一看，心里暗暗好笑，于是吩咐手下，把前几次赢得的银钱全部抬来，另外又加了一千两黄金，也放在桌子上。齐威王轻蔑地说："那就开始吧!"一声锣响，比赛开始了。

孙膑先以下等马对齐威王的上等马，第一局输了。齐威王站起来说："想不到赫赫有名的孙膑先生，竟然想出这样拙劣的对策。"孙膑不去理他。接着进行第二局比赛。孙膑拿上等马对齐威王的中等马，获胜了一局。齐威王有点心慌意乱了。第三局比赛，孙膑拿中等马对齐威王的下等马，又战胜了一局。这下，齐威王目瞪口呆了。比赛的结果是三局两胜，当然是田忌赢了齐威王。还是同样的马匹，只是调换一下比赛的出场顺序，就得到转败为胜的结果。

二、决策的特点

要做好决策，就应在理解决策内涵的基础上明确决策的特点，如图 5-3 所示。

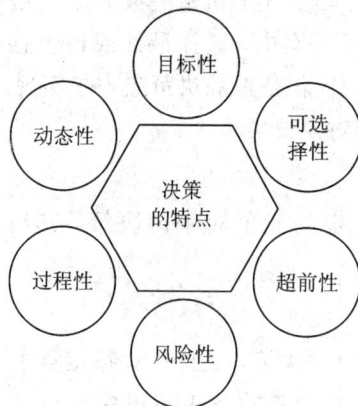

图 5-3　决策的特点

（一）目标性

决策要有明确的目标，是为了解决一定的问题，达到一定的目标。在对行动方案做出选择前，首先要有明确的目的。如果没有目的或目的性不明，决策就没有方向，往往会导致决策无效甚至失误。因此，必须明确为什么要进行决策，决策最终要达到的目标是什么。

（二）可选择性

决策应有若干个可供选择的可行方案。可行方案是指能够解决决策问题、实现决策目标、具备实施条件的方案。只有一个方案而无从比较，则谈不上是决策。只有多个方案选择才能评价优劣，得到满意的结果。因此，"多方案选择"是决策应该遵循的重要原则。

（三）超前性

决策所涉及的问题一般都与未来有关。为了解决目前面临的、待解决的新问题及将来可能出现的任何问题，找出各种可行的解决方案。任何决策都是针对未来行动的，所以决策是未来行动的基础，具有超前性。这就要求决策者意识超前、思维敏锐，能预见到事物的发展变化，并适时地做出正确的决策。

【知识链接 5-6】

光明乳业放弃 UHT 奶市场

光明乳业脱胎于上海乳业集团，1997 年后改为光明乳业股份有限公司。2004 年，光明基本完成了在全国大中型城市的广泛布点，成为中国生产量最大的巴氏奶生产商。

2001 年起，蒙牛和伊利开始迅速发展 UHT 奶。UHT 奶初进市场时，光明董事长王佳芬做了一个暂不进入 UHT 奶市场、专心做巴氏奶的决策，但这一决策使光明的部分市场份额被抢占。2003 年光明乳业退居行业第二，2005 年已排名行业第三。面对这种情况，光明乳业 2004 年决定大力发展 UHT 产品，但 2006 年起又重新强调"新鲜战略"，提出要将优势资源向新鲜乳制品集中。

光明为何做出此决策？取决于如下判断："巴氏奶"是全球乳品消费的主流，在发达国家和地区的市场上占有绝对的优势；光明的定位是高端乳品，消费人群锁定于城市人群。光明乳业的这一战略决策是否会成功？未来的风险体现在：现阶段中国市场是否会选择巴氏奶作为消费主流，城市乳品市场是否还有增长空间。看来这一决策是正确的，2013 年光明乳业在华东地区市场占有率为 21%，仅上海地区就达 41%，全国排名领先。新鲜牛奶的市场排名第一，占全国新鲜牛奶市场份额的 45%，占华东地区市场份额的 79%；新鲜酸奶在全国市场占有率为 22%，占华东地区的 54%；常温牛奶在全国市场占有率为 2.7%，占华东地区的 9.8%，占上海地区的 51%。

（四）风险性

决策的超前性也决定了其风险性。正因为任何备选方案都是在预测未来的基础上制定的，所以作为决策对象的备选方案不可避免地带有某种不确定性。决策者对所做出的决策能否达到预期目标不可能有百分之百的把握，都要冒一定的风险，所以说决策具有风险性。进行正确的决策不但要求管理者需要具有一定的决策水平，还需要有过人的胆识。

（五）过程性

决策是一个分析判断过程。决策在本质上是一个多阶段、多步骤的分析判断过程，而不是一个"瞬间"做出的决定。决策是一个提出问题、分析问题和解决问题的系统分析过程。在进行决策时，决策者首先需要做大量的调查分析和预测工作，然后确定行动目标，找出可行方案，并进行判断、权衡及选择，最后组成一个完整的决策过程。无论决策的复杂程度如何，决策都有一个过程。

（六）动态性

决策的动态性与过程性有关。决策作为一个过程，没有真正的起点，也没有真正的终点，而是一个不断循环的过程。

决策是管理者的基本管理行为，是管理的首要职能。管理者在确定计划目标及手段时，在设计组织结构及分配权益时，在指挥领导部属、激励员工及进行沟通时，在对计划和实际的行动进行对比与评价、实施控制行动时，在对组织机构、管理手段等进行创新时，都必须进行决策。所以，管理者也常被称为"决策者"，整个管理过程都有"决策"活动存在，如图 5-4 所示。

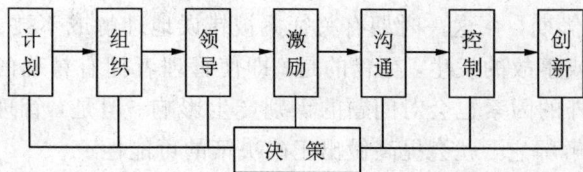

图 5-4　决策行为与管理过程

第三节　决策的过程与影响因素

一、决策的过程

决策是为实现组织特定目标而选择行动方案的过程，这个过程由一系列前后关联、相互独立的步骤组成，这就构成了决策的过程。一般而言，决策的过程包括诊断问题、明确目标、收集信息、拟订方案、评估备选方案、筛选方案、执行方案及评估效果等，具体如图5-5所示。

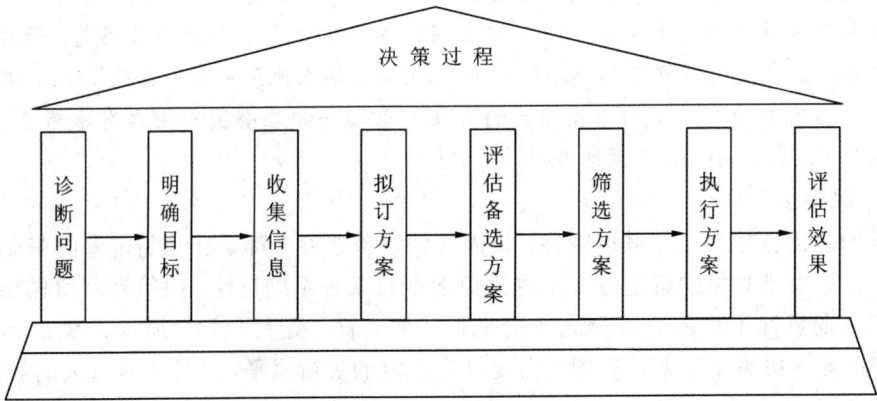

图5-5　决策的过程

（一）诊断问题

决策者必须知道哪里需要行动，因此决策过程的第一步是诊断问题。管理者通常密切关注与其责任范围有关的各类信息，包括外部的信息、报告及组织内的信息。实际状况和所想要状况的偏差，提醒管理者有潜在机会或问题的存在。问题并不总是简单的，因为要考虑组织中人的行为。一些时候，问题可能植根于个人的过去经验、组织的复杂结构或个人和组织因素的某种混合。因此，管理者必须特别注意要尽可能精确地评估问题。有些时候，问题可能简单明了，只要稍加观察就能识别出来。

评估问题的精确程度有赖于信息的精确程度，所以管理者要尽力获取精确的、可信赖的信息。低质量的或不精确的信息只会使时间白白浪费，并使管理者无从发现导致某种情况出现的潜在原因。

即使收集到的信息是高质量的，在解释的过程中也可能发生扭曲。有时，随着信息持续地被误解或有问题的事件一直未被发现，信息的扭曲程度会加重。大多数重大灾难或事故都有一个较长的潜伏期，在这一时期有关征兆被错误地理解或不被重视，从而未能及时采取行动，导致灾难或事故的发生。更糟的是，即使管理者拥有精确的信息并正确地解释它，处在他们控制之外的因素也会对问题的识别产生影响。但是，管理者只要坚持获取高质量的信息并仔细地解释它，就会提高做出正确决策的可能性。

（二）明确目标

目标体现的是组织想要获得的结果，想要结果的数量和质量都要明确下来，因为目标的这两个方面都最终指导决策者选择合适的行动路线。

目标的衡量方法有很多种，如我们通常用货币单位来衡量利润或成本目标，用单位时间每人的产出数量来衡量生产率目标，用次品率或废品率、返修率等间接数量指标来衡量质量目标，用一级、二级等级来划分产品质量。

根据时间的长短，可将目标分为长期目标、中期目标和短期目标。长期目标通常用来指导组织的战略决策。中期目标通常用来指导组织的战术决策。短期目标通常用来指导组织的业务决策。无论时间的长短，目标总指导着随后的决策过程。

（三）收集信息

收集与决策有关的政治、经济、技术、社会等各方面的情报资料，是进行科学决策的重要依据。情报信息量的大小及正确与否，直接影响到决策的质量。要想在决策上不失误，必须有丰富可靠的情报来源、迅速的情报传递、准确的情报研究，这是使决策科学化的重要物质技术基础。没有完全而充分的信息，就不可能作出科学的决策。资料来源，一方面是统计调查资料，另一方面是预测资料。收集情报信息资料要达到以下要求：① 资料必须具有完整性，凡与目标要求有关的直接或间接资料，都要尽可能收集齐全；② 资料情报必须具有可靠性，要有依据，能满足时间、地点及对象的连续性要求，数字要准确无误；③ 对资料要做系统分析，着重从事实的全部总和，从事实的联系去掌握事实，从事物的发展中全面估计各种对比关系，以保证掌握情报信息的科学性；④ 对一些不确切的问题或疑难问题，要召集专家及有关人员进行集体会诊，以做出定性分析和概率估计。

做好预测工作，是确定目标和收集资料两个阶段都十分必要的事情。

科学的决策要有科学的预测。科学决策需要的科学依据包括经济依据、现状依据及预测依据。对事物的过去和现状进行定量、定性分析是重要的，但这还不够。决策是在今后执行的，分析历史和现状是为了预测未来。没有科学的预测，就没有科学的决策。我国过去一些决策上的失误，其中一个重要原因就是科学依据不足，尤其缺乏预测依据。只有通过科学的预测从而获得决策所必要的未来发展信息，才能使决策有可靠的科学依据。

（四）拟订方案

一旦机会或问题被正确地识别出来，管理者就要提出达到目标和解决问题的各种方案。在决策中对程序化决策基本上可根据过去的成功经验，拟出可供选择的方案。而对非程序化决策，需要寻找新的解决方案，需要决策者的智慧和胆识。

拟订备选方案是决策的基础工作。决策是在多种方案中选择一种，首先应能拟出多种方案备选，各方案间思路差异越大，选择余地越大，所选方案的优点及可行性才越突出，越容易发现和补充其存在的缺陷。对非程序化决策，需要提出多种各具特色、有创意的备选方案，一般采用两个步骤。

1. 方案的轮廓设想

方案的轮廓设想是方案拟定的第一阶段。旨在通过大胆设想、集思广益，从不同角度、途径设想出各种可能的方案，实现方案创新。国外常用头脑风暴法和对演法两种形式。

（1）头脑风暴法。头脑风暴法是用召开畅谈会的方法取得方案（详见本章第四节）。

（2）对演法。对演法是分小组提出不同方案，会上各方案提出者分别介绍自己的观点，展开辩论，互攻其短，充分暴露各方案的缺点及不完善之处；或者预先设计一个方案，作为对立面，故意让与会者提出挑剔性意见。通过这种方法，可以尽量考虑可能发生的问题，增加方案的完善程度和可行性。

2. 方案的精心设计

在轮廓设想的基础上，将方案的各个细节进行严密的运算和平衡，并估算某个方案可能获得的经济效益，最后将精心设计的各方案交予决策者选择。

为了保证最后选择的决策方案正确且不致失误，拟订的方案应当切实可行。从整体原则出发，技术上合理，经济上合算，实际上切实可行，使其经济性、有效性、系统性、可靠性、灵活性有机地结合起来，并具有如下特点：

(1) 详尽性。详尽性是指拟订的方案在指标及其标准、措施与办法、落实等方面，要详细完全，切忌残缺不全。

(2) 可行性。可行性是指拟订的方案要符合实际情况，是可以执行的。"可行性"同义于"可能性"，是指"做得到，行得通，能实现，会成功"的可能性。

(3) 相互排斥性。相互排斥性是指要拟订多个方案，各方案之间要有质的区别，类似的方案只能算一个方案。

(五) 评估备选方案

对所拟订的每一个行动方案，应从定性和定量的两个方面加以分析评估，明确各个方案的利弊，从而为方案选择打下基础。因此，首先要建立一套有助于指导和检验判断正确性的决策准则。决策准则表明了决策者关心的主要是哪几方面，一般包括目标达成度、预期成本和预期收益等。其次，根据组织的大政方针和所掌握的资源来衡量每一个方案的可行性，并据此列出方案的限制因素。再次，确定每一个方案对于解决问题或实现目标所能达到的程度，以及采用这些方案后可能带来的后果。要对各方案是否满足决策所处条件下的各种要求及能带来的效益和可能产生的各种后果进行分析。最后，根据可行性、满意程度和可能产生的后果，比较哪一个方案更有利。可通过罗列出各方案对各个希望目标的满足程度及各个方案的利弊，来比较各方案的优劣。

(六) 筛选方案

在决策过程中，管理者通常要做出最后选择，但做出决定仅是决策过程中的一个步骤。尽管选择一个方案看起来很简单——只需要考虑全部可行方案并从中挑选一个能最好解决问题的方案，但实际上要做出选择是很困难的。由于最好的决定通常建立在科学判断的基础上，所以管理者要想做出一个满意的决策，必须全面和仔细地考察全部事实，确定是否可以获取足够的信息，最终选择最好的方案。

(七) 执行方案

方案的执行是决策过程中至关重要的一步。在方案选定以后，管理者就要制定实施方案的具体措施和步骤。实施过程中通常要注意做好以下工作：

(1) 制定相应的具体措施，保证方案的正确实施；

(2) 确保与方案有关的各种指令能被所有相关人员充分接受和彻底了解；

(3) 应用目标管理方法 (MBO) 将决策目标层层分解，落实到每一个执行单位和个人；

(4) 管理者要善于给下级授权，做到责权对等；

(5) 设计合理的报酬制度，根据目标完成的情况对相关部门、层次和人员进行奖惩，以充分调动相关人员的工作积极性；

(6) 建立重要的工作报告制度，以便及时了解方案的进展情况，及时进行调整。

（八）评估效果

一个方案的实施可能延及较长的时间，在这段时间形势可能发生变化，而初步分析建立在对问题或机会的估计上。因此，管理者要不断对方案进行修改和完善，以适应变化的形势。同时，连续性活动因涉及多阶段控制而需要定期的分析。

由于组织内部条件和外部环境的不断变化，管理者要不断修正方案来减少或消除不确定性。具体来说，职能部门应对各层次、各岗位履行职责情况进行检查和监督，及时掌握执行进度，检查有无偏离目标，及时将信息反馈给决策者。决策者则根据职能部门反馈的信息，及时追踪方案实施情况。对与既定目标发生部分偏离的则应采取有效措施，以确保既定目标的顺利实现；对客观情况发生重大变化，原先目标确实无法实现的，则要重新寻找问题或机会，确定新的目标，重新拟定可行的方案，并进行评估、选择和实施。

需要说明的是，管理者在以上各个步骤中都会受到个性、态度、行为、价值观及文化等诸多因素的影响。

二、决策的影响因素

组织决策是在一定环境条件下通过组织成员的参与而进行的。因此，决策过程会受到组织内外各方面因素的影响。影响组织决策的主要因素如图 5-6 所示。

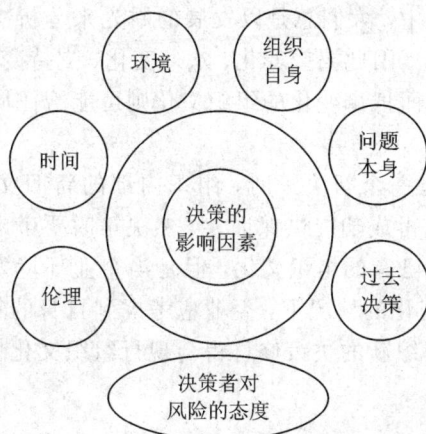

图 5-6　决策的影响因素

（一）环境

组织的外部环境对组织决策的影响是不言而喻的。这种影响主要体现在四个方面。

1. 环境的特点影响着组织决策的频率和内容

就决策的频率来说，市场急剧变化，环境不稳定，企业就会经常地对其经营管理活动做出重大的调整。从调整或决策的内容来看，在竞争性市场上经营的企业，通常需要密切注视竞争者的动向，不断推出新产品，努力改善对顾客的服务，建立和健全营销网络等。而处于垄断市场中的企业，则将决策重点放在内部生产条件的改善、生产规模的扩大及生产成本的降低上。

2. 行业竞争者的决策对组织决策的影响

因为处在同一行业环境中的竞争者之间本来就是相互影响、相互牵制和相互作用的。

竞争者的降价决策会迫使本企业制定相应的反应对策。尤其是处在同一个战略群中的企业，采用同种竞争战略，它们之间的决策更具有很强的相互关联性，任何一方的决策不能忽视特定环境中的可能反应而独立制定。

3. 买卖双方在市场上的地位

在卖方市场中，以生产条件与能力为出发点；在买方市场中，以市场需求为出发点。

4. 对环境的习惯反应模式也影响着组织的活动选择

即使在相同的环境背景下，不同的组织也可能做出不同的反应。而这种调整组织与环境之间关系的模式一旦形成，就会趋向固定，限制着人们对行动方案的选择。

（二）组织自身

1. 组织文化

组织文化是指一个组织及其成员的行为准则和价值观念的总和。它制约着组织及其成员的行为方式。在决策层次上，组织文化通过影响人们对改变的态度而发生作用。任何决策的制定，都是对过去在某种程度上的否定；任何决策的实施，都会给组织带来某种程度的变化。组织成员对这种可能产生的变化会怀有抵御或欢迎两种截然不同的态度。在偏向保守、怀旧及维持的组织中，人们总是根据过去的标准来判断现在的决策，总是担心在变化中会失去什么，从而对将要发生的变化产生怀疑、害怕和抵御的心理与行为；相反，在具有开拓、创新气氛的组织中，人们总是以发展的眼光来分析决策的合理性，总是希望在可能产生的变化中得到什么，因此渴望变化、欢迎变化、支持变化。显然，欢迎变化的组织文化有利于新决策的实施，而抵御变化的组织文化则可能给任何新决策的实施带来灾难性的影响。

在进行管理决策和实施一个新决策时，组织内部的新旧文化必须相互适应、相互协调，这样才能为组织决策获得成功提供保证。虽然决策时要考虑所作出的决策尽量与组织文化相适应，不要破坏企业已有的组织文化，但是当企业环境发生重大变化，企业的组织文化也需要相应做出重大变化的情况下，企业应考虑到自身的长远利益，不能为了迎合企业现有的组织文化，而将组织新的决策修订得与现行组织文化标准相一致，因为这有可能损害组织的长远发展。

2. 组织信息化程度

组织的信息化程度越高，信息的获取、加工、应用能力及效率往往越高，这有利于快速、低成本地获取决策过程中所需的大量信息，进而影响到决策的有效性。

（三）问题本身

1. 问题的紧迫性

问题的紧迫性是针对问题对时间要求的高低而确定。如果问题对时间要求高，需要迅速做出决策，那么这种决策往往多是瞬时的，没有太多的分析过程和分析方法。例如，战争中军事指挥官的临场指挥多属于此种情况。

2. 问题的重要性

问题的重要性对决策的影响是多方面的。重要的问题可引起高层领导的重视，得到更多的支持，越重要的问题越有可能由群体决策，对问题的认识更全面，决策的质量可能更高。此外，越重要的问题越需要决策者慎重决策，越需要决策者避开各类决策陷阱。

（四）过去决策

在大多数情况下，组织决策不是在一张白纸上进行初始决策，而是对初始决策的完善、调整或改革。组织过去的决策是目前决策过程的起点。过去选择方案的实施，不仅伴随着人力、物力、财力等资源的消耗，还会给管理者心理和情感上带来变化，甚至会伴随着内部状况的改变，带来对外部环境的影响。过去决策对目前决策的制约程度要受到它们与现任决策者关系的影响。如果过去决策是由现在的决策者制定的，而决策者通常要对自己的选择及其后果负管理上的责任，因此会不愿对组织活动进行重大调整，而更倾向于仍将大部分资源投入过去方案的执行中，以证明自己的一贯正确。相反，如果现在的主要决策者与组织过去的重要决策没有很深的渊源关系，则会易于接受重大改变。

（五）决策者对风险的态度

风险是指一个决策所产生的特定结果的几率。决策是人们确定未来活动的方向、内容和目标的行动，而人们对未来的认识能力有限，目前预测的未来状况与未来的实际状况不可能完全相符。因此，在决策指导下进行的活动，既有成功的可能，也有失败的危险。任何决策都必须冒一定程度的风险。根据决策者对风险的态度可以将其分为三种，即风险喜好型、风险中性与风险厌恶型。不同的决策者对风险的态度决定了其决策的方式。风险喜好型的决策者敢于冒风险和承担责任，因此有可能抓住机会，但也可能遭到一些损失。风险厌恶型的决策者不愿冒风险，不敢承担责任，虽然可以避免一些无谓的损失，但也有可能丧失机会。风险中性的决策者对风险采取理性的态度，既不喜好也不回避。

组织及其决策者对待风险的不同态度会影响决策方案的选择。愿意承担风险的组织，通常会在被迫对环境做出反应以前就已采取进攻性的行动；而不愿承担风险的组织，通常只对环境做出被动的反应。愿意冒风险的组织经常进行新的探索，而不愿承担风险的组织，其活动则要受到过去决策的严重限制。由此可见，决策者对风险的态度会影响决策活动。

【知识链接 5-8】

杭 州 大 火

南宋绍兴十年七月，杭州城最繁华的街市失火，火势迅猛蔓延，数以万计的房屋商铺置于火海之中，顷刻之间就化为废墟。有一位裴姓富商，苦心经营了大半辈子的几间当铺和珠宝店也恰在那条街中。火势越来越猛，他大半辈子的心血眼看就要毁于一旦。但是他并没有让伙计和奴仆冲进火海，舍命抢救珠宝财物，而是不慌不忙地指挥他们迅速撤离，一副听天由命的神态，令人大惑不解。而后，他不动声色地派人从长江沿岸平价购回大量木材。当这些木材像小山一样堆起来的时候，裴姓商人又归于沉默，整天品茶饮酒，逍遥自在，好像失火与他毫无关系。大火烧了数十日之后被扑灭了，但是曾经车水马龙的杭州，大半个城市是墙倒房塌一片狼藉。不几日，朝廷颁旨重建杭州城，凡经营销售建筑用材者一律免税。于是杭州城内一时大兴土木，建筑用材供不应求，价格陡涨。裴姓商人乘机抛售建材，获利巨大，其额远远大于被火灾焚毁的财产。

（资料来源：科技周刊）

（六）伦理

伦理就是人际关系中我们应该共同遵守的规范，是"决策动机"最起码的道德规范伦理。决策者是否重视伦理及采用何种伦理标准会影响其对待行为或事物的态度，进而影响其决策。1992 年 Bind 和 Gandz 指出，"如果管理者能更多地意识到他们的价值观、社会准则和伦理规范，并把它们用于决策，就可以改善决策；如果决策时能考虑到社会分析和伦理选择，那对管理者本身、企业和社会都是有益的；各种伦理分析工具能帮助管理者作出更好的决策，更清晰地向利益相关者解释其行为的理由。"

在现代企业管理过程中，大量的问题需要进行决策，现代企业的决策也大量依靠量化的技术。但实际情况是，定量技术并非可以解决所有的决策问题。在企业决策过程中，总存在着不可能完全量化的因素，所以在无法进行量化决策的情况下，决策过程中必须考量社会伦理的内容。任何企业的决策活动都是在对企业面临的内部与外部环境的考量下做出的，而其中的社会心理、政治、法律和道德因素是管理决策中必须考虑的重要的外在因素。再者，企业决策最终是在主要决策者的指导与决断下完成的，是对各种可行方案进行评估选择的过程，其实质就是决策者依赖价值观做出价值判断的过程。从某种意义上说，价值决策是管理决策的本质。换言之，决策所面临的困难不是管理问题本身而是价值观问题上的处理与选择。

（七）时间

美国学者威廉·R·金和大卫·T·克里兰将决策类型划分为时间敏感决策和知识敏感决策。

时间敏感决策是指那些必须迅速而尽量准确的决策。战争中军事指挥官的决策多属于此类。这种决策对速度的要求远高于质量。例如，当一个人站在马路当中，一辆疾驶的汽车向他冲来时，关键是要迅速跑开，至于跑向马路的左边近些还是右边近些，相对于及时行动来说则显得比较次要。

相反，知识敏感决策对时间的要求不是非常严格。这类决策的执行效果主要取决于其质量，而非速度。制定这类决策时，要求人们充分利用知识，做出尽可能正确的选择。战略决策基本属于知识敏感决策。这类决策着重于运用机会，而不是避开威胁，着重于未来，而不是现在。所以，选择方案时，在时间上相对宽裕，并不一定要求必须在某一日期以前完成。但是，也可能出现这样的情况，当外部环境突然发生了难以预料和控制的重大变化，对组织造成了重大威胁时，组织如不迅速做出反应，进行重要改变，则可能引起生存危机。这种时间压力可能限制人们能够考虑的方案数量，也可能使人们得不到足够的评价方案所需的信息，同时还会诱使人们偏重消极因素，忽视积极因素，仓促作决策。

【阅读材料 5 - 9】

可口可乐新产品上市决策

有"清凉饮料之王"之称的可口可乐，诞生于 1886 年。经过 100 年左右的发展，可口可乐公司已成为全球性的饮料公司。而正是仅占饮料 1‰ 的神秘配方——"类汉帝司－7x"使可口可乐公司发展成为全球著名的跨国公司。可就在 1985 年 4 月，可口可乐公司却宣布改变沿用 99 年之久的老配方，采用刚研制成功的新配方。在此之前，该公司用了三年时间耗资 500 万美元，进行了 20 余万人次的口味调查和饮用实验，调查结果是 55% 的人认为新配方味道更好。可是，当新产品问世之后却引起了一场轩然大波。公司每天都能收到无数封抗议信件和多达 1500 次的抗议性电话。与此同时，可口可乐的竞争对手百事可乐认为击败可口可乐的时候到了。正如百事可乐广告部主任所说:"这个机会对我们来说就像一个大窗口,通过它我们可以争取那些铁杆的嗜饮可口可乐者。"这样,可口可乐公司不得不宣布:为了尊重老顾客的意见,公司决定恢复老配方的生产,同时考虑消费者新的需要,新配方继续生产。这个改变,使可口可乐从不利的阴影中走了出来。

可口可乐公司的本意是开拓新产品以加强竞争力,但错就错在它冒险地取消了原有的成熟产品。原有的成熟产品已经与老顾客形成了一种比较稳定的交流性关系,这是一个企业得以维持的基础,贸然取消它,让老顾客去使用或消费他们并不习惯的新产品,显然是违反了消费心理的做法。而后来可口可乐及时弥补所取得的成功,又恰恰说明了贸然行动的错误性。所以,不断勇于开发、生产新产品,同时淘汰已不再受欢迎的旧产品,并要同样重视依然拥有市场的旧产品的方法是值得借鉴的。

第四节 决 策 的 方 法

一、决策理论

"经济人"假说认为,人类从事经济活动的目的是追求利润最大化,而忽视人所具有的情感态度及价值观。在"经济人"假说的基础上形成了规范决策理论。这一理论假定决策者具备完全的理论知识,追求效用最大,通过冷静客观的思考进行决策。

但 20 世纪 50 年代之后,人们认识到建立在"经济人"假说之上的规范决策理论只是一种理想模式,不一定能指导实际中的决策。诺贝尔经济学奖获得者西蒙提出"满意标准"和"有限理性标准",用"社会人"取代"经济人",大大拓展了决策理论的研究领域,出现了新的理论——行为决策理论。这一理论包括了有限理性模型、成功管理模型和社会模型。以上模型加上规范决策理论模型,表明了决策从完全理性到完全非理性之间的变化。图 5-7 概括了四种模型组成的决策理论统一体。

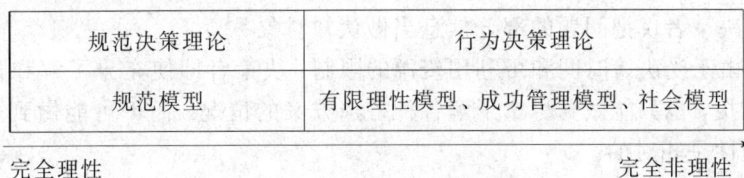

规范决策理论	行为决策理论
规范模型	有限理性模型、成功管理模型、社会模型

完全理性 →→→→→→→→→→→→→→→→→→→→→→ 完全非理性

图 5-7 决策理论统一体

(一)规范决策理论

规范决策理论模型又称为古典模型、经济模型或生态模型。这个模型认为决策者能够做出"最优"选择,决策者是完全理性的。管理决策被认为是理性的,是说管理者在具体的约束条件下做出一致的、价值最大的选择。

一个完全理性的决策者会是完全客观的和合乎逻辑的,他会认真确定一个问题并会有一个明确而具体的目标。而且,决策制定过程的步骤会始终如一地导向选择使目标最大化的方案。图 5-8 是对理性假设的概括。

规范决策理论是基于"经济人"的假设提出来的。规范决策理论认为,应该从经济的角

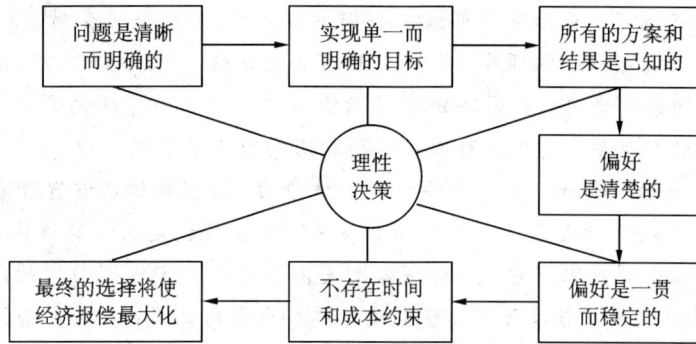

图 5-8　理性假设

度看待决策问题，即决策的目的在于为组织获取最大的经济利益。规范决策理论的主要内容是：决策者必须全面掌握有关决策环境的信息；决策者要充分了解有关备选方案的情况；决策者应建立一个合理的、自上而下的、执行命令的组织体系；决策者进行决策的目的始终都是在于使本组织获取最大的经济利益。

规范决策理论假设，作为决策者的管理者是完全理性的，决策环境条件的稳定与否是可以被改变的。在决策者充分了解有关信息情报的情况下，是完全可以做出完成组织目标的最佳决策的。古典决策理论忽视了非经济因素在决策中的作用。

（二）行为决策理论

1. 行为决策理论的观点

行为决策理论的观点认为，影响决策者进行决策的不仅有经济因素，还有其个人的行为表现，如态度、情感、经验和动机等。行为决策理论的主要内容如下：

（1）人的理性介于完全理性和非理性之间，即人是有限理性的，这是因为在高度不确定和极其复杂的现实决策环境中，人的知识、想象力和计算力是有限的。

（2）决策者在识别和发现问题中容易受知觉上偏差的影响，而在对未来的状况做出判断时，直觉的运用往往多于逻辑分析方法的运用。所谓知觉上的偏差，是指由于认知能力的有限，决策者仅把问题的部分信息当做认知对象。

（3）由于受决策时间和可利用资源的限制，决策者即使充分了解和掌握有关决策环境的信息情报，也只能做到尽量了解各种备选方案的情况，而不可能做到全部了解，决策者选择的理性是相对的。

（4）在风险型决策中，与经济利益的考虑相比，决策者对待风险的态度起着非常重要的作用。决策者往往厌恶风险，倾向于接受风险较小的方案，尽管风险较大的方案可能带来较为可观的经济收益。

（5）决策者在决策中往往只求满意的结果，而不愿费力寻求最佳方案。导致这一现象的原因有多种：决策者不注意发挥自己和别人继续进行研究的积极性，只满足于在现有的可行方案中进行选择；决策者本身缺乏能力，在有些情况下，决策者出于个人某些因素的考虑而做出自己的选择；评估所有的方案并选择其中的最佳方案，需要花费大量的时间和金钱，这可能得不偿失。

2. 行为决策理论的三种模型

行为决策理论抨击了将决策视为定量方法和固定步骤的片面性，主张把决策视为一种文化现象，主要包括有限理性模型、成功管理模型和社会模型三种理论解释。

（1）有限理性模型。

有限理性是把问题的本质特征抽象为简单的模型，而不是直接处理全部复杂性的决策行为。然后，在组织的信息处理限制和约束下，管理者在简单的模型参数下努力采取理性行动。其结果是一个满意的决策而不是一个最大化的决策，即一个解决方案"足够好"的决策。

赫伯特·西蒙挑战了理性决策模型，并提出了有限理性的概念。按照西蒙的有限理性，决策者不能是真正理性，原因在于：第一，他们对于选择方案和结果不具备完善、充分的信息；第二，他们面对的问题过于复杂；第三，人类不能分析他们周围的信息；第四，没有足够的时间来处理所有相关信息；第五，在同一个企业的管理者，可能具有相互矛盾的目标。

有限理性模型又称西蒙模型或西蒙最满意模型。它认为，人的理性是完全理性和完全非理性之间的一种有限理性，其主要观点如下：

① 手段—目标链的内涵有一定矛盾，一个简单的手段—目标链分析会导致不准确的结论。西蒙认为，手段—目标链的秩序系统很少是一个系统的、全面联系的链。组织活动和基本目的之间的联系常常是模糊不清的，这些基本目的也是一个不完全系统，这些基本目的内部和达到这些目的所选择的各种手段内部也存在着冲突与矛盾。

② 决策者追求理性，但又不是最大限度追求理性，决策者只要求"有限理性"。这是因为人的知识有限，决策者既不可能掌握全部信息，也无法认识决策的详尽规律；人的计算能力有限，不要说人，即使借助计算机，也没有办法处理数量巨大的变量方程组；人的想象力和设计能力有限，不可能把所有备选方案全部列出；人的价值取向并非始终如一，目的时常改变；人的目的往往多元，而且互相抵触，没有统一的标准。

③ 决策者在决策中追求"满意"标准，而非"最优"标准。在决策过程中，决策者定下一个最基本的要求，然后考察现有的备选方案。如果有一个备选方案能较好地满足定下的最基本的要求，决策者就实现了"满意"标准，他就不愿意再去研究或寻找更好的备选方案了。这是因为一方面人们往往不愿发挥继续研究的积极性，仅满足于已有的备选方案；另一方面决策者也由于种种条件约束，本身也缺乏这方面的能力。

根据以上三点，决策者承认自己感觉到的世界只是纷繁复杂的真实世界的极端简化，他们"满意"的标准不是最大值，所以不必去确定所有可能的备选方案。由于感到真实世界是无法把握的，他们往往满足于用简单的办法，凭经验、习惯和惯例去办事。

有限理性假设会阻碍理性而给偏见、主观、混乱决策过程提供机会。例如：决策的累进模型认为决策者进行小的决策，并一步一步谨慎推进，最终将它们拼凑起来成为一个大的方案。

决策的联合模型认为当人们对目标分歧或与别人竞争资源时，决策过程会变成政治过程，个人会结成帮派对决策施加集体影响，两个或更多的帮派会有不同的偏好，都努力使用影响力和谈判来左右决策。

决策的垃圾桶模型认为当人们不能确定目标或对目标有分歧时，以及对做什么不能确定和有分歧时，就会因为问题简单或过于复杂而不能很好地理解它们，而决策者们还有许多事情要处理，就会对决策过程很随意。这个模型解释了为什么有些决策是混乱的和几乎是随机的。你能发现它们是对理性决策过程的戏剧性偏离。当然,这些过程都会在任何组织中发生。更近地观察一些组织生活中的现实和如何使之完全理性决策是不可能的。

在理想的理性假设不起作用的情况下,决策制定过程的细节,强烈地受到决策者个人利益、组织文化、内部政治及权力考虑的影响。管理者应该如何制定决策的完全理性观,与管理者实际上如何制定决策的有限理性描述之间存在的差异,常常能够解释管理实践与管理理论脱节的情况。

(2) 成功管理模型。

成功管理模型又称皮特斯-渥特迈模型。皮特斯(Peters)和渥特迈(Waterman)在调查了许多成功的工商企业后发现,理性模型给工商企业带来了不良后果,因而这些工商企业并不遵守理性模型。它们有自己的成功管理模型,这一模型具有如下特征:决策者流动于各个部门之间,以掌握真实的正在发生的情况;决策者尽可能在一段时间里只做一件事,完成有限的目标;决策者重视行动,经常实验,不惧怕失败,而理性模型则不承认实验价值;决策者注重速度和数量,提倡立刻就干,事做得多,策略就越完善,他们不怕实践,也知道什么时候该放弃;拥有一个无形的有漏洞的体系,企业的重大突破来自对漏洞的改革。这种决策模型没有一套理性的决策程序,属于非理性的模型。它尽管受到一些怀疑,但解决了来自组织的实际案例。

(3) 社会模型。

社会模型又称为社会心理学模型。弗洛伊德(Floyd)认为,人的行为大部分是由本身的潜意识指导的。按照弗洛伊德的观点,人们是没有能力做出理性决策的。不管对弗洛伊德的理论抱何种态度,人们几乎都同意社会因素对决策行为有深远影响,社会的压力和影响甚至会导致决策者做出完全非理性的决策。

每个人都生活在文化之中,文化对人的影响极深,不跳起来不知道地球重力的存在,不换一个文化环境往往意识不到文化对人根深蒂固的影响。文化的影响其实就是一种社会的压力,会有意无意地迫使决策者按照自己的文化传统去认知、决断和行动,这一切并不是建立在理性的基础之上的。父子在一个问题上认识不同,儿子如何决策呢?按中国文化,儿子应当洗耳恭听,接受教育;按美国文化,家长尊重子女的个性与独创,不要求顺从,儿子可与父亲争辩。那么,以上两种选择哪种是理性的呢?我们必须清醒地认识到,决策是一种文化现象。

社会模型在某些条件下是适用的,但是人并不是完全非理性的,否则人类社会也不会得到发展。因此,我们不能简单地认为社会模型在大多数决策中起主要作用,但也不得不承认,社会因素和社会压力对决策行为的影响是十分重要的。

(三) 当代决策理论

当代决策理论的核心内容是:决策贯穿于整个管理过程,决策程序就是整个管理过程。组织是由决策者及其下属、同事组成的系统。整个决策过程从研究组织的内外环境开始,继而确定组织目标,设计可达到该目标的各种可行方案,比较和评估这些方案进而进行方案选择(即做出择优决策),最后实施决策方案,并进行追踪检查及控制,以确保预定目标的实现。这种决策理论对决策的过程、决策的原则、程序化决策和非程序化决策、组织机构的建立同决策过程的联系等做了精辟的论述。

对当今的决策者来说,在决策过程中需广泛应用现代化的手段和规范化的程序,以系统理论、运筹学和计算机为工具，并辅之以行为科学的有关理论。这就是说，当代决策理论将古典决策理论和行为决策理论有机地结合起来。它所概括的一套科学行为准则和工作程序，既重视科学的理论、方法及手段的应用，又重视人的积极作用。

当代决策理论包括的主要类型有智能管理、质量管理、组织管理等。

（四）直觉决策

变化中的管理实践：直觉决策日益流行。一位满脑子是方法的教授说："决策制定很容易，只是确定适当的模型，定义变量，代入数字并求出答案。"这种管理决策的方法于20世纪80年代中期达到了登峰造极的地步。推动这一方法的指导原则似乎是："如果不能使之定量化，它就不存在。"

理性模型的本质在于用系统性的逻辑取代直觉。直觉决策正在赢得商学院和管理人员中新的追随者的青睐。专家们不再不加分析地假定直觉的运用是制定决策的一种非理性的、或无效的方法。越来越多的人认为，理性分析被强调得过了头，并且在某些情况下决策制定能够通过决策者的直觉来改善。因此，直觉不是要被理性分析所取代，而是这两种方法是相辅相成的。

管理者最有可能使用直觉决策方法的有以下8种情况：存在高度不确定性时；极少有先例存在时；变化难以科学地预测时；事实有限时；事实不足以明确指明前进道路时；分析性数据用途不大时；当需要从现存的几个可行方案中选择一个，而每一个的评价都良好时；时间有限并且存在提出正确决策的压力时。

在运用直觉时，存在一个管理者可遵循的标准模型：或是在决策过程之初使用直觉，或是在决策过程结尾使用直觉。在决策开始时使用直觉，决策者努力避免系统地分析问题。他让直觉自由发挥，努力产生不寻常的可能事件，形成从过去资料分析和传统行事方式中一般产生不出的新方案。而决策制定结尾的直觉运用，有赖于确定决策标准及其权重的理论分析，以及制定和评价方案的理性分析。但这一切做完后，决策者便停止了这一过程，目的是为了筛选和消化信息。这种方法被形象地描述为"睡眠决策"，一两天后再做出最后的选择。

二、决策方法

为了保证影响组织未来生存和发展的管理决策尽可能正确，必须利用科学的决策方法。一般来说，不同类型的决策对应不同的决策方法，下面主要介绍企业决策中常见的几种方法。

（一）群体决策方法

在决策方法中，大体可划分为决策"软技术"和决策"硬技术"两大类，大体分别代表定性决策和定量决策。一般而言，定性决策方法主要用于确定活动的方向，定量决策方法主要用于确定活动的方案。定性决策更注重的是集体决策，而组织的大部分决策是群体决策，尤其是对组织活动及人员有深远影响的决策。管理者通常40％以上的时间是在开会，在进行群体决策。常用的群体决策方法有以下几种：

1. 互动小组法

互动小组是最普遍的组织决策形式。它可能是一个已经存在的组织，如组织中的某一个职能部门、某一个部门中的科室或某一个常设委员会；也可以是一个特意成立的组织，如一个攻关小组、一个特别委员会等。组织成员就某一问题交谈、讨论和争论，达成一致，进一步讨论，最后完成决策。这种方法的一个好处就是由于小组成员间的互相作用，既有利于产生新主意、新点子，也有利于促进小组成员间的互相理解和沟通。

2. 头脑风暴法

头脑风暴法，又称智力激励法或 BS 法，这种方法的英文原意是 brain storming，直译为精神病患者的胡言乱语。它是由美国创造学家亚历克斯·奥斯本于 1939 年首次提出，最初用在广告的创新上。奥斯本想借用这个词来形容会议的特点是让与会者解放思想，使各种设想在相互碰撞中激起脑海的创造性"风暴"。头脑风暴法可分为直接头脑风暴法（通常简称为"头脑风暴法"）和质疑头脑风暴法（也称为"反头脑风暴法"）。前者是在专家群体决策的基础上尽可能激发创造力，产生尽可能多的设想和方案；后者则是对前者提出的设想、方案逐一质疑，分析其现实可行性的方法。

头脑风暴法是一个产生思想的过程。群体领导者以一种明确的方式向所有参与者阐明问题，鼓励提出任何种类的方案设计思想，同时禁止对各种方案的任何批评，并且所有方案都被当场记录下来，留待稍后再讨论和分析。头脑风暴法是克服阻碍产生创造性方案的遵从压力的一种相对简单的方法。

在头脑风暴环境下，人们无拘无束，往往能发表不同寻常的、创造性的甚至是激进的主意。这样，人们释放出他们的观点，能产生一长串的选择方案。只有进入评估方案的阶段，多数的主意才被评价、修正或结合，来产生一个对于解决问题是创造性的、定制的方案。实践经验表明，头脑风暴法可排除折中方案，通过对所讨论问题客观的分析找到切实可行的方案，因此在企业决策中有着广阔的应用前景。

【知识链接 5 - 10】

头脑风暴法的应用

美国北部地区的冬季格外寒冷，大雪纷飞，电线上积满冰雪，大跨度的电线常被积雪压断。许多人都试图解决这个问题，但始终未能如愿以偿。后来，电讯公司经理尝试用头脑风暴法来解决这一难题。他召开了一次座谈会，参加会议的是不同专业的技术人员，会议要求他们必须遵守以下四项原则：

（1）自由思考，即要求与会者尽可能无拘无束地思考问题和畅所欲言，不必顾虑自己的想法或说法是否符合常规做法和逻辑。

（2）延迟评判，即要求与会者不要对他人的设想评头论足。

（3）以量求质，即鼓励与会者尽可能多地提出设想，从而保证质量较高的设想能够存在。

（4）结合改善，即鼓励与会者积极进行智力互补，在提出自己设想的同时思考如何将更多的设想合成另一个更完善的设想。

按照这种会议规则，大家七嘴八舌地讨论开了。有人提出设计一种专用的电线清雪机，有人想到用电热来化解冰雪，还有人提出乘坐直升机去扫电线上的积雪……不到一个小时，他们共提出了 90 多条新设想。

会后，公司组织专家对设想进行分类论证。专家们认为，设计专用清雪机、采用电热或电磁振荡等方法清除积雪，在技术上虽然可行，但费用高、周期长，一时难以见效。那种

"坐飞机扫雪"的设想倒是一种大胆的新方案。如果可行，将是一种既简单又高效的好办法。经过现场试验，发现这个方法果然有效。一个久悬未决的难题终于得到了解决。

头脑风暴法要求遵循五个原则：禁止评论他人构想的好坏；最狂妄的想象是最受欢迎的；重量不重质；鼓励利用别人的灵感加以想象、变化、组合等以激发更多、更新的灵感；不准参加者私下交流，以免打断别人的思维活动。

头脑风暴法的目的在于创造一种自由奔放的思考环境，诱发创造性思维的共振和连锁反应，产生更多的创造性思维。头脑风暴法的具体做法如下：

（1）召集成员（参加人数宜 10～15 人），不宜有领导者，也不一定要求参加者都与所讨论的问题专业一致，可以包括一些学识渊博、对所讨论问题有所了解的其他领域专家。

（2）组织者阐明问题。

（3）成员在一定时间内（1～2 小时）提出所有方案。要求是不允许评论和反驳他人的意见，以便各种创新方案不断被提出。提出的建议多多益善，以量求质。

（4）记录所有方案，稍后进行讨论，以共同寻求意见的改进与合作。

（5）最终对各种方案进行分析与评价，选出最佳方案。

虽然头脑风暴法是常见的做法，研究显示群体面对面的商讨与他们单独进行思考相比要产生比较少的主意。这是因为：① 在群体中有一些人总在担心其他人的想法，会限制他们表达自己的思想；② 人们在群体中的思维积极性比他们单独思维且对结果负责情况下要低；③ 花时间听别人阐述，会降低生产率。

3. 德尔菲法

德尔菲法，是由美国兰德公司于 20 世纪 50 年代初提出的，最早是用于预测，后来推广应用到决策中。兰德公司在预测苏联第一颗人造卫星上天时间时，首创了将专家主观判断与量化统计结合的方法。德尔菲法的实质就是反馈的函询调查，这里有两个基本点，即函询和反馈。它不是把专家召集在一起开会讨论，而是就一定的问题发函给某些专家（10～50 人），请他们提出意见或看法，在不泄露决策人倾向、严格保密的条件下，将收到的专家答复意见加以综合整理，以不公布姓名的方式将归纳后的结果寄回给专家，继续征询意见。如此经过几轮的反复，直到意见趋于集中为止。这种函询调查方法的好处是由于专家之间互相不知道姓名，征询和回答是用书信方式进行的，因而个人的权威、资历、口才、劝说、压力等就不会对回答产生影响，有利于真实坦率地谈出自己的意见。而且由于采取多轮反馈的方法，意见越来越集中，结论的可靠性就越来越大。具体实施过程有以下几步：

（1）针对问题设计征询表格。

（2）发函给各个专家（10～50 人），提出所需要调查或决策的问题。问题的提出不应带任何倾向性，由各个专家独立自主发表自己的意见和看法。

（3）将回函所得的专家意见进行统计、归纳及综合，可以说明某一个问题之下共有几种看法，并将这些意见制成第二轮表格，再寄发给各位专家，由他们进一步做出评价，并阐明其理由。

（4）决策分析小组在收到第二轮意见之后进一步进行归纳整理，将意见进一步集中，然后制成第三轮表格，再一次请专家进行分析判断。这样既可使他们充分阐述其理由，也可以改变他们以前的意见而选择另一意见。

（5）如此反复进行 3～5 轮的重复，专家意见趋于一致。按照领导小组的要求，对某些提出独特见解的专家，有针对性地进行征询意见调查，使他们能做出更深一步的论证。

这样，经过上述几步的调查、分析及综合后，其所得的结论往往比较准确。

德尔菲法的匿名性，既隔绝了群体成员间过度的相互影响，又避免了组织的花费。但德尔菲法的缺点是太耗费时间了。由于在时间方面的限制，这种方法一般不用于日常事务的决策，但在许多重大问题的预测和决策中被认为具有显著的效果。

4. 名义群体法

与德尔菲法有所不同，名义群体法的成员要求集中在一起工作，但它也不同于互动小组，小组成员之间不允许自由讨论，因而被称为名义小组。这种方法主要用于提出新颖并富于创造性的方案及主意。运用这种方法的步骤是：

（1）由组织者挑选适当的成员组成小组，再告之大致的问题轮廓，然后请小组成员独立地写出尽可能多的各种方案。

（2）每个成员将自己的想法提交给群体，然后一个接一个地向大家说明自己的想法，直到每个人都表述完自己的想法并记录下来为止（通常记在一张活动挂图或黑板上）。在所有的想法都记录下来之前不进行讨论。

（3）群体开始讨论，以便把每个想法搞清楚，并做出评价。

（4）由全体成员对各种方案进行打分表决，得分最高的方案便成为小组决策的结果。

这种方法的主要优点在于，使群体成员正式开会但不限制每个人的独立思考，而传统的会议方式往往做不到这一点。

5. 电子会议法

这是名义群体法的一个变种，是将名义群体法与现代计算机技术相结合而产生的决策方法。决策者通过计算机终端提交观点和对观点作出评价，观点的汇总也是通过计算机完成的，并被投影到大型屏幕上。这样的电子会议在效率上是比较高的。专家们认为电子会议法比传统的面对面会议快55%，具有匿名、诚实和快速的特点，但是受设备、成员的打字速度等因素的影响，不如面对面的沟通所获得的信息丰富。

6. 戈登法

戈登法是一种在会议主持者指导下进行的，利用集体智慧作出创造的方法。本法是在1964年由美国阿沙·德·里特尔公司的创造学家戈登创立的。本法是在克服头脑风暴法缺点的过程中提出的。戈登认为，头脑风暴法在会议一开始就把目的提出来，容易使创造的想法流于肤浅。为了提出深刻的创造性见解，戈登主张应使与会者不知道会议真正的目的，而会议的目的存在于会议主持者的心中。由此可见，哥登法也是一种特殊形式的头脑风暴。

戈登采用的类比方法主要有下列四种：

（1）直接类比。通过观察和分析寻找与所研究的问题有类似之处的其他事物以获得启发。例如，用门来类比开关，用两栖动物生理特点来类比水陆两用交通工具，用在夜间活动的动物的视觉机制（如猫头鹰的眼睛）来类比夜视装置，或是用电话线来类比人的神经系统，用建筑物来类比组织结构等。

（2）象征类比。象征类比也称词题类比，即用能抽象反映问题的词或简练词组来类比问题，表达所探讨的问题的关键。如果要发明一种开罐头的新方法，就可选一个"开"字，先抛开开罐头问题，从"开"这个词的概念出发，看看"开"有几种方法（如打开、撬开、剥开、撕开、拧开，揭开、破开等），然后再回过来看看这些开法对开罐头有什么启发。再比如，用"集中的期望"来象征靶，用"强制集拢"来象征固体等，然后抛开问题，先探索如何达到这些词题的要求，找到解决办法后再回到问题本身。

（3）人性化类比。人性化类比也称感情移人或角色扮演。即将自己设想为所讨论的问题中的某个因素，然后从这种处境出发设身处地地来想象。假如我是这个因素时，在问题设定的条件下会有什么感觉，或者会采取什么行动。据说化学家拉法第就经常把自己想象成一个活动的分子，并好像"看见"了它的原子。

（4）幻想类比。即可以通过神话幻想，想象出一些现实中不存在的可能解决问题的办法。这几种类比法并不是互相孤立的。在一次综摄法会议上可以应用一种，也可以轮流采用几种。一般说来，既然是类比，那么所类比的东西同原问题总有相类似的地方。但戈登认为，既然综摄法是为了避免老思想框框的束缚，那么就更应重视所类比的东西的"陌生性"这个条件，即要求类比的东西同原问题的距离越远越好，这样才更便于打开新思路，创造新途径。

用戈登法提出创造性见解的一般程序是：

（1）会议主持者先确定需要解决的问题，并把问题抽象化，使对问题的讨论不是就事论事，而是讨论更一般的原理，更多样的方法。

（2）召集会议，一般由 5～12 人参加。

（3）会议主持者提出与某个具体问题的解决有密切关系的、较抽象的问题，而将直接的问题秘而不宣。例如，直接目的是要讨论修剪草坪的机器，但会上提出的问题却是如何分离、如何切断。

（4）与会者对会议主题进行发散式讨论。主持人记下各种思想，特别要记下与直接目的有密切关系的思想。

（5）在讨论进行到适当时候向会议公布真正目的，并就有价值的构思应用于问题解决作进一步的讨论。

戈登法的优点在于在一定程度上摆脱了直接功利，使思想更加开阔。如果让与会者直接讨论某一问题，容易束缚与会者的思路。

（二）政策指导矩阵法

政策指导矩阵法是荷兰皇家壳牌公司创立的一种新的战略分析技术。该方法是将外部环境与内部环境归结在一起，并对企业所处的战略位置做出判断，进而提出指导性战略规划。政策指导矩阵从市场前景和相对竞争能力两个维度分析企业经营单位的现状及特征，用一个规格为 3×3 类似矩阵的形式表示。其实，它不是严格意义的 3×3 矩阵，只是分成了 9 个方格。如图 5-9 所示，市场前景吸引力分为弱、中、强三种，并用赢利能力、市场增长率、市场质量和法规形势等因素加以定量化，相对竞争能力也分成了弱、中、强三种，由市场地位、生产能力、产品研究和开发等因素决定，最后据此制定相应的发展战略。

处于区域 6 和 9 的经营单位竞争能力强，市场前景也不错，应该确保有足够的资源来优先发展。其中，处于区域 9 的业务代表了大好的机会。

处于区域 8 的经营单位，其市场前景虽好，但竞争能力不够强，应该分配更多的资源以提高其竞争能力。

处于区域 7 的经营单位市场前景虽好，但竞争能力弱，要根据企业的资源状况区别对待。最有前途的应该促进其迅速发展，其余的需逐步淘汰。

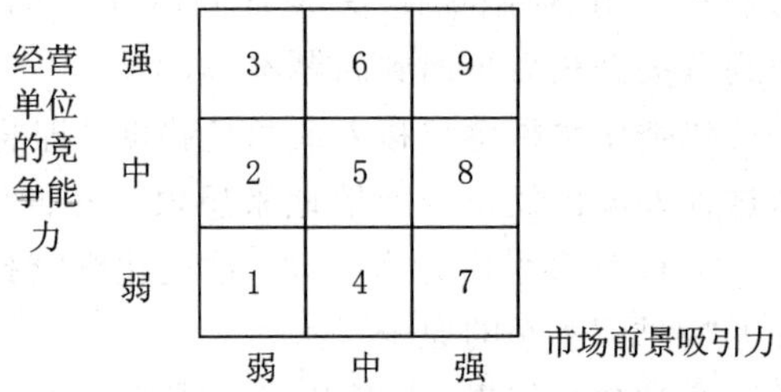

图 5-9　政策指导矩阵示意图

处于区域 5 的经营单位，其市场前景和竞争能力均居中等，一般在市场上有 2～4 个强有力的竞争对手。要分配给这些单位足够的资源，推动其发展。

处于区域 2 的经营单位市场吸引力弱且竞争能力不强。处于区域 4 的经营单位市场吸引力不强且竞争能力较弱，应该选择时机放弃这些业务，以便将收回的资金投入到赢利能力更强的业务。

处于区域 3 的经营单位竞争能力较强，但是市场前景不容乐观。这些业务不应继续发展，但也不要马上放弃，可利用其较强的竞争能力为其他业务提供资金。

处于区域 1 的经营单位竞争能力和市场前景都非常弱，应尽快放弃此类业务。

（三）有关活动方案的决策方法

根据未来情况的可控程度，可把有关活动方案的解除方法分为三大类：确定型决策方法、风险型决策方法和不确定型决策方法。

1. 确定型决策方法

确定型决策是指决策面对的问题的相关因素是确定的，从而建立的决策模型中的各种参数是确定的。实际中有许多问题严格来说虽然不是确定型的，但如果主要因素是确定的，也可以暂且忽略不确定因素，简化为确定型决策问题。确定型决策问题必须具备以下条件：① 存在一个明确的决策目标；② 存在一个明确的自然状态；③ 存在可供决策者选择的多个行动方案；④ 可求得各方案在确定状态下的损益值。

确定型决策常用的方法有线性规划、盈亏平衡分析、非线性规划、整数规划、动态规划、投入产出数学模型、确定型储存技术及网络分析技术等。在此主要介绍线性规划法。

线性规划是一种最基本、最常用的数学规划。求解线性规划的单纯形方法的基本原理是苏联学者康托洛维奇于 1939 年奠定的。1947 年，丹捷格（G. B. Dantzig）提出了解线性规划问题的单纯形方法。线性规划法的基本思想是在满足一组已知约束条件下，使决策目标达到最优，也就是在满足一组约束条件下求目标函数的最大值（或最小值）的问题。这是一种寻求单位资源最佳效用的数学方法，常用于组织内部有限资源的调配问题。线性规划可用图解法、代数法、单纯形法等方法求解，在变量多时可利用计算机求解。

【例 5-1】　某公司生产 A、B 两种产品，在生产过程中主要受到劳动力和原材料这两种资源的限制，其基本参数见表 5-2。应如何安排这两种产品的日产量，以使该企业利润最大？

表 5 - 2 A 产品和 B 产品的基本参数值

投入要素	每天能取得的总量	单位产品需要量	
		A 产品	B 产品
劳动力 / 个	100	0.2	0.4
原料 / 千克	900	1	4
单位利润 / 元		2	3

设 X_1 为 A 产品的日产量，X_2 为 B 产品的日产量，则该决策问题的目标函数和约束条件如下：

目标函数：$Max\ Z = 2X_1 + 3X_2$

$$0.2X_1 + 0.4X_2 \leqslant 100$$
$$X_1 + 4X_2 \leqslant 900$$
$$X_1 \geqslant 0,\ X_2 \geqslant 0$$

可利用代数法对上述线性规划问题求解，得 $X_1 = 100$，$X_2 = 200$。

2. 风险型决策方法

风险型决策也叫统计型决策或随机型决策，是指已知决策方案所需的条件，但方案的执行都有可能出现不同后果，多种后果的出现有一定的概率，即存在着"风险"，故称之为风险型决策。风险型决策必须具备以下条件：

① 存在决策者企望达到的目标。

② 有两个以上的方案可供决策者选择。

③ 存在不以决策者意志为转移的几种自然状态。

④ 各种自然状态出现的概率已知或可估计出来。

⑤ 不同行动方案在不同自然状态下的损益值可以估算出来。

常用的风险型决策方法是决策树法。决策树法是用树状图来描述各种方案在不同情况（或自然状态）下的收益，据此计算每种方案的期望值从而作出决策的方法。

期望值准则：期望值最大或最小的方案为最优方案。

期望值＝状态 1 的损益值×状态 1 的概率＋状态 2 的损益值×状态 2 的概率
＋…＋状态 n 的损益值×状态 n 的概率

状态 1 的概率＋状态 2 的概率＋…＋状态 n 的概率＝1

下面通过举例来说明决策树的原理及应用。

【例 5 - 2】 某企业为生产某种产品，设计了建大厂和建小厂两个基建方案。建大厂需投资 300 万元，建小厂需投资 160 万元。两个方案的服务期为 10 年。据市场预测在此期间产品销路好的概率为 0.7，销路差的概率为 0.3。两个方案的年度损益值见表 5 - 3，请用决策树法为该厂作出决策。

表 5 - 3 两个方案的年度益损值

（万元）

决策方案	销路好（概率 0.7）	销路差（概率 0.3）
方案一：建大厂	100	−20
方案二：建小厂	40	30

① 画出该问题的决策树，如图 5-10 所示。

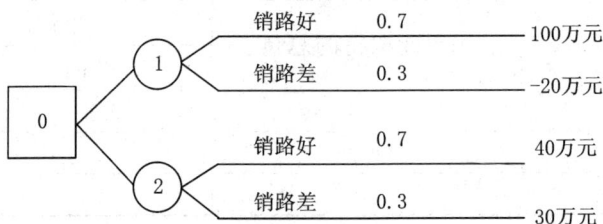

图 5-10　单阶段决策树

图 5-10 中的矩形结点称为决策点，从决策点引出的若干条树枝表示若干种方案，称为方案枝。圆形结点称为状态点，从状态点引出的若干条树枝表示若干种自然状态，称为状态枝。图中有两种自然状态：销路好和销路差。自然状态后面的数字表示该种自然状态出现的概率。位于状态枝末端的是各种方案在不同自然状态下的收益或损失。据此可以算出各种方案的期望收益。

② 计算各状态点的损益值期望值。

方案一（结点①）的期望收益为：$[100 \times 0.7 + (-20) \times 0.3] \times 10 - 300 = 340$（万元）

方案二（结点②）的期望收益为：$[40 \times 0.7 + 30 \times 0.3] \times 10 - 160 = 210$（万元）

比较这两个方案的收益期望值，可知建大厂的方案是合适的。

【例 5-3】 某企业为了扩大某产品的生产，拟建设新厂。据市场预测，产品销路好的概率为 0.7，销路差的概率为 0.3，有三种方案可供企业选择。

方案 1：新建大厂，需投资 300 万元。据初步估计，销路好时每年可获利 100 万元，销路差时每年亏损 20 万元。服务期为 10 年。

方案 2：新建小厂，需投资 140 万元。销路好时每年可获利 40 万元，销路差时每年仍可获利 30 万元。服务期为 10 年。

方案 3：先建小厂，三年后销路好时再扩建，需追加投资 200 万元，服务期为 7 年，估计每年获利 95 万元。

问：哪种方案最好？

① 画出该问题的决策树，如图 5-11 所示。

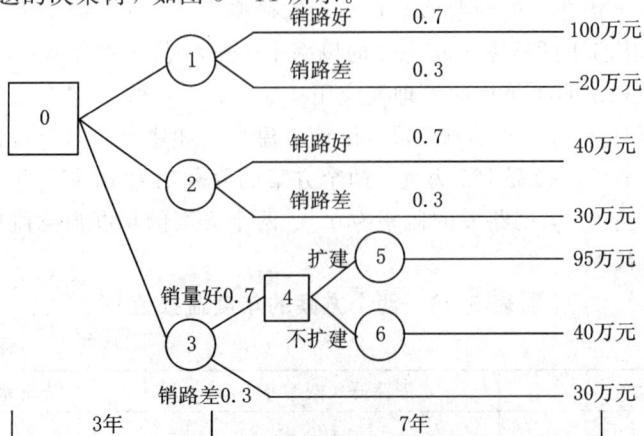

图 5-11　多阶段决策的决策树

② 计算各状态点的损益值期望值。

方案1(结点①)的期望收益为：$[100 \times 0.7 + (-20) \times 0.3] \times 10 - 300 = 340$（万元）

方案2(结点②)的期望收益为：$(40 \times 0.7 + 30 \times 0.3) \times 10 - 140 = 230$（万元）

方案3，由于结点⑤的期望收益$465(= 95 \times 7 - 200)$万元大于结点⑥的期望收益280 $(= 40 \times 7)$万元，所以销路好时扩建比不扩建好。方案3（结点③）的期望收益为$(40 \times 0.7 \times 3 + 465 \times 0.7 + 30 \times 0.3 \times 10) - 140 = 359.5$（万元）

计算结果表明，在三种方案中方案3最好。

需要说明的是，在上面的计算过程中，我们没有考虑货币的时间价值，这是为了使问题简化。但在实际中，多阶段决策通常要考虑货币的时间价值。

3. 不确定型决策方法

不确定型决策是指各种可行方案发生的后果是未知的，决策时无统计概率可依的决策问题。与风险型问题相比，该类决策缺少第4个条件。常用的不确定型决策方法有悲观法、乐观法、折中法、后悔值法和机会均等法等。下面通过举例来介绍这些方法。

【例5-4】 某企业打算生产某产品。据市场预测，产品销路有三种情况：销路好、销路一般和销路差。生产该产品有三种方案：a. 改进生产线；b. 新建生产线；c. 与其他企业协作。据估计，各方案在不同情况下的收益见表5-4。问企业选择哪个方案？

表5-4　各方案在不同情况下的收益

（单位：万元）

收益＼自然状态　　方案	销路好	销路一般	销路差
a.改进生产线	180	120	−40
b.新建生产线	240	100	−80
c.与其他企业协作	100	70	16

（1）悲观法。

采用悲观法（小中取大法）的管理者对未来持悲观的看法，认为未来会出现最差的自然状态，因此不论采取哪种方案，都只能获取该方案的最小收益。采用此法进行决策时，会首先计算各方案在不同自然状态下的收益，并找出各方案所带来的最小收益（即在最差自然状态下的收益），然后进行比较，选择在最差自然状态下收益最大或损失最小的方案作为所要的方案。

在本例中，a方案的最小收益为−40万元，b方案的最小收益为−80万元，c方案的最小收益为16万元。经过比较，c方案的最小收益最大，故为最合适方案。

（2）乐观法。

采用乐观法（大中取大法）的管理者对未来持乐观的看法，认为未来会出现最好的自然状态，因此无论采取哪种方案，都能获取该方案的最大收益。采用大中取大法进行决策时，首先计算各方案在不同自然状态下的收益，并找出各方案所带来的最大收益，即在最好自然状态下的收益，然后进行比较，选择在最好自然状态下收益最大的方案作为所要的方案。

在本例中，a方案的最大收益为180万元，b方案的最大收益为240万元，c方案的最大收益为100万元。经过比较，b方案的最大收益最大，所以选择b方案。

（3）折中法。

折中法也称"乐观系数法"，在现实生活中很少有人极端悲观，也很少有人极端乐观，因此可以采用一种折中的作法：决策者根据对客观事物的估计，既不是完全乐观，也不是完全悲观，主张做折中的考虑。对这种折中考虑的观念，常用一个乐观系数（折中系数）α表示。α取值期间为 $[0,1]$，$(1-\alpha)$ 则为悲观系数。仅是一个经验常数，其大小是根据不同的决策对象而定的。如果 α 接近于 1，则比较乐观；如果偏于悲观，乐观系数值可取小一点。用乐观系数法进行决策时，选择各方案乐观期望值最大者作为决策方案。

$$乐观期望值＝\alpha×最大期望值＋(1-\alpha)×最小期望值 \tag{5-2}$$

在本例中，当乐观系数 α 为 0.7 时，a 方案乐观期望值为 114，b 方案乐观期望值为 144，c 方案乐观期望值为 118。经过比较，b 方案的乐观期望值最大，所以选择 b 方案，如表 5-5 所示。

表 5-5　折中法决策表

（单位：万元）

收益＼自然状态＼方案	销路好	销路一般	销路差	最小收益值	最大收益值	α＝0.7 时的期望值
a. 改进生产线	180	120	−40	−40	180	114
b. 新建生产线	240	100	−80	−80	240	144
c. 与其他企业协作	100	70	16	16	100	118

（4）后悔值法。

管理者在选择了某方案后，如果将来发生的自然状态表明其他方案的收益更大，就会为自己的选择而后悔。后悔值法（最大最小后悔值法）就是使后悔值最小的方法。采用这种方法进行决策时，首先计算各方案在各自然状态下的后悔值（某方案在某自然状态下的后悔值＝该自然状态下的最大收益－该方案在该自然状态下的收益），并找出各方案的最大后悔值，然后进行比较，选择最大后悔值最小的方案作为所要的方案。

在本例中，在销路好这一自然状态下，b 方案（新建生产线）的收益最大，为 240 万元。在将来发生的自然状态是销路好的情况下，如果管理者恰好选择了这一方案，他就不会后悔，即后悔值为 0。如果他选择的不是 b 方案，而是其他方案，他就会后悔（后悔没有选择 b 方案）。例如，他选择的是 c 方案（与其他企业协作），该方案在销路好时带来的收益是 100 万元，比选择 b 方案少带来 140 万元的收益，即后悔值为 140 万元。各个后悔值的计算结果见表 5-6。

表 5-6　各方案在各自然状态下的后悔值

（单位：万元）

收益＼自然状态＼方案	销路好	销路一般	销路差
a. 改进生产线	60	0	56
b. 新建生产线	0	20	96
c. 与其他企业协作	140	50	0

由表中看出，a 方案的最大后悔值为 60 万元，b 方案的最大后悔值为 96 万元，c 方案的最大后悔值为 140 万元。经过比较，a 方案的最大后悔值最小，所以选择 a 方案。

（5）机会均等法。

拉普拉斯（Laplace）于 1825 年在《无充分理由原则》一文中指出，对真实的自然状态一无所知"等价于"所有自然状态具有相同的概率。应用这一原则，给予方案中各自然状态相同的概率，选择期望收益值最大的方案。

$$均等概率=\frac{1}{自然状态数} \tag{5-3}$$

$$期望值=\sum_1^n(均等概率\times损益值) \tag{5-4}$$

在本例中，对三种状态出现的概率假定各占 1/3，计算三个方案的等概率期望值，见表 5-7。

表 5-7　机会均等法决策表

（单位：万元）

收益　　自然状态　　方案	销路好	销路一般	销路差	等概率期望值
a.改进生产线	180	120	−40	87
b.新建生产线	240	100	−80	87
c.与其他企业协作	100	70	16	62

经过比较，a、b 方案等概率期望值最大均为 87，所以选择 a 方案或 b 方案。

比较以上几种不确定决策的方法，首先会觉得它们解决问题的思路完全不同，但是孤立地看，每种方法都有一定的道理。只要不把它们放在一起，选用哪种方法的理由都是有说服力的。然而同样一个问题，采取不同的方法，有可能选择不同的决策。因此，不确定决策的主观随意性较大，受决策者主观的影响更多，选择哪种方案都有一定程度的盲目性。

本章小结

本章主要介绍了决策的定义、原则与依据，决策与计划的联系和区别，决策的类型与特点，决策的过程与影响因素，决策理论与方法。决策理论包括规范决策理论、行为决策理论和当代决策理论。决策方法包括群体决策方法、政策指导矩阵法和有关活动方案的决策方法。其中群体决策方法主要介绍了互动小组法、头脑风暴法、德尔菲法、名义群体法、电子会议法和戈登法等多种方法。有关活动方案的决策方法主要介绍了确定型决策方法、风险型决策法和不确定型决策方法的基本思想及其应用。

复习思考题

1. 什么是决策？在决策时应遵循哪些原则？
2. 在做决策时主要的依据有哪些？
3. 试述决策与计划的联系与区别。
4. 试述影响决策的主要因素。

5. 简述决策的基本类型。

6. 试述决策的基本程序。

7. 什么是德尔菲法? 简述其基本做法。

案例分析

某石油公司的不确定型决策

国外某石油公司, 为了从能源危机中获取巨额利润, 试图对从油母叶岩中提取石油制品这一事件进行决策。从目前国际形势看, 石油价格可能有四种变动状态: ① 价格下降, 低于现价 (低价); ② 价格上涨, 高于现价 (高价); ③ 现价不变; ④ 出现"禁运", 价格猛涨 (禁运)。

根据上述情况分析, 公司作出未来 10 年内开发油母叶岩的三种策略: ① 研究, 集中力量研究该油的炼油过程, 以降低成本; ② 边研究、边开发, 两者结合, 但开发人员仍按现有工艺进行, 会有亏损; ③ 应急开发计划, 按现有工艺尽快开发, 风险更大。各方案的损益值见表 5-8 (单位: 百万元)。

表 5-8 各方案在各自然状态下的损益值

(单位: 百万元)

收益　自然状态 方案	低 价	现 价	高 价	禁 运
a. 研究	−50	0	50	55
b. 边研究, 边开发	−150	−50	100	150
c. 应急开发	−500	−200	0	500

案例讨论题:

(1) 以你自己的个人价值观来进行决策, 你会选取哪种方案? 为什么?

(2) 请分别按不确定型决策的五种方法作出方案选择。

(3) 如何看待决策中的风险问题?

第六章 控 制

案例导入

　　1977 年，技术专家史狄夫·渥兹尼克和销售天才史狄夫·雅可布创立了苹果计算机公司，很快公司就取得了非凡的成功。但是，成功没能持续很久，部分原因是 IBM 个人计算机的问世。在 20 世纪 80 年代早期，一些观察家们认为，苹果计算机公司需要更加严格的控制和更为专业化的管理方法。百事可乐公司的约翰·斯科利被请到苹果公司来做指导。为控制公司，斯科利采用了降低成本的方法来改善盈利状况，并与此同时增加了研究和开发费用以便使公司能保持技术上的领先地位。然而，斯科利却受到指责，说他研究和开发费用投入不够，广告费用投入过多。为减少重复环节，降低损益平衡点及部门间的摩擦，苹果公司进行了重组。为提高效益和效率，苹果公司引入了新的汇报程序。此外，在控制库存方面也做了大量的工作，而库存问题又往往是个人计算机公司面对的主要问题。这些措施，使苹果公司 1986 年财政年度的收入增加了 150%。

本章内容

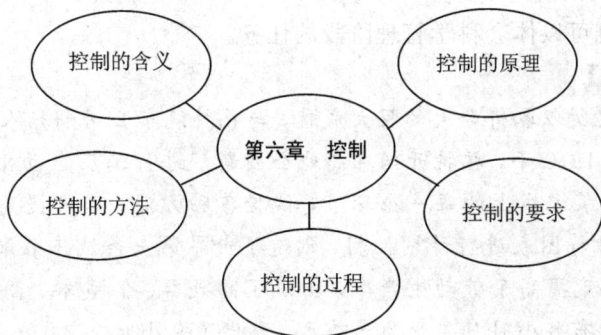

本章要点

· 理解控制的含义、控制在管理中的地位和作用、控制的类型和方法；
· 了解控制的过程；
· 理解控制工作的原理与要求；
· 熟知控制的基础前提和原则、控制的过程、前馈控制、同期控制和反馈控制的特点；
· 能够运用控制理论、方法分析身边发生的事情或管理案例；
· 能够采用科学合理的控制技术对个人和组织工作进行有效管理。

第一节　控　制　原　理

一、控制与控制系统

(一) 控制的含义

1. 控制的含义

控制是指为了确保组织的目标及为此而拟定的计划能够得以实现，各级主管人员根据事先确定的标准，或因发展的需要而重新拟定的标准，对下级的工作进行衡量、测量和评价，并在出现偏差时进行纠正，以防止偏差继续发展或再度发生。其示意图如图 6-1 所示。

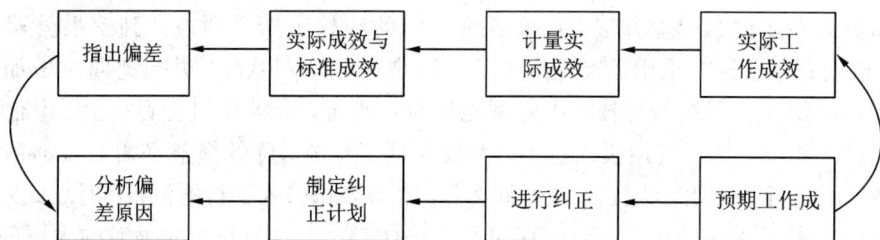

图 6-1　管理控制的反馈回路示意图

2. 控制含义的演变

(1) 科学管理阶段。

通过下面的案例可以体会科学管理阶段的任务。

【阅读材料 6-1】

福特汽车公司之所以取得今天的巨大成就，与福特汽车公司创始人亨利·福特推行科学管理是分不开的。1910 年，福特开始在高地公园新厂进行工厂自动化实验。他率领一群高效率的专家，检讨装配线上的每一个环节，试验各种方法，以求提高生产力。而他最重要的突破就是利用甘特图表进行计划控制，创造了世界第一条汽车装配流水线，实现了机械化的大工业，大幅度提高了劳动生产率，出现了高效率、低成本、高工资和高利润的局面。1914 年，福特宣布 8 小时日工资为 5 美元 (取代了 9 小时 2.34 美元的工资标准)，这个报酬是当时技术工人正常工资的两倍。福特想：这样，制造汽车的工人就能够成为汽车的拥有者了。5 美元一个工作日的消息一公布，大约有数万人不顾冰冷刺骨的天气，涌到福特的海兰公园制造厂申请工作。亨利·福特开创了一个新时代，他独特的汽车生产线和为大众服务的经营理念，一方面给自己带来了丰厚的利润，另一方面也改变了美国人的消费观念。从此，美国成为了汽车的王国。

(2) 行为科学阶段。

行为科学派认为人的行为是由动机产生的，动机是由需要激发的。它强调从社会学、心理学、人类学的角度，即从人的目的、动机、相互关系和社会环境方面研究其对企业生产经营活动的影响。

【阅读材料 6-2】

1983 年 4 月 22 日，铜陵凤凰山铜矿混合井负 40 米中段，一群下班工人上罐时，因争抢拥挤，将罐笼推离井口平台 50 多厘米，致使 3 名工人踩空，坠井身亡。有关专业人员应用行为科学理论进行了分析。事故发生时，该矿山施行经济责任制，井下生产实行承包，工人完成当天工作量即可下班。因此，工人在上班时普遍增强了时间观念。据事故现场的调查："派班后，工人急着上班，因为每爆炮爆破掘进工作量要完成 1.78 米的进尺量，否则要扣奖金。"这种时效观，使班组生产效率大为提高。抓紧时间干活，能够收入多，而且能早下班，这已成为工人的基本意识。然而，一旦客观条件破坏了这一心理状况，使形成的心理需要满足定式受到了破坏，这必然产生懊恼情绪，事故发生时正是这种心理状况。当时井下工人虽然完成了任务，却因罐笼运行失常而不能升井下班，随着等罐时间的逐渐延长，工人心理懊恼不安。另外，工人当时都已很疲劳，衣服都很潮湿，加上中段没有等罐室，巷道风很大，寒气袭人，工人们急于摆脱当时的井下环境。再则，如果工人迟下班，只能洗脏水澡，单身职工到食堂买不到热饭，家住市区的工人还要赶班车回家。最后，致使等罐的工人陆续增多，并都集中于井口这个狭窄的环境中，彼此急切下班的情绪相互感染。在这一种条件下，当罐笼到位后，工人们蜂拥而上，最终导致了悲剧。

从事故过程分析可见，人的行为失误和机器的运行故障，在同一时空相互交叉，导致了坠井事故。在人、机两个系列中，任何一条轨迹能够被有效中断或控制，事故即可避免。如何消除生产过程中的不安全行为？德国著名心理学家、群体动力理论的创始人勒温曾提出过著名的"群体动力理论行为公式"：行为＝F（个人·环境），即人的行为取决于个性素质和环境刺激。

运用这一理论，行为科学专家向该矿领导提出了良策：满足工人的需要，消除内部可能的立场张力；改善工作环境，改变情境立场；搞好事故善后工作，减少心理和情绪干扰；注意工人的生理、心理特征，掌握其规律等。同时，将这种行为科学的道理传授给职工，使之加强自身的心理素质锻炼。通过对这件典型事故的心理分析，从另一个角度教育了广大矿工，大大加强了职工的安全生产自觉性。该矿山安全生产状况大为改观，1994 年底该矿被授予"安全文明生产优胜单位"称号。

（3）现代管理阶段。

现代管理阶段主要有以下特点：时间大致从 20 世纪 40 年代以后，从管理思想、管理理论、管理职能、管理技术都得到全面的发展，新的理论、实践层出不穷，学派纷争，管理得到空前的发展；突出经营决策；实行以人为中心的管理；系统思想和方法论广泛运用；广泛运用现代化的管理工具和技术。

【阅读材料 6-3】

巴林银行破产启示录

英国巴林银行因遭受巨额损失，无力继续经营而于 1995 年 2 月 26 日宣布破产。从此，这个有着 233 年经营史和良好业绩的老牌商业银行在伦敦城乃至全球金融界消失。目前该行已由荷兰国际银行保险集团接管。

一度辉煌：巴林银行集团是英国伦敦城内历史最久、名声显赫的商人银行集团，素以发展稳健、信誉良好而驰名，其客户也多为显贵阶层，包括英国女王伊丽莎白二世。该行成立于 1762 年，当初仅是一个小小的家族银行，逐步发展成为一个业务全面的银行集团。巴林集团主要包括四个部分：① 巴林兄弟公司，主要从事企业融资、银行业务及资本市场活动。② 巴林证券公司，以从事证券经纪为经营目标。③ 巴林资产管理有限公司，主要以资产管理及代管个人资产为目标。④ 该集团在美国一家投资银行拥有 40% 的股份。巴林银行集团的业务专长是企业融资和投资管理，业务网络点主要在亚洲及拉美的新兴国家和地区，在中国上海也设有办事处。到 1993 年底，巴林银行的全部资产总额为 59 亿英镑，1994 年税前利润高达 1.5 亿美元。这样一家业绩良好的银行，为何在顷刻之间遭到灭顶之灾？

滥用金融衍生产品：巴林银行破产的直接原因是新加坡巴林公司期货经理尼克·里森错误地判断了日本股市的走向。1995 年 1 月，里森看好日本股市，分别在东京和大阪等地买了大量期货合同，指望在日经指数上升时赚取大额利润。谁知天有不测风云，日本阪神地震打击了日本股市的回升势头，股价持续下跌。巴林银行最后损失金额高达 14 亿美元之巨，而其自有资产只有几亿美元，亏损巨额难以抵补。这座曾经辉煌的金融大厦就这样倒塌了。那么，由尼克·里森操纵的这笔金融衍生产品交易为何在短期内便摧毁了整个巴林银行呢？我们首先需要对金融衍生产品（亦称金融派生产品）有一个正确的了解。金融衍生产品包括一系列的金融工具和手段，买卖期权、期货交易等都可以归为此类，具体操作起来又可分为远期合约、远期固定合约、远期合约选择权等。这类衍生产品可对有形产品进行交易，如石油、金属、原料等，也可对金融产品进行交易，如货币、利率及股票指数等。从理论上讲，金融衍生产品并不会增加市场风险。若能恰当地运用，比如利用其套期保值，可为投资者提供一个有效的降低风险的对冲方法。但在其具有积极作用的同时，也有致命的危险，即在特定的交易过程中，投资者纯粹以买卖图利为目的，垫付少量的保证金炒买炒卖大额合约来获得丰厚的利润，而往往无视交易潜在的风险。如果控制不当，那么这种投机行为就会招致不可估量的损失。新加坡巴林公司的里森，正是对衍生产品操作无度才毁灭了巴林集团。里森在整个交易过程中一味盼望赚钱，在已遭受重大亏损时仍孤注一掷，增加购买量，对于交易中潜在的风险熟视无睹，结果使巴林银行成为衍生金融产品的牺牲品。

影响和启示：巴林银行集团破产的消息震惊了国际金融市场，各地股市受到不同程度的冲击，英镑汇率急剧下跌，对马克的汇率跌至历史最低水平。但由于巴林银行事件终究是个孤立的事件，对国际金融市场的冲击也只是局部和短暂的，不会造成灾难性的后果。不过，就巴林银行破产事件本身来说则是发人深省的。透视整个事件，我们得到如下启示：加强金融机构的内部管理。在金融发展史上，银行倒闭屡见不鲜。一般说来，一家银行的倒闭是长期以来银行内部机制不健全，从经营到管理诸方面弊病积累的结果。作为一个历史悠久并在英国金融史上曾经发挥了重要作用的巴林银行集团，照理说应有一套完善的内部管理制度和有序的监管措施，但事实上它的内部管理存在严重的弊病。巴林银行允许里森身兼双职，既担任前台首席交易员职务，又负责管理后线清算，说明了该行的管理制度极不健全。巴林事件提醒人们加强内部管理的重要性和必要性。合理运用衍生工具，建立风险防范措施。随着国际金融业的迅速发展，金融衍生产品日益成为银行、金融机构及证券公司投资组合中的重要组成部分。因此，凡从事金融衍生产品业务的银行应对其交易活动制定一套完善的内部管理措施，包括交易头寸（即银行和金融机构可动用的款项）的限额，止损的限制，内部监督与稽核。扩大银行资本，进行多方位经营。随着国际金融市场规模的日益扩大和复杂化，资本活动的不确定性也愈发突出。作为一个现代化的银行集团，应努力扩大自己的资本基础，进行多方位经营，做出合理的投资组合，不断拓展自己的业务领域，这样才能加大银行自身的安全系数并不断盈利。像里森那样，将"鸡蛋放在一个篮子里"，孤注一掷，不出事则已，一出事就难以挽回。

(二) 控制系统

管理中的控制系统具备的几个特征：

(1) 都必须有一个预定的稳定状态。

(2) 必须是一个动态系统。

(3) 必须是一个信息系统。

(4) 都必须有一个可以对系统的偏差进行调整的装置。

(5) 必须是一个反馈系统，如图 6-2 所示。

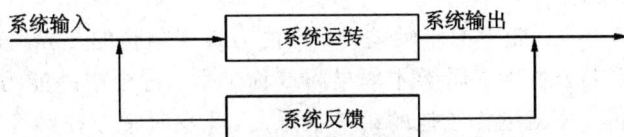

图 6-2　反馈系统示意图

二、控制的必要性和基本原理

(一) 控制的必要性

1. 环境的变化

所谓控制环境，是指对建立、加强或削弱特定政策、程序及其效率产生影响的各种因素，主要是指重大影响因素。控制环境的好坏直接影响到企业内部控制的贯彻和执行，以及企业经营目标及整体战略目标的实现。控制环境决定了企业的基调，影响企业员工的控制意识。它是其他要素的基础，提供了基本规则及构架。控制环境因素包括员工的诚信度、道德观和能力；管理哲学和经营风格；管理层授权和职责分工、人员组织和发展方式；董事会的重视程度和提供的指导。

2. 管理权力的分散。

权力分散式管理法与分权管理法有类似之处，即都属于分权行为，但二者也有细微的区别。

权力分散式管理法的特点表现为：一是分权化。在美国越来越多大公司的生产工人直接去找顾客，询问产品的质量，查找产品的缺点。二是外部化。很多公司把非重要的业务分给上、下游公司，而不再强调一揽子做到底。三是再生化。即不再按照业务划分工作，而是按照生产过程的逻辑去运作。四是组织网络化。比如，美国施乐复印公司，几年前即由过去一层一层的管理方式转变成由 10 个直属公司的运作方式。

3. 工作能力的差异

能力差异是指人与人之间在智力、体力及工作能力等方面的差异。具体分为以下几类：

（1）能力的类型差异。这种差异是指能力在质的方面的差异。在知觉、记忆、表象、思维等方面相对稳定的心理品质。在知觉能力方面有分析型、综合型、分析—综合型、情绪型；在记忆能力方面有视觉型、听觉型、运动型及混合型；在表象方面有视觉型、听觉型、动觉型和综合型；在思维能力方面有形象型、抽象型及中间型。另外，人的特殊能力的差异也很明显。例如：有文学才能的人，具有敏锐而深刻地观察自然和社会的能力、丰富的想象力、较强的语言表达能力等。而具有音乐才能的人，则是具有敏锐的音乐感觉能力、较强的听觉表象记忆能力等。

（2）能力的水平差异。在一般能力方面，能力的水平差异主要指智力发展水平的差异。心理学家通过大量研究得到一个共同的结论，即智力的个别差异在一般人中呈常态曲线分布。68%的人智商在85到115之间，他们的聪明程度属于中等水平，智商超过140的人属于智力超常，智商低于70的人属于智力障碍。特殊能力方面，具有同一种特殊能力的人，其水平也有明显的差异。

（3）能力的年龄差异。能力的年龄差异，即能力表现早晚的差异。有的人在儿童时期就显露出非凡智力和特殊能力，属于才华早露或称早慧。古今中外能力早慧者不胜枚举。奥地利作曲家莫扎特5岁就创作了他的第一首乐曲，8岁时举办独奏音乐会。唐初四杰之一的王勃10岁能作赋，13岁写出著名的《滕王阁序》。除了才华早露之处，还有大器晚成。我国的画家齐白石，本来长期做木匠，40岁才显露绘画才能，成为著名的国画家。我国明代医学家李时珍，在61岁时才写成《本草纲目》。

（4）能力的体力差异。能力的体力差异，主要表现在年龄、性别及后天修为等方面均为相同，而由于身体的生理素质存在差异，致使人的能力发挥出现差异。人们耳熟能详的毛泽东名言"身体是革命的本钱"，说的就是这个道理。他老人家在70高龄还跳入波涛之中横渡长江，用自己的实际行动证明了这一论断。

（二）控制的基本原理

1. 控制原理的内容

（1）反映计划要求原理：指行政控制系统的设计愈能反映行政计划的内容、步骤和特点，控制工作就越有效。行政计划是行政控制的目的，行政控制是实现行政计划的保证，二者的对象和时限是一致的。但每项行政计划、任务又各不相同，因此所设计的行政控制系统和所进行的行政控制工作，都必须按不同计划的不同要求来设计。

（2）适应组织要求原理：一方面是指一个行政组织结构设计得越明确，所设计的控制系统越符合该组织结构中所有职位和职责的要求，就越有助于行政控制工作的开展；另一方面是指行政控制系统必须切合行政领导者本人自身的特点。

（3）控制关键点原理：指为进行有效的行政控制，行政领导者需要特别注意那些根据各种行政计划来衡量工作成效时具有关键意义的因素。实际上，只要控制了关键点，也就控制了全局。

（4）例外原理：指行政领导者越把主要精力集中于一些重要的例外偏差，则控制工作的效能越高，二者成正比例关系。行政领导者在进行行政控制时，必须把例外原理同控制关键点原理结合起来，不仅要善于寻找关键点，还要在找出关键点之后，善于将主要精力集中在对关键点例外情况的控制上。

（5）控制趋势原理：指对控制全局的行政领导者来讲，不仅要善于控制现状，更要控制现状所预示的发展趋势。控制趋势的关键，在于从现状中揭示倾向，当趋势刚露出苗头，就要敏锐地察觉到、把握它。

2. 控制原理的障碍

（1）标准障碍：指行政控制必须有一个明确的标准，才能通过衡量找出偏差。若标准不明确、不统一，行政控制就无从谈起。对公共行政来说，行政控制的标准就是行政计划、行政目标；对公务员来说，则是规章、制度及各自的职位、职责等。

（2）程序障碍：指行政控制有一定的程序但不是一成不变的，有些在短时间内难以查清原因的偏差，为了不使偏差继续发展，就要立即采取临时性纠偏措施，在纠偏过程中继续查找原因。临时性措施，是一种经常采用的纠偏手段。

（3）时滞障碍：指在行政控制系统中普遍存在的时滞延时现象，给适时的行政控制造成了困难，甚至陷入困境。因此，行政管理活动必须尽一切努力改进信息传递方法，加快信息传递速度，同时面向未来，加强科学预测工作，以克服行政控制的时滞障碍。

三、控制的类型

（一）根据控制标准 Z 值的不同来分类

1. 程序控制

控制标准 Z 值是时间 t 的函数，即 $Z=f(t)$，计划编制、统计报告、会计报表。

2. 跟踪控制

控制标准 Z 值是控制对象所跟踪的先行量函数。若先行量为 W，则 $Z=f(W)$ 税金（营业税、增值税、所得税）。

3. 自适应控制

没有明确的先行量，控制标准 Z 值是过去时刻（或时期）已达状态 K 的函数。也就是说，Z 值是通过学习过去的经验而建立起来的，即 $Z=f(K)$，为经营决策。

4. 最佳控制

控制标准 Z 值由某一目标函数的最大值或最小值构成。这种函数通常含有输入量 X，传递因子 S 和 K 及各种附加参数 C，即

$$Z=\max f(X、S、K、C)$$

或

$$Z=\min f(X、S、K、C)$$

为确定型决策。

（二）根据时机、对象和目的的不同来分类

1. 前馈控制（事前控制、预先控制）

前馈控制是指为实现计划目标，事先在管理上所做的控制。前馈控制应用的三个假设前提基础为：

第一，过去的经验总是有效的。

第二，系统将来运行的情况是可以预先估计的，而且是准确的。

第三，按照要素输入标准所输入的要素能按预定的要求发挥作用。

前馈控制是一种面向未来积极预防的控制。优点：防患于未然；不易造成冲突；适用范围广泛。缺点：主要是资源、精力投入较大，正确运用相当复杂，一旦失效就会造成控制系统的性能变化。

2. 同期控制（事中控制、现场控制、过程控制）

同期控制是指发生在活动进行之中的一种控制，是在活动之中予以控制。现场控制是一种发生在执行过程中的控制。优点：由于指导及时，因而可减少损失，具有指导职能与及时效果；可提高工作能力及自我控制能力。缺点：受管理者时间、经理、业务水平的制约；现场控制的应用范围较小；易形成心理上的对立。

3. 反馈控制（事后控制、成果控制）

反馈控制是指将组织系统运行的结果返送到组织系统的输入端，与组织预定的计划标准进行比较，然后找出实际与计划之间的差异，并采取措施纠正差异的一种控制方法。

反馈控制是一种针对结果的控制。优点：便于总结规律，为下一步工作的实施创造条件；不断地进行信息反馈，有利于实现良性循环，提高效率。缺点：实施措施前，偏差已产生，时间已滞后。实际中，财务上通过三大财务报表（即资产负债表、损益表、现金流量表）来控制调整企业经营管理活动，是一种事后控制。

前馈控制、同期控制、反馈控制的关系如图 6-3 所示。

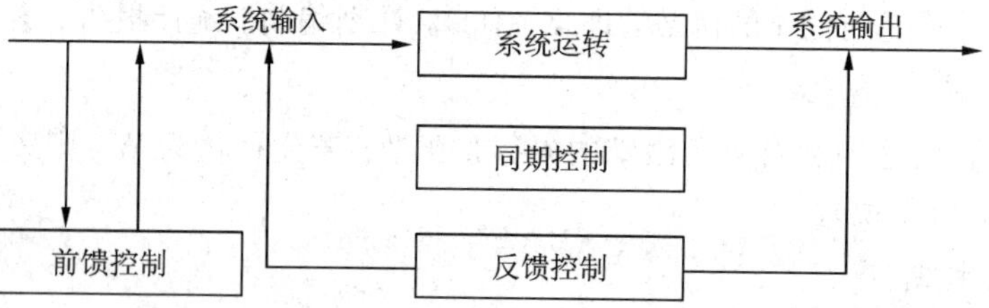

图 6-3　前馈控制、同期控制、反馈控制的关系示意图

4. 三种控制的主要区别

（1）馈入信息不同：前馈控制是以系统的输入信息为馈入信息；反馈控制是以系统的输出信息为馈入信息；现场控制是以系统计划执行信息为馈入信息。

（2）目的不同：前馈控制是对系统的输入控制；反馈控制是对系统的输出控制；现场控制是对系统的作业控制。

（三）根据控制过程的层次不同分类

1. 直接控制

直接控制着眼于培养更好的主管人员，使他们能熟练地应用管理的概念、技术和原理，能以系统的观点来进行和改善他们的管理工作，从而防止出现因管理不善而造成的不良后果。

2. 间接控制

间接控制着眼于发现工作中出现的偏差，分析产生的原因，并追究其个人责任使之改进未来的工作。

（四）根据控制对象的层次分类

根据控制对象的层次可分为作业控制、战术控制和战略控制。

（五）根据控制重心的不同分类

根据控制重心的不同，分为结果控制、人员控制和行动控制。

四、控制的重要性

一方面，任何组织、任何活动都需要进行控制。因为制订计划时，主管人员受到其本身的素质、知识、经验及技巧的限制，预测不可能完全准确，制订的计划在执行过程中可能会出现偏差，还会发生未曾预料到的情况。这时，控制工作就起了执行完成计划的保障作用，以及在管理控制中产生新的计划、新的目标和新的控制标准的作用。通过控制工作为主管人员提供信息，使之了解计划的执行进度和执行中出现的偏差及其大小，并据此分析原因，及时给予纠正，或立即修订计划，使之符合实际。

另一方面，控制工作的重要性还表现为它在管理的五个职能中所处的地位及其相互关系。控制工作存在于管理活动的全过程中，它不仅可以维持其他职能的正常活动，而且在必要时还可采取纠正偏差的行动来改变其他管理职能的活动。正确的控制工作可能导致确立新的目标，提出新的计划，改变组织结构，改变人员配备，以及在指导与领导方法上做出重大的改革。

我们能够制订计划，我们能够设计组织结构以有效地促进目标的实现，我们能够指导和激励员工。然而，我们无法保证活动正如事前计划的那样进行并达到其目标。控制是管理职能链中的最后一环，但控制职能的价值主要在于其与计划和授权的关系。有效的管理者必须进行追踪以确保员工采取了期望的行动，并实现了所提出的目标。

第二节 控 制 的 要 求

一、控制的原则

管理的成效取决于有效的控制，实行有效的控制除了必要的前提和遵循基本进程外，还必须注意以下几个基本原则：

（一）标准合理性原则

目标推行进程的管理控制是通过人来实现的，即使是最好的领导者和管理人员也不可避免地受自身个性及经验等主观因素的影响，因而管理中由于人的主观因素造成的偏差是不可避免的，有时是难以发现和纠正的。但是这仅仅是问题的一个方面，另一方面是人具有能动性。因此，可主动纠正偏差，也可凭借客观的、精确的考评标准来衡量目标或计划的执行情况，从而补偿人的主观因素的局限。所制定的标准应是可测量和考核的，要求客观、准确、有效及适当。标准不准确不能测量，控制工作会失败；标准太高或不合理，不能激励工作人员。这就是标准合理性原则。

（二）适时性原则

一个完善的控制系统，要求在实施有效的控制时一旦发生偏差，必须能够迅速发现并及时纠正。甚至是在未出现偏差之前，就能预测偏差的产生，从而防患于未然。这就是控制的适时性原则。控制的适时性可使管理人员尽可能早地发现，甚至预测到偏差的产生，及时进行纠正，从而可将各方面的损失降到最低限度。这就要求企业依靠现代化的信息管理系统，及时将重要而可靠的信息传递给有关人员，使其随时掌握工作的进展情况，尽早获得实际绩效与计划或标准之间的偏差信息，以便及时采取措施进行控制。

（三）关键点原则

对于一个系统的主管人员来说，由于精力和时间的限制，推行目标管理时实施控制不可能做到面面俱到，所以应该通过控制关键点，即将主要精力集中于系统过程中的突出因素，从而掌握系统状态及了解执行情况。这就是关键点原则。控制关键点是一种抓重点的控制形式，也是一种重要的管理艺术。关键点原则体现了抓主要矛盾的思想，这样的做法往往能收到牵一发而动全身的效果。

（四）灵活性原则

要使控制工作在执行中遇到意外情况时仍然有效，就应在设计控制系统和实施控制时使之具有灵活性。这就是控制的灵活性原则。

（五）与计划相一致的原则

计划是实现控制工作的依据，控制本身也需要有计划。计划制定得越详细、越明确、越可行，控制也就越容易。控制过程的完成就是使实际活动与计划活动相一致。

（六）同组织文化相匹配的原则

任何控制系统或技术都必须适合组织文化，这样才能实现最有效的控制。例如，开展整体护理后引入了整体护理的哲理和信念，就应该采用新的控制标准，与整体护理相匹配。

（七）直接控制原则

主管人员及其下属的素质、工作能力越高，就越不需要进行间接控制。直接控制原则的前提是合格的主管人员发生错误最少，他们能及时觉察、纠正或防止出现偏差。

（八）追求卓越原则

在控制工作中发现问题、分析原因、纠正偏差时应寻求发展，要使所属人员具有追求卓越的精神。在制定计划和控制标准时也应具有一定的先进性和科学性，使组织和个人经过一定的努力方能达到。

二、有效控制的技巧

在管理学中所谓的有效控制，就是以比较少的人力、财力和物力，较少的精力与时间使组织的各项活动处于控制状态。一旦组织的某项活动出现偏差，则能及时纠正偏差，而且能使偏差所导致的损失降低到最低限度。有效控制的技巧有以下几点：

（1）采用积极而有效的控制艺术。控制是上级主管部门对下级工作的控制。上级在下级心目中的形象、工作能力等直接影响到下级对控制的态度与看法，因而必须注意控制艺术。

（2）不带偏见的控制态度与做法。在控制过程中，一定要坚持客观公平而不能带有偏见。

（3）利用人际关系实施控制。在企业的诸多人际关系中，有一些由于感情、偏好、亲戚、同学与战友等自发形成的良好关系。因此，要实施有效控制就要注意利用这种关系。

（4）鼓励成员参与制定目标。通过参与，一方面他了解到制定这一目标的必要性，因而在态度上容易产生认同感，另一方面作为自己制定的目标，他必然会努力去实现它并接受监督与控制。

（5）运用"事实控制"。在制定纠正措施时，必须根据偏差及其产生的后果的实际情况进行分析，坚持从实际出发。

三、有效控制的要求

（一）适时控制

有效的控制要求及时发现偏差，及时纠正偏差。控制的及时性在很大程度上取决于提供信息的及时性。控制的目标是为了实现计划，控制是实现计划的保证。为实现每一项计划所进行的控制工作有很大的不同，都需要按不同计划的特殊要求和具体情况来设计。控制工作越是考虑到各种计划的特点，就越能更好地发挥作用。

（二）适度控制

适度控制是指控制的范围、程度和频度要恰到好处。具体包括：① 防止控制过多或控制不足。② 处理好全面控制与重点控制的关系。③ 使花费一定费用的控制得到足够的控制收益。控制还必须反映组织结构的类型和状况。组织结构是控制工作的依据。控制工作只有适应组织结构并由健全的组织结构来保证，才能够顺利进行。

（三）客观控制

有效的控制必须是客观的，符合企业实际的。

（四）控制关键点

为了进行有效的控制，需要特别注意那些在根据各种计划来衡量工作绩效时有关键意义的因素。控制住了关键点，也就控制住了全局。同时，在控制工作中强调关键点的控制，也是提高控制工作效率的要求。

（五）关注例外

例外原则对例外的关注，不应仅仅依据偏差的大小而定，还必须考虑相应的工作或标准的重要性，即强调例外必须跟关键点结合起来，关键点上的例外偏差是最应予以重视的。

（六）弹性控制

有效的控制系统应在遇到某种突发的、无力抗拒的变化的情况下仍能发挥作用，维持企业的运营。也就是说，应该具有灵活性或弹性。

（七）控制趋势

要使控制有效，控制变化趋势则显得非常重要。控制趋势的关键在于从现状中揭示倾向，特别是在趋势刚显露苗头时就能敏锐地觉察到。

【阅读材料 6 - 4】

某大型电子零件批发公司的一家连锁商店所面临的管理困境：顾客服务和营业收入都未能达到预期水平，而员工却在抱怨公司付给他们的工资太少了。

问题：这间电子零件批发商店到底哪方面出了问题？

有效的控制需要预先订立并让当事人明确所要求他们的绩效标准是什么，使员工认识到自己行为的差距，从而为其工作绩效的改善奠定了基础。没有标准，控制工作就很难取得理想的效果。

第三节　控 制 过 程

控制过程主要分为三方面，即确立标准、衡量成效和纠正偏差，如图 6-4 所示。

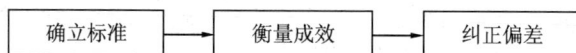

$$\boxed{确立标准} \longrightarrow \boxed{衡量成效} \longrightarrow \boxed{纠正偏差}$$

图 6-4　控制过程

一、确立标准

（一）确定控制标准

所谓标准，就是评判成绩的尺度，是管理人员据以测定绩效的基础，是从整个计划方案中选出的对工作成效进行评价的关键指标。标准是人们检查和衡量工作及其结果（包括阶段结果与最终结果）的规范。

（二）确定控制对象

经营活动的成果是重点对象，主要包括：① 关于环境特点及其发展趋势的假设；② 资源投入；③ 组织的活动。人员、财务、作业、信息和组织的总体绩效。

（三）选择控制的重点

在影响经营成果的众多因素中，选择若干关键环节作为重点控制对象，如获利能力、市场地位、生产率、产品领导地位、人员发展、员工态度、公共责任、短期目标与长期目标的平衡。

（四）建立标准的方法

本方法包括统计方法、经验估计法和工程方法。

（五）有效标准的条件

① 标准应当明确具体；② 标准应当公平合理；③ 标准应当系统完整；④ 标准应当与执行者的工作密切相关；⑤ 标准应当由执行人员参与制定。

二、衡量成效

（一）衡量成效的概念

衡量成效实际上就是信息的收集、处理与传递的过程。

（二）衡量实际绩效的手段

个人观察；口头报告和书面报告。

（三）衡量实际成效时应注意的问题

（1）通过衡量成绩，检验标准的客观性和有效性；

（2）确定适宜的衡量频度；

（3）建立信息反馈系统。

（四）根据标准衡量执行情况

将实际工作情况与标准进行比较，衡量其成效，并由此发现和提出各种问题。如图

6-5所示，在衡量成效中，关键是要把握住有关工作信息的及时性和有效性。

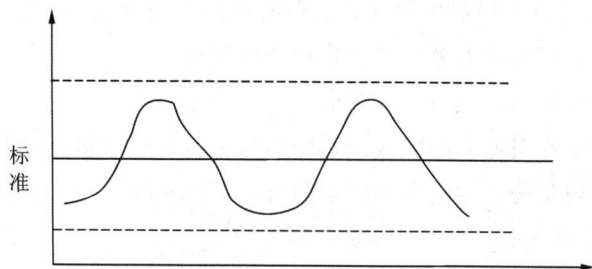

图 6-5　控制幅度

三、纠正偏差

如图 6-6 所示，组织要先对造成偏差的原因进行分析，然后采取措施来纠正偏差。

产生的偏差的两种情况：负偏差和正偏差。

按照造成偏差的原因，纠正偏差的行动有两方面：修正标准和改进工作绩效。

纠正偏差的手段包括：技术手段；行政手段；经济手段；思想教育手段；法律手段。

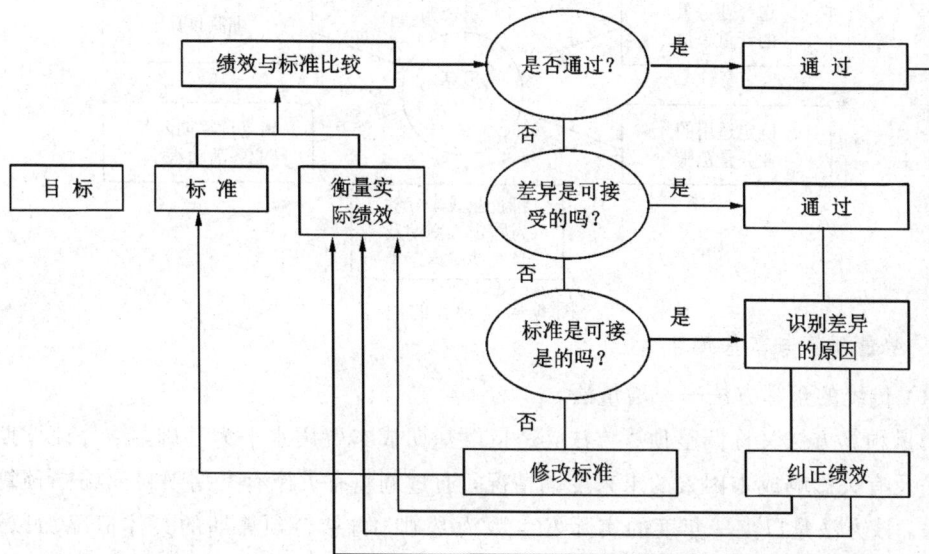

图 6-6　控制过程

第四节　控 制 方 法

一、预算控制

预算控制就是根据预算规定的收入与支出标准来检查和监督各部门的生产经营活动，以保证各种活动或各部门在充分达成既定目标、实现利润的过程中对经营资源的利用，从而使费用的支出受到严格有效的约束。

（一）预算的形式

为了有效地从预期收入和费用两方面对企业经营全面控制，不仅需要对各部门、各项活动制定分预算，而且要对企业整体编制进行全面预算。

（1）分预算是按照部门和项目来编制的。

（2）全面预算则是在对所有部门或项目分预算进行综合平衡的基础上编制而成的。

（3）全面预算必须用统一的货币单位来衡量，而分预算则不一定用货币单位计量。

1. 静态预算与弹性预算

（1）静态预算：为特定的作业水平编制的预算。

（2）弹性预算：在成本按性质分类的基础上，以业务量、成本和利润之间的相互关系为依据，按照预算期内可能实现的各种业务水平编制的有伸缩性的预算。弹性预算主要用于编制成本预算和利润预算。

以弹性预算为例说明预算编制步骤见图 6-7。

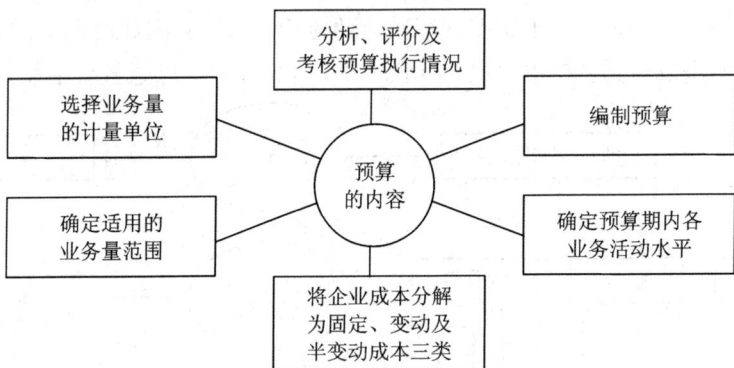

图 6-7　预算的内容

2. 增量预算与零基预算

（1）传统的预算方法——增量法。

增量预算方法又称调整预算方法，是指以基期成本费用水平为基础，结合预算期业务量水平及有关影响成本因素的未来变动情况，通过调整有关原有费用项目而编制预算的一种方法。该方法是以上一年度的实际发生数为基础，再结合预算期的具体情况加以调整，而很少考虑某项费用是否必须发生，或其预算额有没有必要这么大。

（2）零基预算不受前一年度预算水平的影响。

美国得克萨斯仪器公司的彼德·A·菲尔于 1970 年提出了"零基预算法"。零基预算的基本思想是，在每个预算年度开始时将所有还在继续开展的活动都看作是从零开始的，预算也就以零为基础。由预算人员在从头开始的思想指导下，根据组织目标重新审查每项活动对实现组织目标的意义和效果，并在费用与效益分析的基础上重新安排各项活动及各部门的资源分配和收支。它对现有的各项作业进行分析，并根据其对组织的需要和用途决定作业的取舍；根据未来一定期间生产经营活动的需要和各项业务的轻重缓急，对每项费用进行成本—效益分析和评定分级，从而确定其开支的必要性、合理性和优先顺序；依据企业现有资金的实际可能，在预算中对各个项目进行综合性费用预算。

（二）预算的内容

一般来说，预算表中要涉及以下几方面的内容（见图6-8）。

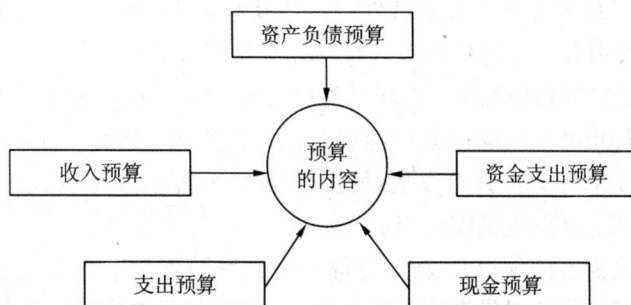

图6-8 预算的内容

（三）预算的作用及其局限性

1. 预算的作用

（1）使企业在不同时期的活动效果和不同部门的经营绩效具有可比性。

（2）使管理者了解企业经营状况的变化方向和组织中的优势部门与问题部门，从而为调整企业活动指明了方向。

（3）为协调企业活动提供了依据。

（4）为企业的各项活动确立财务标准。

（5）大大方便了控制过程中的绩效衡量工作，也使之更加客观、可靠。

2. 预算的缺点

（1）不能促使企业对企业文化、企业形象及企业活力的改善予以足够的重视。

（2）编制预算时通常参照上期的预算项目和标准，从而会忽视本期活动的实际需要。

（3）缺乏弹性、非常具体、涉及较长时期的预算可能会过度束缚决策者的行动，使企业经营缺乏灵活性和适应性。

（4）对费用的精打细算可能会忽视部门活动的本来目的。

二、非预算控制

（一）传统的方法

1. 视察

视察也许算得上是一种最古老、最直接的控制方法，其基本作用就在于获得第一手的信息。作业层（基层）的主管人员通过视察，可以判断出数量、质量的完成情况，以及设备运转情况和劳动纪律的执行情况等；职能部的主管人员通过视察，可以了解到工艺文件是否得到了认真贯彻、生产是否按预定进度执行、劳动保护等规章制度是否被严格遵守，以及生产过程中存在哪些偏差和隐患等；而上层主管人员通过视察，可以了解到组织方针、目标和政策是否深入人心，可以发现职能部门的情况报告是否属实及员工的合理化建议是否得到认真对待，还可以从与员工的交谈中了解他的情绪和士气等。所有这些都是主管人员最需要了解的，但却是正式报告中见不到的第一手信息。

但是，视察的优点还不仅仅在于能掌握第一手信息，还能够使得组织管理者保持和不断更新自己对组织的感觉，使他们感觉到事情是否进展顺利，以及组织这个系统是否运转得正常。视察还能够使得上层主管人员发现被埋没的人才，并从下属的建议中获得不少启发和灵感。此外，管理者亲自视察本身就有一种激励下级的作用，使得下属感到上级在关心他们。所以，经常亲临现场视察，有利于创造一种良好的组织气氛。

当然，主管人员也必须注意视察可能引起的消极作用。例如，也存在这样的可能，即下属可能误解上司的视察，将其看作是对他们工作的一种干涉和不信任，或者是看作不能充分授权的一种表现。这点也是需要引起注意的。

尽管如此，亲临视察的显著好处仍使得一些优秀的管理者始终坚持这种方法。一方面，即使是拥有计算机化的现代管理信息系统，计算机提供的实时信息和做出的各种分析，仍然代替不了主管人员的亲身感受、亲自了解；另一方面，管理的对象主要是人，是要推动人们去实现组织目标，而人所需要的是通过面对面的交往所传达的关心、理解和信任。

2. 报　告

报告是用来向负责实施计划的主管人员全面、系统地阐述计划的进展情况、存在问题及原因、已经采取了哪些措施、收到了什么效果、预计能出现的问题等情况的一种重要方式。控制报告的主要目的是提供一种可用作纠正措施依据的信息。

对控制报告的基本要求是必须做到：适时、突出重点、指出例外情况及尽量简明扼要。通常，运用报告进行控制的效果取决于主管人员对报告的要求。管理实践表明，大多数主管人员对下属应当向他报告什么缺乏明确的要求。随着组织规模及其经营活动规模的日益扩大，管理也日益复杂，主管人员的精力和时间是有限的，从而使定期的情况报告也就越发显得重要。

（1）负责实施计划的上层主管人员对掌握情况的需要，可归纳为以下四个方面。

第一方面，投入程度。就是说，主管人员需要确定他本人参与的程度；他需要确定自己应在每项计划上花费的时间和介入的深度。

第二方面，进展情况。就是说，主管人员需要获得那些应由自身向上级或向其他关单位（部门）汇报的有关计划进展的情况，诸如我们的进度如何，如何向我们的客户介绍计划进展情况，在费用方面我们做得如何，以及如何向客户解释费用问题等。

第三方面，重点情况。就是说，主管人员需要在向他汇报的材料中挑选哪些应自己注意和决策的问题。

第四方面，全面情况。就是说，主管人员需要掌握的全盘情况，而不能只是了解那些特殊情况。

（2）为了满足上级主管人员的上述四项要求，美国通用电器公司建了一种行之有效的报告制度。报告主要包括以下八方面：

第一方面，客户的鉴定意见及上次会议以来外部的新情况。这方面报告的作用在于使上级主管人员判断情况的复杂程度和严重程度，以便决定他是否需要介入及介入的程度。

第二方面，进度情况。这方面报告的内容是将工作的实际进度与计划进度进行比较，说明工作的进展情况。通常，拟定工作的进度计划可采用"计划评技术"。对于上层主管人员来说，他所关心的是处于关键线路上的关键工作的完成情况。因为关键工作若不能按时完成，那么整个工作就有可能误期。

第三方面，费用情况。报告的内容是说明费用开支的情况。同样，要说明费用情况必须将其与费用开支计划进行比较，并回答实际的费用开支为何超出了原定计划，以及按此趋势估算的总费用开支（超支）情况，以便上级主管人员采取措施。

第四方面，技术工作情况。该情况是表明工作的质量、技术性能的完成情况和目前达到的水平。其中很重要的问题是说明设计更改情况，设设更改的理由和方案，以及这是客户提出的要求还是我们自己做出的决定等。

以上关于进度、费用和技术性能的报告，是从三个方面说明了计划执行情况。下面是报告中需要上层主管人员决策和采取行动的相关项目，分为当前的关键问题和预计的关键问题两项。

第五方面，当前的关键问题。报告者需要检查各方面的工作情况，并从所有存在的问题中挑出三个最为关键的问题。他不仅要提出问题所在，还需说明对个人计划的影响、列出准备采取的行动、指定解决问题的负责人及规定解决问题的期限，并说明最需要上级领导帮助解决的问题所在。

第六方面，预计的关键问题。报告的内容是指出预计的关键问题，同样也需要详细说明问题，并指出其影响、准备采取的行动、指定负责人和解决问题的时期。预计的关键问题对上层主管人员来说特别重要。这不仅是为他（们）长期决策时提供选择，也是因为他（们）往往认为下属容易陷入日常问题而对未来漠不关心。

第七方面，其他情况。报告的内容是提供与计划有关的其他情况，如对组员及客户有特别重要意义的成就、上月份（季或年）的工作绩效与下月份主要任务等。

第八方面，组织方面的情况。报告的内容是向上层领导提交名单，名单上的人可能会去找这位上层领导，这位领导也需要知道他们的姓名。同时，还要审定整个计划的组织工作，包括内部的研制开发队伍及其他的有关机构（部门）。

（二）比率分析

对于组织经营活动中的各种不同度量之间的比率分析，是一项非常有用的和必需的控制技术或方法。"有比较才会有鉴别"。也就是说，信息都是通过事物之间的差异传达的。

一般说来，仅从有关组织经营管理工作成效的绝对数量的度量中是很难得出正确的结论的。例如，仅从一个企业年创利 1000 万元这个数字上很难得出什么明确的概念，因为我们不知道这个企业的销售额是多少，不知道资金总数是多少，不知道它所处行业的平均利润水平是多少，也不知道企业上年和历年实现的利润是多少等。所以，在我们做出有关一个组织经营活动是否有显著成效的结论之前，必须首先明确比较的标准。

企业经营活动分析中常用的比率可以分两大类，即财务比率和经营比率。前者主要用于说明企业的财务状况，后者主要用于说明企业的经营活动状况。

1. 财务比率

企业的财务状况综合地反映着企业的生产经营情况。通过财务状况的分析可以迅速、全面地了解一个企业的资金来源和资金运作情况；了解企业资金利用的效果、企业的支付能力和清偿债务的能力。常用的财务分析比率有以下几类：

（1）资本金利润率。对于一个企业来说，分析其资本金利用效果的出发点和归宿，是用资本金利润率这一重要指标。它是财务绩效的最佳衡量尺度，也是一种高度综合的计量比讲率。资本金利润率的计算公式如下：

$$资本金利润率=\frac{利润总额}{资本金总额}\times100\% \tag{6-1}$$

式中，利润总额指的是税前利润，资本金总额指的是企业在工商管理部门登记的注册资金。

资本金利润率说明的是一定时期企业投入资本的获利水平，是直接衡量企业经营成果的尺度，具有重要的现实经济意义。企业人、财、物、供、产、销等各方面工作的好与坏，都会影响这项指标。企业的固定资产利用率高，流动资产周转速度快，用同样的资本可完成更多的财务成果。资本金利润率只有高于银行存款利率或债券利率，企业才能继续经营下去。

国有企业为了考察一定时期资本金的增值情况，一般应用资本金增值率指标。计算公式如下：

$$资本金增值率=\frac{资本金年末数-资本金年初数}{资本金年初余额}\times100\% \tag{6-2}$$

（2）收入利税率。销售利润率，或称销售收入利润率，是反映实现的利润在销售收入（或营业收入）中所占的比重。比重越大，表明企业获利的能力越高，企业的经营效益越好。其计算公式为

$$销售利润率=\frac{利润总额}{产品销售收入（或营业收入）}\times100\% \tag{6-3}$$

营业收入利税率，是衡量企业营业净收入获取盈利的指标。其计算公式如下：

$$营业利税率=\frac{利润总额+销售税金}{营业收入总额}\times100\% \tag{6-4}$$

（3）成本费用利润率。成本费用利润率指利润总额与营业成本（销售成本）之间的比率，是衡量企业营业成本、各项费用获利水平的指标，表明企业成本降低方面取得的经济效益如何。计算公式如下：

$$成本费用利润率=\frac{利润总额}{产品销售成本}\times100\% \tag{6-5}$$

销售利润率和成本费用利润率均是收益性指标，受企业机械化及自动化程度的影响，但不受生产规模大小的影响。因而可以比较本企业不同时期的经济效益。

以上三项指标属于评价企业盈利能力的比率指标，分析这些指标的目的在于考察企业一定时期实现企业总目标的收益及获利能力，分析企业以一定的劳动占用和劳动耗费取得多少盈利。

2. 经营比率

（1）资产负债率。资产负债率指企业负债总额与企业全部资产的比率，即在企业全部资产中负债总额所占比重，用以衡量企业利用债权人提供资金进行经营活动的能力，也就是反映债权人借出资金的安全程度。因此，资产负债率是企业长期偿债能力的晴雨表，负

债的比例越低，表明企业的偿债能力越强，债权人得到保障的程度越高。其计算公式如下：

$$资产负债率 = \frac{负债总额}{全部资产总额} \times 100\% \qquad (6-6)$$

（2）流动比率。流动比率指流动资产与流动负债的比率，用以衡量企业流动资产在短期债务到期以前，可以变为现金用于偿还流动负债的能力。计算公式如下：

$$流动比率 = \frac{流动资产合计数}{流动负债合计数} \times 100\% \qquad (6-7)$$

企业流动资产大于流动负债，一般表明企业偿还短期债务的能力强。同时，用流动比率去衡量企业资产流动性如何。一般要求企业的流动资产在清偿流动负债以后，应基本满足日常生产经营中的资金需要，但并不意味着流动比率越大越好。从企业的角度看，过大的流动比率说明经营管理不善，因为它很可能是一种不能利用的现金超出。周转需要的各种存货和造成过于扩张的应收账款这种拙劣的赊销经营方式的一种信号，这也就意味着企业流动资产占用较多，会影响企业经营资金周转率和获利能力。同时，企业很可能没有充分利用它当前短期信贷的能力。当然，如果比率过低，说明企业偿债能力较差。经验表明，2∶1左右的流动比率对大多数企业来说是比较适合的。但各行业生产经营方式和生产周期不同，对资产流动性的要求并不一致。因此，要根据不同的具体情况确定标准比率，作为考核的尺度。

（3）速动比率。速动比率指企业速动资产与流动负债的比率。所谓速动资产，是指流动资产减去存货等非速动资产后的差额。其计算公式如下：

$$速动比率 = \frac{速动资产}{流动负债} \times 100\% \qquad (6-8)$$

速动比率是衡量企业短期偿债能力的指标，反映企业流动资产中可以立即用于偿还流动负债的能力。速动资产具体来讲，只包括流动资产中的现金、银行存款、应收票据、短期投资、应收账款及有价证券等能变现的资产。速动比率的目的是要测试假设存货根本没有什么价值可以留下时，在真正的危机出现时流动负债的收集能力（偿还流动负债的能力）有多大。作为企业面临困境时对偿付能力的有效测量，这种比率是非常有用的。一般认为这个比率低于0.6，就说明某些事情或某些地方可能很糟糕；而低于0.4，就已经接近了破产的边缘。在美国，一般认为这个比率在100%以上为好。但是，从经营的动态性角度来看，速动比率应为多少合适，最好还应同时分析一下企业在未来时期的经营情况。

以上三种比率，是用于评价企业偿债能力的指标。企业在经营中需要从银行或其他途径获得贷款或投资。作为贷款者或投资者必然有两方面的考虑，既会乐于投资到一家经营成功的企业中，但又非常小心地判断该企业有无发生清算破产的可能性及收不回其资金的风险。因此，在国外贷款者或投资者通常使用上述这三种比率来估计企业的支付能力偿还债务的能力。

（4）应收账款周转率。应收账款周转率指企业赊销收入净额与平均应收账款余额的比率，是衡量企业收回应收账款效率的指标，能反映企业应收账款的流动程度。其计算公式如下：

$$应收账款周转率 = \frac{赊销收入净额}{平均应收账款余额} \times 100\% \qquad (6-9)$$

$$赊销收入净额＝销售收入－现销收入－（销售退回＋销售折让＋销售折扣）$$

$$(6-10)$$

$$平均应收账款余额＝\frac{期初应收账款＋期末应收入账款}{2}\qquad(6-11)$$

应收账款周转率反映的是企业一定时期内销售债权（即应收账款的累计发生数）与期末应收账款平均余额之比，表明销售债权的收回速度。收回速度越快，说明资产的利用效率越高。

（5）存货周转率。存货周转率指销货成本与平均存货的比率，是衡量企业销售能力和管理存货效率的指标。其计算公式如下：

$$存货周转率＝\frac{销货成本}{平均存货}\times100\%\qquad(6-12)$$

$$平均存货＝\frac{期初存货＋期末存货}{2}\qquad(6-13)$$

存货周转率反映企业存货在一定时期内使用和利用的程度，即利用存货的效率如何，或存货是否过量。在一定时期内周转率越高，即周转次数越多，周转一次所需的时间越少，表明资产的利用效率越高。以上两个比率是用于分析企业营运能力的指标。

三、审计控制

审计是对反映企业资金运动过程及其结果的会计记录及财务报表进行审核、鉴定，以判断其真实性和可靠性，从而为控制和决策提供依据。根据审查主体和内容的不同，可将审计划分为三种主要类型：

① 由外部审计机构的审计人员进行的外部审计；

② 由内部专职人员对企业财务控制系统进行全面评估的内部审计；

③ 由外部或内部的审计人员对管理政策及其绩效进行评估的管理审计。

（一）外部审计

外部审计是由外部机构（如会计师事务所）选派的审计人员对企业财务报表及其反映的财务状况进行独立的评估。其优点为保证审计的独立性和公正性。缺点是对公司缺乏了解，对具体业务的审计困难，员工的抵制会增加审计难度。

（二）内部审计

内部审计是由企业内部的机构或由财务部门的专职人员独立进行的，内部审计兼有许多外部审计的目的。

（1）优点：提供了检查现有控制程序和方法能否有效地保证达成既定目标和执行既定政策的手段；根据对现有控制系统有效性的检查，可以提供改进建议，更有效地实现组织目标；有助于推行分权化管理。

（2）缺点：需要大量的费用，特别是进行深入、详细的审计；需要对审计人员进行充分的技能训练；可能会使员工产生心理上的抵触情绪。

（三）管理审计

管理审计是一种对企业所有管理工作及其绩效进行全面、系统的评价和鉴定方法，企业通常聘请外部专家来进行。管理审计的方法是利用公开记录的信息，从反映企业管理绩效及其影响因素的若干方面出发将企业与同行业其他企业或其他行业的著名企业进行比较，以判断企业经营与管理的健康程度(见图6-9)。

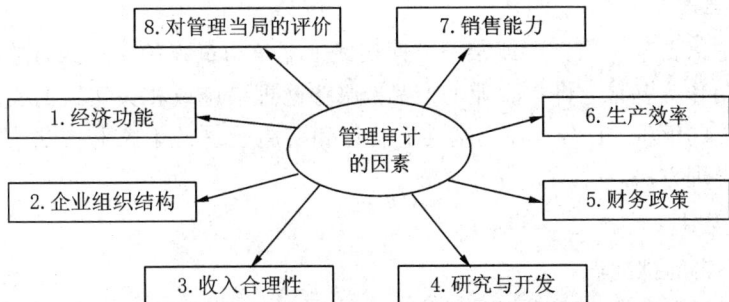

图6-9 管理审计的因素

（四）损益控制

损益控制是根据企业或企业中的独立核算部门的损益表，对其管理活动及其成效进行综合控制的方法。

优点：有利于从总体上把握问题的关键，以便有针对性地进行纠偏措施。

缺点：是一种事后控制，无法改善前期工作，但能为后期工作提供借鉴；损益表不能反映所有的事项，仅在损益表上不一定能准确地判断利润发生偏差的主要原因；在利用损益控制时还需辅以其他方法。

四、成本控制

（一）成本控制的基础

成本控制的基础是成本对象与成本分配。

(1) 成本对象：是指需对其进行成本计量和分配的项目。

(2) 成本分配：将成本分配到每个实体或成本对象,有两种分配方法：

① 直接成本分配方法：直接成本是指能够容易和准确地归属到成本对象的成本。

② 间接成本分配方法：间接成本是指不能容易地或准确地归属于成本对象的成本。

（二）成本控制的步骤

(1) 建立成本控制标准：包括单位标准制定、标准类型及制定标准成本举例。

(2) 核算成本控制纯净及分析成本发生偏差的调查。

(3) 采取纠偏的措施。

（三）成本控制的作用

(1) 做好企业成本控制工作,不断降低企业经营成本,是提高企业竞争力从而提高企业经济效益的最直接有效的手段。

(2) 控制成本,减少企业价值活动过程中的一切浪费,是精益生产的精髓。丰田公司大野耐一的两个公式：

$$价格＝成本＋利润 \qquad (6-14)$$

$$利润＝价格－成本 \qquad (6-15)$$

五、其他控制方法

（一）标杆管理

1. 标杆管理的含义

标杆管理是以在某一项指标或某一方面实践上竞争力最强的企业或行业中的领头企业或其内部某部门作为基准，将本企业的产品、服务管理措施或相关实践的实际状况与这些基准进行定量化的评价、比较，在此基础上制订和实施改进的策略和方法，并持续不断反复进行的一种管理方法。

2. 标杆管理目标的设定

（1）具有一定的挑战性；

（2）具有相当程度的可行性。

3. 标杆管理的步骤

（1）确定标杆管理的项目、对象，制订工作计划；

（2）进行调查研究，搜集资料，找出差距，确定纠偏方法；

（3）初步提出改进方案，然后修正和完善该方案

（4）实施该方案，并进行监督；

（5）总结经验，并开始新一轮的标杆管理。

4. 标杆管理的不足

（1）引起本企业与目标企业全面趋同，没有了本企业的任何特色；

（2）容易使企业陷入"落后—标杆—又落后—再推行标杆管理"的恶性循环之中。

（二）平衡积分卡

平衡积分卡是在 1992 年由卡普兰和诺顿提出，平衡积分卡不仅可用作企业绩效评估方法，而且可以用作战略管理方法，同时它还是一种企业控制工具。卡普兰和诺顿认为：企业不仅要关注财务指标，还要重视组织的运营能力；企业不仅要关心短期目标，还要考虑长期战略发展。平衡积分卡的控制指标如下：

（1）财务方面，包含了传统的财务指标；

（2）顾客方面，包含了市场份额、客户回头率、新客户获得率及客户满意度等指标；

（3）内部经营过程，按照"调查研究—寻找市场—设计和开发产品—生产制造—销售与售后服务"的顺序来创造流程；

（4）学习和成长，最关键的因素是人才、信息系统和组织程序（见图 6-10）。

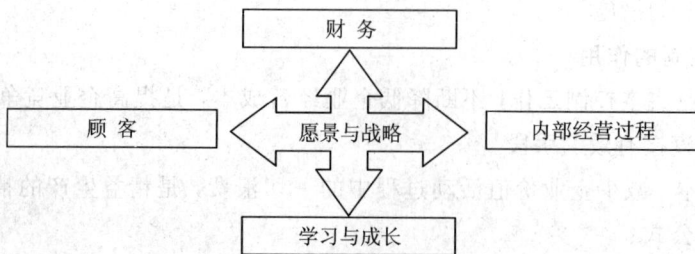

图 6-10　平衡计分卡的控制图

(三)综合控制方法

1. 损益控制法

损益控制法是从财务角度出发,根据一个组织(企业)的损益表对其经营和管理成效进行综合控制的方法(见表6-1)。

表6-1 损 益 表

项　　目	行　次	本期实际数	去年同期	计划水平
一、主营业务收入				
减:主营业务成本				
主营业务税金及附加				
二、主营业务利润				
加:其他业务利润				
减:营业费用				
管理费用				
财务费用				
三、营业利润				
加:投资收益				
补贴收入				
营业外收入				
减:营业外支出				
四、利润总额				
减:所得税				
五、净利润				

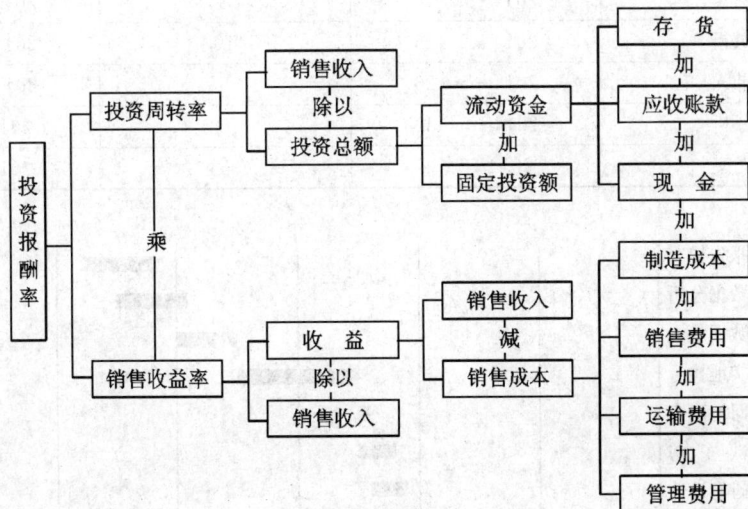

图6-11 投资报酬率详图

2. 投资报酬率控制法

投资报酬率控制法的出发点是认为组织（企业）获得的利润是企业投资的效果，通过计算投资额与利润之比来衡量整个企业的绩效。投资报酬率的计算方法：

$$投资报酬率 = \frac{利润总额}{投资总额} \times 100\% \qquad (6-16)$$

$$投资报酬率 = 资金周转率 \times 销售利润率 = \frac{销售收入}{投资总额} \times \frac{收益}{销售收入} \qquad (6-17)$$

（四）甘特图

甘特图（Gantt chart）又称横道图、条状图（Bar chart），以提出者亨利·L·甘特先生的名字命名。

1. 甘特图的含义

甘特图包含以下三个含义：

（1）以图形或表格的形式显示活动。

（2）一种通用的显示进度的方法。

（3）构造时应包括实际日历天和持续时间，并且不要将周末和节假日算在进度之内。

甘特图具有简单、醒目和便于编制等特点，在企业管理工作中被广泛应用。甘特图按反映的内容不同，可分为计划图表、负荷图表、机器闲置图表、人员闲置图表和进度表五种形式（见表 6-2 和图 6-12）。

表 6-2　计划运营表

	计划开始日	天　数	计划结束日
项目确定	2014-5-8	5	2014-5-13
问卷设计	2014-5-12	3	2014-5-15
试　访	2014-5-13	3	2014-5-16
问卷确定	2014-5-15	1	2014-5-16
实地执行	2014-5-16	10	2014-5-26
数据录入	2014-5-26	5	2014-5-31
数据分析	2014-5-30	6	2014-6-5
报告提交	2014-6-2	6	2014-6-8

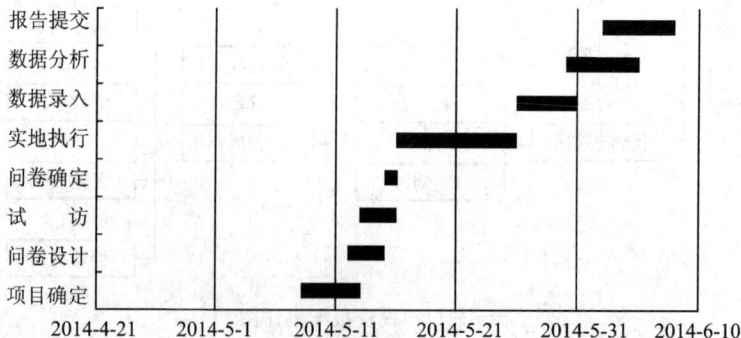

图 6-12　任务甘特图

甘特图内在思想简单，即以图示的方式通过活动列表和时间刻度形象地表示出任何特定项目的活动顺序与持续时间。基本是一条线条图，横轴表示时间，纵轴表示活动（项目），线条表示在整个期间上计划和实际的活动完成情况。甘特图直观地表明任务计划在什么时候进行，及实际进展与计划要求的对比。管理者由此可便利地弄清一项任务（项目）还剩下哪些工作要做，并可评估工作进度。

甘特图是基于作业排序的目的，将活动与时间联系起来的最早尝试之一。该图能帮助企业描述对诸如工作中心、超时工作等资源的使用图。当用于负荷时，甘特图可以显示出几个部门、机器或设备的运行和闲置情况。这表示了该系统的有关工作负荷状况，这样可使管理人员了解何种调整是恰当的。例如，当某一个工作中心处于超负荷状态时，则低负荷工作中心的员工可临时转移到该工作中心以增加其劳动力。或者，制品存货可在不同工作中心进行加工，则高负荷工作中心的部分工作可移到低负荷工作中心完成，多功能的设备也可在各中心之间转移。但甘特负荷图有一些重要的局限性，不能解释生产变动（如意料不到的机器故障及人工错误所形成的返工等）。甘特排程图可用于检查工作完成进度，表明哪件工作如期完成，哪件工作提前完成或延期完成。在实践中还可发现甘特图的多种用途。

2. 甘特图的优点与缺点

优点：图形化概要，通用技术，易于理解；中小型项目一般不超过 30 项活动；有专业软件支持，无需担心复杂计算和分析。

缺点：甘特图事实上仅仅部分地反映了项目管理的三重约束（即时间、成本和范围），因为它主要关注进程管理（时间）。当软件存在不足时，尽管能够通过项目管理软件描绘出项目活动的内在关系，但是如果关系过多，纷繁芜杂的线图必将增加甘特图的阅读难度。

（五）甘特图在生产控制中的应用

生产控制是生产管理的重要职能，是实现生产计划和生产作业计划的手段。企业的生产计划和生产作业计划对日常生产活动虽已作了比较周密而具体的安排，但是计划在执行过程中还会出现一些人们预想不到的情况和矛盾，必须及时监督和检查，发现偏差，进行调节和矫正。这种在计划执行过程中的监督、检查、调节和矫正等工作，就是生产控制工作。

1. 生产作业控制

生产作业控制，是在计划执行过程中，有关产品生产的数量和进度的控制，其主要目的是保证完成生产作业计划所规定的产品产量和交货期限指标。生产作业控制是生产控制的基本方面，狭义的生产控制就是指生产作业控制，主要包括生产调度、作业核算、在制品管理等工作。甘特对此分别加以阐述。

（1）生产调度。生产调度就是组织执行生产作业计划的工作，以生产作业计划为依据，生产作业计划要通过生产调度来实现。

生产调度工作的主要内容有：① 检查各个生产环节的零件、部件、毛坯、半成品的投入和出产进度，及时发现生产作业计划执行过程中的问题，并积极采取措施加以解决。② 检查、督促和协助有关部门，及时做好各项生产作业准备工作。③ 根据生产需要合理调配劳动力，督促检查原材料、工具、动力等的供应情况和厂内运输工作。对轮班、昼夜、周、旬或月计划完成情况进行统计分析工作。

（2）甘特提出搞好生产调度工作的要求：① 生产调度工作必须以生产作业计划为依据，这是生产调度工作的基本原则。生产调度工作的灵活性必须服从计划的原则性，要围绕完成计划任务来开展调度业务。同时，调度人员还应不断地总结经验，协助计划人员提高生产作业计划的编制质量。② 生产调度工作必须高度集中和统一。现代化大生产中生产者成千上万，生产情况千变万化，讲管理就必须讲统一意志、统一指挥，建立一个强有力的生产调度系统。各级调度机构应该是各级领导指挥生产的有力助手。各级调度部门应根据同级领导人员的指示，按照作业计划和临时生产任务的要求，行使调度权力，发布调度命令。各级领导人员应充分发挥调度部门的作用，维护调度部门的权威。③ 生产调度工作要以预防为主。调度人员的基本责任是预防生产活动中可能发生的一切脱节现象。贯彻预防为主的原则，就要抓好生产前的准备工作，避免各种不协调的现象产生。在组织生产的过程中，不仅要抓配套保证装配的需要，还要抓毛坯保证加工的需要，防止只抓出产不抓投入、抓后不抓前的做法。只有做到"以前保后"，才能取得调度工作的主动权。④ 生产调度工作要从实际出发。为此，调度人员必须具有深入实际、扎实果断的工作作风和敢于负责的精神，要经常深入生产第一线，亲自掌握第一手资料，及时了解和准确掌握生产活动中千变万化的情况，摸清客观规律，深入细致地分析研究所出现的问题，动员群众自觉地克服和防止生产中的脱节现象，出主意，想办法，克服困难，积极完成生产任务。只有这样才能防止瞎指挥，使调度工作达到抓早、抓准、抓狠、抓关键及一抓到底的要求。

（3）生产调度工作的措施。调度工作是如此的重要，管理者一定要采取措施予以加强。加强生产调度工作应采取的措施有以下几项。

① 要建立健全调度工作制度。

调度工作制度一般有以下几种：

一是实行值班制度。为了组织调度，及时处理生产中出现的问题，厂部、车间都应建立调度值班制度。规模较大的企业中可设中央调度控制台。厂部、车间都设值班调度，处理日常生产中的问题。值班调度在值班期间，要经常检查车间、工段作业计划的完成情况及科室配合的情况，检查调度会议决议的执行情况，及时处理生产中发生的问题，填写调度日志，将当班发生的问题和处理情况记录下来。

二是实行调度报告制度。为了使各级调度机构和领导及时了解生产情况，企业各级调度机构要将每日值班调度的情况报给上级调度部门和有关负责人。厂一级生产调度机构要将每日生产情况、库存情况、产品配套进度情况、商品出产进度情况等，报厂领导和有关科室、车间掌握。

三是坚持调度会议制度。调度会议是一种发扬民主、集思广益、统一指挥生产的良好形式。厂一级调度会议由厂负责生产的领导主持，主管调度工作的科长召集，各车间主任及有关科室及科长参加。车间调度会由车间主任主持，车间计划调度组长召集，车间技术副主任、各工段（班组）长及有关人员（如调度员、技术员、工具员等）参加。会前要做好准备，先摸清问题，通知会议内容，集中解决生产中的关键问题。会上议题要突出重点，强调协作风格。会议中既要发扬民主，又要有统一意志。

四是健全现场调度制度。领导人员深入现场，到发生问题的现场去，同调度人员、技术人员、工人三方结合共同研究生产中出现的问题，以求得矛盾的解决。这种方法有利于领导人员深入实际，密切联系员工，掌握情况，调动各方面的积极性，使问题可以获得又快又好的解决。

五是坚持班前班后小组会制度。小组通过班前会布置任务，调度生产进度；通过班后会检查生产作业计划完成情况，总结工作。

②要建立健全生产调度机构。

现代化生产必须具备强有力的生产调度系统。厂部、车间、工段（班组），以及有关生产部门都要建立生产调度组织。厂部由负责生产的厂级领导或总调度长主管，由生产科执行这方面业务；在车间负责人领导下设车间调度组；工段一般可由工段长兼任；在劳动、工具、机修、供应、运输等部门也要设立专业性质的调度组织。这样就可形成一个上下贯穿、左右协调、集中统一的生产调度系统，将全厂的生产调度工作抓起来。

全厂调度工作的业务归厂部生产科负责，各个生产环节要服从它的指挥。生产科要协调各生产环节的工作，做好日常生产调度工作。为了做好工作，厂部可按业务类别设置调度人员。例如，分别按生产、设备、工具、材料、劳动、运输等部门指定专人负责调度工作，也可按车间设置调度人员，或按产品设置调度人员等，以便调度人员各司其职，做好各自工作。

车间调度组和工段（班组）调度员，在上级调度机构领导下做好本单位范围内的生产调度工作，解决好本单位范围内生产协作、进度衔接等问题。

建立和健全调度机构，必须配备好调度人员，应选拔思想好、作风正派、业务熟悉的人担任这项工作。

③要适当配置和充分利用各种生产调度技术设备。

企业的调度机构应具有一定的调度技术设备，以提高调度工作的准确性、及时性和效率。应创造条件逐步配置以下几种技术设备：

一是通讯设备，包括专用的调度电话、无线电话机等。

二是远距离文件传送设备，包括电传打字机和无线电传真机等，主要用来传送图纸、计划统计报表、资料等。

三是气管通信系统和收发报机。气管通信系统可迅速输送纸条、小件物品或零件等。收发报机可以传送真实笔迹、数字等。

四是工业电视。其功能主要是用来观察有危险的生产过程，或是大片面积上进行的过程，或者难以接近的地方。调度人员可以在电视屏幕上看到有关现场工作的实际情况。

五是电子自动记录系统，由各种计数器、自动记录器、电子计算机及一系列电子资料处理设备等组成。该系统可自动记录工作地的生产情况、主要零件在各道工序的加工情况、关键设备的产量等。这样既可以自动记录产量、检验合格产品数量、生产工时数等，又可以经过处理进行分类列表、印刷，并及时传给有关单位，甚至在厂部、车间公布各单位生产作业计划完成情况。

2. 作业核算

作业核算是生产调度的一项重要依据。为了保证作业计划的实现，按期、按量、按质出产产品，必须经常进行作业核算，及时地反映作业计划的执行情况。当发现实际偏离计划时，应通过生产调度迅速地予以解决。所以，作业核算是生产调度的一项重要依据。

（1）生产作业核算的内容：一般有产品及其零部件的出产量和投入量（见于出产期和

投入期）、完工的进度（即完成的工作量或工序道数）、各个单位（包括从厂部到各个工作地）完成的工作任务、生产工人和设备的利用率等。

（2）生产作业核算的方法和具体形式：虽然因生产条件的不同而不同，但其基本原则是相同的。首先将生产中有关这方面的活动记载在原始凭证上，而后按照一定目的将资料汇总记入有关的台账或编成各种图表。

（3）生产作业的原始凭证：主要是通过单卡、票据等形式，用数字或文字对生产活动所做的一种最初的直接记录，故又称原始记录。生产作业核算所用的原始凭证，不仅是生产调度的一项重要依据，同时也是会计核算和统计核算的依据。例如，工人完成产量任务的作业核算资料，也是会计核算中计算工人工资和核算产品成本的原始资料。为了满足生产调度和会计核算、统计核算的需要，避免凭证过多和各种核算数字互不相符的现象，在作业核算中应该采用统一的原始凭证。企业中经常选用的原始凭证，有产量报告表、个人生产记录、加工路线单、单工序工票、领料单、入库单、废品通知单、废品回用单、返修通知单等。其中有一些凭证（如加工路线单、单工序工票等），不仅是生产作业核算的凭证，而且是派工指令的凭证。这样做，既可以减少在生产中流通的凭证种类，又可将生产指令和实际完成资料结合在一起，便于计划和实际的分析对比。做好原始凭证的设计和记录工作是实现科学管理、搞好生产活动的一项十分重要的基础工作。

作业核算工作的要求是系统、经常、及时、准确、简便和易行，其中最重要的问题是要做到数字准确、账账相符、账实相符。

有了原始资料，下一步要将这些资料汇集起来，记入生产作业统计台账中。台账是原始记录的汇总，具有逐日登账、逐日汇总的特点。建立健全生产作业台账制度，有利于及时掌握生产动态，控制生产作业进度，对生产作业的分析工作也很有用。

（六）其他

为了直观地了解生产进度和控制计划的执行，企业中还常常采用一些生产作业的统计和控制图表，并将实际核算数同计划数进行对比。采用的图表除甘特图外还有：

1. 生产进度坐标图

在产量随时间变化的条件下，可以用一个简单的坐标图来描述生产进度及其变化趋势，例如，某装配线月上旬的每日计划产量和实际产量。

2. 流动数曲线图

根据某产品（或某车间、某工序）生产台账中所记载的投料与生产情况可绘制流动数曲线，就是根据台账所绘制的某装配线的流动数曲线图。曲线的倾斜程度反映了生产速度，弯曲程度反映了生产的流动情况，两条曲线之间的水平距离为生产周期，垂直距离为制品数量。

3. 在制品管理

在制品管理工作就是对在制品进行计划、协调和控制的工作。在加工—装配型的企业中，搞好在制品管理工作有着重要的意义。它是调节各个车间、工作地和各道工序之间的生产，组织各个生产环节之间平衡的一个重要杠杆。合理地控制在制品、半成品的储备量，做好保管工作，使它们不受损坏，可以保证产品质量、节约流动资金、缩短生产周期，以及减少和避免积压。

搞好在制品的管理工作，要求对在制品的投入、出产、领用、发放、保管及周转中做到有数、有据、有手续、有制度、有秩序。有数就是在制品要计数；有据就是收发进出要有凭证；有手续就是收发进出要有核对签署登录手续；有制度就是对在制品要建立一套原始记录管理制度，及时入账，经常对账等制度；有秩序就是要将在制品管理得井井有条。为了有效地进行在制品和半成品的管理，必须认真做好以下几方面的工作：

（1）建立和健全制品、半成品的收发领用制度。

在制品和半成品的收发领用，要有入库单、领料单等原始凭证，进行计量、签署、登账，严格地实行按计划限额收发在制品制度。在制品和半成品的收发应当遵循"先进先出"的原则，使库存的半成品经常新旧更迭、质量常新。车间内部在制品的流转通过加工路线单等予以控制。发放装配用的零部件要按配套明细表规定的要求发放。要建立在制品增减数字管理制度。

（2）对在制品和半成品要正确、及时地进行记账核对。

在工作地之间、工段之间、工段与车间内部仓库之间、车间之间、制造车间与中间半成品（毛坯）库之间，在制品、半成品的收发数量必须及时记账，及时结清账存，还要建立定期的对账制度，做到账实相符和账账相符，从而可以正确地掌握车间内部和车间之间在制品的流转情况。

妥善处理零件的报废、代用、补发及回用，是在制品管理工作中的一个重要问题。这方面管理不好，常常会造成有账无物，或有物无账。在成批生产条件下，采用累计编号计算方法，这问题更为重要。凡是零件报废或代用了，应当在账簿和图表中减掉或去掉。凡是废品修复回用（或用于其他产品上），则应当加上。这项管理工作看来似乎简单，实际十分琐碎，稍有疏忽遗漏，就会造成生产的中断和零件的积压浪费。

（3）合理地存放和保管在制品、半成品，充分发挥库房的作用。

对在制品应进行分类管理，按其价值的大小将那些从数量上来说所占比重比较小，但从资金上来说所占比重比较大的在制品作为"一类零件"，给予重点管理。对那些无论从数量上或资金上说都占中等地位的在制品，可以作为"二类零件"，给予普通管理。其余那些在数量上所占的比重虽然比较大，但在资金上所占的比重却比较小的在制品，则作为"三类零件"，给予一般管理。如此分类管理，对合理组织生产、控制生产资金、降低生产成本很有好处。对"一类零件"应尽量缩小生产批量，严格控制投入、出产的期和量。在制品在车间工作地、仓库中存放时要摆放整齐，存放方法要因件因地制宜。库存在制品一般要按照品种规格分类、分区存放。为了避免在制品在存放保管过程中丢失、损坏、变质、混号，应根据每种在制品的特性建立各种保管制度，如印号（或挂牌）、刷油防锈、通风防潮、防止曝晒。有的要注意轻拿、轻放等，对一些精密的零件更要严格保管。同时，还应解决各种辅助装置和设施，如库房建筑、料架料柜、工位器具等。

（4）在制品管理工作中，仓库起着十分重要的作用。

在制品仓库往往是几个生产单位的联结点，各单位在生产上的联系多数要通过它。所以，库房被称为企业生产管理部门的眼睛。仓库不仅要做好保管、存放、配套、发送等工作，而且要协助生产管理部门监督各生产单位执行作业计划，严格按照作业计划的规定发放和接收在制品，拒收或拒发计划外的在制品。要重视中间仓库的管理，其方法有两种：

① 厂部统一设库管理。这种方法便于厂部全面掌握在制品的情况，控制整个生产进

程，防止各生产环节脱节。该方法一般适用于生产产品复杂、生产不稳定、各生产环节衔接关系复杂的企业。

　　② 车间分散设库管理。按照不同在制品设库，归有关车间领导。这种方法可使车间与仓库紧密联系，便于车间管好生产，一般适用于封闭式生产的车间。

　　（5）做好在制品和半成品的清点、盘存工作。

　　在制品和半成品在生产过程中不断流动变化，其数量有增有减。为了确切地掌握它们的数量，除了要经常记账核对外，还要做好清点、盘存工作。根据清点盘存的资料，对清点中超过定额的储备应当积极进行处理，尽量不浪费已消耗的劳动。根据具体情况确定清点盘存工作的范围、方法和时间，全厂性的清点盘存工作可以定期（如按季）进行。车间内部的在制品的盘点工作应经常一些（如一个月一次），以便及时发现和解决问题。

本章小结

　　本章的内容集中起来介绍了控制工作的含义、作用、类型、方法、原理、过程、要求等，使我们对如何做好管理中的控制工作有更深入的理解，也是进行有效管理的最后关键环节，为更好地履行管理四大职能奠定了理论基础。

复习思考题

　　一、简答题

　　1. 简述控制的基本原理。

　　2. 对下属的工作进行现场监督有什么作用？

　　3. 成果控制包括哪些内容？

　　4. 适度控制应能同时体现哪些方面的要求？

　　5. 管理者在衡量工作成绩的过程中应注意哪些问题？

　　6. 什么是盈利比率，常用的比率有哪些？

　　7. 什么是审计？有哪些类型？

　　8. 简述预算编制步骤。

　　9. 内部审计作用主要表现在哪些方面？

　　10. 内部审计的局限性主要表现在哪些方面？

　　11. 损益控制不足之处有哪些？

　　二、论述题

　　1. 试述控制的必要性。

　　2. 控制有哪些类型？

　　3. 有效地控制应具有哪些特征？

　　4. 在制定和实施纠偏措施的过程中应注意哪些问题？

　　5. 解释预算的内容。

　　6. 论述预算的作用及其局限性。

　　7. 反映企业管理绩效及其影响因素主要有哪些？

　　8. 简述损益控制、投资收益率控制、报告分析法、亲自观察法的基本内涵。

三、管理游戏——头脑风暴法

安排：

1. 课下组成小组，指定一位发言人在老师提问时向全班报告小组的发现与结论。运用头脑风暴法确定将开办饭店的类型。

2. 运用头脑风暴法，培养学生的创新能力。

实施形式与要求：

1. 小组集体花费5～10分钟时间来形成你们最可能成功的饭店类型。每位小组成员都要尽可能地富有创新性和创造力，对任何提议都不能加以批评。

2. 指定一位小组成员将所提出的各种方案写下来。

3. 再用10～15分钟时间讨论各个方案的优点与不足。作为集体，确定一个使所有成员意见一致的最可能成功的方案。

4. 在做出你们的决策后，对头脑风暴法的优点与不足进行讨论，确定是否有产生阻碍的现象。

分析思路与重点：

你和你的同学试图决定在购物中心开设一家什么样的饭店。困扰你们的问题是，这个城市有了很多的饭店，这些饭店能够提供各种价位的不同种类的餐饮服务。你们拥有开设任何一种类型饭店的足够资源。你们所面对的问题是决定什么样的饭店是最成功的。

案例分析

深陷召回泥潭的丰田汽车

制造业一直是日本民族的骄傲，精益求精、以质量为生命一直是日本制造的核心精神，而丰田正是日本制造的代表。自1936年丰田正式成立汽车工业公司，至1972年该公司累计生产汽车1000万辆。20世纪70年代是丰田汽车发展的黄金期，从1972年到1976年仅四年时间，丰田就生产了1000万辆汽车，到20世纪90年代初，丰田汽车年产量近500万辆，击败福特名列世界第二。此后，经过近20年的努力丰田在2008年取代通用汽车而成为世界第一。

2009年丰田一共在世界各地销售781.3万辆汽车，同比减少12.9％，这相比2008年丰田892万辆的成绩，已经少了100多万辆。但丰田依然得益于金融危机的爆发，成功地将美国通用赶下了圣坛，成为了世界汽车业的霸主，不过似乎应了那句"盛极必衰"的中国古语，丰田开始接连不断地发生问题。

八方起火，深陷召回泥潭

早在2009年11月，丰田汽车公司因脚垫滑动卡住油门踏板缺陷召回426万辆汽车。2010年1月21日，丰田汽车宣布，因油门踏板存在质量问题，丰田汽车在美国召回包括凯美瑞、卡罗拉等主力车型在内的八款汽车（共计230万辆）。28日，丰田又在北美新召回109万辆油门踏板和脚垫存在问题的车辆，共涉及五款车型。同在28日，天津一汽丰田向国家质检总局提交召回报告，宣布召回75,552辆国产RAV4，几乎包含全部一汽丰田国产

RAV4 车型。1 月 29 日，丰田汽车公司宣布在欧洲召回 180 万辆油门踏板存在隐患的车辆。

据统计，丰田从美国和加拿大已经大约召回 555 万辆脚垫存在隐患的汽车。这些汽车脚垫可能卡住油门踏板致使汽车突然加速，引发危险。

到 2 月 1 日，此次大规模全球召回汽车总数已超过 800 万辆，超过丰田去年 781 万辆的全球总销量。丰田公司发言人称公司正在做继续的调查看召回车型是否涉及拉丁美洲、中东和非洲市场。

2 月 5 日，召回更扩大到日本国内。作为丰田公司新型环保汽车的主打产品、目前在日本最畅销的混合动力车普锐斯 4 日被曝刹车系统出现问题。据日本媒体 5 日报道，丰田已经决定在日美两大市场召回该车，总量预计为 27 万辆。

据悉，被投诉存在质量隐患的是 2009 年 5 月份开始发售的新版普锐斯。该车在特定条件下，制动系统会出现刹车困难的情况。新版普锐斯全部产自日本国内。截至目前，日本国土交通省共接到 14 宗投诉，丰田的销售商则收到 77 宗投诉。

丰田方面称，公司已经从 2010 年 1 月份起开始采取相应措施，在生产中更改了控制防抱死制动系统（ABS）的电脑程序。而接到投诉的销售商也对问题车进行了维修。

日本媒体认为，在丰田汽车因油门脚踏被大规模召回之际，其环保战略主打车普锐斯再曝质量问题，这将对丰田品牌形象及今后的战略发展产生重大影响。

赔钱丢脸，丰田遭受重创

据海外媒体报道，来自 CSM Worldwide 咨询公司的零配件专家估计每辆被召回的汽车的维修费用为 25~30 美元，还不包括人工成本。如果按照召回 800 万辆车计算，丰田此次在维修方面的损失就高达 2 亿~2.4 亿美元。

然而，专业人士认为与维修费用相比，车型停售带给丰田汽车带来的损失更大。1 月 26 日，丰田公司宣布暂时在美国市场停售"召回榜"上的八款车型。其中凯美瑞、卡罗拉和 RAV4 在美国均属于热销车型。据《华尔街日报》报道，这八款车的每日销量约为 3500 辆。这次停售将会给丰田汽车每日带来 8930 万美元的损失。业内人士估计 2010 款卡罗拉的停售将令公司的销售额每日减少 1700 万美元，凯美瑞的损失为每日 2750 万美元。而丰田汽车公司 2009 年在北美地区的销量为 220 万辆，营业收入约为 640 亿美元。

由于八款车停售，丰田汽车临时关闭部分生产线，5 家组装厂将从 2010 年 2 月 1 日起停产。这 5 家工厂分别是丰田设在美国肯塔基、德克萨斯、印第安纳等州的工厂和加拿大境内的一家工厂。

"召回门"无疑会给丰田汽车带来巨大的经济损失，但是"这也仅仅是一半"。来自美国底特律的生产咨询公司 Oliver Wyman 的分析师 Ron Harbour 在接受《华尔街日报》采访时说道，"另一半损失就是重塑消费者对丰田汽车品牌信心的花费。"此次召回行动损害了丰田"安全、可靠"的形象，给丰田汽车带来的长期的信用和品牌声誉的影响是最大的损失。

在东京股市，丰田股价 2 月 3 日重挫 5.69%，盘中跌至 3400 日元，为其近 3 个月的股价最低点。该公司美国股价 1 月底至 2 月初连跌 5 日，一周内累计下跌 15%，市值蒸发 250 亿美元。同时，评级机构也将它置于负面观察名单上。

并不简单，或涉多个隐患

自汽车诞生以来，油门踏板的工作原理一直都十分简单。尽管丰田此次宣称因油门踏板的问题而召回车辆，但实际原因并没有那么简单。

专家表示，目前丰田的销售和生产工作都遭遇了"急刹车"。单一的故障不会造成如此大规模的影响，复杂的车辆内部问题才可能是令丰田陷入危机的主因。1月底，丰田及油门踏板提供商CTS公司分别发布了两份声明，但两家公司对问题的解释却完全不同。丰田对美国政府表示，油门踏板存在着摩擦问题，导致"驾驶员在踩踏板时会更加费力，并且踏板无法及时恢复到怠速状态，在最糟糕的情况下，踏板在被踩下后根本无法恢复，固定在某一位置"。CTS公司则表示只有极少数车辆的油门踏板出现问题，并且"在任何情况下踏板都不会出现被踩下后无法恢复到怠速状态的情况"。它们完全按照丰田汽车公司的规格说明来生产丰田需要的零部件，并没有察觉到这些零部件出现了问题，造成了意外事故。

如果车辆仅仅是有一个简单的安全隐患，丰田完全可以顺利地将故障排除。但是，如今丰田却陷入了一团糟的困境。汽车安全专家指出，被召回车辆的安全隐患可能与多个部件有关，包括电子传感器、传感器系统的设计与位置、防范车辆出现故障的安全机制等。专家还表示，媒体对车辆安全问题的报道提高了人们的认识，令消费者更加关注车辆的安全隐患。

对于零部件供应商CTS公司来说，与丰田的业务占全年销售额的3%。CTS还为本田、日产与三菱提供零配件。但是零部件供应商往往要根据每个汽车制造商的规格来打造配件，不同汽车的配件在安装和操作方面都有所不同。大规模召回事件发生以后，丰田公司并未终止与CTS公司的合作关系。CTS公司目前已经开发一种符合丰田公司更为严格的规格要求的新踏板。丰田汽车公司1月29日也发表声明，正与CTS公司一起开发新踏板，新油门踏板经过测试后已投入全面生产。

天量召回，谁是幕后黑手

2009年6月，丰田汽车公司新总裁丰田章男走马上任后坦言心事：丰田过去10年致力于成为世界最大汽车制造商的战略有误，表现之一是扩张过度。

2005年2月，在丰田公司工作了42年之久、62岁的渡边捷昭被任命为丰田汽车新总裁。这位总裁最大的强项就是削减采购成本。"拧干毛巾上的最后一滴水"是其至理名言。事实上，渡边也是这么干的。在其上任之后，渡边捷昭大力推行其主导的丰田CCC21计划（即面向二十一世纪的成本竞争计划）。该计划在此前的十年里，累计从零部件采购上节约下100亿美元的成本。新的CCC21计划将"价值创新"（VI）囊括其中，这种新思路要求工程师和供应商回到汽车开发的基本层面去寻求节约成本的新思路——拧干毛巾上的最后一滴水。

当思路出现问题的时候，通常计划就会偏离原来的轨道。作为此次油门踏板的供应商，CTS与丰田一起参与了产品的设计、生产和测试，质量管理也是按照丰田的标准进行的。也就是说，产品若出现问题，那么丰田的质量标准就是召回事件的根源所在。

渡边捷昭的思路在为丰田带来滚滚效益的同时，也将丰田汽车推进了火坑。

因为过度追求成本，丰田系的配置在与同级别车型中显露出价格昂贵且配置偏低的情况。虽说大部分消费者对汽车一窍不通，但在汽车长期的使用生涯及与同级别车型的驾驶感受中总是能够感受出来的。因此在这几年里，丰田全系无论是一汽丰田、广汽丰田还是雷克萨斯，都面临着汽车销售满意度年年下滑的局面。

也因为对成本的过度重视，从设计到采购，与成本相关的所有链条都开始为丰田汽车的不良口碑埋下了伏笔。从之前的汉兰达事件、刹车门、漏油门等一系列的负面影响中，丰田系面临着巨大的考验。

此外，在全球金融风暴的打击下，世界主要市场的汽车需求出现萎缩，丰田为了应付危机，也必须采取削减成本的措施以应付困难。

四面楚歌，丰田如何脱身

如今的丰田汽车正在遭遇一场不亚于全球性经济危机的挑战。这家以标准化、高品质产品在全球攻城略地的汽车巨头自去年以来不断遭受着产品质量问题的困扰，口碑每况愈下。

丰田汽车为大规模召回、停售停产忙得焦头烂额，竞争对手也来火上浇油。通用和福特汽车已开始挖丰田"墙角"。通用汽车公司日前已推出无息贷款等优惠措施，向丰田车主伸出"橄榄枝"。客户购买绝大多数通用车型可享受60个月无息贷款；丰田车主可得到通用提供的1000美元购车首付资金，如果客户提前还款，还将得到最高1000美元的通用"注资"。无独有偶，福特汽车也将为购买福特车型的丰田车主提供1000美元购车资金，对丰田汽车无疑是雪上加霜。

据美国汽车研究网站Edmunds.com估计，丰田1月份在美国市场占有率将下降14.7%，是自2006年3月份以来的最低水平。Edmunds.com预测丰田汽车1月份的销量为10.3万辆。与去年同期及去年12月份相比分别下降了11.9%和45%。而竞争对手福特的市场份额将会达到18%，1月销量据估计为12.6万辆，为2006年5月以来的最好业绩水平。

2008年丰田汽车超越占据冠军宝座77年的美国通用汽车，摘取"全球销量第一"桂冠，并于2009年蝉联冠军。但是去年的全球销量却比2008年减少约13%。在截至2009年3月的财年首次出现亏损，丰田随后裁减了数千名员工。2009年6月，丰田先是宣布退出F1汽车大赛，后又退出与通用的一家合资企业。

惠誉国际信用评级有限公司1月28日把丰田信用评级"A+"列入负面观察，意味今后可能调低。标准普尔评级公司28日也释放下调丰田评级信号。据悉，丰田信用评级一旦遭下调，公司将面临借贷利率增加风险。高盛公司分析人士则比较乐观，认为短期不会对丰田带来巨大影响，因为丰田汽车非常擅长利用召回作为契机拉近与消费者的距离，提高消费者的满意度。所以，他们对丰田的评级保持不变。

伴随着召回事件的升级，各方对丰田的批评也越来越多。

日本首相鸠山由纪夫4日晚在首相官邸听取了经济产业大臣直岛正行关于丰田事件的情况汇报，并指示"（丰田）应迅速采取对策，以恢复用户信赖"。

英国《泰晤士报》2月2日报道，丰田英国分公司至少一年前就在英国获知一些车型油门踏板会卡住，但当时认为"这不构成问题"。

美国运输部长拉胡德2号表示，"自从发现安全隐患，我们就一直在敦促丰田采取措施保护消费者。虽然丰田现在采取了负责任的措施，但遗憾的是它费了很大的劲才走到这一步。"拉胡德说，运输部官员去年 12 月就飞赴日本，提醒丰田管理人员注意公司所负的法律责任，后来又于次数 1 月在运输部开会，坚持让丰田解决油门踏板问题。拉胡德说："我们和丰田还没有完，我们将继续检查可能存在的瑕疵，并监督召回的实施情况。"

"高层管理者应向美国公众更早公布（踏板隐患），"日本蓝泽证券株式会社分析师吉修俊朗（音译）说，"（美国人）对日本产品质量、对丰田的信任已动摇。"

按美联社和路透社说法，丰田章男很大程度上忽视媒体关于丰田就召回事件作出回应的要求，他直至 1 月 29 日才从瑞士达沃斯发出视频，首次就召回事件向消费者致歉。丰田主抓质量的执行副总裁佐佐木真一 2 月 2 日在日本名古屋就所谓丰田没有向消费者及时解释辩解道，丰田当时集中精力求解踏板隐患处理方法。美联社报道，这是丰田总部高级管理人员首次就召回事件正式发表公开评论。

案例讨论题：

1. 全面评估 2010 年初的"召回门"给丰田汽车公司带来的影响。
2. 造成丰田本次"召回门"的原因有哪些？其中，最根本的原因是什么？为什么？
3. 请评价丰田应对本次"召回门"的各项措施。
4. 你认为，要消除本次"召回门"的不良影响，丰田应该怎么做？
5. 你认为，企业有没有办法杜绝此类事件的发生，并说明理由。

第七章　领　　导

作为一名海军上校的女儿，Helen 是第一位指挥海军巡洋舰的女性，从高中时代起她就一直梦想着能有这么一天。1985 年从海军学院毕业后，同学们就感觉到她在快速成长为一名领导者。Helen 的工作面涉及很广，从参加驱逐舰的招标、巡查护卫舰和驱逐舰，到在五角大楼执行岸上任务及在某大学担任海军教员等。但是，"当 Helen 当上大副后，她的阴暗面开始显现出来"，一位士兵说自己在船上的工作是"我一生中最困难的时期"。由于 Helen 经常训斥船员，士兵向军官投诉了她，但毫无效果。几年后，Helen 成为美国海军历史上第一位女性驱逐舰指挥官。一位海军牧师称，他在丘吉尔号的工作是他"职业生涯中访问过的 200 多艘这类驱逐舰中最奇怪的一次。士气遇到过的所有驱逐舰中最低落的一个。"他试图和 Helen 谈谈他从船员和校级军官那里听到的事情，但是 Helen 打断了他，说她不想和他谈论此事。

你认为在这种领导风格下，Helen 能够有多高的效率呢？

本章内容

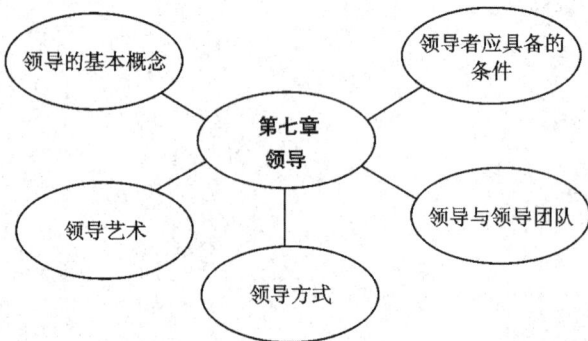

本章要点

- 领导的内涵与作用
- 领导的权力类型
- 领导者应具备的条件
- 领导团队的构成
- 领导方式理论

第一节　领导的基本概念

一、领导的内涵

每个单位都有领导，不论校领导，董事长、理事长、厂长、经理、部门主管等均可称为领导，那么什么是领导？领导实际上是指一种职能活动，有时也指拥有一定地位的职位，这种职位是通过影响群体成功地实现目标的过程实施，拥有可以影响个人、激励并促使其他人为所在组织的成功或效率做出贡献的能力。领导通常具有两个内涵：权力和影响，如图 7-1 所示。

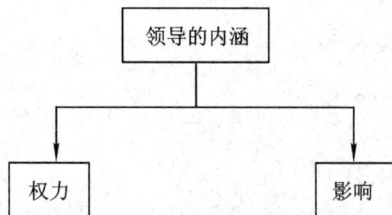

图 7-1　领导的内涵

权力主要是指企业组织中某一职位所附有的权力，拥有此职位的个人所具有的并施加于别人的控制力。影响是人们自觉或不自觉地运用权力对别人施加作用的过程和结果。两者之间具有密切的内在联系，同时两者之间有非绝对相关。例如，西安塞纳河企业集团正式任命张红军为西安塞纳河法国酒店管理有限公司总经理，那么他就被授予指挥管理整个酒店员工的职权。塞纳河法国酒店的员工必须在本酒店活动范围内确认和接受集团赋予张红军的地位、职权和作用。同时，在酒店内张红军就有了权力和影响，并成为酒店公认的领导。但是，倘若张红军不具备领导者的素质和能力，不被酒店员工接受和认可，那么即使被授予相应职权，也无法有效地行驶领导职能。所以，领导是拥有权力的个人或集团向他人作用影响，使之为实现预定目标而努力的过程。

很多时候，人们常常将领导者和管理者混为一谈，但实际上他们是有区别的。领导不同于管理，领导者也不同于管理者。管理者是由上级任命的、需要具有执行力的岗位工作人员，但是领导者既可以是上级任命，也可以是群体中自发产生的需要具有一定指挥和战略影响力的职能人物（见图 7-2）。

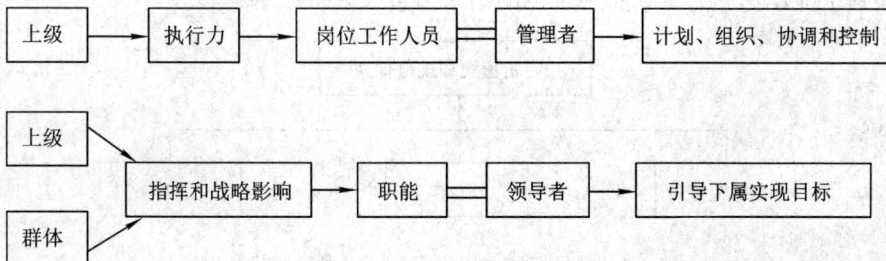

图 7-2　管理者和领导者的区别

从图7-2可以看出，管理是管理者利用法定职权规定下属的工作方向和方式，对下属工作过程进行计划、组织、协调和控制的活动；而领导是领导者运用权力和影响、引导下属为实现目标而努力的过程。两者的差异在于其作用基础的不同，这也是领导者区别于管理者的主要差别之一。差别之二就是领导者和管理者的权力来源及下属对它们的服从程度是不同的。管理者的权力只来源于组织结构，管理者通过职位权力促进了组织的稳定性，并通过一定的秩序来解决问题。而领导权力则可能部分来自组织结构所赋予的职位权力，部分来自个人因素，比如领导者个人的兴趣、目标和价值观。这种个人的因素可以促进企业愿景、创造力和变革。所以，在企业组织中如果一个人仅仅利用职权的合法性采用强制手段命令下属工作时，这个人只能是管理者。而当一个人在形式法定职权的同时，更多地发挥着自身的权力和影响指挥并引导下属时，才可能既是一位管理者又是一位领导者（见图7-2）。一个有效的管理者的重要条件之一就是具有卓越的领导能力，而卓越的企业领导者是企业获得成功的重要条件之一。

二、领导的作用

(一) 履行职责的作用

1. 确定组织目标

任何层次的领导，首要任务都是明确所在组织本层次的一定时期内应实现的目标，以及为完成及实现目标而做的基本任务，为加快实现目标而定的基本职责和规章制度（见图7-3）。

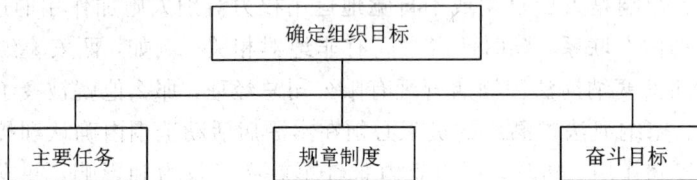

图7-3 领导职能之一：确定组织目标

2. 确定组织基本价值观

价值观和行为规范是反映一个组织是否可以持续发展的准则，更是组织制度约束以外的可以统领、引导和影响个人行为的最有力手段。

组织在实施任何任务时，不可能对所有的过程都通过制度规范来执行，在管理过程中领导的价值观对组织团队的影响是绝对的，领导必须借助正确的价值观对团队的行为进行规范，起到统帅作用和非正式行为规范的约束力量（见图7-4）。

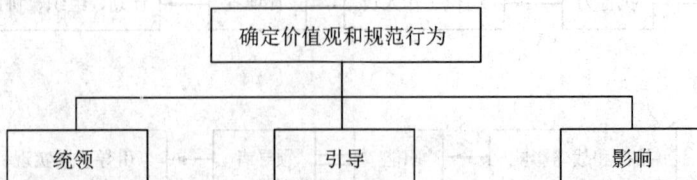

图7-4 领导职能之二：确定价值观和规范行为

3. 确定工作任务和方法

领导另外一项重要工作，是指导下属，帮助下属完成任务。在完成工作任务过程中，公司和个人都有自己工作的方法和想法，每个人的能力也都不同，在任务实施的过程中领导应及时观察个人工作的过程进度、方法和能力，对方法不得当、进度较慢、能力偏差的个人，领导要及时进行纠正和指导，不应包办个人职责范围内的工作，但是必要的指导、建议及帮助是必需的（见图7-5）。

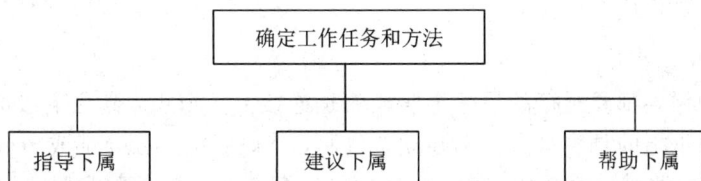

图7-5 领导职能之三：确定工作任务和方法

4. 有效地激励下属

下属在工作中都有个人不同的需要，领导的一项工作就是了解下属的工作需要，并在适当的时机对下属的工作进行公正的评价和相应的奖罚，充分肯定成绩和给予激励，并通过激励的方式满足下属的工作需要，表明组织鼓励的行为，以便调动下属工作的积极性，从而尽快实现组织的目标（见图7-6）。

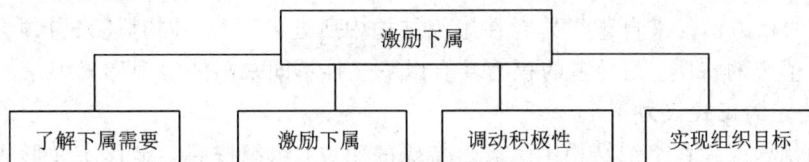

图7-6 领导职能之四：激励下属

（二）经营企业的作用

除上述所说的基本领导职责外，作为领导还必须拥有一定维持和提高组织的经营能力，为组织的可持续发展打下坚实的基础。能力不是一蹴而就的，所以领导需要注重学习过程，日积月累，在日常管理过程中积累经验和应用知识，培育和维持学习机制，不断地进行进修和培训，保持最前沿的知识点和新鲜血液，提升自身的知识和素质，维护组织的内涵建设和活力。

（三）构建企业文化的作用

当领导自身的修养和素质提升了，就会影响整个组织的整体管理框架，形成一个良好的运营模式、合理的组织结构、规范的管理制度、良好的激励机制及完善的薪酬体系都是保障企业组织正常运转的基本条件。但是，一个组织的企业文化则是保障组织团队和谐、凝聚，从而使组织达到高度、有效运转状态的奠基石。所以，领导不仅应具有基本的职能和经营的能力，企业文化的建设也是领导者需要善于创造和建设的，形成一种适合本组织企业特点和追求的文化氛围，这是提升团队凝聚力的关键。有了企业文化，有了协调的人际关系，顺畅的内部沟通网络，员工之间就会形成融洽的相互关系，企业的各组成部分才能达到高效的运转状态。

（四）协调关系的作用

1. 外部环境

一个组织目标的完成不仅需要内部员工的积极性和团队的合作，还会受到一些外部因素的影响。所以，领导所应担负的另一职能是协调组织外部的关系，维护组织利益、树立企业形象。企业的发展是内部工作和外部环境共同促成的，组织的领导不仅需要保障组织内部工作的顺利进行，还需要保障外部环境对组织的保护。因此，外部环境对企业的发展有非常重要的促进作用。

2. 上级要求

每个层面的领导都要履行的另一个职能就是连接上级组织，满足上级的要求。任何组织的最高层领导承担的是决策责任和独立负责制，其他层次的领导都或多或少地担负起连接上下级部门，协调横向关系的职责。中层领导表现得尤为突出，既要协调下级单位的关系，又要满足上级领导的要求，还要协调同级其他部门的关系，往往处在各种差异、矛盾及冲突的焦点。连接上级、协调关系的特点是领导者需要具备的基本能力之一。

三、领导的权力

当领导为了实现组织目标，有目的地影响下属心理与行为的时候，更多的是权力在起作用。权力是领导者对下属施加影响的基础，也是领导者发挥统帅功能的基本条件。领导者的权力可以使他们能够对下级员工施加影响，并率领和指导员工为实现目标而不断的努力。领导者的权力不仅来自于领导者在组织结构中所处的职位，同时还来自领导者自身的个人基本价值观的特质。领导者的权力共有以下三种不同来源的表现形式。

（一）法定的正式权力

所有的领导因为在组织结构中承载着特殊的职位，组织按照一定程序和形式赋予领导的有固有的、合法的、正式的权力。其作用的基础是组织的权威性和组织中不同等级的划分性。凡是处于某一职位上的领导都拥有一定的法定权力，这样领导可在一定职权范围内行使其有关权力。这种权力不一定由领导者本人来实施，领导者通常采用最直接的方式是只需向直属下级发布命令和下达指示，而组织内部制定的有关政策、程序及规章制度则是领导者法定权力的间接体现（见图 7 - 7）。

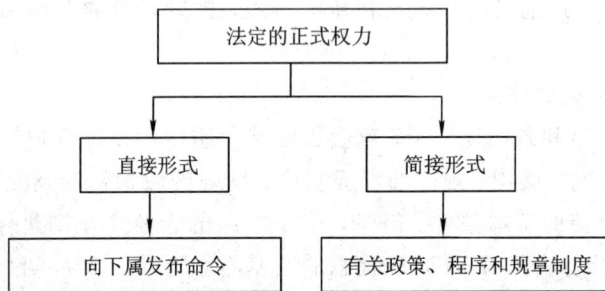

图 7 - 7　领导的权力来源之一：法定权

这种权力受制于传统观念的影响，基于人们在长期的社会生活中形成的传统观念，认为组织中处于较高地位的人是既定的权威，享有支配他人的当然权力。所以，借助传统观念的影响，这种权力可以使员工对企业领导者产生敬畏感，自觉听从其指挥和命令。

（二）强制的奖惩权力

领导在实施权力的过程中，激励机制是其权力来源之一。对带来效益的员工，领导有权力对其进行奖励，包括增加工资和奖金、提升职务、表扬、提供培训机会、分配理想工作、改善工作条件等，这些激励的权力都是建立在利益性遵从的基础上的。当下属在工作中的需要得到不断的满足的时候，就会自觉接受领导的指挥，在组织中领导者对奖励的控制力越大，对下属的影响力就越大。

相反，对懒惰的、给组织带来极小效益的员工，领导就有权力对其在精神或物质上施加惩罚性措施，强迫其服从领导的权力，如降薪、扣发奖金、分配不称心的工作、降低待遇、免职等，这些惩罚性的措施也是建立在惧怕惩罚的基础上。研究表明，领导者对下属采用的强制性权力越大，强制性措施越严厉，下属在工作中的需要就越发不能满足，对领导的不满和敌意就会越强烈（见图 7－8）。

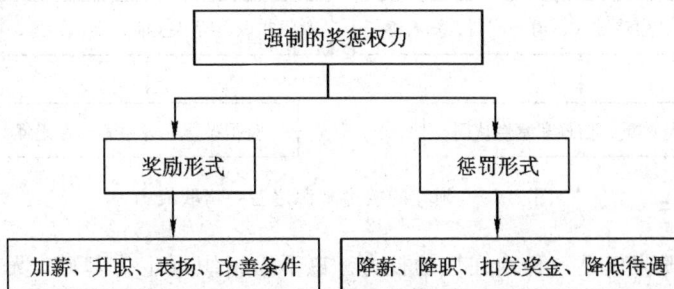

图 7－8　领导的权力来源之二：奖惩权

这种权力主要依赖于人们利益满足和恐惧心理的影响。当领导者利用奖励权使员工的利益要求在不同程度和内容上得到满足，可以有效地激发员工的工作动机，形成驱动感，激励他们自觉参与积极的行为方式，提高劳动绩效。相反，当下属感知到领导者握有某种惩罚权力，能够使下属陷于生理或心理上的痛苦时，便力求迎合领导者的愿望，遵从其旨意，避免受到伤害。建立在惩罚权力基础上的影响，使被领导者产生某种恐惧感、强迫感，领导者可以利用这种影响防止员工产生消极的、违抗命令的行为。

（三）驾驭权力

一个领导能不能驾驭组织，不是有了法定权和奖惩权就可以的，领导的特殊品格、个性或个人魅力及专业知识所形成的权力才能够彰显出领导的驾驭权力，因为这种权力可以使下属对领导者表示出尊重、信赖和感性认同。领导者公正无私、胆略过人、勇于创新、知人善任、富于同情心、具有感召力、善于巧妙运用领导艺术，同时领导者具备某种专门知识、特殊技能，才能够获得下属的尊重、敬佩、崇拜。领导者拥有的专长越丰富，个人魅力越大，越能赢得下属的尊敬，从而使其依从和主动服从领导，使领导获得驾驭他人的权力（见图 7－9）。

驾驭权力着眼于领导者的良好组织及行为吸引和感化被领导者，通过激发内在的动力，对员工心理和行为发展上影响。通过领导者个人的品格、能力、知识、专长等因素在企业中赢得稳固的威信或声望，引发下属对领导者的尊敬、信服及敬佩，主要产生理性崇拜的影响，领导者通过运用感性的力量进行影响，有时可以达到理性力量无法企及的深度。

职权是一种将职位和责任结合在一起的制度化权力，组织各级领导者为履行所在职位的职责就必须拥有相应的权力。但是，当领导者调离所在职位时这些权力也就随之解除。所以，这些权力具有明显的外在性质，是一种外在性权力。外在性权力是领导者在实施或行使其职能时的组织保障，也是各级组织管理中的客观要求，通常以职权的形式具体表现为决策权、用人权、指挥权和奖惩权。

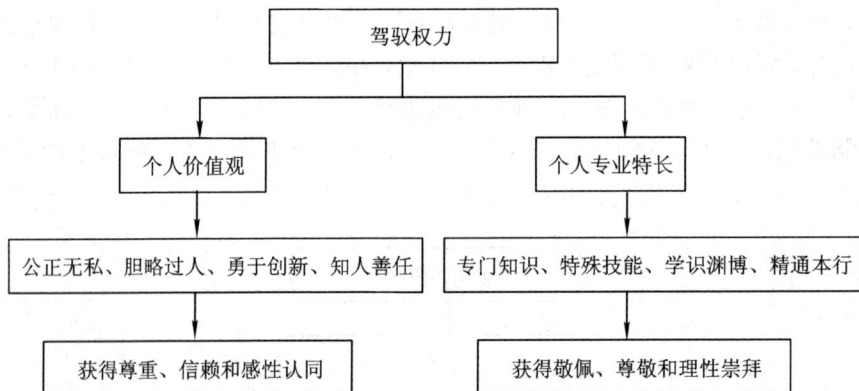

图 7-9 领导的权力来源之三：驾驭权力

但是领导的驾驭权是一种内在性的权力。它不以组织规定为基础，无需上级授权，仅仅来自领导者自身的价值观和技能。权力的大小取决于领导人自身的品格、知识、才能等个人素质，内在权力对权力实施方和接受方均没有强制性的约束力，也没有严格的规范性，权力双方之间是一种影响和依赖关系。

外在权力和内在权力都是领导权力不可缺少的组成部分。外在权力是基础，内在权力是内涵，两者有着完全不同的权力基础和作用方式，因而影响方向和效果也迥然不同。领导者应在合法权利内敢于用权，善于用权，同时充分发挥内在性权力的作用，提高领导影响力（见图 7-10）。

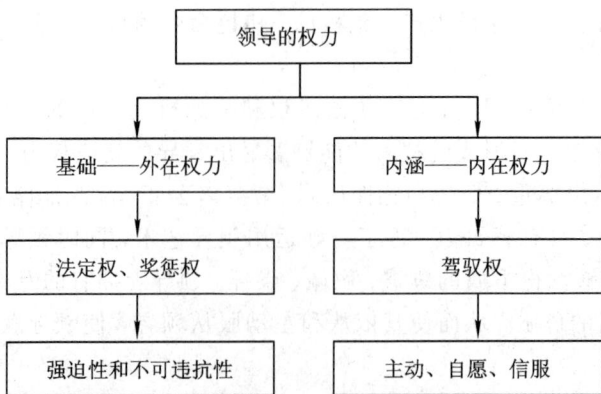

图 7-10 领导权力

第二节 领导者应具备的条件

我们前面讲过领导的驾驭权,从中得知个人品德或特征是决定两种效果的关键因素。那么,哪些品质是一个好的领导者所必须具有的呢?斯托格第,美国行为科学家,1945年在俄亥俄大学提出的领导四象限理论,认为组织中的领导行为主要包含以下两个因素,即主动结构和体谅。他认为,与领导才能有关的品质很多,包括身体特征(如精力、外貌、身高和体重等),社会背景特征(如社会经济地位、学历等),智能特征(包括判断力、果断性、知识广博精深、口才流利等),个性特征(包括有良心、可靠、勇敢、责任心强、有胆略、力求革新进步、直率、自律、有理想、善处人际关系、风度优雅、乐观、身体健壮、智力过人、有组织能力、有判断力等),与工作有关的特征(如高成就需要、愿承担责任、工作主动、重视任务的完成等),社会特征(如善交际、广交游、积极参加各种活动、合作精神等),如表7-1所示。

表 7-1 斯托格第理论的领导品质

品质名称	品质内容
身体特征	精力、外貌、身高和体重等
社会背景特征	社会经济地位、学历等
智能特征	判断力、果断性、知识广博精深、口才流利等
个性特征	有良心、可靠、勇敢、责任心强、有胆略、力求革新进步、直率、自律、有理想、善处人际关系、风度优雅、乐观、身体健壮、智力过人、有组织能力、有判断力等
与工作有关的特征	高成就需要、愿承担责任、工作主动、重视任务的完成等
社会特征	善交际、广交游,积极参加各种活动、合作精神等

这些早期的领导理论研究中,许多学者试图寻找出某些领导者共有的或必备的基本素质,但是研究的成果很不一致,并未取得预期的成果。在实践中这些品质仅仅与选择领导者有关,与他们的成就没有太大的关系。但是,随着经济的发展,企业面临的环境和竞争日益复杂,对领导者的要求也不断提高。良好的领导素质对组织实现目标有不可或缺的重要性。所以,一个好的领导者确实必须具备一些基本的素质和条件。一般情况下,一个优秀的组织领导应具备的素质,如图7-11所示。

一、思想素质

领导者首先应该具有非常强烈的事业心、责任感和创业精神,具有正确的价值观和良好的工作作风,能公正无私、襟怀坦荡、戒骄戒躁、严于律己、宽以待人。工作扎实细致,坚持参与群众路线教育实践活动,密切联系群众,关心群众疾苦,与群众同甘共苦,不搞特殊化,品行端正。

二、业务素质

一个好的领导者必须具备管理现代企业的知识和技能,这些技能包括:

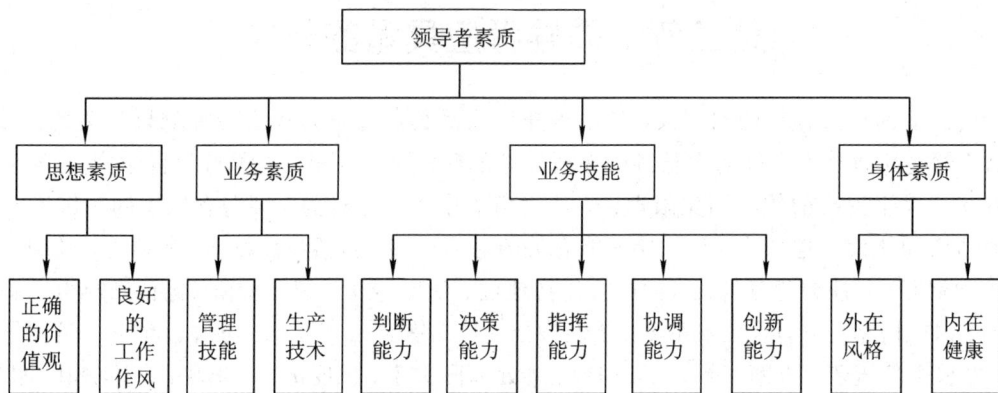

图 7 - 11　领导者的素质

（1）管理技能，应懂得市场经济的基本原理、方法和各项专业管理的基本知识。还应掌握管理学、统计学、会计学、经济法、市场营销等知识，及时了解国内外管理科学的发展方向。

（2）生产技术，应懂得生产技术的知识结构，掌握本行业的科研和技术发展方向、本企业产品的结构原理和加工制造过程，熟悉产品的性能和用途。

三、业务技能

1. 判断能力

领导者在激烈的竞争环境和复杂的事物中，应具备较强的判断能力，善于发现问题，要透过现象看清本质，抓住主要矛盾，运用清晰的逻辑思维进行有效的归纳、概括和判断，找出问题并提出多种解决问题的方案，从中择优选择决策，做到随机应变和跟踪处理。

2. 决策能力

一个领导的决策对企业生产经营的效果影响非常大，一个正确的决策可以使企业蒸蒸日上，一个错误的决策可能会使其毁于一旦。任何正确的决策都来自于领导者周密而细致的调查和准确而细致的分析判断，更来自于领导自身丰富的经验和渊博的学识，还来自于集体智慧的开发和领导果断的个性。企业领导者决策是多种能力的综合表现。一个好的领导必须要有一定的决策能力。

3. 指挥能力

领导者需要有极强的控制能力，而要想控制住整个企业的运行方向，必须首先要具有一定的指挥能力。只有在实现企业预定目标的过程中，领导者发挥出一定的指挥才能，协调整个集体的人力、物力和财力，用人之长，才能够充分发挥每个成员的潜力，调动其积极性，及时发现问题并采取措施予以克服和解决，从而保证目标的顺利实现。

4. 协调能力

沟通是任何人之间交换意见的一种方式。沟通能力强的人可以协调人与人之间的矛盾。现代企业领导者应善于与人交往，倾听各方面的意见，善于与下属和外部相关企业建立良好的沟通关系，调节各种复杂矛盾，做好人的工作，激发下属的士气，调动下属的积极性，促进企业内外关系的协调发展。

5. 创新能力

一个好的领导应善于对做过的工作及时、认真总结经验，扬长避短。全球经济的发展，致使各行各业的企业组织竞争力愈演愈烈。如何使企业组织能够在激烈竞争的市场中站稳脚步，领导者必须开阔思路，掌握对新鲜事物的敏感度，开拓勇气，善于提出新的设想和新的方向，不断地对工作提出新的目标。

四、身体素质

1. 外在风格

要想成为一个好的领导，领导者还应具备一定的领导风格，主要是领导者本人的个性气质、性格、价值观念和行为习惯的综合体现。独特的领导风格可以增加领导者的魅力和感召力，为领导者的指挥能力添砖加瓦。这也是领导者获取成功的重要条件之一。

2. 内在健康

一个企业组织的领导者主要负责的任务是指挥、协调组织活动的进行。有时候遇到重大应急事件的时候，无论什么时间，领导者都应在现场出现。这样的工作，不仅仅需要脑力劳动进行现场决策、指挥和协调，还需要消耗大量的体力。因此，领导者必须有强健的身体和充沛的精力。

第三节 领导与领导团队

俗话讲的好，"火车跑得快，需要头来带"。这里的"头"指的就是我们所谈的管理者，因为管理者是组织及组织内部某一部分的头，那么"火车"不言而喻指的是组织或团队。如果这个头不懂怎么带领团队，那么团队就会出现这样或那样的问题。这就是管理者缺乏带领团队的能力。在实践论中，中国很多成功的企业家都是拥有一个非常强的管理团队，因为他们懂得怎么带领团队。马云说：国内最好的团队是唐僧的团队，刘备的团队是可遇不可求的团队，唐僧的使命感很好，我的目标就是西天取经，是一个取向性很强的人，唐僧这样的领导不一定要会说话，慈悲为怀，这样的领导很多企业都有。孙悟空呢？能力很强，品德很好，但是缺点也很明显，企业对这样的人是又爱又恨，这样的人才每个企业都有，而且有很多。猪八戒呢？好吃懒做，一个企业没有猪八戒是不正常的。沙僧呢？懦懦无能，挑担牵马，八小时工作制，这样的人企业更多。这是一个平凡的团队，这是严格创造的团队，然而就是因为这个平凡的团队经过九九八十一难，才取到真经（见图 7-12）。

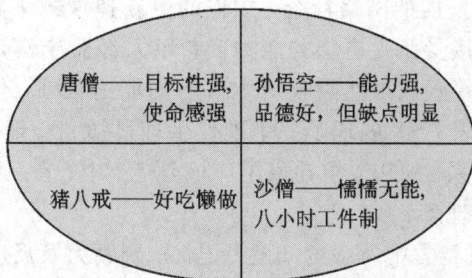

图 7-12 马云领导团队结构图

　　不过要管理这个团队，对领导的要求是很高的。一个领导者要有三样：眼光、胸怀和实力。一个企业家的眼光不好，永远成不了好的企业家。中国人的人性有一个特点：既喜欢让人管，但同时又不喜欢让人管。那么，是管好呢？还是不管好？当然是管好，不过要讲究策略，需要你管到一定程度，管到恰到好处，管得他心服口服，又舒舒服服。这就需要领导者有足够的领导智慧。

一、领导团队

（一）领导团队的构成

　　一个组织中的领导团队一般是单数而非复数，是一群人而非一个人。某个组织的领导者就是这个组织的领导集体或我们常说的"领导班子"。在领导团队中，为首的领导非常重要，他在领导团队中起着核心和舵手的作用。但是，目前经济变化之大，导致企业生产经营活动异常复杂。如果只靠一个核心和舵手的作用和智慧，是不能有效地组织，智慧是不能激活生产经营活动的，更不能使一个核心和舵手的人在生产经营活动中抛开其他领导团队的成员直接自己一杠子插手到基层进行指挥工作，似乎他本人是世界上无所不能的全才。这样的管理无任何科学管理的意义，更会直接摧毁领导团队的能力发挥和凝聚力。

　　一个合理结构的领导班子，可使每个成员人尽其才，做好每个领导岗位应该承担的工作、责任和义务，同时通过有效的领导组合，在每个人的智慧凝结下发挥巨大的团队力量。所以，领导班子组合的结构非常重要，一般包括年龄结构、知识结构、能力结构和专业结构（见图 7 - 13）。

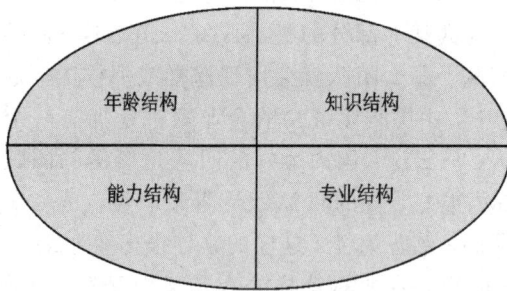

图 7 - 13　领导团队组合结构图

1. 年龄结构

　　现代社会是一个经济发展的网络社会，知识的更新速度越来越快。不同年龄的人具有不同的智力、经验和吸收接受新生事物的能力。老年人经验丰富，但是吸收新知识的优势无疑抵不过中青年人，而年轻人虽然吸收新生事物的能力很强，但是知识数量的积累，经验的积累都不如老年人。表 7-2 展现了一个现代生理科学和心理科学的研究，一个人的年龄与智力有一定的定量关系。所以，领导班子应该是老、中、青三结合，并向年轻化的趋势发展才更符合科学的管理理念。

　　从表 7-2 可以看出，智力中所含的知觉、记忆、判断力及反应速度均会随着年龄的变化而变化，中青年占有明显的优势。人的经验与年龄一般呈正比例关系，年龄越增长，经验越丰富。因此，领导班子的老、中、青结合，最有利于发挥各自的优势。

表 7 - 2　年龄的增长与智力变化的关系表

智力＼年龄	10～17	18～29	30～49	50～69	70～89
知　觉	100	95	93	76	46
记　忆	95	100	92	83	55
比较和判断力	72	100	100	87	67
动作及反应速度	88	100	97	92	71

领导班子年轻化是现代社会的客观要求,是现代化企业的需求。但是领导班子的年轻化绝不是青年化。不是说领导班子中成员的年龄越小越好,而是指一个领导集体中应有一个合理的老、中、青的梯队比例,有一个与管理层次相适应的平均年龄的界限。在不同管理阶层中,对年龄的要求及对年轻化的程度,应有所不同。

2. 知识结构

一个好的领导班子,是应该由不同知识水平的成员构成。首先领导班子成员都应该具有较高的知识水平。没有较高的文化知识水平和素养,就胜任不了管理现代化企业的要求。随着经济快速不断地增长,在现代化企业中大量的先进科学技术均被采用,企业职工的文化水准在不断地提高,为了适应多变的经营环境,使企业获得更多的生存空间,各类组织的各级领导都在向知识型转变。学历和学位的要求也越来越高,许多领导为了能够提升自身的知识水平,加入了大量的在职学历提升的队伍（如图 7 - 14 所示）。但是盲目追求高学位的做法至少在行政、企业等非学术性组织中是不可取的。

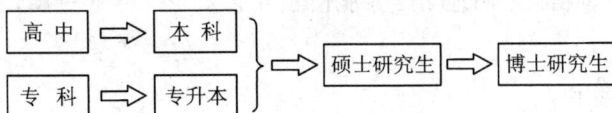

图 7 - 14　企业领导学历提升方向

3. 能力结构

领导的能力直接决定着领导团队的效能。领导的效能不仅与领导者的知识有关,还与领导者如何将知识运用到管理过程中有关。这种运用知识的能力,对于管理好一个企业是非常重要的。一个人的能力不是与生俱来的,包括决策能力、判断能力、分析能力、指挥能力、组织能力、协调能力等,而每个人的能力在各个方面的表现都不一样。有的人善于思考分析问题,提出好的建议与意见,但不一定拥有好的组织能力;有的人善于组织工作,但是分析问题的能力却较差;有的人决策果断,但是协调能力极差;有的人指挥能力强,却每次在决策时优柔寡断。因此,企业领导班子中应该包括不同能力类型的人物,既要有思想家,又要有组织家,还要有实干家,更要有最终的决策人,只有这样才能形成最有效的能力结构,在企业管理中充分发挥领导团队的作用（见图 7 - 15）。

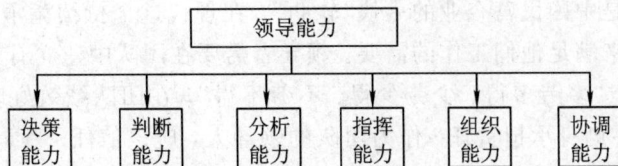

图 7 - 15　领导能力需求

4. 专业结构

一个组织的领导一定要有一定的专业知识。所以，领导班子成员的配备应由各种专门的人才组成，只有这样才能形成一个专业结构合理的领导团队。在现代企业中，科学技术是提高生产经营成果的主要手段，如何能够强化领导班子的专业力量就成了必不可少的环节。因此，领导干部的专业化是现代企业经营管理的客观要求。

除过以上所说的四种结构外，领导班子的构成结构还需要注意党派结构、性别结构、地区结构、种族结构等。这些要求形成的领导团队将是一个结构合理、富有效率的团队。

（二）领导团队的要求

1. 有效的沟通管理能力

领导的真正工作就是沟通。一个团队的领导者平时就应该注意与成员做好沟通，随时随地地沟通，实事求是地沟通。通过沟通加深感情，能够将很复杂的事情简单化，沟通不能总是采取自上而下的模式，领导者需要成为一名有耐心的倾听者。在组织变革方面的沟通，要求领导者需要有足够的耐心和热情。只有沟通好了，团队才会好，工作效率才会高。沟通技能是团队领导者最重要的技能之一。

2. 拥有开拓进取精神

领导者若没有专业实力，在管理上很容易会被瞧不起。只有具有过硬的专业素质，才能对行业发展有较强的洞察力。能够讲得出未来发展方向、又能身体力行的领导人，是最令人心服口服的。成功的企业家都经历过事业的低潮或逆境，但是他们从不放弃在逆境中继续学习，在失败中领悟。不断地学习才能使领导者自身的专业过硬，从而成为团队凝聚力的关键。

3. 团队的合作精神

用人不疑，是成功领导者常常展示出来的团队合作精神，也是判断领导者成熟度的重要标准。领导者要相信自己团队的成员，给予成员发展的空间。只有信任才能使自己在人际关系中保持吸引力，建立广泛而良好的社会、人际关系。领导授权是给成员磨炼成长的最佳机会，授权能让领导者减轻工作，还能让成员站在主管的角度思考问题。身为领导人，必须相信自己所领导的团队是最优秀的。要培养团队精神，需要花时间、花钱与团队成员"套交情"。比如，刚得到升迁，马上请客吃饭，表明自己有今天都是大家的功劳，以后有好处大家一起分享，一旦有过错就由自己一人承担，多参加一些公司组织的培训活动、团体户外拓展训练、郊游活动等。借着这类非正式的沟通来轻松化解职场上的冲突，重新修补关系，就像胶水一样将整个团队紧紧粘在一起。只有这样，领导者才能吸引住团队，保留住企业需要的各种优秀人才，使团队的力量和凝聚力越来越大。

4. 激励授权，保留责任

激励机制一直是中国民营企业的一块"软肋"。在现代这个持续竞争和改革的时代，员工需要不断的激励来满足他们工作的需要。领导者需要在团队中建立有效的激励机制和透明的奖罚制度，实行"多劳多得、少劳少得、不劳不得"，在团队绩效好时一定要将功劳归给成员；反之，则要挺身承担责任。作为团队的领导人，应该信任、尊重、关怀、赞赏、肯定自己的成员。要时刻使成员了解你对他们是多么信任、尊重与关怀，并且通过具体的行为表现出来。这样才能使团队中优秀的员工得到更多的认可，使他们产生归属感，同时领导者肯定能拥有一个卓越的团队。

5. 合理的计划安排

一个组织有无效率首先取决于领导的计划。计划不合理，全员受累；计划不周密，瓶颈产生；计划有错误，劳而无功。许多平庸的管理者，完全认识不到计划的重要性，往往走极端。一个极端是不订计划，过了今天再说明天的事，一点前瞻性安排都没有，往往工作被动、效率低下。另一个极端就是计划超过能力，达不到实现目标计划的目的，让大家对计划失去信任，计划也成了摆设。将有限的资源配置到能够产生最大效益的人员中去，是企业运行的一项基本任务，也是领导者的一种计划能力和领导策略。配置资源中讲究的是领导技巧，不是指领导下放权力，而是领导将企业资源与市场需求相结合，进行成本最小化和利润最大化的一种计划和安排。

6. 建立共同愿景

确定企业发展方向是领导者最主要的职责之一。领导者建立愿景的能力如果很糟糕，甚至不具备该能力，整天坐在宽敞的办公室里，简单地发号施令、指手画脚，那么员工就会迷失方向或者怀疑目前的方向，导致严重的盲目性。

从上领导团队的 6 项基本因素构成了领导团队合作的基本要求和层次。如图 7 - 16 所示，只有每一项内容都做到了，领导的团队合作才能成功。

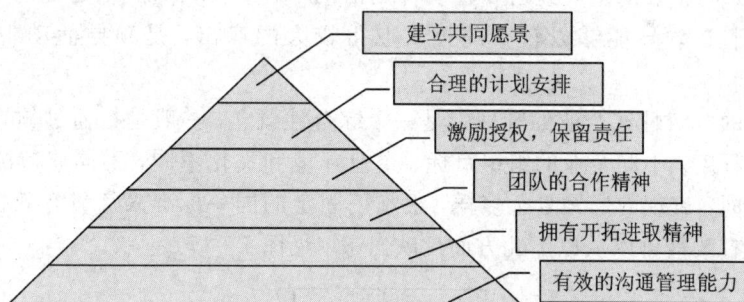

图 7 - 16　领导团队合作的因素

所以，领导者应该根据团队成员的特点，结合组织所处行业与发展阶段，来构建团队共同的美好愿景。领导者必须为成员描绘一幅未来的愿景，让成员了解在这个组织中将来可以有美丽人生，只有让成员与组织的双赢成为可能，各成员才会努力工作。无论组织是在顺境还是在逆境，领导人都应该营造正面和积极的氛围。有了正确的愿景，领导者就可以"以不变应万变"。

二、团队中领导者容易存在的问题

(1) 领导者弹性不足，协同不利。

现在是一个信息知识化社会，组织中的领导团队基本都是由具有一定知识水平的高学历员工构成。这类员工一般有着年轻、精力充沛、个性鲜明、自主性强、喜欢独立思考、渴望挑战等优点，但却不太善于接纳不同的观点，造成团队沟通不畅，而形成内耗。团队的领导者在管理过程中如果缺乏足够的沟通技巧，引发不必要的争执，就会给团队的工作气氛带来负面影响。

（2）领导者大权独揽，独断专行。

领导者如果非常自负，独揽大权，独断专行，对团队成员提出的观点采取简单否定、讽刺挖苦、拒绝回应等做法，而不是保持开放的态度，充分交流，及时反馈意见，坚持一意孤行地采用自己的意见，就会造成团队成员的消极怠工，降低工作投入水平，造成不推不走、不追不做的局面。

（3）领导者不能进行合理的授权和结构设计。

如果领导者对团队重视程度不够，在人员调配方面缺乏力度，给团队带来先天缺陷。在团队运作过程中，领导者不能提供有效的指导和支持，不能积极的处理反馈意见，造成团队成员承受着较大的工作压力，常常陷于忙乱之中，结果是盲目的投入、较差的绩效、低落的士气，致使团队面临分崩离析的危险。

三、有效的领导管理

只有一个有效的领导管理才能在带好自己领导团队的基础上，保障组织的目标顺利实现。领导不是独立的一个职位，是一种特殊形式的社会活动，在领导过程中职权、知识及能力等因素为领导提出了严格的要求，使领导投入了大量的精力。如何提高领导效能以便顺利达到组织目标，需要领导对各项组织资源进行合理配置，并优化利用以达到领导效能的最大产出。如同企业的生产经营和各项管理活动一样，投入与产出之比的掌控，就表现为领导的有效性。领导能够以较少的投入取得较大的产出，是领导活动中必须讲求的效益。

领导效果的有效性在企业的管理中是一个综合性概念，一般是指通过领导活动实现企业预定目标的程度。不同企业的组织目标、企业环境和文化不同，不同职位的领导活动内容形式各不相同，表现的形式复杂多样，很难用固定的同一标准来衡量有效性的高低。一个组织的领导有效性可以从以下几方面反映出来（见图 7-17）。

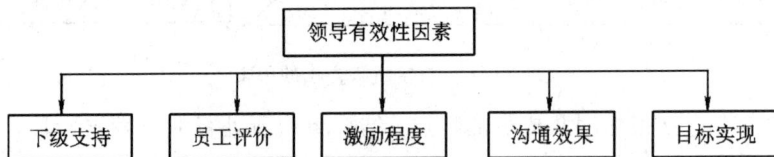

图 7-17　构成领导有效性因素图

1. 下级的支持

一个组织的下级需要听从领导的安排，而组织的领导则需要下级的支持。在领导的个人魅力和组织制度下，无论下级员工是出自于感情还是利益上的考虑，下级员工主动而非被迫的支持领导者，是促成领导效果的最大有效性因素之一。有了员工的支持，就有了领导与下级员工的密切关系。领导与下级员工之间保持密切、和谐的交往关系，可促使员工之间产生相互鼓励、相互满意的关系，营造一种企业内部的和谐氛围。

2. 员工的评价

员工的评价与领导的有效性有着直接的关系，受领导个人魅力和专业知识的影响。如果员工在一个和谐快乐的氛围中工作，绝大多数员工都能高度评价所在组织，并以成为组织的一员感到骄傲。这种爱组织的精神也是一个好的领导营造出来的一种企业文化，可大大增加领导的有效性。

3. 激励程度

每一个组织的员工都有着不同于别人的需要，领导者在领导员工的过程中仔细发现员工的需求和能力，采用积极的激励方式对不同的员工进行激励，可使员工因自身需要获得满足而焕发出较高的工作热情和积极性，使个人潜能得到充分利用，从而大大提高领导的效能。

4. 沟通的效果

每个员工在工作中总会出现这样或那样的问题，情绪也会随着问题的出现而产生波动。领导应注意观察员工的情绪，及时与下级员工之间进行沟通，保持顺畅的信息沟通，及时化解员工在工作中的矛盾和情绪，使员工在最短时间内恢复一种和谐、顺利的工作氛围，并以此作为调整领导方式、协调互相关系的依据，这样才能使沟通产生效果，从而使领导的效能发挥到最大。

5. 目标的实现

在领导者的引导、指挥和率领下，企业的各项资源得到合理配置，生产经营活动得以高效进行，领导的效能或效果最终能够通过领导者的有效性实现企业的预定目标（包括经济效益目标和社会效益目标）。

领导活动不是一个领导者的活动，要使领导活动表现得有效能，必须关注领导活动中领导者、被领导者和环境三方面因素。只有这三方面因素相互影响、共同作用，他们之间的契合度或适应度是决定领导过程有效进行的主要因素。因此，提高领导有效性的关键，在于最大限度地促成领导者、被领导者与环境之间的相互适应和协调。通常，可以通过两种途径提高领导的效能。一是根据领导者的素质特性，选择、配置与之相适应的被领导者和组织环境；二是根据组织员工现有的状况和企业的条件，采取适合特点与要求的领导作风和领导方式。

四、领导方式理论

领导方式是展示领导者在运行和实施权力过程所产生的影响效能的一种行为方式。领导者在特定的环境下，仅有领导素质不能够保障领导者的工作效率。领导者需要根据下属员工的特点采用并实施一种对策性行为，这种行为可以直接体现领导者在提高领导效能中的主观能动作用。那么，什么样的领导方式是最有效的呢？领导的理论为我们认识领导方式奠定了基础。关于领导方式的类型，根据不同的领导理论和领导方式划分不同。下面我们从职权运用、行为与态度取向及权变思路等方面来看一下领导的方式（见图 7 - 18）。

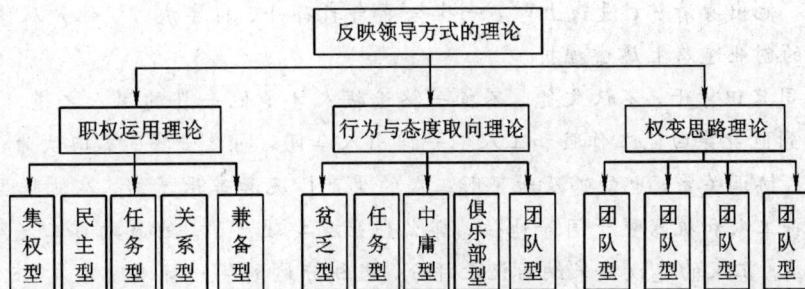

图 7 - 18　反映领导方式的理论

（一）基于职权运用的领导方式

爱荷华大学的科特·勒温研究发现了三种领导风格（即独裁型、民主型和放任型），并发现在民主型的领导方式下下属有更高的满意感。科特的研究把领导方式分成四类：专权命令式、温和命令式、协商命令式和参与式，并认为参与式的领导方式才能真正实现有效的领导方式。坦南鲍姆和施密特研究发现，领导方式是一个连续性的方式，两端分别是专制的领导方式和民主的领导方式，中间则是领导者权力与下属权力多种不同的结合方式，领导者根据自身、下属和环境三方面的因素选择合适的领导方式。

结合前人的研究，基于职权运用，根据权力定位和工作定位的不同，我们可将领导方式分为集权型、民主型、任务型、关系型和兼备型五种方式（见图 7-19）。

集权型　民主型　任务型　关系型　兼备型

图 7-19　职权运用的领导方式

1. 集权型

这种方式主要体现以一种专制、独裁为特征的领导方式。能够采用这种方式的领导者认为权力来自于他们所处的地位和担负的职务。他们认为员工的本性是懒惰、消极的，不愿接受约束，并害怕承担责任，因此不能予以信任，必须严加管制。因此，领导者将权力集于一身、大权独揽、独断专行，仅靠个人经验、能力和意志领导企业活动，同时采用强制的方式下达各种任务和指令，强调下级的绝对服从，缺乏对员工的关心与尊重，我们通常称之为"家长式"管理。

2. 民主型

这种方式强调领导的权力由企业员工群体赋予。与集权制正好相反，这种领导认为被领导者是勤奋的、勇于负责的。在受到激励后，能够主动协调个人行为与工作的关系，具有自我控制能力。这种领导主张将权力定位于员工群体手中，使大家充分享有民主权力，同时鼓励员工自行决策，实现自主管理。领导者仅以劝告说服的形式，提供各项意见和建议。

【阅读材料 7-1】

爱穿工作服的总裁

本田公司的创始人——本田宗一郎是个奇迹的创造者而并非富家子弟，也不是名牌大学的高材生。他出身清贫，没钱上学，一生全靠自我奋斗、自学成才。他是从修自行车起家，在艰苦的创业道路上屡遭挫折。

他的公司只识才干，不认文凭，不拘一格选拔人才是他一贯的用人之道。在公司里，经常可以看到他身穿白色工作服和工人们一同出入车间，同桌进餐。本田认为，这样有利于沟通意见、协调关系，也能够及时了解工人的生产情况和苦乐情绪。在他眼里工人绝非机器，如果将工人和机器置于同等地位，那么企业就要破产了。他鼓励员工发牢骚，提建议，献计献策。工人的建议被采纳后记录评分，当积分达到某一标准时颁发"本田奖"或免费出国旅游。因此，工人非常喜欢这位穿白色工作服的总裁。

3. 任务型

这种类型的领导将完成工作任务作为一切活动的中心，注重建立精密的劳动组织和严格的劳动纪律，强调指标和效率，欣赏紧张、有序的快节奏工作气氛，并将全部精力和注意力集中于工作任务本身，一定程度上忽视对员工利益、要求及工作情绪等方面的关心。

4. 关 系 型

采用这种方式的领导强调人是企业各项工作的中心。他们高度重视对员工的关心、体谅和支持，注重满足员工的各种物质和精神需要，强调维持良好群体关系的重要性。注意建立多方位的沟通渠道，利用各种机会与下级保持密切接触，同时在经营管理中创造宽松环境，以营造融洽友善的群体气氛。

5. 兼 备 型

所谓兼备就是这种领导方式兼有以上各种类型的特点。既强调权力的适当集中，以保证指挥的统一和企业组织的整体性，又注重必要的分权，使员工的主动性、创造性得到发挥。同时将完成工作任务与满足员工需要放在同等重要的地位。既注重工作效率，又重视对人的关心；既有严格的管理，又维持良好的人际关系。

在现实的领导活动中，不同的企业领导及不同企业的被领导者具有不同的特点。领导者往往并不单纯是某种典型方式，某种方式在一定企业环境中具有明显效果，而在另一环境中则未必成功。各种领导方式的优劣具有相对性，并不存在一种适用于一切情景的最佳领导方式，具体的领导方式同时是集中方式配比组合形成的个性化方式和混合方式。由此，在集权与民主、关心任务与关心下属等极端方式之间，形成一系列中间化的混合型领导方式居多。

（二）基于行为与态度取向的领导方式

布莱克（R. R. Blake）和莫顿（J. S. Mouton）[①] 提出管理学中的管理方格理论。该理论是从领导者行为倾向的角度来看领导方式，可分为关心生产式的与关心人员式的两种基本类型。该理论可用一张方格图来表示，在提出管理方格时布莱克和莫顿列举了五种典型的领导方式。如图 7 - 20 所示，他们以"关心人"与"关心生产"为两个坐标轴，横轴表示领导者对生产的关心，纵轴表示领导者对人的关心，分别划出 9 个小方格等级。第一格表示关心程度最低，第九格表示关心程度最高，整个方格图共有 81 个方格，每一小方格代表一种领导方式。

管理方格论主张，关心生产和关心人是两个不同的方面，但并不是对立的两面。对人的关心并不意味着必定忽视生产，对生产的重视并不意味着必定缺少对人的关心。领导者可以根据现实需要和可能，对这两个因素或其中之一表现出一定程度的关注。因此，在管理方格中存在的 81 种管理方式中，布莱克和莫顿主要阐述了五种最具代表性的类型：

（1）贫乏型方式。领导者以最小的努力完成任务，领导者对职工的关心和对生产任务的关心都很差。这种方式无疑会使企业失败，在实践中很少见到。

---

① 美国管理专家布莱克和莫顿于 1964 年合著了《管理方格》（The Managerial Grid）一书，提出了研究领导方式及其有效性的管理方格理论。

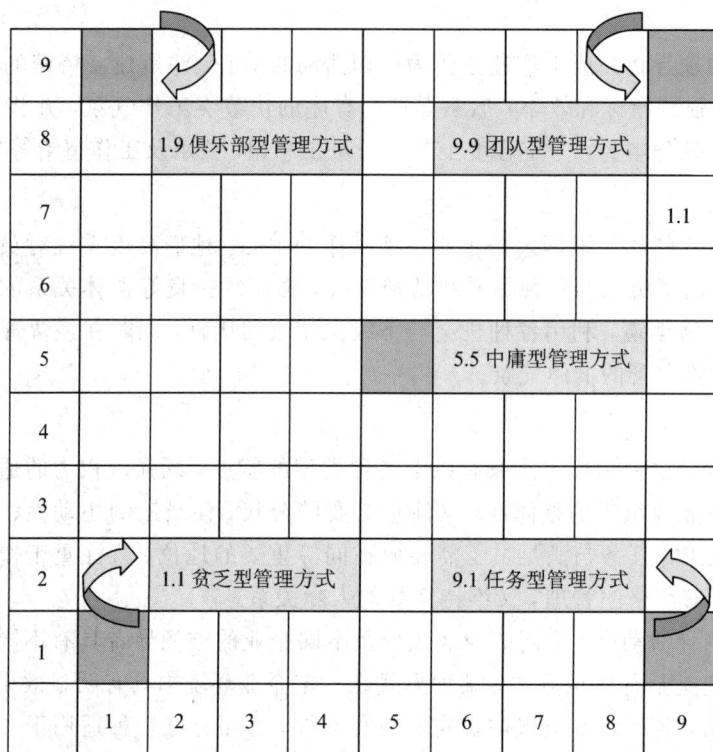

	1	2	3	4	5	6	7	8	9
9									
8		1.9 俱乐部型管理方式				9.9 团队型管理方式			
7									1.1
6									
5					5.5 中庸型管理方式				
4									
3									
2		1.1 贫乏型管理方式				9.1 任务型管理方式			
1									

图 7 - 20　管理方格论图

　　（2）俱乐部型方式。领导者只注重支持和发展下属而不关心生产的效率，持此方式的领导者认为，只要职工精神愉快，生产自然会好。这种管理的结果可能很脆弱，一旦和谐的人际关系受到了影响，生产业绩会随之下降。

　　（3）中庸之道型方式。领导者维持着足够的生产效率和令人满意的士气。领导者既不过于重视人的因素，也不过于重视任务因素，努力保持和谐与妥协，以免顾此失彼。遇到问题总想用息事宁人的办法了事。从长远看，领导者由于保守传统习惯，会使企业落伍。

　　（4）任务型方式。领导者只重视生产任务的结果而不重视下属的发展和士气。这种领导是一种专权式的领导，下属只能奉命行事，职工失去进取精神，不愿用创造性的方法去解决各种问题，不能施展所有的本领。

　　（5）团队型方式。领导者通过协调和综合工作相关活动，提高生产效率和下属士气。这种领导对生产和人的关心都达到了最高点。职工在工作上希望相互协作，共同努力去实现企业目标，领导者诚心诚意地关心职工，努力使职工在完成组织目标的同时，满足个人需要。应用这种方式的结果是，职工都能够运用智慧和创造力进行工作，关系和谐，任务完成得出色。

　　作为一个领导者，既要发扬民主，又要善于集中，既要关心企业任务的完成，又要关心职工的正当利益。布莱克和莫顿认为，团队型管理是一种最理想的领导方式，应该以此作为领导者检讨和改进现有领导方式的努力方向，只要这样才能使领导工作卓有成效。

(三) 基于权变思路的领导方式

权变理论认为不存在一种普遍适应的领导方式，领导工作强烈地受到领导者所处的客观环境的影响。也就是说，领导和领导者是某种既定环境的产物，具体地说领导方式（S）是领导者特征（L）、追随者特征（F）和环境（E）的函数。S（selection）代表领导方式，L（leader）代表领导者特征，F（follower）代表追随者特征，E（environment）代表环境。计算公式如下：

$$S = f(L, F, E)$$

L 领导者的特征主要是由领导者的品质、价值观和工作经历组成。如果一个领导者决断力很强，并且信奉 X 理论，他很可能采取专制型的领导方式。

F 追随者的特征主是指追随者的个人品质、工作能力及价值观等组成。如果一个追随者的独立性较强，工作水平较高，那么采取民主型或放任型的领导方式比较适合。

E 环境主要指工作特性、组织特性、社会状况、文化影响、心理因素等。工作是具有创造性还是简单重复，组织的规章制度是比较严密还是宽松，社会时尚是倾向于追随服从还是推崇个性等，都会对领导方式产生强烈的影响。

随着领导方式研究的不断深入，许多学者认识到情境对领导方式与有效性的影响，并进行了许多试图分离出影响领导效果的主要情境因素的研究。基于这一划分方式的研究，豪斯研究、开发了路径-目标理论模型，赫赛与布兰查德研究、开发了情境领导理论。这里我们主要介绍路径-目标理论和情境领导理论。

1. 路径-目标理论

路径-目标理论提出了环境因素和下属自身因素这两类情境变量。环境因素决定了所要求的领导方式类型，而下属的个人特点决定了个体对环境和领导方式如何解释。豪斯认为，领导者的领导方式应当是灵活多变的，同一领导者可根据不同的情境表现出不同的领导方式，力求企业组织的效益最大（见图 7-21）。

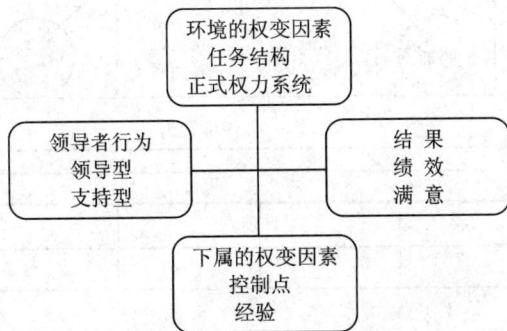

图 7-21 路径-目标理论

从图 7-21 可以看出，豪斯确定了四种不同的领导方式：

① 指导型，让下属明了领导者对自身的期望、成功绩效的标准和工作程序。

② 支持型，努力建立舒适的工作环境，亲切友善，关心下属的要求。

③ 参与型，与下属共同磋商，在决策前充分考虑他们的建议。

④ 成就导向型，设定挑战型目标，期望下属实现自己的最佳水平。

2. 情境领导理论

情境领导理论是一个关注成熟状态的权变理论。赫赛和布兰查德认为，成功的领导者是通过选择恰当的领导方式来实现组织目标的，而领导方式选择的依据是下属的成熟度，即个体能够并且愿意完成某项具体任务的程度。情境理论定义了下属成熟度的四个阶段（见图 7 - 22）。

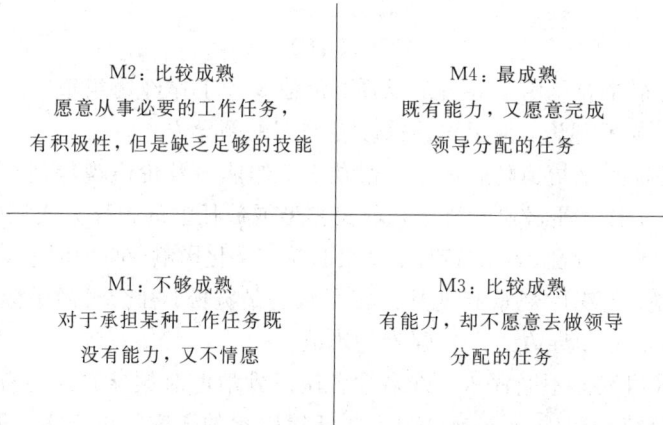

M2：比较成熟
愿意从事必要的工作任务，
有积极性，但是缺乏足够的技能

M4：最成熟
既有能力，又愿意完成
领导分配的任务

M1：不够成熟
对于承担某种工作任务既
没有能力，又不情愿

M3：比较成熟
有能力，却不愿意去做领导
分配的任务

图 7 - 22　情境理论中下属成熟的四个阶段

从图 7 - 22 看出，根据下属的成熟度情境理论可使用任务行为和关系行为两个维度，并将每个维度划分成高、低两个层次，从而组合成四种领导方式（见图 7 - 23）。

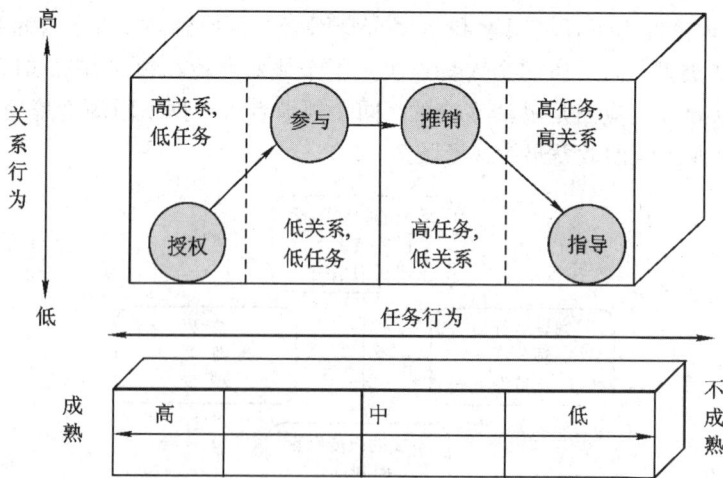

图 7 - 23　情境理论图

① 指导（高任务－低关系），领导者定义角色，告诉下属任务的内容及完成方法，下属在 M1 阶段。

② 推销（高任务－高关系），领导者向下属同时提供指导性的行为与支持型的行为，下属在 M2 阶段。

③ 参与（低任务－高关系），领导者主要提供的是便利条件与沟通，常与下属共同决策，下属在 M3 阶段。

④ 授权（低任务－低关系），领导者向下属提供极少的指导或支持，下属在 M4 阶段。

随着下属成熟度水平的不断提高,领导者的领导方式也应随之改变,领导者对下属的控制程度应逐渐放松。在下属不成熟的 M1 阶段采用指导性方式,M2 阶段采用推销型领导方式,M3 阶段采用参与性领导方式,在下属非常成熟的 M4 阶段采用授权型方式。

第四节　领 导 艺 术

领导者的工作效率和效果,不仅仅只是依靠领导理论知识,更多的因素取决于他们的领导艺术。领导艺术是一门博大精深的学问,内涵之深需要我们学习和掌握。

一、做领导该做的工作

领导人有条不紊地办事是一种艺术。在组织中经常会有一些领导整天忙忙碌碌,工作十几个小时,放弃了娱乐、休息和学习,还总是感到时间不够用,这样的领导没有掌握领导艺术。作为一个领导者,当发现自己忙不过来的时候,就应该考虑自己是否已经影响了下属的职权,做了本来应当由下属去做的事情。领导者必须明白,凡是下属可以做的事就应授权让他们去做,领导者只应作领导应该干的事情。

领导的事情包括决策、用人、指挥、协调和激励。这些领导者应该做的事情在组织中是大事,但绝对不是说都应由单位的最高领导人来做,而应该分清轻重缓急、主次先后,分别授权让每一级去管本级应管的事情。企业的最高领导应该只抓重中之重、急中之急,并且"严格按照例外原则"办事。也就是说,凡是已经授权给下属去做的事,领导者就要克制自己,不要再插手,领导者只需管那些没有对下授权的例外事情。有些领导太过于看重自己的地位和作用,事无巨细、无所不包。其结果不仅浪费了自己宝贵的时间和精力,还挫伤了下属的积极性和责任感,反过来又会加重自己的负担。领导者应该做的工作如图7-24所示。

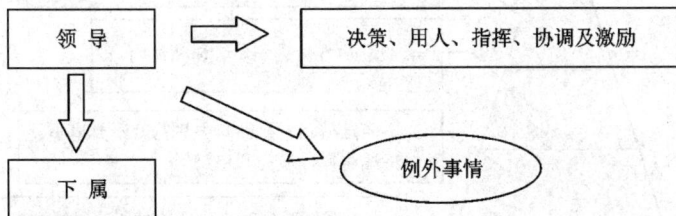

图 7-24　领导者应该做的工作图

领导者对于那些必须由自己亲自处理的事情,也应先问三个能不能:能不能取消它?能不能与别的工作合并处理?能不能用更简便的方法处理?这样就可将那些可做可不做的事情去掉,将一部分事情合并起来用最简便的方法去做,从而减轻负担,节省更多的时间去进行思索和筹划,更好地发挥领导的作用。

二、善于同下属交谈,倾听下属的意见

领导者在行使指挥和协调的职能时,必须要将自己的思想和感受传递给被领导者,同时也需了解被领导者的反应和困难。这样的双向信息传递才能使领导者在行使权力时做好

协调工作，尽快使被领导者按照领导的决策执行，从而达到组织的目标。领导者和被领导者之间的信息交流可通过正式的文件、报告、邮件、会议、电话、手机短信或非正式的面对面会谈等方式进行（见图7-25）。在以上的几种信息交流方式中，面对面会谈最可以了解下属更多、更详细的情况，通过察言观色来了解对方心灵深处的想法，这是领导者深入了解下属的较好方式。有些领导者在同下属谈话时，往往同时批阅电脑上的文件或办公桌上的纸质文件，或左顾右盼，精力不集中，显示出不耐烦。其结果不仅不能了解对方的心思，反而会伤害到下属的自尊，从而失去下属对领导者的尊重和信任，甚至还会造成冲突和隔阂。所以，善于同下属交谈是一种领导艺术，领导者必须掌握同下属交谈、倾听下属意见的艺术。

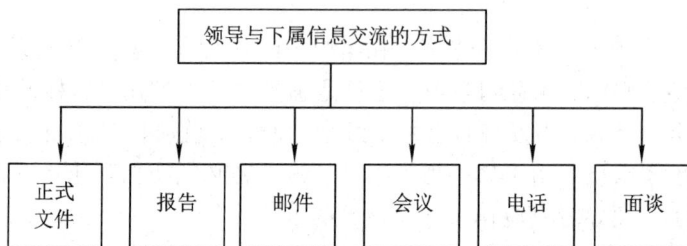

图 7-25　领导与下属信息交流方式图

在面谈过程的艺术中，领导者不仅需要有一定的观察能力，还要表现出极大的耐心、诚意和礼貌，同时还要具备一定切中要害的表达能力和控制情绪的能力（见图7-26所示）。

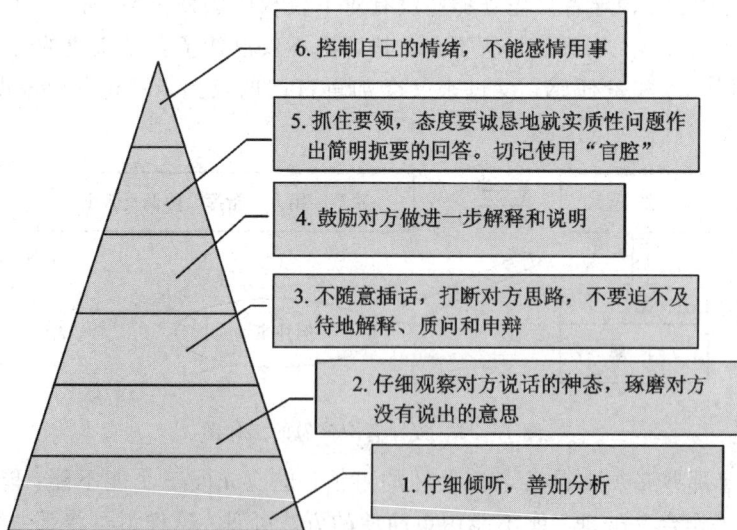

图 7-26　与下属面谈的艺术技巧

三、争取众人的信任和合作

一个企业是否运行的顺畅，不是靠领导一个人进行的。企业的领导者不能只依靠自己手中的权力，还必须取得同事和下属的信任与合作，还需要靠众人的支持和配合。如何得到众人的支持和配合，也是领导的一门艺术。有些领导只想利用手中的权力使自己的副手或下属服从，而较少考虑如何取得他们的支持和友谊。有些新上任的领导，往往只会自己埋头苦干，不善于争取别人的信任和合作。这样的工作环境，只能使领导者和被领导者之间的关系变成一种刻板的、冷漠的上下级关系，不能使他们之间变成一种真诚合作的朋友关系，那么如何建立一种轻松、真诚的合作关系呢？图 7-27 告诉了我们答案。

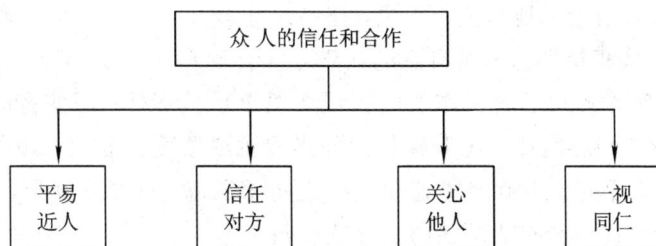

图 7-27 众人信任与合作的途径

（一）平易近人

"官贵民贱"的意识是几千年封建思想的影响。一些人认为当"长"以后，总比一般老百姓高一头，自然而然地与老百姓拉开了距离。所以，领导者必须自觉地消除这种意识，在与同事和下属相处中要注意礼貌，主动向对方表示尊重和友好，在与下属交流时多用商量的口吻，多听取和采纳对方意见中合理的部分，要勇于承认和改正自己的缺点及错误。不要轻易地发脾气、耍态度、训斥人，不要讲无原则的话，更不能随便表态、许诺。可以适当地与下属开开玩笑、讲讲幽默，但是开玩笑则应适度，掌握好分寸。最重要的是要谦虚待人、以诚相待。

（二）信任对方

领导在实施权力的过程中，通常是进行分工授权的。当分工授权后领导者对下属不要再三关照叮嘱，更不要随便插手干预，使对方感到你对他的能力有所怀疑。相反，领导者要充分相信下属的工作能力和思维。用人不疑，领导者要用实际行动使下属感到你对他是信任的，感到自己对企业集体是重要的。有了这样的感受，下属就会主动加强同领导者的合作汇报。如果领导者能在授权的同时，主动征求并采纳下属对工作的意见，使下属感到领导对他的器重，将有利于增进相互之间的友谊和合作。如果领导者让自己的副手或下属长期感到被忽视，不能发挥作用，则必将招致他们的不满和怨恨。

（三）关心他人

领导者必须要有极强的自律性，不能以权谋私，群众最反感的是领导的以权谋私。领导者要在政治、思想、业务、生活等多方面关心他人，要为下属提高思想业务水平创造条件，鼓励他们上进，不怕他们超越自己，要为群众解决生活上的困难。领导者应提升自己的自律性，吃苦在前、享乐在后，在经济利益和荣誉面前一定要先想到他人。当企业取得成功时，千万别忘那些为企业做过贡献的人们。当下属们面临困难时，如果领导者能够伸出友谊之手，这种友谊将特别宝贵和持久。

（四）一视同仁

人与人之间的关系有近有疏，领导者也不例外。但是，为了加强企业的凝聚力，克服离心倾向，领导者既要团结一批同自己亲密无间、命运与共的骨干，同时又要注意团结所有的职工。对于同自己意见不一，感情疏远或反对自己的职工，领导者绝不可视为异己、另眼看待或加以排斥，反而应该关心和尊重他们，努力争取他们的友谊和合作。特别是在处理类似提拔、调资、奖励、定制等有关经济利益和荣誉的问题时，必须一视同仁、秉公办理。当下属犯了错误时，不论亲疏都要严格对待，真诚地帮助他们认识错误、改正错误，但在进行处理时又要设身处地地为他们着想，坚持思想教育从严、组织处理从宽的原则。领导者必须懂得很多人犯错误都不是有意的，都是急于多干一些活，想把工作做得更好而导致的错误。所以，领导者对下属工作上的错误要勇于承担责任。即使有时领导并不沾边，也应主动承担领导或指导责任。在下属受到外界侵犯或蒙受冤屈时，领导者应挺身而出，保护下属。这样，企业的员工就会感到和领导之间无亲疏，只要好好干，谁都可以得到应有的尊重和信任，下属就会有非常强的安全感和归属感。

四、做自己时间的主人

做任何事情都需要占用时间。创造一切财富也都要耗用时间。时间就是一种资源。如果领导懂得如何节约时间资源，就可以做自己时间的主人了。首先要科学地组织管理工作，合理地分层授权，把大量的工作分给副手、助手或下属去做，以摆脱繁琐事务的纠缠，以便节省时间来做真正应该由自己做的事情。

（一）记录自己的时间消耗

有许多领导在忙碌了一天、一周或一月后，往往说不出来究竟忙碌了什么事情，哪些应该是自己做的，哪些应该是下属做的。长此以往，浪费了许多宝贵的时间，还把自己忙得身体拖垮了。一个好的领导，应该将有限的时间用在自己应该做的领导工作上，养成记录自己时间消耗情况的习惯。每做一件事就记一笔账，写明几点到几点办什么事，每隔一两周，对自己的时间消耗情况进行一次分析，这时就会发现自己在时间的利用上有许多惊人的不合理之处，从而就可以找到合理利用自己时间的措施。

（二）学会合理的使用时间

时间的合理使用因人而异，取决于企业的特点、企业的管理体制和组织结构、企业领导者的分工，以及个人的职责和习惯，所以很难有一个统一的标准。表7-3是根据我国一

表 7-3　领导者每周工作时间的分配

工 作 内 容	每周小时数	时间使用方式
1. 了解情况，检查工作	6	每天 1 小时
2. 研究业务，进行决策	12	每次 2～4 小时
3. 与主要业务骨干交谈工作	4	每次 0.5～1 小时
4. 参加社会活动（接待、开会等）	8	每次 0.5～2 小时
5. 处理企业与外部的重大业务关系	8	每次 0.5～2 小时
6. 处理内部各部门的重大业务关系	8	每次 0.5～3 小时
7. 学习与思考	4	集中一次进行

些优秀企业家的经验列出的。一般来说，这样的时间分配是比较合理的，但尚有改进的余地，如领导者每周用于学习、思考的时间偏少。

业余时间使用更不合理，普遍现象是加班加点较多、应酬偏多，而参加体育活动偏少，业余爱好偏少。领导者应努力把自己塑造成一个普通的完美的人，而不是一部工作机器。要有意识地将更多业余时间留给自己的家庭。"工作狂"并不是一种美德，只是不会使用时间的一种"美称"而已。

（三）提高开会的效率

开会是交流信息的一种有效方式。领导离不开开会，但只开会不决策就是领导最失败的地方。所以，开会也要讲求艺术。企业领导者每年要开几百次会，但重视研究和掌握开会艺术的人却不多。许多领导者整天沉沦于文山会海之中，似乎领导的职能就是开会、批文件，殊不知开会、批文件都是为了解决问题和提高效率。如果开会只是开会，不去看是否解决了问题、效率如何，只要开会了，该传达的传达，该说的说了，就算尽到了领导的职责了，那领导就失去了群众对自己基本的尊重和信任。只开会不决策，不解决问题的会议有百害而无一利。会议占用的时间也是劳动耗费的一种。会议的成本应纳入企业经济核算体系之内进行考核，借以提高开会的效率，节约领导者和与会者的宝贵时间。

本章小结

每个单位都有领导。领导实际上是一种职能活动，有时也指拥有一定地位的职位。这种职位是通过影响群体成功地实现目标的过程实施拥有可以影响个人、激励并促使其他人为所在组织的成功或效率做出贡献的能力。领导通常具有两个内涵：权力和影响。本章主要介绍了领导的内涵与作用、领导权力类型、领导者应具备的条件、领导团队的构成及领导方式理论。

复习思考题

1. 领导者的工作内容包括哪些？
2. 领导的作用是什么？如何去实现这些作用？
3. 领导者必须具备的一些基本素质主要有哪些？
4. 在运用9.9团队领导方式时，需要什么样的组织气氛与之相匹配？
5. 基于权变思路的领导理论主要内容是什么？
6. 何为领导班子？一个好的领导班子的基本要求是什么？请分析中国政治局常委领导班子的构成情况？
7. 在所学的领导方式理论中，你得到哪些启示？
8. 当一个企业出现"只开会不决策"的现象时，请指出领导应该如何改变？

ABC 公司的领导方式

ABC 公司是一家中等规模的汽车配件生产集团。最近，对该公司的三个重要部门经理进行了一次有关领导类型的调查。

一、安西尔

安西尔对他本部门的产出感到自豪。他总是强调对生产过程、出产量控制的必要性，坚持下属人员必须很好地理解生产指令，以得到迅速、完整、准确的反馈。安西尔遇到小问题时，会放手交给下级去处理。当问题很严重时，他则委派几个有能力的下属人员去解决问题。通常情况下，他只是大致规定下属人员的工作方针、完成怎样的报告及完成期限。安西尔认为只有这样才能导致更好的合作，避免重复工作。安西尔认为对下属人员采取敬而远之的态度对一个经理来说是最好的行为方式，所谓的"亲密无间"会松懈纪律。安西尔说，在管理中的最大问题是下级不愿意接受责任。他讲到，他的下属人员可以有机会做许多事情，但他们并不是很努力地去做。他表示不能理解以前他的下属人员如何能与一个毫无能力的前任经理相处。他说，他的上司对他们现在的工作运转情况非常满意。

二、鲍勃

鲍勃认为每个员工都有人权，他偏重于管理者有义务和责任去满足员工需要的学说。他说，他常为员工做一些小事，如给员工两张下月在伽利略城举行的艺术展览的入场券。他认为，每张门票才 15 美元，但对员工和他的妻子来说却远远超过 15 美元。通过这种方式，也是对员工过去几个月工作的肯定。

鲍勃说，他每天都要到工厂去一趟，与至少 25% 的员工交谈。鲍勃不愿意为难别人，他认为安的管理方式过去死板，安的员工也许并不那么满意，但除了忍耐别无他法。

鲍勃说，他已经意识到在管理中有不利因素，但大都是由于生产压力造成的。他的想法是以一个友好、粗线条的管理方式对待员工。他承认尽管在生产率上不如其他单位，但他相信他的雇员有高度的忠诚与士气，并坚持他会因他的开明领导而努力工作。

三、查里

查里说他面临的基本问题是与其他部门的职责分工不清。他认为不论是否属于他们的任务都安排在他的部门，似乎上级并不清楚这些工作应该谁做。查里承认他没有提出异议，他说这样做会使其他部门的经理产生反感。他们把查里看成是朋友，而查里却不这样认为。查里说过去在不平等的分工会议上，他感到很窘迫，但现在适应了，其他部门的领导也不以为然了。

查里认为纪律就是使每个员工不停地工作，预测各种问题的发生。他认为作为一个好的管理者，没有时间像鲍勃那样握紧每一个员工的手，告诉他们正在从事一项伟大的工作。他相信，如果一个经理声称为了决定将来的提薪与晋职而对员工的工作进行考核，那么，员工则会更多地考虑他们自己，由此而产生很多问题。他主张，一旦给一个员工分配了工作，就让他以自己的方式去做，取消工作检查。他相信大多数员工知道自己把工作做得怎么样。

如果说存在问题，那就是他的工作范围和职责在生产过程中发生的混淆。查理的确想过，希望公司领导叫他到办公室听听他对某些工作的意见。然而，他并不能保证这样做不会引起风波而使情况有所改变。他说他正在考虑这些问题。

案例讨论题：

（1）你认为这三个部门经理各采取什么领导方式？试预测这些模式各将产生什么结果？

（2）是否每一种领导方式在特定的环境下都有效？为什么？

第八章　　激　　　励

格兰仕的激励体系

格兰仕是微波炉界的"大白鲨"。它凭借持续不断的价格战，大幅吃掉竞争对手的利润空间，提前结束了微波炉行业的战国时代。它在拼搏了三年夺下中国第一的宝座之后，仅用了两年的时间又拿下了全球第一的桂冠。如今的格兰仕用实力和业绩成为了世界家电行业 500 强中国入选企业第一名，中国家电出口的两强企业之一。是什么驱动着格兰仕这个"大白鲨"斗志不已、不停游弋呢？答案是格兰仕的激励体系焕发了广大员工的热情和积极性，从而为自身的发展提供了澎湃的动力和竞争的活力。

格兰仕首先看重员工对企业的感情投入，认为只有员工发自内心的认同企业的理念、对企业有感情，才能自觉地迸发出热情、为企业着想。在一万多人的企业里，要让员工都具备主人翁的心态，站在企业利益的角度来做好各环节的工作，在保证质量的同时严格控制成本，这无疑是很难的。因而他们加强对全体员工的文化培训，用群众的语言和通俗的故事，将公司的理念和观点传达给每位员工。为自己的长远、共同的利益而工作，成了格兰仕人的共识。

在注重感情投入、文化趋同的基础上，格兰仕对待不同的员工，采取不同的激励方法和策略。对待基层工作人员，他们更多地采用刚性的物质激励；而对待中高层管理人员，则更注重采用物质和精神相结合的长期激励。

基层工人的收入与自己的劳动成果、所在班组的考核结果挂钩，既激励个人努力又激励他们形成团队力量。基层人员的考核规则、过程和结果都是公开的，在每个车间都有大型的公告牌，清楚地记录着各生产班组和每位工人的工作完成情况及考核结果。对生产班组要考核整个团队的产品质量、产量、成本降低、纪律遵守及安全生产等多项指标的完成情况，同时记录每个工人的完成工件数、加班时间及奖罚项目等。根据这些考核结果，每个人都能清楚地算出自己该拿多少，别人强在什么地方，以后需要在何处进行改进。也许这些考核设计并不高深，但要持之以恒的坚持，保持公正、透明的运行，却不是每个企业能做到的。依靠这个严格、公平的考核管理体系，格兰仕将数十个车间和数以万计的工人业绩有效地管理了起来。

中、高层的管理层是企业的核心队伍，关系到企业的战略执行效率和效果，他们往往也是企业在激励中予以重视的对象。格兰仕同样对这支骨干队伍高度重视，但并没有一味地采用高薪的方式。因为他们认为金钱的激励作用是递减的，管理者需要对企业有感情投入和职业道德，不能抱着短期套利和从个人私利出发的心态。他们在干部中常常用"职业军人"作比喻来说明这个道理。抗美援朝战争中，美军的失败是"职业军人"的心态，他们打仗拿着工资奖金，所以从心理上不敢打、不愿打，能打赢就打，打不赢就跑，遇到危险，举手投降。而中国志愿军心中有着爱国热情、民族尊严，不因危险、困难而退缩，士气如虹、坚忍不拔，所以才最终赢得了"小米步枪对抗飞机大炮"的战争。

因此，格兰仕对中高层管理者更强调的是用工作本身的意义和挑战、未来发展空间、良好信任的工作氛围来激励他们。格兰仕的岗位设置相当精简，每个工作岗位的职责范围很宽，这既给员工提供了一个大的舞台，可以尽情发挥自己的才干，同时也给了他们压力与责任。在格兰仕没有人要求你加班，但是加班是很经常的、也是自觉的。因为公司要的不是工作时间和形式，而是工作的实效。同时，这也是公平的赛马机制，众多的管理者在各自的岗位上，谁能更出色地完成工作，谁就能脱颖而出。格兰仕为员工描绘了美好的发展远景，这也意味着给有才能的人提供了足够的发展空间。这大大地激励着富有事业心、长远抱负的管理者们。

在平时，格兰仕对管理者们工作的业绩和表现进行考核，只发几千元的月度工资，而把激励的重点放在财务年度上。他们将格兰仕的整体业绩表现、盈利状况和管理者的薪酬结合起来，共同参与剩余价值分配，从而形成长期的利益共同体。他们采取年终奖、配送干股、参与资本股的方式，递进式地激励优秀的管理者。所有考核合格的管理者都会有数量不等的年终奖。另外，公开评选优秀的管理者，参与公司预留的奖励基金分配，这个奖励基金是按公司的盈利状况提取的。其中最优秀的几名管理者则配送次年的干股，不需要支付现金购买公司股份，能够参与公司次年一定比例的分红。通过几个年度考核，能提升到公司核心层的高层管理者，则可以购买公司股权，成为公司正式的股东。目前已有50多名中、高层管理者拥有格兰仕的股份（资本股），有70多名管理者拥有干股。这构成了格兰仕各条战线上与公司利益高度一致的中坚力量。这样通过层层的激励方式，不断培养、同化及遴选了格兰仕忠诚度高、战斗力强的核心队伍，构成了格兰仕长远发展的原动力。

"适合就是最好的"。每个企业都有自身的特点，都有千差万别的历史背景、人际关系和经营理念，但最关键的是要设计和运行适合自身特点的激励体系，才能更好地解决好发展的动力问题。格兰仕的激励体系无疑能给我们一些有益的启示。

任何一个组织的发展离不开员工的团队合作。如何能使员工在企业中产生团队最大化的效益，激发和调动员工工作积极性是组织管理的一个基本的也是长久的课题。激发和调动的最主要因素主要集中在两点：一是如何满足员工的个体需要，通过调动其积极性来改变个体行为；二是影响和改变员工个体需求的动机。两种途径有不同的作用，具体实践会采用具体的途径。激励主要是通过第一种途径调动员工的工作积极性，以期改变员工的个体行为方法。本章通过了解和学习激励的基本知识，对激励因素、激励过程及激励作用有所把握，并根据激励模型和方法进行激励设计和调整激励系统。

本章内容

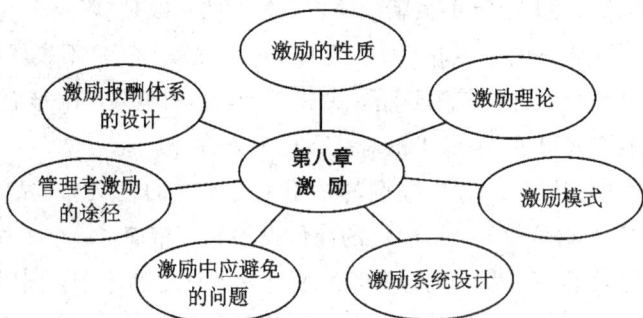

本章要点

- 激励的性质
- 激励理论
- 激励模式
- 激励系统设计
- 激励中应避免的问题
- 管理者激励的途径
- 激励报酬体系的设计

第一节　激励的性质

一、激励的定义

　　每一个组织都希望自己员工把组织发展的目标任务变成自己的目标任务，但是员工在加入组织的目的往往与企业目标并不一致，工作的努力程度也经常与企业的预期值有差异。如何能使员工目标与企业目标保持一致，共同为企业目标做出贡献，就需要管理者研究员工的工作动机。因为现代企业管理的核心就是对人的管理。

　　激励，是人类活动的一种心理状态，具有加强和激发动机，推动并引导行为使之朝向预定目标的作用。通常认为，一切内心争取的条件（如欲望、需求、希望、动机等）都能构成人的激励所折射出来因素。由于激励对人的行为具有驱动和导向作用，因而通过行为的表现及效果可以对激励的程度加以推断和测定。如果两个员工具有相同的技术水平，但是A员工完成工作的定额大大超过了B员工，那么可以推测A员工受到了某种激励，而这种激励过程总是与A员工的行为过程紧密结合在一起，是在A员工行为过程中发生和进行的。由此推断，人的行为表现和行为效果在很大程度上取决于他所受到的激励程度和水平。即，激励程度越大，行为表现越积极，行为效果越明显。激励程度与激励过程和效果呈正比例关系。

　　激励可分为两种，即内在激励和外在激励。内在激励（intrinsic reward）是指人自身在完成某个特定行为的过程中所获得的满足感，或体验到的一种愉悦的成就感，或完成个人意愿的一种使命感。外在激励（extrinsic reward）来自于外部，是由他人给予的激励，是取悦他人的结果，包括公司给予的提升或加薪。有些员工并不喜欢甚至憎恨自己的工作，但由于高工资的外在激励，依然从事着自己不喜欢的工作。但是越来越多的管理者发现，真正有才干的创新型员工追求的是来自于工作中的满足感，而非仅仅通过金钱和福利待遇甚至包括表扬和荣誉的手段来激励他们。管理者一般采用的激励手段是努力帮助人们实现内在激励。所以，激励的重要性主要表现在能否激发引出高绩效水平的行为。管理者可以用激励政策来帮助满足员工的需要，从而使员工高质量地完成工作。管理者需要努力寻求一种激励技巧，以保证员工们在各种组织环境中做到工作愉快，并保持较高的劳动生产效率。

这种情况下，一个管理者如果不懂得怎样激励员工就无法胜任工作。激励已经成为现代管理的主要职能之一。所以，激励在企业管理中具有多方面的重要作用。

二、激励的作用

（一）激励有助于激发和调动员工的工作积极性

一个企业的发展与员工工作积极性有着直接的关系。员工工作积极性是员工在完成工作任务时发挥自觉能动性的心理和行为状态。这种状态可以直接导致一系列积极的行为后果，让员工的潜力发挥到最大，如提高劳动效率、超额完成任务、精湛的工作技能、良好的服务态度等。实践证明，享受大锅饭待遇的公司中未受激励的员工，其积极性只发挥20％～30％，而在多劳多得、少劳少得政策的公司实践中证明，受到激励的员工由于思想和情绪处于高度激发状态，积极性的发挥程度可以达到80％～90％（见图8-1）。

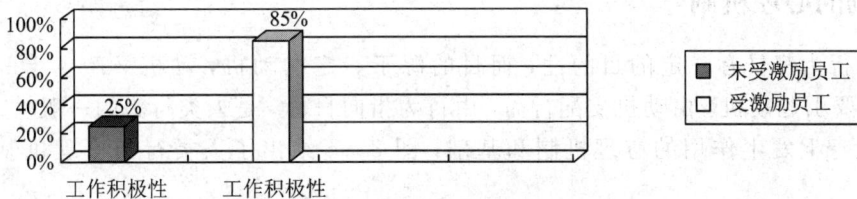

图 8-1　激励与未激励员工积极性比较

（二）激励有助于员工获得归属感

个人目标及个人利益是员工行动的基本动力和动机。他们与企业的组织目标和总体利益之间既有一致性，又存在差异性。当二者差异凸显时，个人目标往往会干扰企业目标的实现。激励的作用就在于满足个人利益和需要，诱导员工将个人目标统一于企业的整体目标，调动员工的积极性，推动员工完成工作任务，增强员工在企业的归属感，促进个人目标与企业目标共同实现（如图8-2所示的中间重叠部分）。

图 8-2　激励在企业目标与个人目标中的作用

（三）激励有助于增强企业凝聚力，促进各部门的协调统一

一个企业的发展依托的是团队的和谐精神。企业形象就像一部机器，需要协调运转。而企业是由若干员工个体、工作群体及各种非正式群体组成的有机结构。企业的正常运转除了需要严密的组织结构和严格的规章制度外，正确的激励方法是必不可少的。激励可以满足员工尊重和社交等多方面的心理需要，调动员工积极性，鼓舞员工士气，协调人际关系，进而增强企业的凝聚力和向心力，促进各部门、群体及人员之间的密切协作，促进企业团队合作精神（见图 8 - 3）。

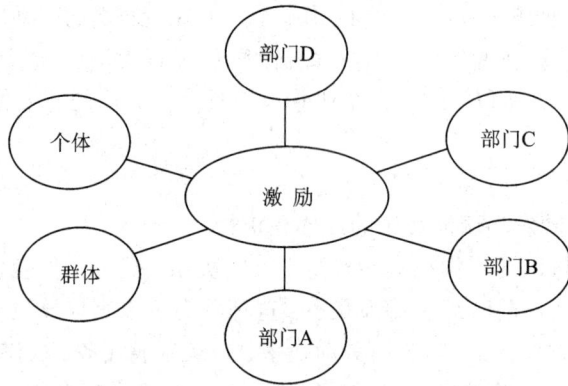

图 8 - 3　激励在企业个体、群体及各部门之间协调关系

三、激励的心理机制

人的行为都具有一定的目的性，而目的源于一定的动机，动机又产生于一定的需要。由需要引起动机，由动机支配行为，由行为指向目标，是人类行为的一般模式，也是激励在人身上发生作用的心理机制和基础，图 8 - 4 给出了人类行为心理机制的一般模式。

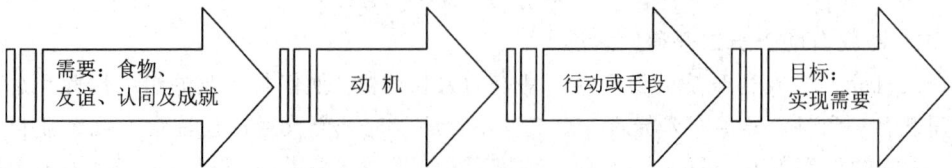

图 8 - 4　人类行为心理机制的一般模式

（一）需要

需要是人类对某种事物的渴求或欲望，是一切行为的最初原动力。但是需要是客观事物在人脑中的主观反映，即需要的形式和内容主要取决于所需对象物的存在。在管理中运用激励方法，正是利用需要对行为原动力的作用，通过提供外部诱因满足员工需要，进而引发员工的积极行为。一般而言，人的需要具有多样性、结构性、社会制约性和发展性，共四个基本特征（见图 8 - 5）。

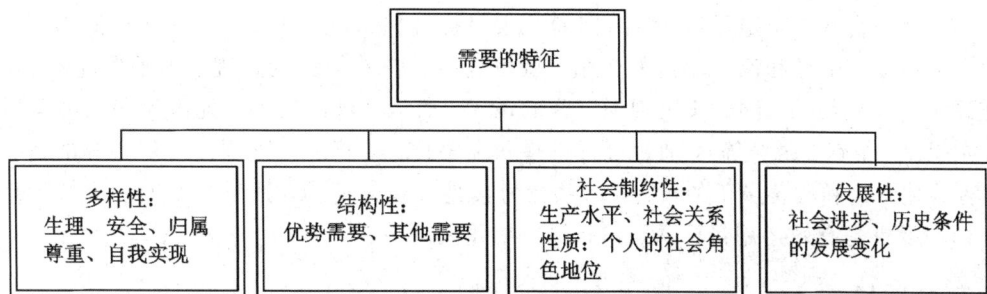

图 8-5 需要的基本特征

1. 多样性

美国心理学家马斯洛将人的需要分为生理、完全、归属、尊重和自我实现共五个层次。麦克莱兰（D. McClelland）认为人有权力、归属及成就三方面的需要。马列主义经典作家也曾提出人有生活、享受及发展三种需要。

2. 结构性

人的多种需要之间相互关联、相互制约，由此构成复杂的结构体系。在需求结构体系中，各种需要处于不同的层次地位，从而对行为产生不同程度的影响。其中，占据主导地位的需要对人的行为具有决定性支配作用，成为优势需要，其他需要则处于次要地位，对行为的影响作用相对较弱。

3. 社会制约性

需要人的主观感受与客观环境共同作用的结果，因而必然受到所处环境条件的制约。人的需要是由特定社会历史条件下的生产水平、社会关系性质及个人的社会角色地位决定的。任何人都无法超越所处历史阶段形成某种不存在客观可能性的需要。

4. 发展性

一定社会历史条件制约着人的需要，同样社会历史条件的发展变化也会引起需要的内容范围及满足方式的相应变化。随着社会的进步，某些旧的需要消失了，新的需要又相继产生，从而推动着人们不断寻求新的满足方式和手段。

（二）动机

需要只是人们一种潜在的心理作用，不能直接引起行为指向的特定目标。只有当这种潜在的心理作用转化成某种动机时才能直接驱动行为，从而成为引发人们采取行动的内在力量。动机就是衔接需要与目标之间的作用，是引发行为的更为直接的原因和现实动力。

企业员工在受到不同动机的支配下会产生不同的积极行为或消极行为。运用激励手段调动员工的积极性，就是利用动机对行为进行驱动和支配，从而直接引导员工产生积极行为。动机在激发行为过程中的具体功能表现在始发功能、导向功能和选择功能方面。始发功能是用动机唤起和驱动人们采取某种行动。动机总是具体指向某一目标，因而对行为具有一定的定向作用。在进行行为定向时，动机还指导人们选择能够达到预期目标的最佳行动方案。

（三）目标

目标是满足人们需求的一种愿望，更是行为为此愿望所要实现的结果。人们在采取行动之前，总是喜欢先确定目标，然后向着既定目标开始行动。所以，目标在人们的行为中总是起到推动、引导和调节动机的产生，从而直接影响着行为的过程。在行为过程中，目标表现为行为的结果，同时又表现为行为的诱因。所以，目标的内容能够满足人的某种需要（如职位、金钱、荣誉等），通过合理选择和设置目标，管理者利用目标对行为的诱导作用，有效地激励和改善员工的行为。有些行为会是复杂的行为，针对复杂的行为合理地选择目标和设置是有效运用目标诱因进行激励的重要环节。

四、激励过程

从上述的理论可以得出，激励的主要心理机制分为三个不同的行为阶段，即需要、动机和目标。三个阶段相互之间密切连接，分别对行为发挥着激励作用，形成了既独立、又依赖的完整的激励过程。如图8-6所示，在整个激励过程流程中起点是人的需要，需要可以激发某种动机，而在动机的驱动下人的行为就可实现目标。这种目标是使人可以达到对需要的满足程度，需要达到满足后进一步强化原有的需要，促进生成新的需要，从而进入新一轮的激励过程。

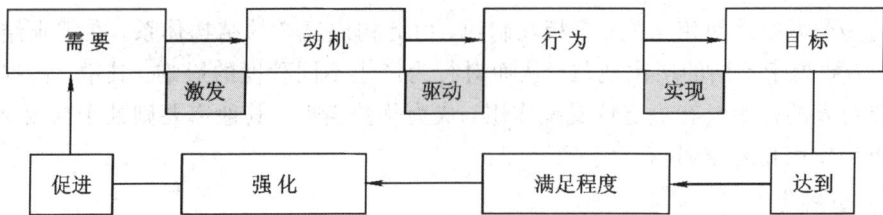

图8-6　激励过程流程

激励实质上是以满足需要为基础，利用各种目标诱导激发的动机，从而驱动一定促进目标的行为，尽可能地实现既定目标。在企业管理中，激励的作用原理在过程的不同阶段实施的各种诱因和条件就是为了达到有效激励员工行为的目的。

第二节　激励理论

一、早期激励理论

激励理论是激励在管理活动中实现效益所赖以发挥功能的理论基础，是有效促进激励规律、激励机制和激励方法的理论依据。西方许多管理学者和心理学家分别从不同角度研究、探索，并提出了多种激励理论。20世纪50年代和60年代是激励理论形成的比较成熟的时期，这个时期形成的四种具体的激励理论被人们广为流传，尽管这些理论也被批判和争议过。他们分别为需求理论（the hierarchy of needs theory）、XY理论（XY theory）、双因素理论（the two-factor theory）和三重需要理论（the three-needs theory）。这些理论成为现代理论成长的基础，管理者采用这样的理论来激励和解释员工的工作动机。

（一）需求理论

需求理论（The Hierarchy of Needs Theory）是由美国心理学家亚伯拉罕·马斯洛（Abraham Maslow）提出的。他认为在受到多种需要的激励下，人的需要是有层次的，并将人的需要按照优先顺序分为五个层次（如图 8-7 所示）。中间部分为需要层次的逐渐升级内容，两边是各种需要层次的具体内容。当低层次的需要得到满足后，人们会不断地追求高层次的需要，因为高层次的需要对员工行为的激励作用更为强大。

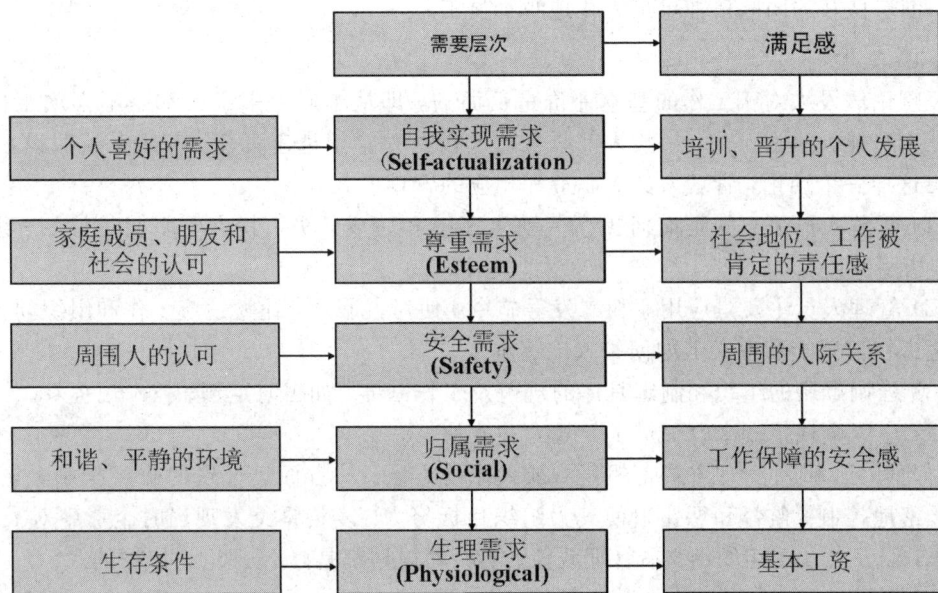

图 8-7　马斯洛的激励理论中的 5 个层次需求

① 生理需要，人类最基本的物质需要。

② 安全需要，人们对安全、有保障的环境的需要，及追求有序社会的需要。

③ 归属需要，人们归属某公司，获得良好人际关系的需要。

④ 尊重需要，人们对树立良好形象的自我需要，赢得他人注意、认同和欣赏的需要。

⑤ 自我实现需要，最高级的需要，主要是指最大限度地提高自己的能力，成为更加有效的人才的需要。

但是，克莱顿奥尔德弗提出的理论与马斯洛的需要层次论不同。他认为人的需要可以归结为三种，即生存需要（Existence）、相互关系需要（Relatedness）和成长发展需要（Growth），这三种需要理论成为 ERG 理论。人的需要并不是必须在低层次的需要满足之后才能追求高层次的需要，多种层次的需要可同时存在、还可越级出现。

管理者从认识员工需要侧重点不同的角度来说，马斯洛的需要层次论和 ERG 需要理论的应用价值都非常大，管理者可根据五种基本需要对员工的多种需要进行真实的了解，并加以归类和确认，然后针对未满足的或正在追求的需要提供一定的诱因进行激励，从而达到员工需要与公司需要齐头并进的目的。

（二）XY 理论

道格拉斯·麦格雷戈①（Douglas McGregor）提出人性的两个假定 X 理论和 Y 理论。很简单，X 理论（theory X）是一种消极的观点，认为员工不喜欢工作、逃避责任，但是又

---

① 麦格雷戈出生于 1906 年，美国著名的行为科学家，人性假设理论创始人，管理理论的奠基人之一，XY 理论管理大师。道格拉斯·麦格雷戈是人际关系学派最具有影响力的思想家之一。

有野心，所以不得不需要在强制下工作。Y 理论（theory Y）是一种积极的观点，认为员工很享受工作，主动寻求和承担责任，自律性强。道格拉斯·麦格雷戈相信 Y 理论假设能够正确导向管理者的行为实施，同时他认为积极参与决策的制定、主动承担责任，并发挥创新力、创造良好的团队精神可最大化地激励员工。

1. X 理论

X 理论假设人对于工作的基本评价是负面的，即从本质上来说人都是不喜欢工作的，并且一有可能就逃避工作；一般人都愿意被人指挥并希望逃避责任。基于上述假设，X 理论得出这样一个结论，管理人员的职责和相应的管理方式是：

（1）管理人员关心的是如何提高劳动生产率和完成任务，其主要职能是计划、组织、经营、指引及监督。

（2）管理人员主要是应用职权来发号施令，使对方服从，让人适应工作和组织的要求，而不考虑在情感上和道义上如何给人以尊重。

（3）强调严密的组织和制定具体的规范及工作制度，如工时定额、技术规程等。

（4）应以金钱报酬来收买员工的效力和服从。

由此可见，此种管理方式是胡萝卜加大棒的方法。一方面靠金钱的收买与刺激，另一方面严密地控制、监督和惩罚迫使其为组织目标努力。麦格雷戈发现当时企业中对人的管理工作，以及传统的组织结构、管理政策、实践和规划都是以 X 理论为依据的。

2. Y 理论

Y 理论对于人性假设是正面的，假定人性本善。假设一般人在本质上并不厌恶工作，只要循循善诱，雇员便会热诚地工作。在没有严密的监管下，他也会努力地完成生产任务。而且在适当的条件下，一般的人不仅愿意承担责任而且会主动寻求责任感。相应的管理措施为：

（1）管理职能的重点：在 Y 理论的假设下，管理者的重要任务是创造一个使人得以发挥才能的工作环境，发挥出职工的潜力，并使职工在为实现组织的目标贡献力量时，也能达到自己的目标。此时的管理者已不是指挥者、调节者或监督者，而是起辅助者的作用，从旁给职工以支持和帮助。

（2）激励方式：根据 Y 理论对人的激励主要是给予来自工作本身的内在激励，让他担当具有挑战性的工作，担负更多的责任，促使其在工作中做出成绩，满足其自我实现的需要。

（3）管理制度上：给予工人更多的自主权，实行自我控制，让工人参与管理和决策，并共同分享权力。

Y 理论并不是唯一激励员工的理论。英伟达公司（NVDIA corporation，一个成功激励员工的芯片制作公司）的创始人黄仁勋（Jen-Hsun Huang）在管理中采用的是，既具有人性化又非常严厉的管理方式。他对不断犯错误的员工难以忍受，在一次会议上他对着重复犯错误的员工吼到"你要吃奶吗？如果你要吃奶，直接站起来说你要吃奶。"他的这种管理方式采用的是 X 理论的方式，即如果你需要帮助可以直接说。这种方法较为严厉，但是非常起效。

（三）双因素理论

弗雷德里克·赫茨伯格[①]的双因素理论提出内在因素更能够使员工达到工作的满意

---

① 弗雷德里克。赫兹伯格（1923—2000 年）Frederick Herzberg 美国心理学家，行为科学家，人力资源管理专家。1950 年代末提出双因素理论。

度，具有一定的激励作用，而外在因素则是导致工作不满意的主要因素。赫兹伯格希望确定清楚员工对工作满意和不满意的时间，但是对工作满意员工的回答和对工作不满意员工的回答却截然不同（见图 8 - 8）。

图 8 - 8　双因素理论——激励保健理论

从图 8 - 8 可以看出，某种因素与工作满意度有着直接的联系。当人们觉得工作很好的时候，他们努力找寻内在因素（如成功、认可和责任）来激发自己对工作的热情度。另一方面，当人们对工作不满意时，他们努力寻找外在因素（如抱怨公司制度和管理、监督、人际关系及工作条件等）来规避责任。

另外，赫兹伯格相信从图 8 - 8 的分析来看，满意的对立面并不是我们传统上认为的不满意。消除工作中不满意因素并不能使工作满意。如图 8 - 9 所示，满意的对立面不是不满意，不满意的对立面也不是满意。赫兹伯格认为，导致工作满意的因素与导致工作不满意的因素是明显不同的。所以，需要努力消除产生的不满。

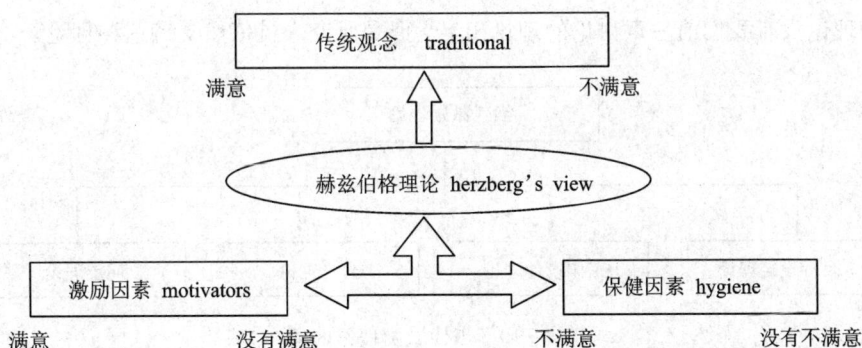

图 8 - 9　满意与不满意观点对比

作不满意因素的管理者可以使员工从不满意中解脱出来，但不一定能够激励员工。导致对工作不满意的外在因素亦称为保健因素。当这些因素适当地出现时，人们是不会不满意的，他们也不会满意。要想激励员工，赫兹伯格建议应重视激励因素而非保健因素，内在因素才可使员工找到工作本身。

尽管赫兹伯格理论也受到了一些批判，但是从 20 世纪 60 年代中期到 80 年代早期他的双因素理论非常盛行，直到现在依然影响着我们如何设计自我的工作状态。

（四）三重需要理论

三重需要理论(Three Needs Theory)是由戴维麦克莱兰和他的伙伴提出的。他们认为工作中的主要动机是满足三种非固有的需求。第一种是成功需要(the need for achievement)，即在达到标准的基础上追求成功和卓越。第二种是权力需要(the need for power)，就是使他人按照自己意愿而非他们原本意愿表现行为的一种需要。第三种是归属需要(the need for affiliation)，即奖励友好和亲密人际关系欲望的需要。三种需要理论中，成功需要被研究得最多。

成功需要强烈的人在工作中不断追求的是成功所带给他们的利益和奖励，这种人也就是我们通常说的成就感强烈的人。他们的特点是工作中勇于承担责任，积极解决工作中不断出现的问题，并能在解决问题的过程中快速明确地反馈信息，通过这样一系列的过程来证明他们能够提升的能力，同时也不断地通过解决问题的过程来实现他们追求的更有效的工作目标。麦克莱兰提出，只有把员工置于一种个人责任和适度风险的环境中，才可以不断地激发他们每个人的成就需要。但是追求高成就需要的人往往缺乏团队的合作精神，尤其是在大型的组织活动中，他们不会是一个非常好的管理者，因为他们关注的是个人利己的成功，而一个真正好的管理者往往重视的是通过帮助别人的过程来实现自己的目标。

权利需要和归属需要理论的研究没有成功需要理论研究的多，但是在实践过程中，最优秀的管理者在成功需要的基础上，同样追求较高的权利需要和较低的归属需要。

二、当代激励理论

当代激励理论（The Theory of Contemporary Motivation ）也称为过程激励模式，是激励当代员工的激励方法，包括目标设定理论（goal-setting theory）、工作设计理论（job design theory）、公平理论（equity theory）和期望理论（expectancy theory），如图 8-10 所示。尽管当代激励理论没有我们前一章讨论的理论出名，但是研究人员依然支持这种理论。

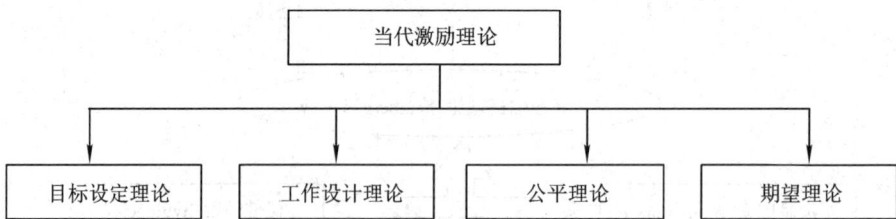

图 8-10　当代激励理论内涵

（一）影响激励的因素之一——目标设定理论

我们每个人在工作、学习和生活当中都有自己的目标。工作中，我们的目标定位越高，工作过程越艰辛，可是我们一旦目标实现了，获得的收获越大；相反，目标定位低了，我们进行的过程越容易，收获也就越小。所以，目标的具体化、挑战和反馈对于绩效具有重要的影响。

工作激励主要源自一定的目标。目标设定理论（goal-setting theory）的研究表明，具体量化的和具有挑战性的目标具有良好的激励作用。这就好比我们在工作中问经理此项工作要做到何等的标准才能完成，经理说你尽力吧。这样就意味着此项工作没有一个具体的目标,所以完成这项工作的时候也不会有一个很高的标准,也就是我们说的目标。设定具体化的目标本身就是对员工的一种内在激励。例如,保险公司要求保险员一个月的保单最低卖到 200 万元。这 200 万元一个月就是设定的目标,员工就会积极努力地向着这个目标奋进。可是如果保险公司只要求保险员每个月尽力而为的时候,员工是没有任何激励的方式,完全按照个人的能力和喜好去卖保险,那么保险公司的效益就会急剧下滑。

影响目标与绩效关系的因素有反馈意见、目标承诺、自我效能和国家文化(见图 8-11)。反馈意见可以让员工工作的进步会更有效,因为反馈意见可以让员工看到自己在实现既定目标时的不足,从而不断修正和提升自己。但是,真正有效的反馈是来自自己对工作分析所得来的反馈,这种反馈意见带来的效率要高出别人提出建议的反馈所带来的效率。

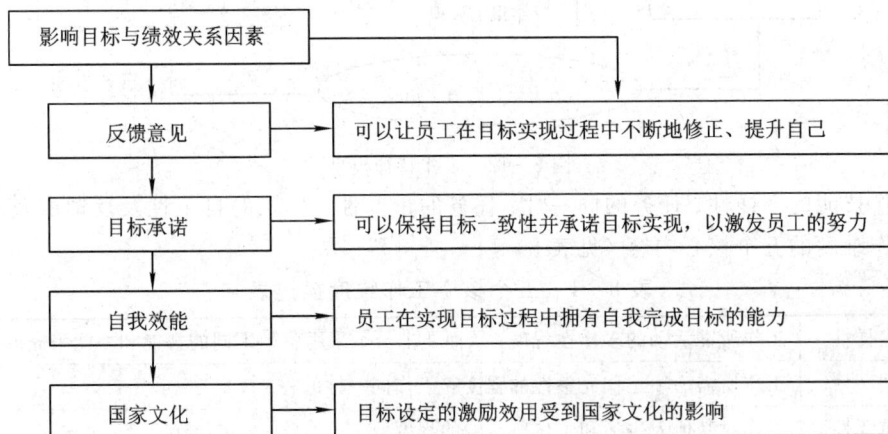

图 8-11 影响目标与绩效关系因素

每个人都会致力于目标的实现,目标的承诺也就成为个人具有内在控制意愿的一种激励,可使员工保持与企业目标的一致性。而自我效能往往指的是个人相信自己有能力执行任务,自我效能越高,信心就越强,达到目标的能力就越强。国家文化也是影响目标设定的一个因素。北美国家的员工独立性很强,也非常愿意接受挑战性的目标,管理者和员工都非常看重工作绩效,但不是每个国家都具有相同的文化背景。文化背景不同的国家,目标设定理论会有不同的员工绩效表现。

综上所述,目标、激励和绩效之间有着密不可分的关系。当我们目标设定后,如果有了一定的实现目标的激励机制,目标制定的越高,工作的难度越大,激励程度越大,目标实现的绩效越高,但是却不一定会提高员工对工作的满意度。

(二)影响激励的因素之二——工作设计

工作设计(Job Design)是管理者在工作中激励个体的一种激励方式,是指公司将各项任务结合起来组成完整工作的方式。通过这种方式,管理者应根据公司环境的变化、公司所需的技术、员工的各种技巧和能力、嗜好等方面的需求,对各种任务进行设计和安排,也就是我们通常说的对员工各有所需,看到员工的闪光点,利用他们最擅长的一面安排和设计工作环节。在这样的设计下,员工就可以因受到合理设计的激励而努力工作。通过员工工作技能的多样性、任务的同一性、任务的重要性、员工的自主性及反馈的及时性,员工能够关注其任务完成的程度,从而获得一种内在的激励来提升工作的满意度。这样员工旷工和辞职的可能性也就越小。理查德·哈克曼和格瑞格·奥德姆①共同提出的工作特征模型（job characteristics model，JCM）解释了工作设计理论（见图 8 - 12）。

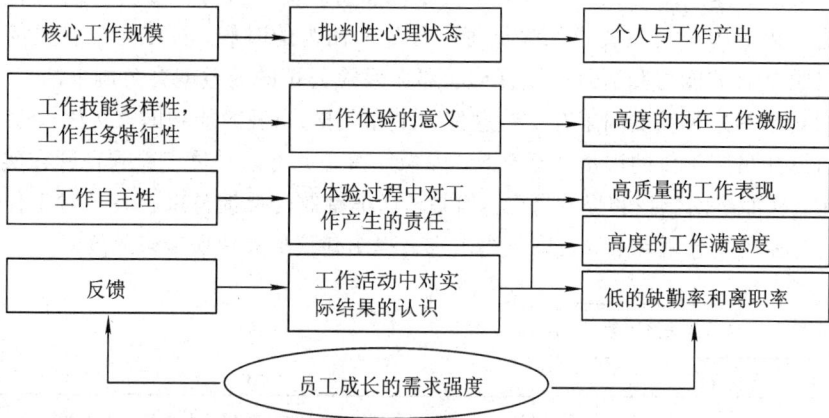

图 8 - 12　工作特征模型

　　工作技能的多样性、任务的同一性、任务的重要性、员工的自主性及反馈的及时性构成了工作维度的五个核心内容（见表 8 - 1）。

表 8 - 1　五个核心工作维度描述表

技能多样性	工作所需活动的多样性程度，从而要求员工采用各种不同的技能和才能来完成
任务同一性	工作所需一项工作完整性的程度和工作同一性的程度
任务重要性	工作对其他人生活和工作所影响的程度
个人自主性	在工作计划和执行时工作所提供给个人的自由、独立和判断力的程度
反馈	在从事所要求的工作中个人获得有关绩效的直接而清晰的结果信息

　　工作维度核心内容指导的正确与否，在员工成长过程中经过员工个人具有挑战性的心理状态后作出行为反应，会直接显示出个人与工作的成果。如图 8 - 13 所示，具体指明了五个核心工作维度的工作设计方面的变化。

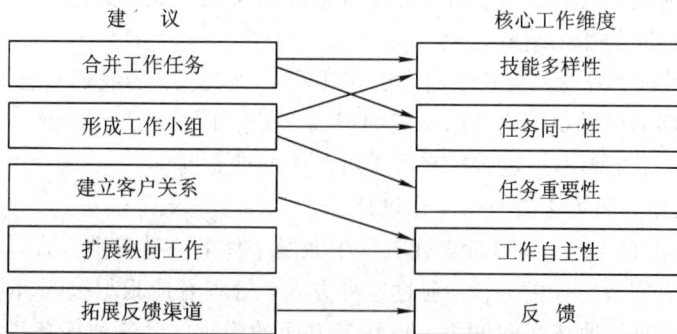

图 8 - 13　工作设计指导

① J·理查德·哈克曼，哈佛大学卡诺-莱伯（Cahners-Rabb）社会和组织心理学教授，1966 年获伊利诺依大学社会心理学博士学位，后在耶鲁大学任教，1986 年转到哈佛大学。他发表过大量的社会和组织行为论文，出版过多本这方面的书籍，他还被授予了"第六届年度美国行为科学研究所创造性人才奖"，美国心理学会工业和组织心理学分会的杰出科学贡献奖和管理科学学会的杰出学者奖

（三）影响激励的因素之三——公平理论

公平理论（Equity Theory）是由斯达西·亚当斯提出并发展而成的。他指出员工总是拿工作中自己得到的和自己在工作中的投入进行比较，同时也对别人工作所得和投入进行比较，最重要的是对两者的结果进行比较，也就是拿自己的投入－结果比和别人的投入－结果比进行比较。如果自己的比值与他人的相同，那一切平和。但是如果自己的比值大于别人的比值，他或她就会认为自己的收入太低，就会产生不公平感，然后就会试图改变这种不公平，结果就是或者自愿辞职，或者工作中偷懒，或者偶尔旷工、消极怠工，导致的结果就可能是更低的生产率和降低的产品质量。

【知识链接 8-1】

在 2013 全国最难就业季中，西安西京学院物流管理专业毕业的一名学生找到了一份非常好的物流公司仓储管理的工作，月薪 3000 元。他为此欣喜若狂，激动得睡不着觉。但是在工作了半年以后，一次偶然的机会，他发现新进的另一名员工，西安培华学院毕业的物流管理专业的学生，一个月的工资是 3800 元，干的工作和他一样。他知道他的薪水在全国最难就业季时段已经是非常好的了，但是 800 元的差额仍然让他很沮丧，因为这份差额让他感到了一种不公平性。

其实，公平就是一份合理性的概念，是员工工作中与他人进行比较后而自己内心认为的一种同等待遇。如果这种比较结果不等同了，不公平感就会产生。一旦有了不公平的感觉，员工的工作情绪就会大受影响，由此影响员工以后工作的努力程度，更会给公司带来不良的结果。我们有一个公平理论关系分析公式图，可以和大家分享一下（见图 8-14）。图中 A 指公司某一员工，B 指该员工选择与自己进行比较的另一员工，B 成为公平理论关系图中的重要变量。

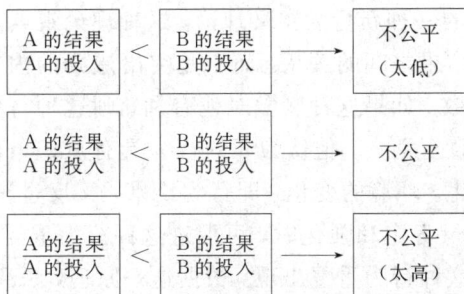

$\dfrac{\text{A 的结果}}{\text{A 的投入}}$	<	$\dfrac{\text{B 的结果}}{\text{B 的投入}}$	→	不公平（太低）
$\dfrac{\text{A 的结果}}{\text{A 的投入}}$	<	$\dfrac{\text{B 的结果}}{\text{B 的投入}}$	→	不公平
$\dfrac{\text{A 的结果}}{\text{A 的投入}}$	<	$\dfrac{\text{B 的结果}}{\text{B 的投入}}$	→	不公平（太高）

图 8-14　公平理论的关系

在企业环境中，员工更加关注的不是自己绝对报酬的多少，而是报酬分配是否合理和公平，图 8-14 已表明，员工在企业中寻找参照点来衡量自己被激励的公平性。参照点就是员工为了评价是否公平而选择与自己进行比较的其他人或其他工作，这是公平理论中一个重要的变量。因为公平结论源于员工对所付代价与所得报酬的比较。实践证明，公平理论所描述的关于公平的感受是一种普遍的心理现象，直接影响员工的行为过程，影响员工的工作积极性。管理者应积极消除不公平感，力求使每个员工都得到应有的报酬和待遇，进而增加其公平的满足感，激发员工的积极性。

（四）影响激励的因素之四——期望理论

期望理论（Expectancy Theory）认为，人们预期的某一种行为能给个体带来某一种结果,同时这种结果能够使个体满意并采用这样的行为。期望理论的要点在于运用效价和期望值的概念解释个人选择目标及目标影响行为的过程。弗鲁姆提出的期望理论认为,激励是评价、选择的过程,人们采取某项行动的动力或激励力取决于他对行动结果的价值评价和预期实现目标可能性的估计,这种估计包括绩效期望值和汇报期望值,如图 8 - 15 所示。

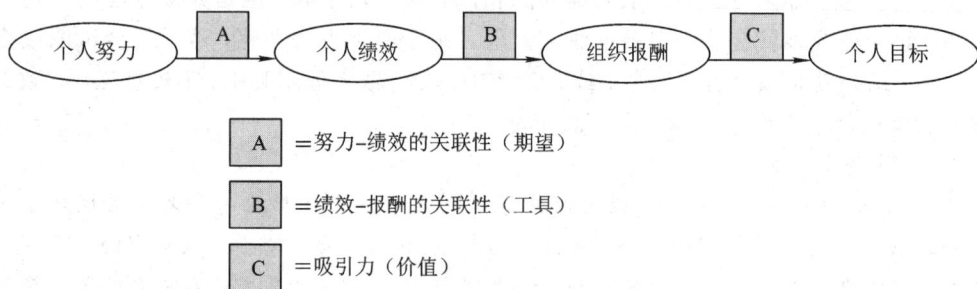

图 8 - 15 期望理论模式

（1）努力—绩效的关联性:个体感到通过一定程度的努力而达到一定工作绩效的可能性。

（2）绩效—报酬的关联性:个体认为达到一定工作绩效有助于获得理想报酬的程度。

（3）报酬的吸引力:个体对工作可能获得的潜在报酬进行个体重要程度的评估,评估的结果取决于个体的目标和需要。

（五）影响激励的因素之五——强化理论

强化理论（Reinforcement Theory）是美国心理学家和行为科学家斯金纳[①]等人提出的一种理论,也称操作条件反射理论、行为修正理论。强化理论是斯金纳在对有意识行为特征深入研究的基础上提出的一种新行为主义理论。这种理论观点主张对激励进行针对性的刺激,只看员工的行为和结果之间的关系,而不是突出激励的内容和过程。该理论认为人的行为是其所获刺激的函数。如果这种刺激对他有利,则这种行为就会重复出现;若对他无利,这种行为就会减弱直至消失。他认为人的行为具有意识条件反射的特点,即可对环境起作用,促使其产生变化。环境的变化（即行为结果）又反过来对行为产生影响。因此,当有意识地对某种行为进行肯定和强化时,可促进这种行为重复出现;对某种行为进行否定强化时,可修正或阻止这种行为重复出现。根据这一原理,采用不同的强化方式和手段,可达到有效激励员工积极行为的目的。

第三节 激 励 模 式

一、动机－目标激励模式

此项模式主要立足于提高员工实现行为目标的动机水平,所以也称为过程激励模式。这种模式认为在较高的动机水平下,员工能够自动产生高强度的行为动力,进而形成强大

---

① 斯金纳（Burrhus Frederic Skinner）生于 1904 年,他于 1931 年获得哈佛大学的心理学博士学位,并于 1943 年回到哈佛大学任教,直到 1975 年退休。1968 年曾获得美国全国科学奖章,是第二个获得这种奖章的心理学家

的激励力。这一模式的理论基础源于美国心理学家维克托·H·弗鲁姆提出的期望理论。模式公式为激励力＝效价×期望值。其中，效价指个人对自我采取的某一行动达到成果的价值评价，反映的是个人对这一成果或奖酬的重视与渴望程度；期望值是个人对某一行为达到成果的可能性或概率的估计与判断；激励力是直接推动个人采取某一行动的内驱力。

很显然，在此公式中只有当效价和期望值都达到最高值时，激励力才能够最大化。所以，运用动机－目标激励模式，管理者可通过帮助员工调整对行动成果的效价，提高实现目标的期望值，以增强动机水平和激励强度。公式具体反映的内容为：

(1) 描绘出每个员工的行动成果的效价；

(2) 规定实现期望目标所要求的行动表现的标准和要求；

(3) 说明所需要的行动表现的标准和要求是可以达到的；

(4) 使员工的行动表现与期望目标的实现紧密地结合；

(5) 认真分析妨碍员工实现目标的各种相关影响因素，并为其创造有利的环境和条件；

(6) 确定优厚的报酬。

二、强化激励模式

该模式也称行为修正模式，主要强调行为结果对员工行为本身的反作用，提倡通过对个人的某种行为进行肯定或否定来进行强化刺激，达到加强积极行为及削弱消极行为及修正固有行为的目的。强化模式所依据的激励原理是上述的强化理论，运用强化激励模式时可采用正强化、负强化、惩罚和废止四种方法，如图8-16所示。

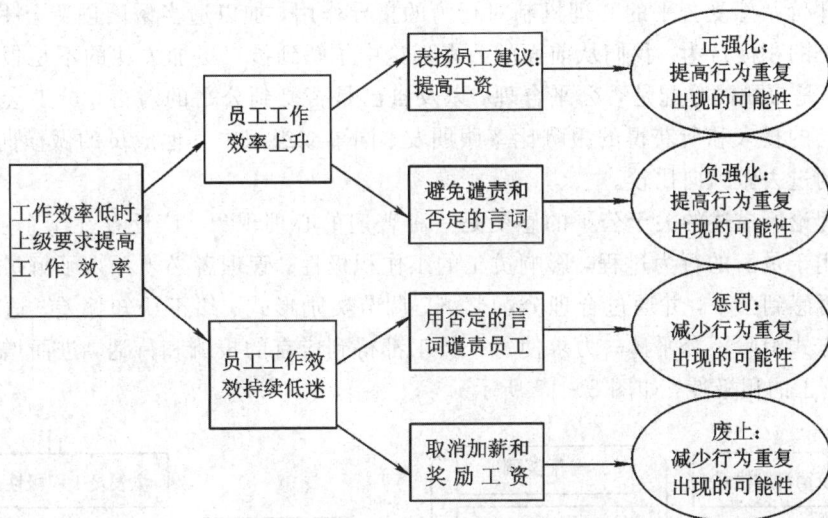

图8-16 强化改变行为图

(一) 正强化

正强化是一种对个人可以让公司满意的行为给予令人愉快的奖励性认可行为，这种行为可以保持和增强个人某种积极行为不断重新出现。属于正强化的有表扬、奖励、提薪及升职等。在正强化下，员工因原有行为受到鼓励和肯定而自觉加强该行为。一些非经济性的刺激手段（如正反馈、社会认同、关注等）也与经济手段一样有效。

（二）负强化

负强化是通过终止某个不愉快的结果，或摆脱某种不利的情况从而使某种积极行为活动得到增强。员工通过避免出现令人不愉快的局面来学会做正确的事情。负强化的目的也是要提高员工某种积极行为活动重复出现的可能性。

（三）惩罚

惩罚是将令人不愉快的后果强加给员工。惩罚通常是与不合意的行为联系在一起。管理者用口头批评、停职或开除等手段，减少该员工或影响其他员工不合意行为出现的频率。

（四）废止

废止是撤回正面的奖励或对某种行为不予理睬，从而减少某种行为出现的频率。其理论依据是某些行为如果没有得到正强化，那么在将来重复出现的可能性就较少；如果该行为一直得不到强化，那么将逐渐消失。在实践实施中，管理者可以采用的形式为：

（1）连续强化，即员工的积极行为每出现一次就给予一次强化，如计件工资。

（2）定期强化，员工的积极行为保持一定时期后给予一次强化，如月工资、月绩效奖金。

（3）随机强化，管理人员根据员工的工作表现采用量化激励，也可随时予以强化，如表扬、奖励等。

三、权衡激励模式

权衡激励模式的理论基础源于美国管理学家 J·斯达西·提出的公平理论，主要是指利用比较评价及感受公平的心理机制对行为的指导作用，加以适当诱因创造公平环境，从而激励员工的积极行为。我们从前面的公平理论中了解到员工更加关注的不是报酬绝对值的大小，而是报酬的分配是否公平合理，以及自己是否受到公平的对待。员工会自觉不自觉地拿自己的投入和所获得的报酬比率跟朋友、同事或组织中其他成员的做横向比较，也会与自己的过去做纵向比较。

公平理论所描述的关于公平的感受是一种普遍的心理现象。广泛存在于企业环境中，并直接作用于员工的行为过程，影响员工的工作积极性。管理者必须深入了解员工对其劳动报酬是否感到公平，并通过合理分配奖酬、调节奖励形式、纠正认知偏差、适当减少比较机会等方式消除不公平感，力求使每个员工都得到应有的报酬和待遇，进而增加其满足感，激发员工的积极性，如图 8-17 所示。

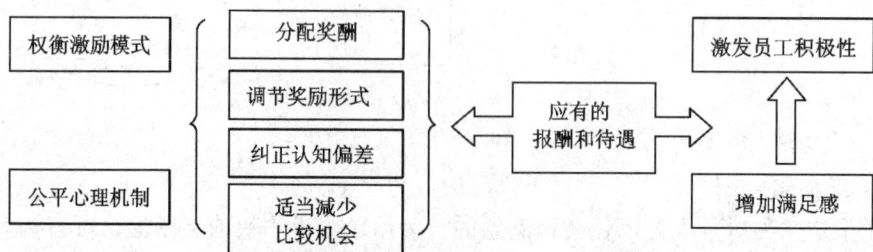

图 8-17　权衡激励模式

第四节 激励系统设计

任何一个公司的激励过程都是一个完整的系统，而这个系统需要仔细设计才能够实现激励的效果。激励系统设计直接关系到每个企业因为激励手段得当而获得的企业效益的提升，其重要性是显而易见的。对于企业的管理者来说，只有明确每个员工在组织中的期望需求，并以此为基础设计和运用组织给予个人的激励方式，才可能发挥好组织良好的激励作用，从而激发个人最大的潜能，以此提升企业组织效益。所以每个企业的管理者都需要精心设计员工激励系统，设计内容包括激励模式、激励原则和激励方法。只有经过周密的系统设计，企业才能推动激励过程的实施，并通过激励手段最大限度地达到激发员工积极性的目的。

图 8-18 给出了个人期望的三种激励。

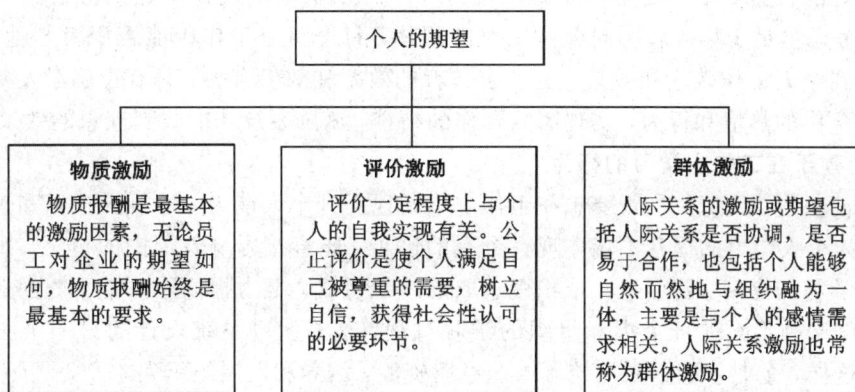

图 8-18 个人期望激励图

一、激励系统设计要求

激励的目的是通过激励手段产生更大的企业效益。企业在设计自身激励系统的时候，需要从组织和个人的统筹需要出发，包含几种设计行为：选择符合组织目标要求的行为，努力做好每个人分内工作的行为，积极与他人合作的行为，善于在工作中学习的行为，以及有效沟通信息的行为，如图 8-19 所示。

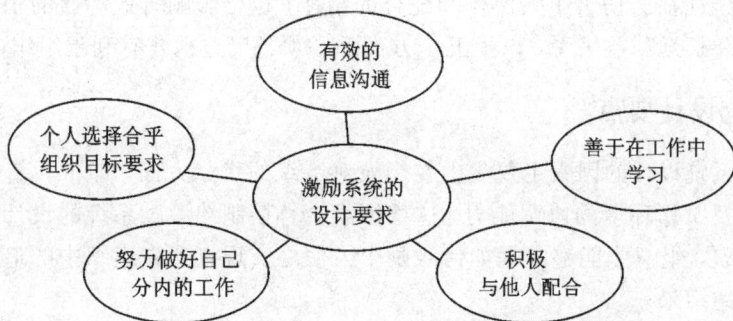

图 8-19 激励系统设计要求

（一）符合组织目标要求的行为

激励系统在设计的时候需要考虑员工个人的需求，因为管理中所有激励因素的综合作用最终是要有利于引导个人的行为朝向组织目标，只有当个人的需求与组织的需求方向一致时，企业的效益才能够实现最大化。所以，激励系统设计最基本的目标是要使个人的需求导向与组织目标的需求导向相一致。

（二）努力做好每个人分内工作的行为

每个员工努力做好自己分内的工作是企业集体协作的一个基本条件。所以管理者可以使用各种手段，最大限度地激发个人的积极性来完成每个人分内的工作，这是对激励系统设计的第二个要求。激励的手段可以是物质报酬，也可以是晋升的机会，还可以是增强员工的荣誉感。如果激励手段运用得当，企业员工的个人热情度和积极性就可以挖掘出来，不断地为企业做出更大的贡献，最终实现企业效益最大化的目的。

（三）积极与他人合作的行为

一个好的投篮手不一定是一个好的篮球手。激励系统的设计不能只考虑激励员工个人，还需考虑立足于集体和协同合作工作的团体，每个员工工作中能否积极与他人配合，不仅关系到个人工作效率和效果，更与合作者的效率和效果有关。只有正确激发每个人积极与他人合作的热情和行为，实现团队合作的精神，激励系统才能收到理想的效果。

（四）善于在工作中学习的行为

学习使人进步。每位员工要想在工作中不断地提升个人能力，学习的意识和过程非常重要，因为个人能力的提升不仅体现在个人的进步，还直接影响着周围的员工、影响者组织整体的学习和提高。要创造一个积极进取的组织风气，努力提高个人能力、创造一流组织业绩，就必须不断促进个人和组织的学习过程，这是激励系统设计的另一个必要的要求，只有这样，企业才能不断地挖掘组织经营资源，培养和发展组织人才。

（五）有效沟通信息的行为

有效的信息沟通行为是企业发挥团队精神的前提，也是激励系统设计要求的一个重要环节。每一位企业员工都会对企业组织中的变化、新的情况以及合作中的信息断裂有较强的敏感性，这种敏感性如果不及时朝着组织方向引导，一定会产生一些因为沟通不畅而影响个人工作情绪的状况，所以有效的信息沟通有利于管理者及时掌握个体对环境条件变化的反映，并及时反馈至决策层，不断进行信息沟通，保持组织的活力和弹性。

现实生活中，组织很难同时满足以上五个要求，经常会顾此失彼，但是过分重视个人业绩和物质报酬往往会伤害个人协作和配合的精神，也会影响有效沟通的积极性。但是从组织整体利益和长远利益来看，以上五个方面都必须予以重视才有利于组织的发展。

二、激励系统设计要点

影响激励系统设计的因素主要集中在个人对组织的贡献方面，即个人直接的业绩、增强经营能力以及工作环境的协调能力。这些因素会直接制约激励系统的设计，通过对这些因素的不断调整，组织才能够掌握如何激励个人使之实现自我在组织中的追求目标，从而达到组织期望的结果。

（一）以业绩为核心

任何激励机制都应该考虑以业绩为核心的基本要素。业绩可以用销售额、营业额、利润率等数量指标衡量，也可以用其他业绩指标衡量。只有将个人业绩与激励系统设计相结合，才能够在激励过程中不断地发挥个人能动性和积极性以完成组织目标。

（二）增强经营能力

个人对组织的贡献不仅仅只包括为具体的业绩，还有一些无法直接表现的个人业绩，如提高企业的信誉、维护企业形象、增强企业竞争力、蓄积企业技术资源等因素都有助于对增强企业经营能力的贡献。合理地处理这些因素对企业的长期发展非常有帮助，在处理的过程中需要考虑注重短期效果还是更多照顾长期效果，这方面管理者需要结合自身的组织环境做出判断。设计考核指标、考核方法都应该及时考虑增强个人的经营能力，不同的导向会产生截然不同的结果。

（三）工作环境的协调

在激励系统的设计中，个人行为对工作环境、工作中人际关系的影响也是增进工作环境协调的一种贡献。引导和促使每一个人为创造良好的人际关系和工作环境而努力直接关乎着组织在激励系统设计中如何在个人和团体之间把握平衡，这种平衡可以使组织更好地掌握在激励过程中应该更多地注重团体还是注重个人，从而使团体和个人在组织目标实现的过程中都发挥出最大的作用。图 8-20 给出了激励系统设计的主要制约因素。

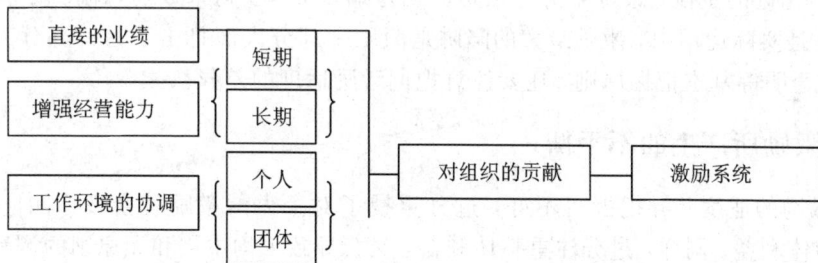

图 8-20　激励系统设计的主要制约因素

三、激励的经济性

合适的激励方式可以给组织带来最大的经济效益，但是激励方式不合适可能会使组织在效益上损失惨重。这就是激励的经济性。如何能够将激励的经济性发挥最大？组织必须掌握激励手段和因素与个人贡献之间的平衡，及时运用合适的激励手段实现激励的效果。但是在实践中，管理者往往使用的激励手段是有限的，物质激励在人们生活水平较低阶段具有很强的激励作用，但是如果人们的生活水平已经很高了，物质激励的作用便开始下降。地位和名誉激励的手段如果运用过量，作用也会减弱。如何使激励的经济性发挥到最大，是管理者必须考虑的问题。

（一）不过分依赖物质因素

物质激励因素在满足人的基本需要时是可以起到重要作用的。但是如果激励过分依赖物质因素，在生活水平较高的阶段，激励的效果不会很大，所以物质激励虽然很重要，但是管理者不能过分依赖物质激励因素。

（二）避免集中、重复的激励对象

如果物质报酬、地位、荣誉等激励系列最终都指向同样的对象，就会形成激励因素的过于集中和重复使用。这一方面缩小了激励的范围，另一方面浪费了资源。激励系统设计应避免出现这种情况。

（三）尽可能使激励无负面作用

管理者在表彰和鼓励一部分人的同时，应注意不要产生"打击或贬低另一部分人"的结果。奖励 A 的措施如果同时意味着对 B 的惩罚，激励的同时就产生了负面作用。管理者在激励设计中应避免出现这种情况。

第五节　激励中应避免的问题

激励是管理中的一种管理职能，具有与其他职能一样存在的自身问题。只有了解了激励在实施中容易存在的问题，才能更好地避免这些问题，从而达到因激励而产生的效益最大化。

一、避免激励的负面作用

根据激励的经济性，我们了解到激励在实施过程中存在着一定的负面作用。激励作为鼓励和表彰先进的手段，最基本的特点是体现差别，通过表扬来鼓励积极协作和努力工作的行为。但是实际运用中，激励最大的陷阱是激励一部分人而打击了另一部分人。除了公正、公平、透明等基本把握原则，还要注意把握激励适度的差异。

二、避免激励所产生的不平衡

如果激励的适度差异把握得不好，过分重视了对个人的激励就会破坏团队合作的精神，伤害整体利益。同样，过分注重整体利益，又会导致平均主义和无原则的调和，影响个人工作积极性。所以，管理者应把握竞争与调和的平衡度，这也是管理过程中的领导方法和领导艺术。

三、避免短期利益和长期利益的脱节

企业在发展过程中，不仅需要考虑短期的业绩和效果，更应该重视长期的积累和效果，为企业长期发展准备力量和资源。一个是强调现实的表现和业绩，需要少数部门产生短期行为，不利于资源的积累和实力长期的增强。一个是长期的积累和蓄积，可能直接导致对现实业绩的忽略甚至是轻视。如何把握两者之间的平衡，是管理者在激励过程中必须注意的问题。

上述的问题在任何一个企业和组织中都是普遍存在的，解决上述困境的出路主要在于组织发展。因为随着组织的发展，激励的物质资源、地位、荣誉等内容和方式均会发展及增加，会增强个人的自豪感，增强组织的吸引力，组织更可以站在一个更高层次上考虑组织内部的平衡问题，从而达到组织发展和组织激励的正循环发展。

第六节　管理者激励的途径

激励员工对管理者来说从来都不是一件容易的事情，因为每个员工在组织中的需要、个性、技术、能力、兴趣及态度都不同,他们对自己的雇主也有不同的期望,他们希望从工作中得到的利益也是多种多样的。例如,有的员工只是满足于每月拿到的工资,他们并不在乎更多的好处,对于工作创新的挑战并不感兴趣,可是有的员工在拿到每月的工资后,并不仅仅满足于工作的现状和自身的状态,不断地创新工作和提升自己,他们希望工作更具有挑战性,在工作中不断地寻找更大的满足和激励。针对这些不同的员工,管理者怎样才能有效地激励在各种场合工作有不同需要的员工群体呢?

一、多样化员工队伍的激励

有关研究表明:不同性别的员工在工作中的需要会有所不同,男性更看重工作中的独立性,女性则更看重学习的机会、机动的工作时间及良好的人际关系;不同年龄的员工在工作中的需要会有所不同,年龄较大的员工更感兴趣的是高度结构化的工作机会,而年轻一代的员工更需要获得独立的工作和不同经验的机会;女性员工在工作中的需要也会有所不同,一个孩子还很小且靠从事全日制工作以维持家庭生活的单身母亲,工作的动力与一个单身且从事兼职工作的员工或与一个为了补充退休后收入的老员工都是完全不同的。依据员工多样化的特点,管理者只有进行灵活的考虑和处理,才能对每一个个体进行最大程度的激励,以期实现效益最大化。组织普遍采用多种协调工作与生活方案的激励方式,尽量适应多样化员工队伍的各种需要,还有些组织采用灵活的工作安排以适应不同的员工需要。这些方式有远程办公、压缩工作日、弹性工作制和工作分享制等,激励员工缓解工作与生活协调中的压力,但是这些激励的作用也并非都是有利的(见图 8 - 21)。

图 8 - 21 各种员工队伍的激励场景

二、专业员工的激励

专业人员与非专业人员不同,他们更关注的是自己专业领域中强烈的、长期的奉献精神和创新精神。为了能够在专业领域中不断提升,专业人员及时更新自己的知识,投入大量的精力和时间,工作时间远远超出正常的朝九晚五,他们很少将自己的工作周和别人的正常工作周相比较。所以这些具有坚实专业知识、长期致力于专业领域工作的、具有奉献精神的专业人员在公司中往往都是中流砥柱,激励他们应与其他的员工有所不同。

这些专业人员通常关心的重点不是薪水或提升进入管理层,因为他们的薪水已经很高,他们更喜欢的是自己的专业,工作的挑战性对他们来说是最重要的。他们在工作中不断地寻找问题,并发现解决问题的方案,所以激励他们的最好途径是工作本身,他们不同于非专业人员具有工作以外的兴趣。他们的兴趣和生活乐趣主要集中在工作上,以此来弥补在工作中不能满足的需要。

三、兼职员工的激励

兼职员工没有长期员工的那种安全感和稳定性，他们从心理上认为不属于某个组织，不必承担其他员工具有的责任，认为工作所提供的学习机会通常没有多少激励作用。如果一个员工觉得自己做的工作有助于提高找工作的能力，那么临时工的努力会加强。在激励兼职员工方面，什么才是最好的办法呢？最好的答案就是兼职员工可以获得成为长期员工的机会，临时工非常努力工作的最大希望就是能够转为长期的正式员工。要临时工与报酬和福利均高于他们的长期员工做同样的工作，临时员工的积极性和绩效都会差一些。所以，将这两类员工分开进行激励，也许有助于管理者应对可能的问题。

第七节　激励报酬体系的设计

一、公开管理信息

许多规模较大的公司通过公开财务报表让员工了解和知道企业的财务决策，做到对员工信息公开和透明，使他们在自己的工作中做出更好的选择，加强他们对自己工作任务和工作方式的理解，并通过这些信息的共享，员工开始理解他们的努力和业绩与企业经营效果之间的联系。管理者采用这种公开透明的管理方式，目的是让员工能够看到管理者的决策对财务状况的影响，使他们与员工的利益捆绑在一起，也使员工有较强的归属感。

图 8-22 给出了公开管理的企业的经营效果与管理者的关系。

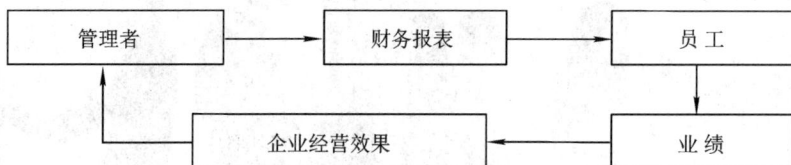

图 8-22　公开管理的企业经营效果图

二、员工奖励计划

员工奖励计划主要指管理者对员工个人工作的关注，从而使员工得到最大的认可度，由此满足员工获得社会承认的强烈需要。这种员工奖励计划可以分为多种方式，比如私下亲自表扬员工做得很好，也可以直接在 QQ 对话框里留言或者发一个电子邮件或微信告诉员工他所做事情的积极意义，还可以公开表扬员工所取得的成绩，更可以庆祝团队的成功以此提高群体的凝聚力和积极性，由此表达个人对优秀工作的关注、认可、奖励和赏识。

三、支付报酬计划

支付报酬计划一般是一种可变的薪酬计划，因为这种计划是以某种绩效标准为基础给员工支付报酬的。比如我们熟悉的劳动密集型企业采用的计件工资制、其他企业所采用的工资奖励计划、股份有限公司所采用的利润分红、一次性奖金等等。这些报酬形式与个人报酬的直接支付形式还是有区别的，他不是按照一个人的工作时间来支付报酬，而是根据某种绩效标准来调整报酬的多少。绩效的标准可以包括个体的生产率、团队或者工作小组的生产率以及部门生产率或者整个组织的利润水平。

工作绩效支付报酬的做法非常流行，因为这种支付报酬形式基本与期望理论一致。个体应该知道他们的绩效和有可能得到的最大数量报酬之间的紧密联系。从激励的角度来看，以某种绩效标准为条件对员工进行报酬激励，会使他们密切关注和努力达到这个标准，从而强化这种有报酬的连续性努力。如果绩效下降了，报酬也会相应的下降。如果一个组织内有不同的工作团队，管理者应该考虑以群体为基础的绩效奖励，这会强化团队的努力和团队精神。无论是以个人绩效为基数还是以团队绩效为基数，管理者应明确报酬和预期绩效水平之间的关系，使员工明白组织的绩效会转变他们工资单上的数据。

【阅读资料 8－2】

激励机制为企业管理难题之首

《世界经理人文摘》于 2002 年面向中国的职业经理人、企业家和管理专家进行了一次调查。调查的题目是"中国企业的十大管理难题"。

这十大难题都跟企业的人力资源管理有关，都属于企业激励机制方面的问题。因此，如何建立有效的激励机制，已经成为当前困扰企业的最大问题。

企业的敏感性来自哪里？就来自激励制度带来的企业活力。一家企业如何采取全新的激励机制雇佣优秀的员工，发挥他们的优势呢？世界著名的经理人韦尔奇给出的答案是：要搞好一家企业，关键是要给 20％表现优秀的员工不断地加薪，而不断地淘汰企业里表现较差的 10％员工。只要企业的最高决策层能做到这一点，企业肯定就能办好。

（1）提高企业经理人的自身素质：有些企业经理人，本身的素质较差，分不清哪些员工是优秀员工，哪些员工是一般的或者比较差的员工。识才之眼需要功力和经验的积累。因此，经理人本身的素质亟待提高。企业领导识人要识人本质，要看透员工的优势和劣势，要有洞察力，并且要敢于驾驭人才。

（2）建立科学的绩效考评体系：为了分清优秀员工和较差的员工，科学的办法还是要建立科学的绩效考评体系，这对企业领导人来讲更是比较职业化的问题。中国有些大中型企业已经颇有成效，但是大部分企业在绩效考评体系和科学的薪酬体系方面还做得很不够。一定要把绩效考评、待遇薪酬和员工的利益紧密联系起来，这是激励机制中的核心内容。

（3）领导要敢于用人：韦尔奇上面所说的对员工的管理方法，实质上是一个动态的过程。因此，现在已经有了一定成效的企业并不能就此罢手。绩效考评、薪酬改革是个永恒的话题，要不断地修正这种体系。企业管理唯一的目的就是用好人才、淘汰庸才，运用的好坏关键是要看企业领导人的素质和气魄。对于中国来讲，主要领导人的素质和气魄的提高是至关重要的。

【阅读资料 8－3】

激励机制是深化企业生命力的根本保障

1. 激励机制是企业人力资源管理的核心

企业应当尽快适应时代的发展，建立适合自己企业发展特点的激励机制。民营企业老板张总最近实在是苦恼。他给每位员工每个月开支 6000 元钱，算是当地的高工资了。可是员工还是发牢骚，工作热情也不高。这是怎么回事呢？这家企业确实是在有些方面没有做好，虽然 6000 元钱在当地是很高的工资，但是始终只是一个静态的数字。6000 元钱一次发完和渐次发下去的效果是大不相同的。如果把 6000 元钱工资和绩效挂起钩来，员工的积极性就会高涨起来。因此，激励机制的关键是科学的薪酬管理方式如何与绩效挂钩。

2. 激励机制需要领导人带领完善和创新

从企业的发展史来讲，激励机制一直是不断地完善和创新。从最早的计件工资到现在对高级管理层的股票期权及 MBO（管理者收购）。这些激励方式实质上都属于有效激励的范畴。激励机制的完善主要靠领导人的气魄和决心。

【阅读资料 8 - 4】

高绩效激励式人力资源管理模式

1. 对人的管理

首先在人力资源管理上要认清管理的本质，归根结底是对人的管理。企业决策层的领导风格和对员工人性的假设，决定了这家企业的人力资源管理模式，而企业的人力资源管理模式决定了员工的心态。员工的心态又决定了企业的命运，决定了企业是长盛还是衰败。如果采取的人力资源管理模式是以自我为中心的非理性的家族式管理，这种管理就会导致一种自闭的、自危的后果。如果员工是这种表现，企业最终将导致失败。反之，如果企业的主要领导认为员工是一个活的主体，是能够激发的、有自尊的，能够在为了自己利益的同时，也为公司利益、为国家利益做出贡献的，那么这时候主要领导人建立的人力资源管理模式就是以人为中心的、理性化的团队管理模式。企业既要强调团队精神，又使员工的整体心理表现是开放的、愉悦的，从而具有创新精神，给企业带来最终的繁荣。

2. 以人为本

管理专家研究发现，世界经济在 20 世纪下半叶有了长足的发展，管理方式也随之发生了重大的变化。企业竞争越来越激烈，市场秩序日益规范，企业领导人面临的管理对象的自主性越来越高。员工都是现实的人，都是企业命运的主宰者，所以企业发展要和员工的职业生涯很好地结合起来，这样才能把企业管好。

在这种现实背景下，企业要解决自身的生存问题、发展问题及效益问题，关键就在用人制度上。同时，在分配制度上怎样进行战略设计，怎样以绩效评估为主，要深层次地进行挖掘。现代人力资源管理的理论和内涵是了解人性，尊重人性，以人为本。

3. 高绩效激励式人力资源管理模式

高绩效激励式人力资源管理模式的出发点是要最大限度激活企业内个人的工作积极性和创造性，要最大限度地发挥这些团体的集体智慧，这是管理的目标。高绩效激励式人力资源管理模式分三个层次：

（1）激活员工

给员工以动力和压力，大的压力一定要与大的动力相配合。因为没有压力企业也无法发展，企业靠员工的压力产生绩效来发展。但是如果没有动力，员工也不会去承受压力。要注意的是被激活的员工要有必要的规章制度来约束他们。所谓必要，就是在条件不成熟的时候，可以先不设置有关规章制度。激活员工的工作热情，有动力，有压力，并且有一定的规范是最重要的。

（2）目标绩效薪酬模块的应用

在既有压力又有动力的情况下，要在激励体系中加入科学的目标管理、绩效管理和薪酬管理模块。确定员工的工作目标，不断提醒并激励员工向目标迈进；建立科学的绩效管理体系，对员工的工作考评要本着公正、公平和公开的原则；将薪酬和员工绩效挂钩，多劳多得。

（3）人员的培训开发

企业工作效率的提高，最重要的还是员工自身素质的开发。所以经理人必须注重对员工的培训，挖掘他们的潜力和热情，提高他们的技能。如果时间和精力有限，对于这个模式的实施有个简便的做法。具体说来：第一个层次是职位分析，第二个层次是绩效考评，第三个层次是薪酬管理。由于这三个英文单词的第一个字母都是 P，所以人们称做"3P 模式"。一家企业至少要把这三个层次先做好，然后再按人力资源科学的模型去努力做全其他的工作。

本章小结

本章讲述了激励机制问题是企业管理的难点，企业激励机制是深化企业生命力的根本保障。科学的高绩效激励式人力资源管理模式分为三个渐进的层次：压力动力并重，激活员工热情、目标绩效薪酬模式的应用，以及注重员工的培训开发。

高绩效激励式人力资源管理模式的开发和利用需要与企业领导人素质的提高相配合。

复习思考题

1. 什么是激励？解释激励的三个要素。
2. 为什么激励能够激发员工工作的努力程度？
3. 在马斯洛需要层次论中，较低层次的需要和较高层次的需要有什么不同？
4. 个人在组织中的激励因素包括哪些？
5. 实施激励时如何应用弗鲁姆的期望理论？
6. 当员工感觉到不公平时，工作中可能会出现什么后果？
7. 个体有可能被激励过头吗？请讨论。
8. 在报酬体系设计中，你同意公开管理的设计方式吗？为什么？
9. 管理者在激励过程中面临的挑战是什么？

案例分析

一起人才流动的官司

上海钢琴厂的三名技术人员被乡镇企业挖走，该厂的吴厂长和严书记为此十分烦恼，坐立不安。

浙江省桐庐县洛舍乡工业公司注意到近几年市场上钢琴走俏，供不应求，普通钢琴价格一再上涨。他们根据学校中有越来越多的人学钢琴的趋势，认为钢琴价格在今后可能只涨不跌，因此决心创办钢琴厂。厂房和资金均可解决，唯独缺少精通钢琴制作的技术人员。经多方打听，公司得知有几位浙江同乡在上海钢琴厂担任技术员，于是想动员他们来厂为家乡的发展作贡献。乡党政领导研究后决定，派罗乡长前往上海去找这几个人。

罗乡长通过同乡找到了在上海钢琴厂工作的何乐、张平及李明，四人一交谈，一拍即合。罗乡长不仅答应付给他们每人 2500～3000 元的月薪，而且帮助解决住房和家属户籍，还给每个人提供 7 万元的生活保证金，在第一台钢琴试制成功后每人可获得 2000 元奖金，待形成生产能力后，他们还可以从利润中提取 1％作为分成。

何乐、张平和李明三人都是上海钢琴厂的技术骨干，他们辞职出走，除了优厚的待遇诱惑外，各人还有其他原因。

何乐，现年 50 岁，1953 年进厂工作，工作了三十多年还是一个助理工程师。他单身在上海，妻子和子女均在绍兴农村，三十多年夫妻两地分居，长期得不到解决。他渴望夫妻团圆，全家和和美美地一起生活。当他听说罗乡长说洛舍乡要办钢琴厂，需要技术人员，不仅待遇优厚，还能帮助他解决住房和家属户籍问题，就欣然同意去洛舍乡钢琴厂工作。

张平，现年 52 岁，浙江宁波人。他进厂工作有三十年了，在"文化大革命"前曾任本厂技术检验科科长，开始下放车间领导，至今未能很好地发挥他应有的作用，另外，他与现任的一位副厂长长期存在隔阂，关系不够融洽。他一直想调换工作环境，希望在有生之年施展自己的才能。当罗乡长来邀请他到洛舍乡钢琴厂工作时，尽管他的家小在上海，他还是一口答应了。

李明，现年 30 岁，上海人。他进厂就跟何乐师傅学手艺，业务上肯钻研，几年来进步较快，现在是厂技术骨干。由于他没有文凭，职称不能解决，晋升希望也很小。当他得知洛舍乡钢琴厂要人时，他也愿意前往，认为到浙江农村创新事业，更符合自己的性格和兴趣，工作虽然比较艰苦，但经济待遇优厚，而且他与何乐、张平关系较好，乐意在一起工作。

何乐、张平、李明三人与罗乡长谈好后，立即向厂领导递交了辞职申请报告，报告首先送给吴厂长，吴厂长立即与党委严书记商量。吴厂长担心三名生产技术骨干一走，会使该厂 9 英寸三角钢琴这一重点科研项目受到影响，同时三人辞职出走会在全厂职工中产生冲击波。如果职工，特别是有技术的职工都群起仿效，寻找待遇优厚的去处，那全厂的生产任务如何完成？何乐身为共产党员，却带了一个不好的头，党组织应采取必要的组织管理措施，党政领导都不同意批准他们辞职，并决定派厂领导去浙江有关部门交涉，要求送还被挖走的技术人员。

浙江有关部门却认为这几位技术人员从大上海到技术力量奇缺的家乡扶助乡镇企业，人才的流向是合理的，洛舍乡创办钢琴厂为了满足人民文化生活需要服务，缓和市场压力，应该说是做了件好事，三名技术人员在原厂没被重用，到乡镇企业后备受信任，分别担任副厂长、厂长助理和检验科长，生产积极性和才能都得到了发挥，他们也应有选择工作单位的权力。真是"公说公有理，婆说婆有理"，两地官司持续一年多。

何乐等三人得知厂领导不同意辞职申请后，便毅然离开上海钢琴厂到洛舍乡钢琴厂上班去了。他们与当地职工一起艰苦奋斗，经过不到 10 个月的时间就研制了 8 台"伯乐"牌立式钢琴。这批钢琴不仅吸收了国外钢琴的优点，而且还作了多方改进和创新。在浙江省有关主管部门主持召开的产品鉴定会上，伯乐牌钢琴受到上海音乐学院钢琴系主任吴山军等二十多位专家和教授的称赞。该厂准备从下一年起正式投产，年计划产量为 300 台。

上海钢琴厂经多方交涉，毫无结果，最后迫不得已贴出布告，对何乐三人的厂籍作除名处理，何乐的党籍也被厂党委开除。

案例讨论题：

（1）何乐、张平、李明三人为什么要辞职？三人各是出于什么原因离开上海钢琴厂的？

（2）罗乡长采用了哪些方法来吸引人才？他成功的原因是什么？

（3）你认为上海钢琴厂领导处理何、张、李三人辞职申请的方法是否妥当？如果你是吴厂长，你将采用怎样的措施来留住人才？

第九章　沟　　通

　　客户唐某 2000 年在 A 银行办理个人住房按揭贷款三笔，贷款金额分别为 32 万、30 万及 28 万元。2006 年初由于唐某所办公司经营出现问题，资金紧缺无力正常归还住房月供。A 银行客户经理在电话催收无效后，多次上门催收，开始唐某态度较差。经过客户经理耐心分析利弊，唐某态度有所扭转，开始筹措资金配合还款。但由于资金缺口大，还款来源最终没有得到落实。鉴于唐某所购三套住房一套用于自住，一套用于办公，另一套出租的情况，A 银行客户经理建议客户转售出租的房屋，这样唐某既能避免被银行起诉造成损失，还可保证其他两套住房的按揭月供，剩余的资金还可用于生意上的周转，银行又能及时收回贷款。唐某同意银行建议，但又苦于找不到合适的买家。A 银行客户经理又采取多种渠道联系买家，先后三次帮助客户谈判，终于帮助唐某出售了房屋，摆脱了困境，银行顺利收回不良贷款，在此过程中客户经理还及时向买家宣传 A 银行业务，成功营销两张信用卡。

　　案例启示

　　怎样与客户沟通，各个行业有各个行业的特点，想要有一个公式来套用是很难的、也不可靠。在当前的经济环境下，因为客户越来越难找，也越来越难让客户感到满足，企业必须做出更多的努力才能确保客户体验是正面、稳定且受尊重的（费迪南德·弗尼斯，2004）。

　　作为客户服务行业，个人贷款业务部门每天面对不同的客户，怎样能够达到良好的沟通效果，怎样营造和谐的接洽氛围，是现今所有服务行业需要提升的重中之重。它可能直接影响公司的短期业绩或远景发展，从本案例出发至少可以给我们带来如下几方面的启示：

　　（1）加强与客户沟通。在对个人客户催收过程中会遇到形形色色的人，在交往中一定要善于沟通，注意方式方法，以情动人、以理服人。

　　（2）制定"一户一策"。个人不良贷款客户大多数是由于各种原因经济出现困难，针对不同的客户采取不同的方法，对于善意的欠款人采取多种方式尽量避免双方损失，对于有钱不还的老赖应坚决依法处置。

　　（3）适时营销产品办理个人贷款时，注重业务宣传，遇到素质高、信誉好的客户，积极营销理财、网上银行、信用卡等业务，为客户提供全方位服务。

本章内容

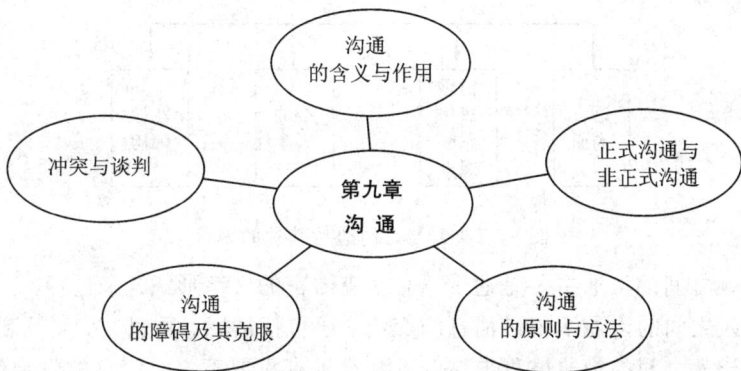

本章要点

- 沟通的概念
- 沟通的过程
- 沟通的作用
- 沟通的类别
- 正式沟通的渠道
- 非正式沟通的形态
- 沟通的原则与方法
- 有效沟通中的障碍
- 冲突的处理
- 谈判的技巧

第一节　组织中的沟通

沟通广泛存在于管理工作中的方方面面，人与人之间的信息交流，人与机器之间的信息交流，以及组织与组织之间的信息交流，都是沟通不同的表现形式。

一、沟通的含义

（一）沟通的概念

沟通，其全称应为沟通联络，也就是信息交流。确切地说，沟通是指将某一信息传递给客体或对象，以期获得客体做出相应反应效果的过程，即指可理解的信息或思想在两人或两人以上的人群中传递与交换的过程，整个管理工作都与沟通有关。企业与外部人士的交流，组织者与被组织者的信息传递，领导者与下属的感情联络，控制者与控制对象的纠偏工作，都与沟通相联系。

沟通通常是指人与人或人与机器之间的信息交流，所以这里的"双方"既可以是人，也可以是机器。人与人之间的沟通过程不同于其他的沟通过程，尤其特殊性，主要体现如图

9-1所示。

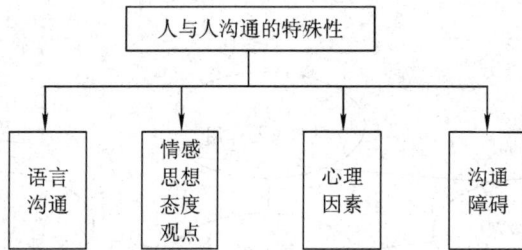

图 9-1　人与人沟通特殊性的因素

（1）人与人之间的沟通主要是通过语言（或语言的文字形式）来进行。

（2）人与人之间的沟通不仅是消息的交流，还包括情感、思想、态度及观点的交流。

（3）在人与人之间的沟通过程中，心理因素具有重要意义。信息的发出者与接收者需要了解彼此进行信息交流的动机和目的，而信息交流的结果又会改变人的行为。

（4）在人与人之间的沟通过程中会出现特殊的沟通障碍。这种障碍可能是信息渠道的失真或错误，也可能是人所特有的心理障碍。因为人的知识、经历、职业、政治观点等不同，对同一信息可能有不同的看法和理解。

（二）沟通的重要性

（1）沟通可以协调各个体和要素，使企业成为一个整体的凝聚剂。

每个企业都是由人组成的，企业每天的活动也有是由许多多的具体工作所构成。由于人与人之间的思想、性格、职位、利益及能力不同，他们对企业目标的理解及所掌握的信息也不同，这就使各个体的目标有可能偏离组织目标。如何能够使每一个个体齐心协力、不折不扣地完成企业的总体目标？沟通就是其中的一种手段，沟通可以使个体之间互相交流意见，统一思想认识，自觉地协调各个个体的工作活动，以保证个人目标与组织目标的和谐结合。

（2）沟通时领导者激励下属，是实现领导职能的基本途径。

一个领导者不管他有多么高超的领导艺术，以及多么灵验的管理方法，他都必须要与下属进行沟通，通过沟通将自己的意图和想法告诉下属，并且了解下属的想法。领导环境理论认为，领导者就是了解下属的愿望并为此而采取行动，同时为满足这些愿望而拟定与实施各种方案的人，而下属就是从领导者身上看到能实现自己愿望或目的的人。这些"目的""看到""了解"，都需要通过沟通这个基本工具和途径。

（3）沟通是企业与外部环境建立联系的桥梁。

企业必然要与顾客、政府、公众及竞争者等发生各种各样的关系。在这个过程中企业必须按照顾客的要求调整产品结构，遵守政府的法规法令，担负自己应尽的社会责任，获得使用且廉价的原材料，并且在激烈的竞争中取得一席之地，这使得企业不得不与外部环境进行有效的沟通。由于外部环境不断变化，企业为了生存必须适应不断变化的外部环境，这就要求企业不断地与外界保持持久的沟通，把握成功的机会，避免失败的可能。

（三）沟通过程

沟通简单地说就是传递信息的过程。根据上述沟通的概念，沟通过程包含三方面含义，如图 9-2 所示。

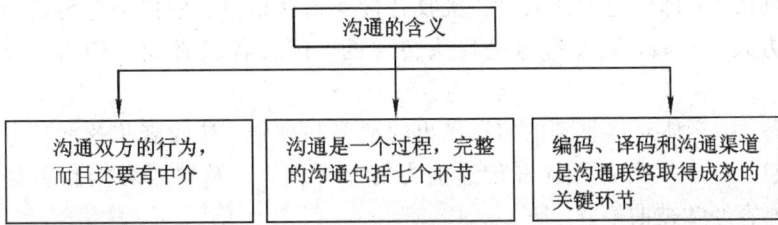

图 9-2　沟通内涵

1. 完整的沟通过程

沟通是一种双方信息传递的行为，所以在沟通过程中至少存在着一个信息发送者和一个信息接受者。那么，信息在两者之间是怎样传递的呢? 完整的沟通过程包括七个环节，如图 9-3 所示。

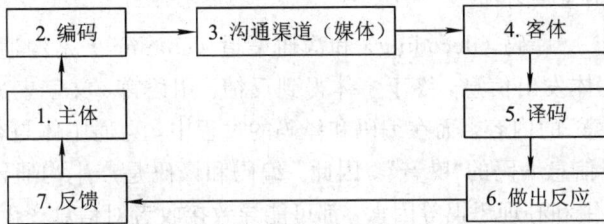

图 9-3　沟通过程的七个环节因素

(1) 沟通主体：即沟通时信息的发出者或来源。信息发送者需要向接收者传送信息或需要接收者提供信息，这里所说的信息范围很广，如想法、观点、资料等。

(2) 编码：指信息发出者用来传递信息内容的形式。发送者将这些信息译成接收者能够理解的一系列符号。为了有效地进行沟通，这些符号必须能符合适当的内容形式。例如，如果形式是书面报告，符号的选择应是文字、图标或者照片；如果形式是讲座，应选择文字、投影胶片和板书。

(3) 媒体：或称沟通渠道及沟通的载体，也是嫁接信息两边的桥梁。为了能使接收者尽快接受信息，信息传递采用的方式即为媒体。信息传递的媒体可以是书面的（信件、备忘录），也可以是口头的（交谈、演讲、电话等），甚至还可以通过身体动作来进行沟通（手势、面部表情、姿态等）。如果媒体是网络，就可选择电子信箱，网上无缝对接交流平台等多媒体方式发送信息和沟通。沟通渠道受三个因素的影响，如图 9-4 所示。

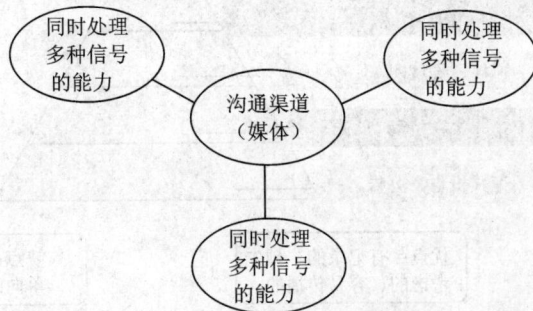

图 9-4　影响沟通渠道的因素

（4）沟通客体：即信息的接收者。接收者接受这些信息，根据信息传递的方式选择相对应的接收方式。例如，这些符号是口头传递的，接收者就必须仔细听，否则信息将会丢失。

（5）译码：指客体对接收到的信息做出的解释和理解。接收者将这些信息译为具有特定含义的信息。由于发送者翻译和传递能力的差异性，以及接收者接收和翻译水平的不同，接收的内容经常被曲解。

（6）反应：即信息接收者对信息做出回应，体现出了沟通的效果。

（7）反馈：当沟通客体的反应传达给沟通主体时，就出现了反馈。发送者通过反馈来了解其想要传递的信息是否被对方准确、无误地接收。由于沟通过程中存在着许多干扰和扭曲信息传递的因素（通常将这些因素称为噪声），沟通的效果大为降低。因此，发送者了解信息被理解的程度是十分必要的。反馈就是为了保障构成信息的双向流动。

2. 沟通过程中的重要环节

编码（encoding）、译码（decoding）和沟通渠道（channel）是沟通联络过程取得成效的关键环节，始于主体发出信息，终于主体得到反馈。用语言、文字表达的信息，往往包含"字里行间""言外之意"的内容。而在编码和译码的过程中，沟通主体与客体的知识、态度及背景等都会成为解释信息编码的"噪音"。因此，编码和译码是产生沟通错误的潜在根源，缺乏共同语言、先入为主和心理恐惧等因素，都可能导致接收者对信息产生错误的理解。

3. 沟通渠道的丰富度

沟通渠道的选择，对加强沟通效果也具有重要作用。不同的沟通渠道，信息传输能力不同。沟通渠道的物理特性，也会限制沟通主体与客体之间传送信息的种类及数量。根据信息的富足程度，各种沟通渠道可划分出一个层次结构。渠道丰富度是指信息传送期间可以被传送的信息数量。渠道丰富度的层级结构，如图 9 - 5 所示。现在，越来越多的企业组织已经意识到了增大渠道丰富度的必要性，通过网络传输的交互式会议系统，携带图像信号的内部电子邮件系统，成为许多组织的新选择。

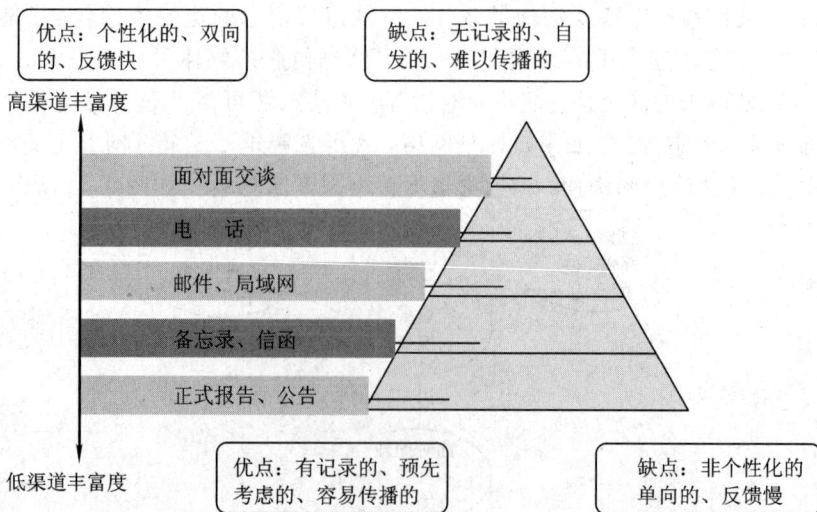

图 9 - 5　沟通渠道的丰富度金字塔

二、沟通的作用

(一) 沟通的目的

任何组织的沟通都是为了促进企业变革，制造和谐氛围，使组织更有效、有利地实现组织目标。但是，各种组织的规模不同，社会环境不断变化，所以不同类型、不同规模的组织对沟通的注重点和沟通的方式方法均有所不同。

组织中的沟通，最重要是信息的发出和接受的协调性。一方面是领导者，即组织的最高管理人员，他们是信息的发起者，而其他的被领导者是信息的接收者；另一方面是下级（被领导者）发出信息，上级（领导者）听取信息。我们得知，在实践中每个组织中的成员，无论是领导者还是被领导者，都既是信息的发出者，又是信息的接收者。所以，企业中每位组织成员都必须认识到沟通的目的是至关重要的。在现实的工作中，企业组织的每一位成员都必须掌握良好的沟通技巧，企业组织必须经常培养管理人员及其下属的这样技能。只有这样，组织中的每位成员才能知道传递的是什么信息、向谁传递、何时传递，以及传递信息的有效方法，做到企业上下、左右保持通畅的沟通及和谐的合作，才能最终达到企业组织的目标给出了信息沟通目的流程（见图9-6）。

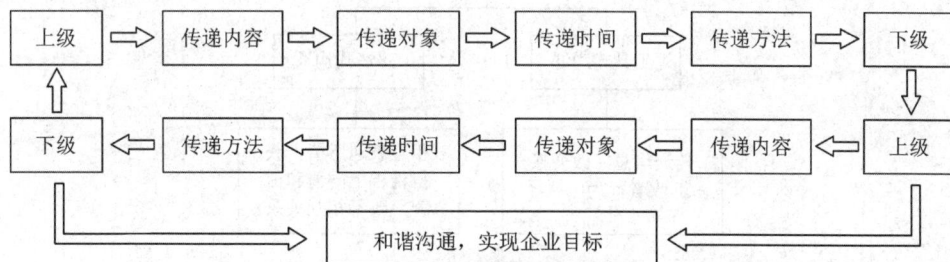

图9-6 企业员工信息沟通目的流程

(二) 沟通的作用

1. 沟通可以明确职责，理清工作条例

一个人对自己的工作和工作环境了解得越多，理解得就越深入，工作才能越好。沟通能使企业新进员工认清形势，了解组织情况和他们的职责范围、任务情况，也能使老员工不断地了解组织发生的变化，明确自身的各项工作，还可以使管理人员认清形势，了解最新情况。所以，沟通能为明智的组织行动提供必要的信息。

2. 沟通可以促使组织决策的有效性

任何组织机构的决策过程，都是将一个信息转变为行动的过程。所以信息的传递就成为管理人员作出决策的前提。只有当管理人员准确、可靠及迅速地收集、处理、传递和使用信息，才能在决策当中把握住信息引导的方向，而沟通是信息收集和传递的主要途径。

3. 沟通可以统一组织行动，营造和谐氛围

每一名员工在从被招聘、见习到组织内一个正式的岗位、甚至到期退休或调出的过程中，无一例外地需要沟通，每个环节的有效沟通都是极其重要的。在招聘过程中，沟通可使未来的组织成员对组织的整体情况有一个正确的了解，对组织产生一个出色的印象。在

成为正式员工后组织内部日常的制度化管理过程中，经常性的信息沟通能使员工充分理解组织的各项规章制度，使他们能遵守制度、正确行动，从而保持组织的统一性。只有组织成员都朝着一个目标方向工作，员工之间才能够团结一心、和谐共事。

第二节　正式沟通与非正式沟通

一、沟通的类别

（一）按照功能分类

按照功能分类，沟通可以分为工具式沟通和情感式沟通，如图 9 - 7 所示。工具式沟通一般指发送者将信息、知识、想法及要求传达给接收者，其目的是影响和改变接收者的行为，最终达到组织的目标。情感式沟通的沟通双方能相互表达情感，获得对方精神上的同情和谅解，最终改善相互间的关系。

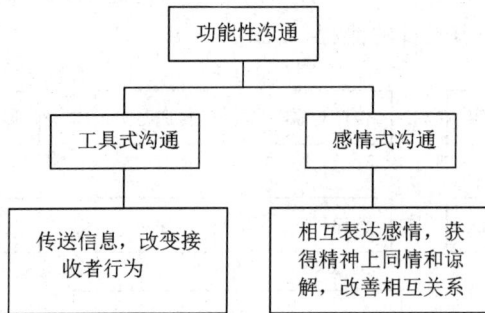

图 9 - 7　功能性沟通分类

（二）按照方式分类

按照沟通方式进行分类，可分为口头沟通、书面沟通、非语言沟通、体态语言沟通、语调沟通及电子媒介沟通等。各种沟通方式的特点以及比较如表 9 - 1 所示。

（三）按照组织系统分类

按照组织系统分类，沟通可以分为正式沟通和非正式沟通。一般来说，正式沟通是以正式组织系统为渠道的信息传递，而非正式沟通则是以非正式组织系统或个人为渠道的信息传递。

表 9 - 1　各种沟通方式的优、劣势比较

沟通方式	形　式	优　点	缺　点
口头	交谈、讲座、讨论会及电话	快速传递、快速反馈及信息量大	传递中经过层次越多，信息失真愈严重，核实愈困难
书面	报告、备忘录、信件、文字、内部期刊及布告	持久、有形，可以核实	效率低，缺乏反馈

沟通方式	形 式	优 点	缺 点
非言语	声光信号（红绿灯、警铃、图形、服饰标志），体态（手势、肢体动作、表情）以及语调	信息意义十分明确，内涵丰富，含义隐含、灵活	传送距离有限，界限含糊，只可意会，不可言传
电子媒介	传真、闭路电视、互联网或局域网多媒体交流、电子邮件	快速传递、信息容量大、远程传递、一份信息同时传递多人，可同时上传或下载，也可面对面进行实时交流沟通，效率高且成本低	沟通过程中易产生噪声，且噪声源不易控制

（四）按照方向分类

按照方向或途径分类，沟通可分为正式沟通和非正式沟通，也可称为下行沟通、上行沟通、平行沟通和网状沟通。我们在后面还要具体谈到这些沟通的内容，这里只做一个方向介绍。上行沟通指上级将信息传达给下级，是由上而下的纵向沟通，如图9-8的左侧纵向方向；下行沟通指下级将信息传达给上级，是由下而上的纵向沟通，如图9-8的右侧纵向方向；平行沟通是同级之间的横向的信息传递，这种沟通也称为横向沟通，如图9-8的左右水平方向。

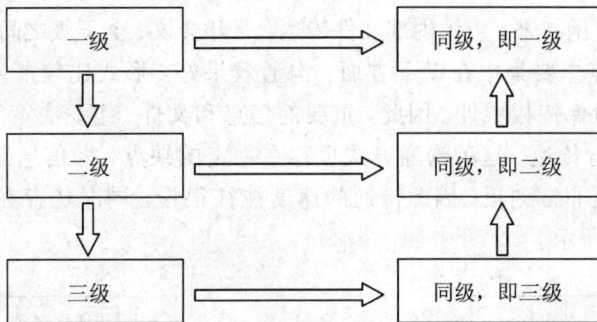

图9-8 纵向横向沟通示意图

（五）按照反馈情况分类

按照反馈情况，沟通可分为单向沟通和双向沟通。单向沟通指单方面信息传递，没有反馈的信息传递，发送者比较满意单向沟通。而双向沟通指信息发送者发送信息后，接收者将自己的意见和思想再反馈给发送者，接收者比较满意双向沟通。两种沟通方式的适应环境不同，领导者选择怎样的沟通方式，应根据不同的环境锁定，如表9-2所示。

表 9 - 2　单向沟通和双向沟通适应情况

因素	适应情况	结　果
单向沟通	1. 简单问题，但时间紧迫	1. 单向沟通需要较少的时间
	2. 下属易于接受的解决问题的方案	2. 发送者比较满意
	3. 下属没有了解问题的足够信息，反馈不仅无助于澄清事实反而容易混淆视听	3. 噪音少
	4. 上级缺乏处理负面反馈的能力，容易感情用事	
双向沟通	1. 下属对解决方案的接受程度至关重要	1. 双向沟通需要更多的时间
	2. 下属能对解决问题提供有价值的信息和建议	2. 接收者理解信息发送者意图的准确程度大大提高
	3. 上级习惯于双向沟通，并且能够有建设性地处理负面反馈能力	3. 接收者和发送者都比较相信自己对信息的理解，接收者比较满意双向沟通
		4. 双向沟通的噪音比较大

二、正式沟通与非正式沟通

根据沟通的方向或途径，企业组织内部成员所进行的沟通可以分为正式沟通和非正式沟通。

(一) 正式沟通

正式沟通一般只在组织系统内，根据组织规定的原则和层次进行信息传递与交流。例如组织与组织之间的公函往来、组织内部文件传达、召开会议、上下级之间的定期情报交换等。

正式沟通的优点主要集中在以下方面：沟通效果好，形式比较严肃，约束力强，易于保密，可使信息沟通保持权威性。因此，重要的信息和文件、组织决策等，一般都采取这种正式沟通的方式进行传达。这种沟通方式也存在一定的缺点，即信息必须依靠组织系统层层传递，方式和过程非常刻板。因此沟通的速度往往很慢，同时还存在信息失真或扭曲的可能性，如图 9-9 所示。

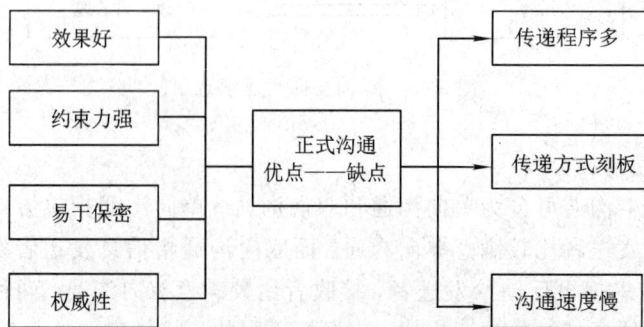

图 9-9　正式沟通的优、缺点

1. 正式沟通的信息流向

按照信息的流向,正式沟通可以分为上行沟通、下行沟通和平行沟通。根据我们前面所学的沟通流向,我们将沟通流向与沟通对象相结合,对正式沟通的信息流向作一说明(见图 9 - 10)。

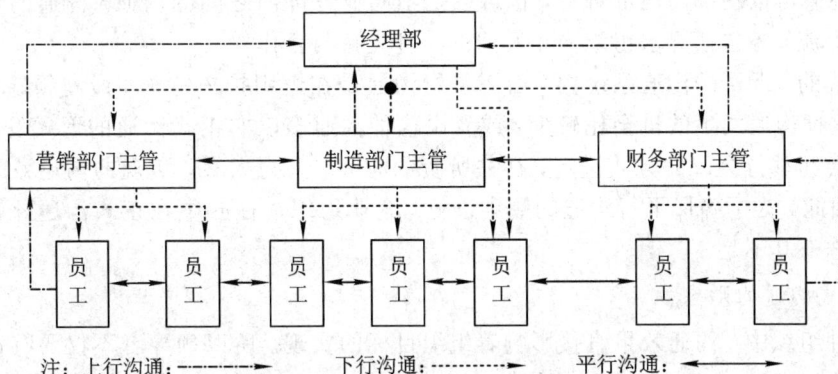

图 9 - 10 组织各岗位之间正式沟通流向

(1)下行沟通。下行沟通是传统组织结构中最常见的、最主要的纵向沟通方式,一般指组织中上级所决定的政策、计划或规定,直接由上级下达给下级执行。从图 9 - 10 中可以看出,下行沟通一般指领导与部门经理或员工、部门经理与员工之间的沟通。在这种情况下,管理者可以通过多种方式与员工进行下行沟通,如会议、电子邮件、公告信息、程序手册及演讲等。下行沟通方式对于管理者来说可以确保沟通的有效性。管理者不可能参与下级员工沟通组织运行中的所有问题,因此他们允许选择其中的部分问题进行沟通。一般情况下,组织中下行沟通的内容包括目标和战略的事实、工作指令、程序与管理、绩效反馈的相关信息等。

当然,下行沟通也普遍存在一些问题,如信息内容的扭曲或失真(即信息离散)。如果组织结构中包含多个层次,信息在传输过程中传达层次过多,下行信息就可能发生失真甚至遗失。另外,如果下行信息从传达初始至接收需要经历相当漫长的过程,信息被扭曲的可能性也会增加。研究表明,当信息从一个人传递到另一个人的时候,大约有 25% 的内容会丢失。

(2)上行沟通。顾名思义,上行沟通是指由下至上的信息沟通。从图 9 - 10 可以看出,这种沟通一般指员工与部门经理、部门经理或员工与领导之间的沟通。例如,下属依照规定向上级所提出的正式的书面或口头报告进行书面或口头上的反馈等,就属于上行沟通。许多组织建立意见箱、投诉电话或领导接待日、由组织举办的各种座谈会、领导的考核调查等形式,都是为了建立有效的上行沟通渠道并鼓励上行沟通。

尽管如此,各种组织的上行沟通在实际操作中仍然非常困难。管理者可能会拒绝倾听员工反映的问题,这种障碍主要源自于员工对管理者愿意试试上行沟通的不信任。但是,某些富有创新意识的企业组织一直不断努力寻求确保信息准确无误地传递到最高管理层的方法。例如,IBM 公司实施了一项称为"勇敢表达"的计划,将员工的匿名信件和电子邮件定时送达管理层，以便管理层能够根据这些信息采取行动。

只有将上行沟通和下行沟通有机结合，才能保证员工与管理者之间的沟通形成完善的循环系统。

（3）平行沟通。平行沟通一般指组织内同层次、同级别之间进行的信息沟通。从图9-10可以看出，这种沟通主要指部门经理与部门经理之间的沟通，或者员工与员工之间的沟通。平行沟通可以在部门内部进行，也可以是不同业务部门之间的沟通。沟通的目的不仅是信息的交流，还包括寻求组织内相互间的一种支持与合作。

在正式的、严格的沟通系统内，由于平行沟通是在组织指挥链（即最高领导层）之外发生的，这种沟通发生的机会比较少，或者说这种沟通多以非正式沟通的形式发生。如果采用委员会和举行会议的方式进行，往往所费的时间、人力太多，实现的沟通效果却并不是很大。因此，为了确保平行沟通的顺利进行，企业组织往往必须在正式沟通外辅以非正式沟通以弥补其不足。

2. 正式沟通的形态

在各种组织中，沟通效果直接影响着组织目标的实现。所以领导者不仅要有选择合适的沟通形式以期达到沟通效果的技能，还要善于将各种沟通有效地组织起来，建立一个信息沟通网络，使上行沟通、下行沟通及平行沟通相结合，才能提高整个组织的沟通效果。按照信息沟通渠道的组织方式不同，正式沟通可分为以下五种常见的形态，如图9-11所示。

（1）链式沟通：是一种平行沟通形式，信息在组织传递过程中以单线顺序传递，中间的成员可分别与两个相邻的成员沟通信息，两端的成员只能与内侧的一个成员进行沟通，如图9-11(a)所示。这种链式沟通形态相当于我们前面所说的纵向沟通形式，信息可自上而下（下行沟通）或自下而上（上行沟通）逐级传递。在企业组织中，这种形态表示组织中管理人员和下级部属之间的中间管理者的信息传递，属于控制型结构，沟通保密性较好。但是在链式沟通形态中，层层传递和筛选容易导致信息失真，各个信息传递者所接收的信息差异很大，平均满意程度也有较大差距。

（2）环式沟通：是链式沟通形态的延伸和拓展，形成一个封闭式控制结构，每一个沟通的对象都同时可与两侧的人进行信息沟通，如图9-11(b)所示。在这个沟通形态中，组织的集中化程度和领导者的预测程度比较低，组织成员具有比较一致的满意度，组织士气高昂。如果领导者需要在组织中创造出高昂的士气来实现组织目标，环式沟通形态是一种行之有效的措施。但是，在环式沟通中，畅通渠道不多，信息沟通速度较慢，准确性也较低。

（3）Y式沟通：是一种纵向沟通形态。从图9-11(c)能够看出，沟通中只有一个成员位于沟通渠道的中心，成为沟通的媒介。在企业组织中，这种沟通形态大体相当于组织领导或秘书班子再到下一级管理人员或一般成员之间的纵向关系，比如我们通常说的董事会或理事会。组织的集中化程度高，解决问题的速度快，管理人员的预测程度也较高。除中心（即处于节点的）那个人员外，组织成员的平均满意程度较低。当管理人员的工作任务十分繁重，需要有人代为选择信息或提供决策依据的时候，Y式沟通形态可以帮助他们节省时间，同时保证对组织实行有效的控制。但是，Y式沟通形态容易使信息被曲解或失真，影响组织成员的士气，妨碍组织成员效率的提高。

（4）轮式沟通：属于控制型沟通形态。从图 9-11(d) 中可以看出，只有一个成员处于各种信息的汇集点与传递中心。在组织中这种沟通形态相当于一个主管直接管理几个部门的权威控制系统。组织的集中化程度高，解决问题的速度快，管理人员的预测程度很高。轮式沟通形态是加强组织控制、争取时间及争抢速度的有效方法。如果组织接受积极的公关任务，要求进行严密控制，则可采取这种沟通形态。但是此种形态中沟通渠道很少，组织成员的满意度低，士气低落。

（5）星式沟通：亦称全通道式沟通。从 9-11(e) 中看出，星式沟通是一个开放式的沟通形态，这种沟通使每个成员之间都有一定的联系，其中组织的集中化程度及管理人员的预测程度均很低。在这种沟通形态中，沟通的渠道很多，组织成员的平均满意程度非常高而且差异较小。因此，组织中士气高昂，合作气氛浓厚。这对于解决复杂问题，增强组织合作精神，提高士气均有很大作用。但是，这种网络中沟通渠道太多，信息沟通比较混乱，可能造成时间的浪费，影响工作效率。

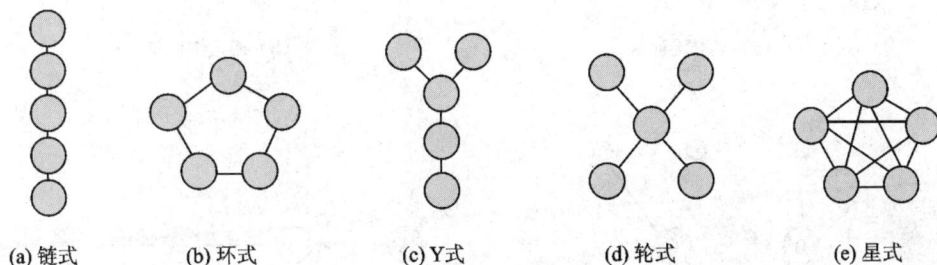

(a) 链式　　　(b) 环式　　　(c) Y 式　　　(d) 轮式　　　(e) 星式

图 9-11　五种正式沟通形态示意

（二）非正式沟通

与正式沟通不同，非正式沟通的沟通对象、时间及内容等，都是未经计划且难以辨别的。所以，非正式沟通是指存在于正式沟通渠道之外，不遵从组织中职权等级关系的信息传递过程。

1. 非正式沟通的形态

在企业组织中，正式沟通是必要的，但是非正式沟通也是非常繁多且无定型的。譬如，同事之间的任意交谈，甚至通过家人之间的消息传递等，都算是非正式沟通。非正式沟通和组织成员个人之间的非正式关系，与组织中的非正式组织往往平行存在。非正式组织一般是由于组织成员的感情和动机上的需要而形成的，其沟通渠道是通过组织内的各种关系，这些关系往往超越了部门、单位及管理层次。非正式沟通有四种最常见的形态（见图 9-12）：

（1）集群沟通链（cluster chain）：在集群沟通过程中，存在几个中心人物，由他们将信息传递给他人，并具有一定的弹性。如图 9-12(a) 所示，A 和 D 就是两个中心人物，代表两个集群的"转播站"。

（2）密语沟通链（gossip chain）：在密语沟通过程中，只存在一个中心人物，由一人将信息告知其他所有人，如图 9-12(b) 所示。

（3）随机沟通链（probability chain）：在随机沟通过程中，信息传播者将信息随意传递给他遇到的任何人，并无一定的中心任务和选择性，如图 9-12(c) 所示。

（4）单线沟通链（one-way chain）：在单线沟通过程中，由一人将信息转告另一人，再由另一人转告给第三个人，以此类推，如图 9 - 12(d) 所示。在非正式沟通中，这种情况非常少见。

传统的管理及组织理论并不承认非正式沟通同时存在，即使发现这种现象，也要将其消除或减少到最低程度。但是，当代管理学者认为，非正式沟通是一种无法消除的现象，应该加以了解、适应和整合，使之在组织沟通中发挥其有效的重要作用，才能有利于接近组织目标。

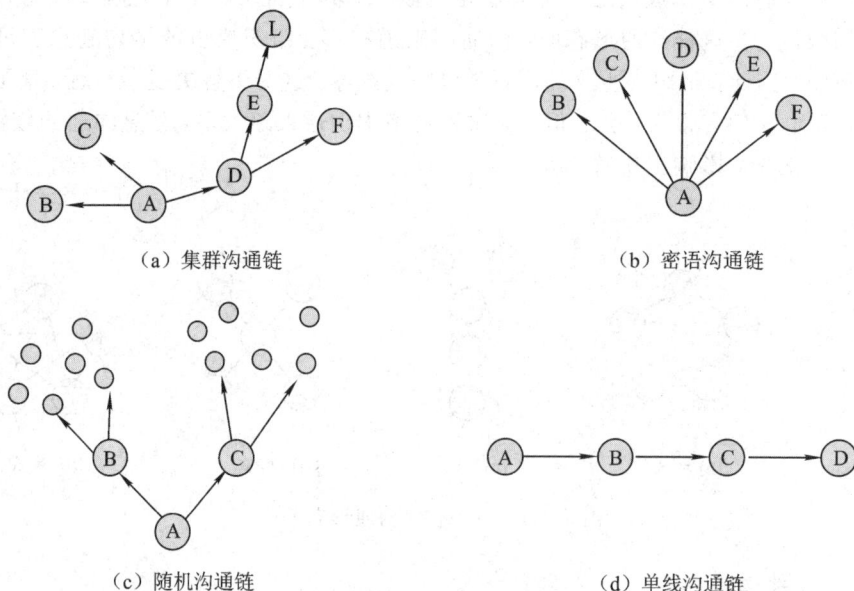

（a）集群沟通链　　　　　　　　　　　　　（b）密语沟通链

（c）随机沟通链　　　　　　　　　　　　　（d）单线沟通链

图 9 - 12　四种非正式沟通形态示意

2. 非正式沟通的特点

非正式沟通的主要功能是传播员工所关心的信息，主要体现的是员工个人的利益和兴趣，与组织的正式要求无关。所以，基于这点非正式沟通与正式沟通相比，有如下的特点（见图 9 - 13）：

（1）信息交流速度快。非正式沟通一般是员工与员工之间的沟通，没有像正式沟通那样程序过多，而且非正式沟通的信息一般与员工的利益相关或者是他们比较感兴趣的信息。所以，信息传播的速度非常快。

（2）满足员工的需要。非正式沟通与正式沟通不同，不是源自于管理者的权威，而是出于职工的愿望和需要，与员工的兴趣和利益相关。因此，这种的沟通常常是主动的、积极的、有成效的，并且可以满足员工的安全需要、社交需要和尊重需要。

（3）效率较高。非正式沟通通常是有关员工兴趣和利益的，所以其传播是有选择性和针对性的，与信息无关的人是不用介入的。因此，这种沟通效率非常高。

（4）具有一定的片面性。非正式沟通的沟通对象、时间及内容等，都是未经计划而且难以辨别的，所以在信息传递的过程中，信息难免会被夸大、曲解，因而需要慎重对待。由于沟通过程难以控制，传递的信息具有不确切、易失真的特点。

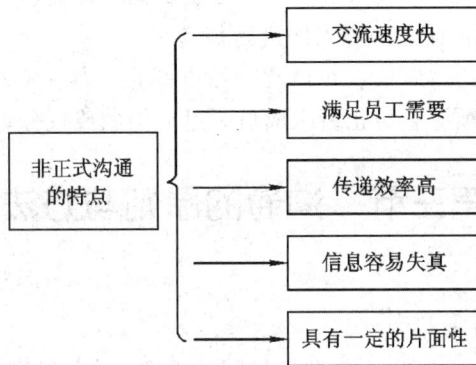

图 9-13　非正式沟通特点分解

3. 非正式沟通的管理

非正式沟通在任何组织中都是客观存在的，并且扮演着非常重要的角色，能够积极地发挥出组织中良好的人际关系，一定程度上非正式沟通带来的信息交流可以为组织决策提供支持和帮助，许多情况下信息接收者往往更重视来自非正式沟通的信息。然而，过分依赖非正式沟通中得到的信息，也存在很大风险。因为这种信息被歪曲或发生错误的可能性相当大，而且信息传递一般以口头方式进行，不留证据、不负责任，所以无从查证。对于这种沟通方式，管理人员既不能完全依赖，也不能完全忽视，在管理过程中管理人员应正确面对非正式信息的传递。非正式沟通的管理方法如图 9-14 所示。

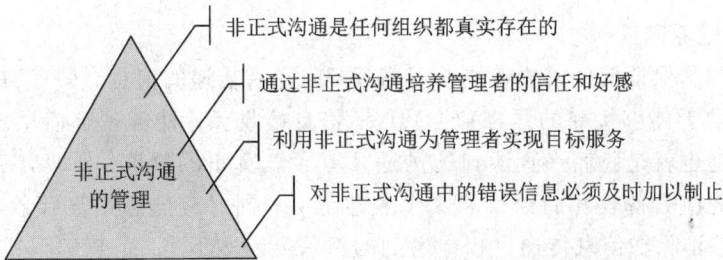

图 9-14　非正式沟通的管理方法示意

（1）非正式沟通是任何组织都真实存在的。任何一个组织都不可能只有正式沟通的形式，非正式沟通在任何组织中都是客观存在的。非正式沟通的产生和蔓延主要是由于员工得不到他们所关心的信息，所以管理者愈封锁消息，员工背后流传的谣言愈加猖獗。如果管理者能够正确地面对非正式沟通，使组织内的沟通系统较为开放或公开，种种不适的谣言就会自然消失。

（2）通过非正式沟通培养管理者的信任和好感。对非正式沟通与其采取防卫性的驳斥予以阻止，不如在管理者正面提出相反的事实更为有效。管理者应通过非正式沟通培养组织成员对管理者的信任和好感，使员工愿意听取并相信组织提供的消息。

（3）利用非正式沟通为管理者实现目标服务。管理人员在工作中可以听到许多从正式渠道不可能获得的信息，借此机会管理人员应更准确找到传播信息的中心人物，同时对信息接收者的背景要有所掌握，管理人员可以将自己所需要传递但又不便从正式渠道传递的信息利用非正式渠道信息传播的中心人物进行传递。

（4）对非正式沟通中的错误信息必须及时加以制止。为避免发生不实的谣言，扰乱员工人心和士气，管理者必须注意防止组织成员有过分闲散或过分单调、枯燥的情形发生。

第三节　沟通的原则与方法

一、沟通的原则

有效的沟通在实现组织目标中能够起到非常重要的作用，那么如何能做到有效的沟通？只有掌握沟通的原则，才能使管理者在沟通过程中产生有效的结果，不断地推进组织目标的实现（见图 9 - 15）。

图 9 - 15　沟通的原则

（一）准确性原则

沟通的目的是保证信息接收者能够正确理解发送者传递的信息。只有当信息发送者采用一种信息接收者能够接受的语言和方式时，信息接收者才能够理解信息发送者的意图，这样信息的传递也就是我们一直谈到的沟通才有了其真正的价值。所以，基于这种特点，信息发送者首先应具备较好的语言和文字表达能力，同时应熟悉信息接收者所使用的语言，这样才能够排除在信息传递过程中遇到的新信息表达不当、信息解释错误及传递错误等的接收障碍。这就要求信息在传递中要有非常强的准确性。

（二）完整性原则

信息在沟通过程中有其严谨的沟通渠道，通常我们所说的沟通渠道指上行渠道、下行渠道或平行渠道。管理人员只要按照正常的沟通管理渠道与下级进行沟通，就能够保持信息沟通渠道的完整性。上级管理人员在沟通过程中一定要注意保持信息传递过程中沟通渠道的完整性。只有这样才能够鼓励位于上传下达职位上的中层管理人员运用自身职权，起到上传下达的作用，也就是我们前面所讲的信息传播中心的作用。

但是，我们在实际工作中经常会有一些上级管理人员忽视了信息传播中心的作用，他们越过自己的中层管理人员，直接向有关人员也就是下级管理人员做指示、下命令。这种做法往往将下级管理人员和中级管理人员置于尴尬的境地，完全打破了正常的信息渠道程序，违反了信息传递过程中信息渠道完整性的原则。如果是紧急情况的处理，这样的越过中级直接与下级沟通工作是可行的，但是也必须事先与中级管理人员进行沟通，这样才能赢得中级管理人员的尊重和支持。

（三）及时性原则

我们前面学过下行沟通、上行沟通和平行沟通，无论是什么方向的沟通，在沟通过程中管理人员传递信息时都必须强调信息的及时性原则。只有信息传递得及时，才能使组织新制定的政策、组织的目标及组织人员调配的信息情况及时传递到下级管理人员及员工那里，才能尽早地得到下级管理人员或员工的理解和支持。最重要的是管理人员能够及时掌握下级管理人员和员工的信息反馈情况，使管理人员能够及时掌握其下属的思想、情感和态度，从而提高管理水平。

（四）策略性原则

由于有些信息适合于采用正式组织的传递方式进行信息传递，有些信息不适合正式组织传递。所以，一个组织的管理人员除了善于运用正式沟通的基本渠道外，还要掌握如何利用非正式沟通来传递并接受信息，以便辅助正式组织做好协调工作，保障组织目标尽快、顺利地实现。管理者只有运用策略的技巧才可使用非正式组织的沟通来补充正式沟通，才会产生最佳的沟通效果。

二、沟通的方法

不同的组织结构，存在不同的组织文化和组织环境，组织中的沟通方法也不尽相同。在组织管理中，沟通的方法是多种多样。除我们前面谈到正式沟通和非正式沟通的形态等具体的方法，沟通方法还包括发布指示、会议制度及个别交谈等。不同组织的管理者在运用沟通方法时应随机制宜、因人因事而定（见图 9-16）。

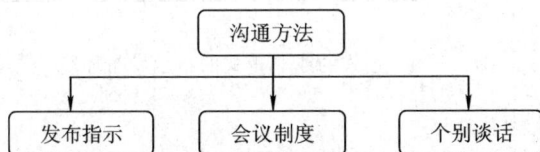

图 9-16 沟通方法示意

1. 发布指示

当我们采用下行沟通方式，也就是管理者需要指导下级工作时，发布指示是最重要的沟通方法之一。指示可以促使一项活动开始，也可以变更或中止一项活动，是一个组织正常运转的必要环节。管理者在发布指示时应及时考虑以下问题：

（1）一般的或具体的指示。当管理人员下达指示时，通过对周围环境的借鉴能力及对下级响应程度的了解，需要首先确定这项指示是一般的还是具体的。对授权持有严格观点的管理人员倾向于具体的指示；当管理者对事实指示的周围环境不可能遇见的时候，他们应该采用一般的指示形式（见图 9-17）。

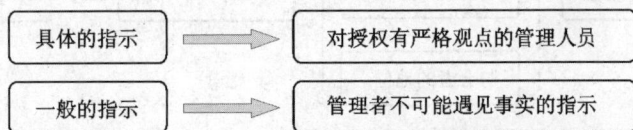

图 9-17 一般图的或具体的指示发布环境

（2）书面的或口头的指示。当上、下级之间关系比较持久、信任度比较高的时候，管理者在下达指示的时候则可采用口头的指示，但是为了防止命令的重复和贯彻执行中的争执，为了对所有有关人员宣布一项特定的任务，书面指示则非常的必要。所以，在决定指示是书面的还是口头时，管理者应该考虑的主要因素是上下级之间的长久和信任关系（见图9-18）。

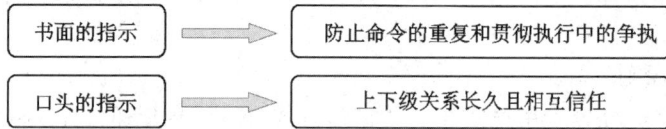

图9-18　书面的或口头的指示发布环境

（3）正式的或非正式的指示。优秀的领导者，一般不仅能够运用正式的书面或口述的方式来命令下级，而且善于采用非正式指示启发下级的创造力。所以，正确地选择正式的或非正式的方式发布指示也是一个管理者应掌握的一种高超的领导艺术。重大的或严谨的工作通常发布的是正式指示，比如我们常说的工作计划、实施方案、工作指导书、工作总结等；在工作过程中的一些简单指导可以采用非正式指示发布的方法（见图9-19）。

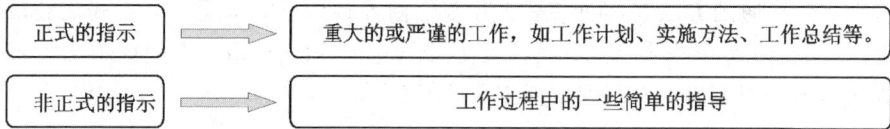

图9-19　正式的或非正式的指示发布环境

2．会议制度

一个组织在运行过程中，和谐的氛围有利于顺利实现组织目标，而和谐的氛围是通过不断的沟通来实现的，人与人之间的沟通时思想、情感交流的主要渠道。组织中的领导工作的实质就是处理人际关系，组织中进行的各种会议，为管理者及其下级提供了交流的场所和机会。一般组织的会议起到的作用主要表现在如下方面：

（1）会议是组织活动的重要表现形式。与会者根据自己不同的身份、影响、地位及在会议中都有不同的表现，所起到的作用也是不同的。与会者在会议当中相互之间的交流能在人们的心理上产生影响（见图9-20）。

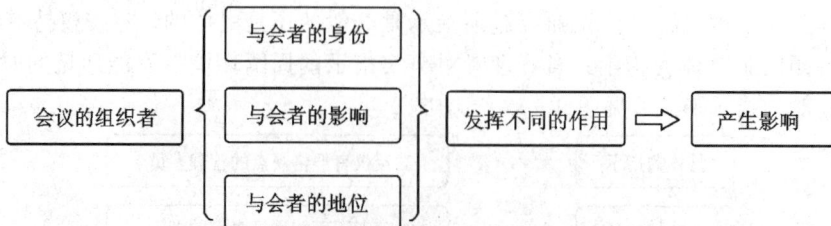

图9-20　会议发挥作用的流程图

（2）会议可以集思广益。不同的与会者在交流意见后，往往能够达成共同的见解和行动方针，为决策的制定夯实基础，使每次会议后都会形成决策（见图 9-21）。

图 9-21 会议集思广益形成决策的流程图

（3）会议可以使人们了解共同目标。与会者在会议期间通过对会议过程、交流及会议主题的了解，可以分析自己的工作与他人工作之间的关系，从而更好地选择自己的工作目标，明确自己该如何为组织作出贡献（见图 9-22）。

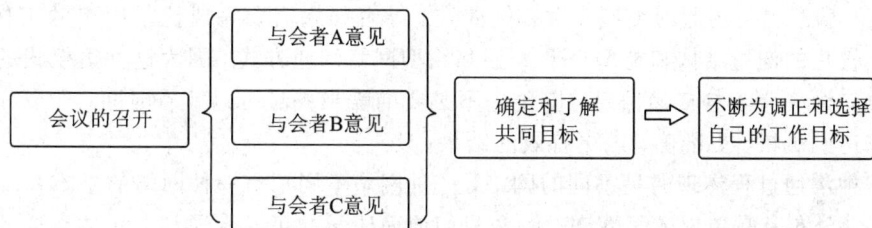

图 9-22 通过会议了解共同目标的流程

（4）会议可以对每一位与会者产生约束力。每一位与会者都会遵守会议的时间和地点，并且按照每次会议的主题进行交流和聆听，明确自己的行为轨道是否与组织轨道一致，并不断地根据会议精神对自己进行矫正和指导，提升自己的约束力（见图 9-23）。

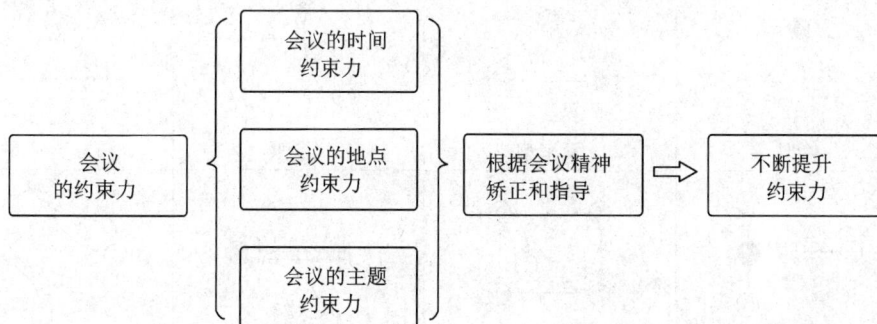

图 9-23 通过会议提升约束力的流程

（5）会议可使与会者不断地提升自己。通过会议，组织成员能够发现之前未曾注意到的问题，对其进行认真的考虑和研究，从而强迫自己不断地提升自身业务和素质。

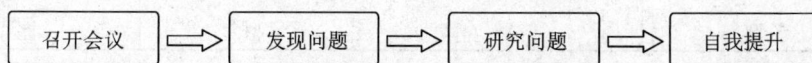

图 9-24 通过会议实现自我提升的流程

3. 个别交谈

无论在正式沟通还是非正式沟通中，每个组织领导都需要同下属或同级人员进行单独沟通，征求并了解谈话对象对组织中存在问题的看法，以及对其他组织成员或上级甚至包括对谈话领导本人的意见和建议。这种领导与下属或同级进行的单独沟通称为个别交谈。谈话一般都建立在双方相互信任的基础上。这种谈话轻松、富有亲和力，对谈话双方统一思想、认清目标，体会各自的责任和义务都有很大的好处。在这样的环境下，下属或同级往往愿意表露真实的思想，提出在会议等公开场合下不便提出的建议和意见，是领导者及时掌握下属或同级管理人员的思想动态。

三、网络沟通

网络沟通主要是指组织所架构的沟通渠道的结构和类型。沟通渠道的结构对组织的活动有重大影响。一个高效的沟通结构可以直接调节职工的精神状态，鼓励创新，协调工作，指导员工在组织活动中承担的各自责任和义务。沟通类型则取决于外部环境和沟通的目的。员工的满意也与沟通的类型有关。例如，领导者如果需要完成比较简单的工作，则需要选择集权化的沟通结构和类型，即 Y 型和轮型网络沟通方式。因为这种集权式的网络沟通是通过一个中心人物传递信息，以避免不必要的噪声并且可以节省时间，所以在沟通过程中可以达到更快、更准确、也更有效的结果。

每一种沟通过程体现的是不同的网络，一种网络不同于另一种网络的基本特征在于渠道的数量、分布及是单向还是双向。综合我们前面所学的正式沟通和非正式沟通的形态分析，图 9-25 表明了一些常见的网络，其中最基本的轮型和风车型。途中只给出三人和四人的网络，大家在实际的沟通中可以自行类推和拓展。

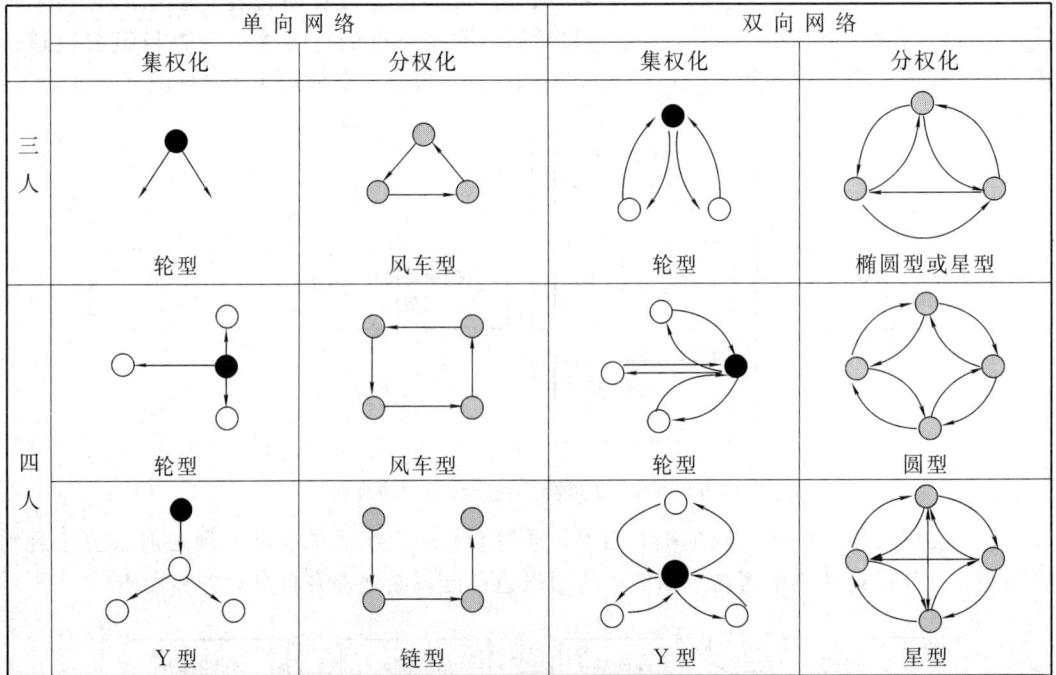

	单 向 网 络		双 向 网 络	
	集权化	分权化	集权化	分权化
三人	轮型	风车型	轮型	椭圆型或星型
四人	轮型	风车型	轮型	圆型
四人	Y 型	链型	Y 型	星型

● 表示沟通的中心人物，如领导或地位较高的人物；——→ 表示沟通的方向。

图 9-25 沟通网络示意

图 9 - 25 中所展示的各种网络沟通图形与我们前面所学的正式沟通和非正式沟通形态基本接近。该图表明沟通的网络形式随着沟通渠道分布的不同而变化，同时随着沟通人数的变化也会产生变化。

无论单向沟通还是双向沟通，最集权化的网络是轮型和 Y 型，它们的基本形态一般都是有一个信息发送者，其余的人均为信息接收者。这种集权网络沟通最大的优势就是信息沟通的有效性能大，沟通的形态一般就是我们前面所学的下行沟通，通常的表现形式为正式文件（如会议、通知、讲座等），表现的内容为组织的目标和战略的事实、工作指令、程序与惯例、绩效反馈等相关信息等。

无论单向沟通还是双向沟通，最分权化的网络是星型（有时也成为全方位型）。在这种沟通网络中，信息沟通系统是开放式的，每个人都是信息的发送者，同时也是信息的接收者，每个人之间都有一定的联系，信息相互交叉、相互融合，基本保障了信息传达的全方位通畅。这种用分权网络沟通一般体现在非正式沟通的形态当中，而且是平行沟通的形式，最大优势就是信息传递者和接收者双方的平均满意程度高，组织中成员士气高昂，利于合作，但是往往沟通所费时间人力甚多。通常的表现形式为讨论会、各种专业或行业委员会等，表现的内容一般都是某个专业或行业需要讨论的内容。

第四节　沟通的障碍及其克服

一、有效沟通的障碍

沟通是发生在活体的人与人之间的一种信息传递，所以不可能每一次沟通都是有效的，我们经常在工作单位中听说或看到争论和吵架，甚至是打架。之所以能够发生这些不愉快，主要是在沟通过程中存在着外界干扰或其他种种因素，导致信息在传递过程往往被丢失或曲解，使信息的传递不能发挥正常的作用。要使沟通能够有效，我们必须首先了解沟通的障碍，对症下药，克服障碍才是我们需要掌握沟通技巧的地方。

（一）个人因素

个人因素主要来自于信息传递者和接受者双方，在信息传递过程中传递者与接收者的沟通技巧差异，以及接收者在信息方面的选择性接受都可使信息传递产生障碍（见图9 - 26）。

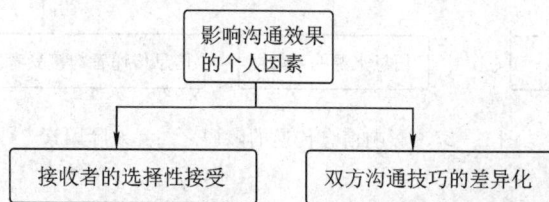

图 9 - 26　影响信息传递的障碍之一：个人因素

1. 选择性接受

主要指信息接收方只是有选择地接受与他们期望不一致的信息。忠言逆耳的道理让人们往往愿意听或看他们感情上有所准备的东西，人们总是愿意接受中听的话语与建议，拒绝接受不中听的建议和意见。每个人在组织中所处的职位不同，在信息交流过程中，每个人都会对他们所熟悉的岗位或部门的信息比较感兴趣。如果其他岗位或部门的信息对他们不熟悉或关系不大,他们就会拒绝接受这样的信息。因为人们只看到他们擅长的或经常看到的东西。复杂的事物可以从各种角度去观察,人们所选择的角度强烈地影响着他们认识问题的能力与方法。这就是有时候我们会给自己解脱的一句话的来源"我没有站在那么高的高度"。所以,要解决此类的沟通障碍,管理者应该懂得:

(1) 全方位协调:由于各部门的经理或主管人员的偏见在组织管理中非常常见,也在所难免。所以在组织做最后决定时,领导必须对有关方面进行协调,才能使沟通达到有效的结果。

(2) 沟通不畅导致冲突。各部门之间如果没有有效的沟通,很可能相互发生冲突,因为每个部门主管都认为其他部门主管不了解情况,相互之间只是站在自己部门的角度去思考和交流问题,务必会忽略其他部门的问题所在,也会影响其他部门的思想情绪而导致沟通不畅。

2. 沟通技巧差异化

直接影响着沟通的有效性。

(1) 即时性沟通:信息传递者和信息接收者双方的口头表达能力都非常强,逻辑思维清晰,在这种情况下为了保障信息传递的有效性,信息可以及时传递。

(2) 缓和性沟通:有些人心理什么都明白,但就是口头上表达能力较差。这些人可以用文字清晰而简洁地写出来,就不会影响沟通的效果。如果不能够书写出来传递的准确信息,就会因为口头表达不清晰而引起信息失真或误解。有些人口头表达能力很强,但是不善于听取意见,这样也会影响信息传递的有效性。这种情况也需要用文字表述出来,给不善于听取意见的信息接收者一个缓冲和思考的机会,有利于提升信息传递的有效性。

(二) 人际因素

组织中的沟通过程发生在双方之间,人与人之间的人际因素也就成为了沟通产生障碍的主要方面。人际因素主要包括沟通双方的相互信任、信息来源的可靠程度和发送者与接收者之间的相似程度(见图 9-27)。

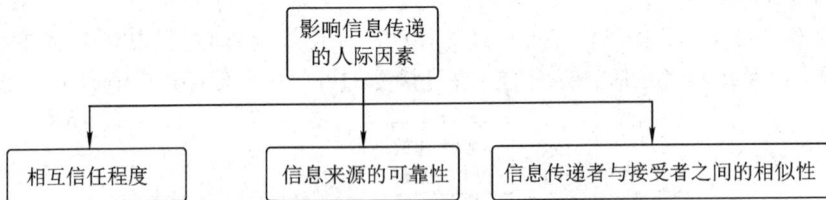

图 9-27　影响信息传递的障碍之二:人际因素

1. 相互信任

沟通是信息发送者发出和信息接收者接受的过程。信息传递不是单方面的而是双方面的,因此沟通双方的诚意和相互信任至关重要。上下级之间或平级之间的不信任和猜忌在信息传递过程中会增加传递者或接收者的抵触情绪,这样就减少了坦率交谈的机会,也就不可能进行有效的沟通。很多管理者常常自然地认为他们听到的信息是片面的,为了防止"偏听偏信",便根据自己的想象进行"纠偏",反而越纠越偏,导致下级的误会,影响组织的管理。例如，经理们常常认为有利于下级的信息准确性较差，不利于下级的信息准确性较高；相反，下级常常对损害自己形象的信息不屑一顾，对有利于自己的信息则大加渲染。这样的情况我们在各个单位都能看到，也就是说领导和下属因为职位不同，立场往往是相反的。只有信息来源的可靠性提高了，才能保障信息传递双方的有效沟通。那么怎样才能够保证信息来源的可靠性呢？

2. 信息来源的可靠性

信息来源的可靠性主要由四个因素决定，即诚实、能力、热情及客观。信息来源可能并不同时具有这四个因素，但只要信息接收者认为发送者具有这些因素中的某些因素，都可使信息接收者表现出极大的有效反馈。可以说信息来源的可靠性实际上是由接收者主观决定的。例如，当面对来源不同的同一问题信息时，接收者最可能相信他认为最诚实、最有能力、最热情及最客观的那个信息来源。信息来源的可靠对企业中个人和团体行为的影响很大。就个人而言，雇员对上级是否满意在很大程度上取决于他对上级可靠性的评价。就团体而言，可靠性加大的单位或部门比较能公开地、准确地和经常地进行沟通，他们的工作也相应地较为出色。

3. 信息传递者与接受者之间的相似性

沟通的准确性与沟通双方之间的相似性有着直接的关系。性别、年龄、种族、社会地位、兴趣、价值观及能力等双方之间特征的相似性，影响了沟通的难易程度和坦率程度。沟通一方如果认为另一方与自己很相似，那么他就比较容易接受对方的意见和建议，并且很快达成共识。相反，如果沟通一方视对方为异己，那么信息的传递将很难进行下去。我们通常说的"代沟"在沟通中间就是一个常见的问题。在组织中我们也有看到过下级不敬重上级的现象，也是这样的例子。

（三）结构因素

信息在传递过程中，信息的传递者与接受者双方都会收到对方地位差异性的影响，也会因为信息传递链的不同而导致信息传递效果不同，同时还会受到信息传递的团体规模和空间的影响，所以结构因素主要包括地位差异、信息传递链、团体规模和空间约束四方面（见图9-28）。

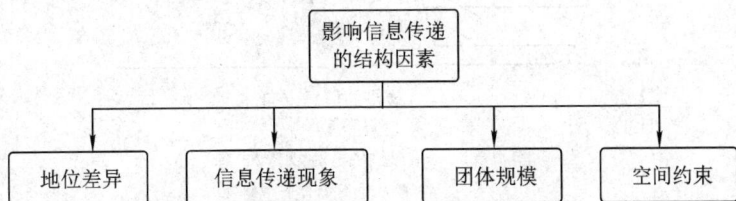

图9-28 影响信息传递的障碍之三：结构因素

1. 地位差异

我们都知道职位的高低直接决定着一个人在组织中的地位，而地位的高低对沟通的方向和频率都会产生很大的影响。一般情况下，人们一般愿意与地位较高的人沟通，因为他们可以从地位较高的人那里获取更多信息。而地位较高的人则更愿意寻找与他们地位相同的人相互沟通，因为他们可以相互谈论相近的话题。所以更多的信息传递趋于从地位高的流向地位低的，在谈话中地位高的人常常居于沟通的中心地位，地位低的人常常通过尊敬、赞扬和同意来获得地位高的人的赏识和信任。许多下级在与上级沟通的时候，谨小慎微，不敢放松，生怕说错了话影响自己的前途，所以与上级沟通时大部分下级都对上级随声附和，真正的意见和建议不能完全公正地展示出来，对企业的发展十分不利。

地位差异是沟通中的一个重要障碍。尽管地位差异会阻碍真实的沟通和交流，但是许多下级职员依然喜欢与地位高的人进行沟通。主要是因为：与上级沟通接触可以获得同伴的承认、尊重和羡慕；与对自己未来有重大影响的上级交往可以增加成功的机会。

2. 信息传递链现象

信息在传递过程中，我们一般比较注重信息的准确度，但是信息的准确度与信息传递的等级数量和信息送达的时间是成反比的。因为信息传递的等级数量直接影响着信息传递的时间和信息的准确程度，信息通过的等级越多，信息到达目的地的时间也就越长，信息失真率也就越大。这种信息连续地从一个等级到另一个等级所发生的变化成为信息传递链现象。据相关研究表明，如果一个信息通过 5 级的传递，信息损失平均达到 80%。其中第一级的保真率为 63%，第二级的保真率为 56%，第三级的保真率为 40%，第四级的保真率为 30%，第五级的保真率为 20%。比如说，一个企业的董事长要求召开董事会做决策，董事会后副总裁在领会会议精神后（一级等级），将决策意见下达给了下级的部门经理（二级等级），部门主管仔细分析了会议的内容后将意见下达给了工厂的负责经理（三级等级），工厂负责经理仔细研究后又将任务下达给一线的职工小组长（四级等级），小组长召开了小组职工会议后将任务下拨给了具体的每一位小组职工（五级等级）。下面我们用图 9-29 来诠释一下这种反比的关系。

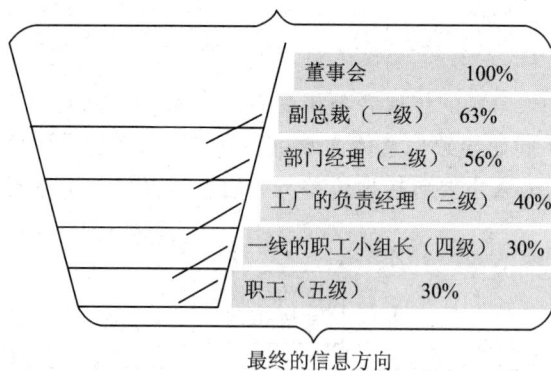

董事会　　　　　　　　　　100%
副总裁（一级）　　　　　　63%
部门经理（二级）　　　　　56%
工厂的负责经理（三级）　　40%
一线的职工小组长（四级）　30%
职工（五级）　　　　　　　30%

最终的信息方向

图 9-29　信息传递链现象示意

3. 团体规模

沟通的等级越多，越显示工作规模较大。规模较大的组织，人与人之间的沟通等级越多，沟通渠道也越多，沟通也就相应地变得较为困难。根据前面所学的沟通渠道，我们可以采用数学公式来推算沟通渠道的数量。每一个沟通渠道的数量公式应为 $n(n-1)\div 2$，这里 n 为人数。例如，5 人的团体，在沟通过程中可以有沟通渠道 10 条渠道，即 $5\times(5-1)\div 2=10$。那么按照这个公式推算，10 人的团体沟通渠道就可以有 45 条，20 人的团体沟通渠道可以有 190 条。从这个数学公式可以看出，随着团体规模的扩大，沟通渠道的数量呈一定规律的上升，沟通的形式也就变得更加的复杂（见表 9-3）。

表 9-3　组织团体人数与沟通渠道关系数据

团体人数（人）	推算公式	沟通渠道（条）	沟通过程
3		3	简单
5		10	相对简单
20		190	复杂
50	n(n−1)÷2	1225	复杂
100		4950	复杂
1000		499500	复杂

据测算，如果将沟通的各种形式考虑在内，那么 5 人的团体中将存在（3n−2n−1）×2 即 90 条左右的渠道，沟通的过程将更加复杂。

4. 空间约束

所有的企业都要求员工不能窜岗，工作常常要求员工只能在某一特定的地点进行操作，这就是我们说的空间约束。这种空间约束的影响往往在职工单独干某一工作或数台机器之间往返运动是尤为突出的。比如说纺织工人，他们只能被要求在几台纺织机前穿梭工作，在工作的时间段里几乎没有机会和时间与其他的纺织工人进行沟通交流。空间约束不仅不利于工人间的交往，也限制了他们的沟通。通常情况下，两人间的距离越短，他们交往的频率也就越高。

（四）技术因素

信息在传递过程中，我们知道除了传递者和接收者很重要之外，信息的传递方式及信息的内容也很重要。比如信息传递的语言是否妥当、传递过程中是否有非语言的暗示、传递过程中采用的媒介是否有效及信息量本身是否合适等。这些因素在信息传递的过程中直接影响着信息传递的效果，也构成了信息传递障碍中的技术因素（见图 9-30）。

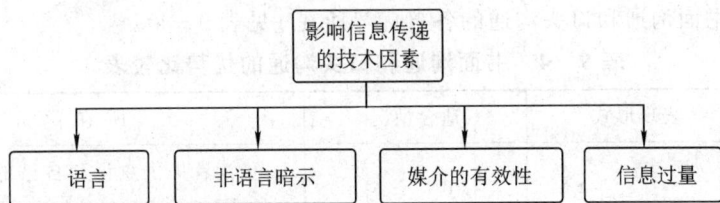

图 9-30　影响信息传递障碍之四——技术因素

1. 语言

语言是表达我们每个人内心活动和思想活动的一种符号系统，语言本身没有任何意思，但是它作为我们描述和表达个人观点的符号或标签，具有非常重要的意义。沟通的准确性依赖于沟通者赋予的字、词及其含义，每个人表述的内容常常是由他独特的经历、个人需要、社会背景等决定的。因此，同一句话或文字常常会引起信息接收者不同的理解和感受。语言的不准确性还不仅仅表现为符号。语言常常能调动其各种各样的感情，这些感情可能会歪曲信息的含义。例如，"统筹管理"一词，领导者们会认为是"企业的私人所有制……为所有的人提供了平等的机会，多劳多得，少劳少得，不劳不得"，但是基层的职工却会认为所谓统筹就是企业执行大锅饭，你有我也有，酬劳大家均分。这种文字理解的差异不仅存在于普通劳动者和领导阶层之间，而且存在与不同的管理阶层之间，比如"激励""配额""预算"等词也是典型的例子。当高层管理人员谈及进行"激励"和"配额"的必要性是，底层管理人员常常会产生反感，并有一种身不由己被支配的感觉。所以，语言在沟通过程中的恰当使用会直接影响沟通的效果。

2. 非语言暗示

我们在交谈的时候，不仅需要使用恰当的语言，通常还伴有相应的肢体语言。许多教师在讲课时，不断采用一些肢体动作与其语言相搭配，他们采用肢体加语言的方式传输着知识信息给学生。这些肢体语言包括身体姿势、头的偏向、手势、面部表情、移动、触摸及眼神，这些无言的信号强化了所表述的含义。比如，肢体的动作和眼神可以表明相互感兴趣、喜爱、躲避或攻击的意思，面部表情可以表露出惊讶、恐惧、兴奋、悲伤、愤怒或憎恨等的情绪。这些可以不用文字表达的信息方式我们称之为非语言暗示。当一个需要传递的信息内容很复杂的时候，我们通常不喜欢在电话里沟通，而喜欢见面进行面对面的沟通。因为在面对面的沟通中，7%的信息内容通过语言文字表达，而93%的内容可以通过语调（38%）和面部表情（55%）表达出来。所以，信息的表达是有语言和非语言暗示构成的。

3. 媒介的有效性

各种信息一般都是通过书面或口头两种工具形式进行传递的。比如，有时候领导是以文件的形式与下属沟通，有时候领导还会以通知的形式和下属沟通，而下属也会以申请的形式与上级沟通，还会以邮件建议的形式与上级沟通。当然手机微信的方式现在也是上、下级相互传递信息的一种比较普遍的方式。这些都是书面信息传递。还有一些沟通方式是采用电脑视频、电话沟通及微信语音留言等方式，这些都是口头信息传递。不同的传递工具会产生不同的沟通效率。管理人员十分关心各种不同沟通工具的效率，选择何种沟通工具在很大程度上取决于信息的种类和目的，还与外界环境和沟通双方有关。所以，我们有必要掌握一些书面沟通和口头沟通的各自优势所在（见表9-4）。

表9-4 书面沟通和口头沟通的优势比较表

沟通工具	表现形式	适合情况	所 在 优 势
书面沟通	备忘录、图例、表格、公告及公司报告	适用于传递篇幅较长及内容详细的信息	1. 位读者提供意识和自己的速度，用自己的方式阅读材料的机会
			2. 易于远距离传递
			3. 易于储存，并在做决策时提取信息；
			4. 比较准确，白纸盒子，邮局可查，因为饿更可靠更正式
口头沟通	面对面讨论、电话、交谈、讲座及会议	适合于需要有不同观念的人相互理解的信息	1. 快速传递信息，并希望立即得到反馈
			2. 传递敏感的或秘密的信息
			3. 传递不使用书面媒介的信息
			4. 适合于传递感情和非语言暗示的信息

4. 信息过量

随着经济的发展，科技水平不断提升，现在的社会是一个互联网的社会，更是一个信息爆炸的时代。所有的管理者都面临着信息量过大的问题。信息量过大，会使每一位领导者没有时间处理所有信息带来的反馈，使他们难于同时提供有效的、必要的信息，更没有足够的精力研究出缜密的决策，在这种情况下沟通也就随之变得困难重重。

二、如何克服沟通中的障碍

（1）明确沟通的重要性，正确对待沟通。

沟通是促使我们营造和谐氛围从而加快实现组织目标的一种手段。但是，组织中的管理人员往往十分重视的是计划、组织、领导和控制，对沟通却通常疏忽大意，认为信息的上传下达有了组织系统就可以了。同时，大部分领导对非正式沟通不容易接受，常常对非正式沟通中的一些"小道消息"采取压制的态度，这样的做法从表面上看抓住了重点，其实往往因为他们忽视了沟通的环节，即便计划做得再好，在实施的过程中却会因为沟通不到位或沟通有效性差而延长实施的过程，延误组织目标实现的进程。所以，一个好的领导应该明确沟通的重要性，正确对待正式的和非正式的沟通。

（2）聆听是沟通中一门艺术，当好聆听者是克服沟通中障碍技巧之一。

我们朋友之间交流和沟通，有的朋友是非常好的倾诉者，有的朋友会是非常好的聆听者。一个好的聆听者比一个好的倾诉者更受朋友们的欢迎和喜爱。这个道理同样适合于组织中的管理者。如果组织中的管理者能够做好聆听下属，那么组织中的沟通就可以坦诚相待。但是在现实中，大部分的领导对下属都是指导、教育和命令，也就是说大部分的领导都是只说不听，他们很少能静下心来聆听下属的说话，主要是因为对领导者来说"听"绝不是件轻而易举的事情。"不听"的原因主要有三方面：有些领导骄傲自大，高高在上，过于自负，所以他们根本不"听"；有些领导工作太忙，条理性不强，只是"听"一部分；有些领导虚伪武断，对下属的意见采取不正确的"听"。这三种的做法在领导者沟通的技巧上都不合适，那么如何才能较好的"听"呢？表9-5列出了一些"听"的艺术。

表 9-5　"聆听"的艺术

聆听需要的条件	聆听不需要的条件
1. 表现出兴趣	1. 争辩
2. 全神贯注	2. 打断
3. 该沉默时必须沉默	3. 从事与谈话无关的活动
4. 选择安静的地方	4. 过快或提前做出判断
5. 留适当的时间用于辩论	5. 草率地给出结论
6. 注意非语言暗示	6. 让别人的情绪直接影响到你
7. 当你没有听清楚时，请以疑问的方式重复一遍	
8. 当你发觉疑问时，直截了当地问	

（3）相互信任可以拉近人与人之间的距离，一个具有信任的环境有利于沟通交流。

一个组织和谐氛围的营造主要是靠领导与员工、员工与员工之间的相互信任，有了相互之间的信任，倾诉与聆听就都可以进行，意见和建议也都可以互相沟通了。所以，管理者不仅要获得下属的信任，还要得到上级和同僚们的信任。

（4）缩短信息传递链，拓宽沟通渠道。

信息传递链如果复杂、冗长，就会延长信息传递的时间，信息的失真率也就会偏高。缩短信息传递链，可以保障信息的畅通无阻和完整性。所以，在信息传递时，我们需要减少组织机构重叠和层次过多的现象。另外，组织领导还可以利用正常沟通的渠道，开辟一些高级管理人员与下属管理人员的非正式直线式沟通渠道，以便于更多非正式信息的传递。

（5）定期召开职工代表大会。

自古以来，资本家、老板、管理者和雇员在利益上都是敌对势力，所以我们在各组织中才会有工会组织的存在。工会就是代表所有职工利益的团体组织。为了能够使顶层管理者和职工在一起进行正式的对话，并建立正式沟通的渠道，工会每年会代表职工要求召开职工代表大会。每年一度的职工代表大会为厂长向职工汇报工作提供了良机，打通了领导者与下属正式沟通的渠道。厂长就企业过去一年取得的成绩、存在的问题及未来的发展等重大问题给全体员工做工作报告，而同时员工也可就自己所关心的问题与厂长进行面对面的沟通和交流。有了职工代表大会的沟通渠道，管理者与下属的沟通也就更加通畅了。

（6）成立专项工作组。

每一个组织都会有突发事件的发生，发生了突发事件或重大问题引起上下关注时，管理人员可以授权组成临时专项工作小组。这个工作组一般由管理人员和部分事件相关的员工组成，工作组利用一定的工作时间，调查事件发生的原因及过程，最后做出一定的结论，向最高主管部门汇报。最高管理层也要定期公布他们的报告，同时就某些重大问题或职工关注的"热点"问题在全组织范围内进行沟通和交流，拓宽沟通的渠道，促进组织目标的实现。

（7）利用公共平台进行沟通。

互联网的发展为组织搭建了快捷的沟通公共平台。管理者可以通过公众网站或门户网站与自己需要信息相关的个人或全体有关人员进行信息沟通。例如，现在各级政府组织都建立了网上政务平台，为社会公众广泛参与公共事务的决策、管理和监督提供了畅通而快捷的公共信息沟通渠道。同时我们还可以通过市长信箱、市长在线、网上论坛、公示和咨询等形式，使人民群众的知情权、参与权、表达权和监督权得到有效保障。我们国家的政治协商会议和人民代表大会也是政府与人民之间相互沟通的正式渠道。

（8）加强同行沟通，促进横向交流。

横向交流是每个组织在发展中必须做到了，一个组织的内部沟通一般都是通过命令式下行沟通的方式进行的，也可采用职工代表大会和申请等上行沟通方式，但是部门之间、工作小组之间、车间之间或同行组织之间的横向交流比较少。所以，我们会产生很多的协会、学会等组织形式来促进同行间的沟通和交流，因为平行沟通能够加强横向的合作。各部门之间可定期召开一些工作会议、组织之间的联谊会、专家之间的研讨会。在这些会议上，各自相互汇报各自的工作、问题及建议，以及相互之间的学习、建议和支持，以便强化横向合作（见图9-31）。

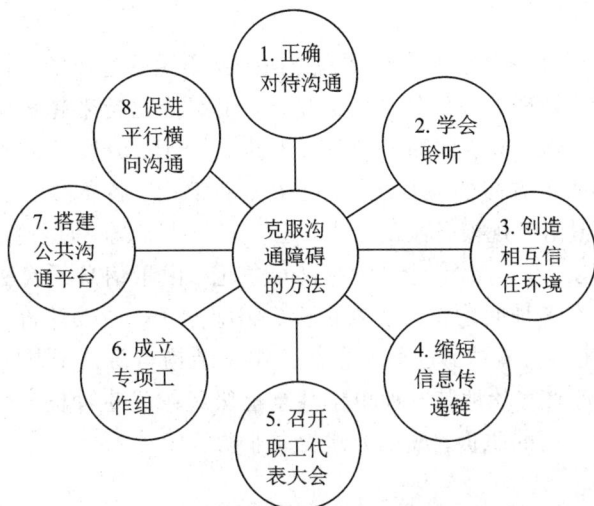

图 9 - 31　克服沟通障碍方法示意

第五节　冲 突 与 谈 判

一、冲突的起源

当我们在沟通过程中，信息传递者和信息接收者如果存在很多的差异及误会，就会产生抵触和争吵，甚至有时候会产生争斗，这种不和谐的状态就是我们所说的冲突。冲突是指由于某种差异而引起的抵触、争执或争斗的对立状态。人与人之间在利益、观点、掌握的信息或对时间的理解上都可能存在差异，有差异就可能引起冲突。不管这种差异是否真实存在，只要一方感觉到有差异就会发生冲突。冲突的形式可以从沉默的抵触到噪音的争吵，甚至到激烈的罢工、骚乱和战争。既然冲突可以引发这么严重的后果，怎样才能减少冲突呢？要想减少冲突，我们就首先要了解引起冲突差异的原因。人们之间存在的差异原因是多种多样的，但大体上可以归纳为三类（见图 9 - 32）。

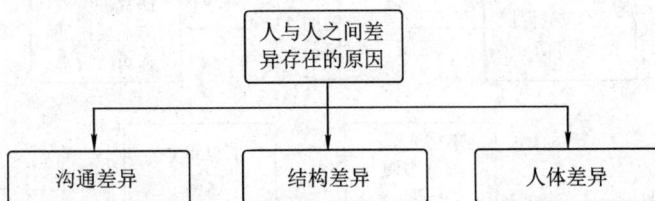

图 9 - 32　人与人之间差异存在的原因分析图

（一）沟通差异

沟通中，沟通双方的文化和历史背景的不同会导致语言和语义交流的困难，从而引发一定的误解，沟通过程中噪声的干扰都可能造成人们之间意见的不一致。所以沟通不良是产生冲突的重要原因，但是这并不是产生冲突的主要原因。

（二）结构差异

管理中经常发生的冲突是因为组织结构中的分工不明确造成的。组织在发展过程中规模会变得越来越庞大，管理结构变得越来越复杂，组织分化越来越细密，组织整合越来越困难。在这样的情况下，组织结构的管理是需要进行分工、分责任的管理。分工造成组织结构图中垂直方向和水平方向的各系统、各层次、各部门、各单位及各岗位的划分。如果管理上严谨和精细，但由于规模分工的庞大，也会有一些疏漏。如果组织结构管理不严谨，更会造成因为分工不明确而导致误会、辩解甚至争论。由于信息不对称和利益不一致，人们之间在组织中会存在各种问题，如计划目标、实施方法、绩效评价、资源分配、劳动报酬、奖惩等，都会产生不同看法，这种差异是由组织结构本身造成的。为了本单位的利益和荣誉，许多人都会理直气壮地与其他单位甚至上级组织发生冲突。不少管理者，甚至将挑起这种冲突看作是自己的职责，或作为建功立业的手段。

（三）人体差异

每个人的家庭背景、社会背景、教育程度、个性差异、阅历及修养均有不同，塑造了每个人各自不同的性格、价值观、工作和生活作风。这种个体的差异往往造成了合作和沟通的困难，从而成为引发某种冲突的根源。

二、冲突的处理

如何处理沟通其实就是如何选择沟通的方法。在传统观念中，人们往往只看到冲突的消极影响，将冲突作为组织内矛盾及不和谐的征兆。所以，大部分管理者总是激励消除和回避甚至掩盖冲突。事实上，由于沟通差异、结构差异和个体差异的客观存在，冲突不可避免地存在于各个组织中。所以管理者应当正确地看待冲突，积极面对，用合理和正确的方法解决冲突。要解决好冲突，其实就是如何与冲突双方进行沟通，那么这种情况下沟通的方法怎样呢，通过图 9-33 所列的内容可以说明。

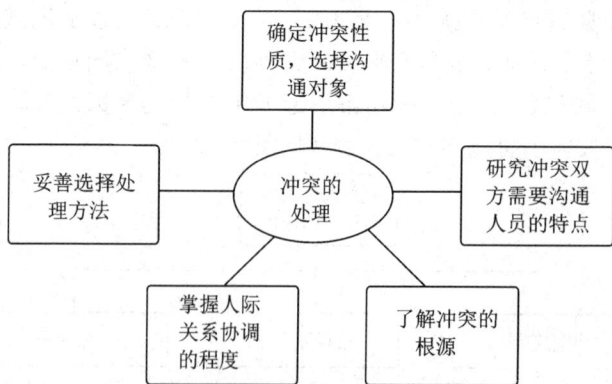

图 9-33　处理冲突的方法

1. 确定冲突的性质，选择沟通对象

管理者应根据冲突的不同性质和内容选择不同的沟通方法，寻找冲突相对强势的一方作为首先沟通的对象，从法规、惯例和政策的方向先导入性沟通，对群众关心、影响面大、增强凝聚力和建设组织文化有意义的方面打开局面，尽量回避一些琐碎的事由，以正式和非正式两种沟通形式进行沟通。

2. 研究冲突双方需要沟通人员的特点

是哪些人卷入了冲突？冲突双方的观点是什么？差异在哪里？双方真正感兴趣的是什么？代表人物的人格特点是什么？根据代表人员的性格特点是目标导向还是手段导向、沟通人员可信任的程度和语言能力的不同，选择恰当的沟通方式。对于目标导向的代表，管理者可能愿意采取非正式的和口头的沟通方式，而对于手段导向的代表，管理人员往往倾向于正式的和书面的沟通方式；对于语言能力较高的代表，管理者可以选择书面化的、严谨的沟通方式；反之，应考虑采用口头交流等形式。这样管理者就可以在最短的时间内使冲突人员及时理解自己传递的信息，从而掌控冲突的局面。

3. 了解冲突的根源

解铃还须系铃人。要想解决冲突，了解冲突的根源是根本。管理者不仅要了解公开的表层冲突原因，还要深入了解深层的、没有说出来的原因。通过对冲突双方代表的谈话，了解冲突发生的真正原因。有些原因是长期积压累成的，有些原因是因为一些小事情造成的，冲突可能是多种原因作用的结果。如果这样，还要进一步分析各种原因作用的强度，以瓦解冲突的真正根源。

4. 掌握人际关系协调的程度

解决冲突中双方的沟通问题是解决冲突的核心问题。在沟通过程中，对一些难沟通的对象，组织可以安排一些与其以往关系密切的人员与他进行沟通。这是因为组织成员中关系密切、接触频繁的人之间信任感较强，合作程度较大。此时采用口头而非正式的沟通方法，有利于尽早化解冲突双方的核心矛盾。

5. 妥善选择处理方法

通常情况下，处理冲突的办法有五种，即回避、迁就、强制、妥协和合作。当冲突无关紧要时，或当冲突双方情绪极为激动需要时间恢复平静时，可采用回避策略；但是当维持和谐关系十分重要时，可采用强制策略，通过行政命令当时牺牲某一方利益进行处理，处理完后再慢慢做安抚工作；当冲突双方势均力敌，争执不下需要采取权宜之计时，只好双方都做出一些让步，实现妥协；当事件重大，双方不可能妥协时，经过开诚布公的谈判，双方不可能进行合作，只能暂时分工进行，寻求双方重新有利的合作对象。

三、谈判

谈判是双方或多方为了实现某种共同的目标，就有关不同点或条件达成协议的沟通过程。这种过程反映的是双方为实现某种商品或服务的交易，有可能反映的是双方某种战略和策略的合作，也可能反映的是争取某种待遇或地位、减税或贷款，还可能反映的是相互分歧而走向联合或明确各自的权益而走向独立。大到国与国之间的谈判，小到小组与小组之间的谈判，更有个人与个人之间的谈判。每一个组织都是在社会中的市场经济下生存的，市场经济本事就是一种谈判无处不在的经济。只要有经济活动的地方，就一定有经济关系，有经济关系的地方，就一定会有谈判产生。所以，任何一个管理者总是要面对无数的谈判对手。如何能做好谈判呢，重要的谈判需要优秀的管理者做到以下几点（见图 9-34）。

```
                    ┌──────────────┐
                    │  分析谈判事件  │
                    └──────┬───────┘
                           │
┌────────────┐      ┌──────┴───────┐      ┌────────────┐
│ 了解谈判对手 │──────│   谈判技巧    │──────│ 展示谈判诚意 │
└────────────┘      └──────┬───────┘      └────────────┘
                           │
                  ┌────────┴────────┐
                  │  坚定和灵活相结合  │
                  └─────────────────┘
```

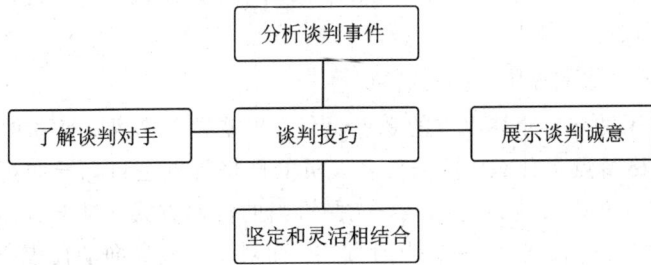

图 9-34　谈判技巧

1. 分析谈判事件

管理者在面对任何一个谈判对手时，必须首先掌握谈判事件的信息，如事件的背景、环境、数据及时间的是非屈折，掌握了一些信息后管理者还需理性地分析双方未来的得失。

2. 了解谈判对手

每一个谈判方都希望自己一方的利益能够最大，对手也一样。如何能够让对方妥协让步，就必须首先掌握谈判对手，他的思维方式、真实意图、战略思想、兴奋点和弱点各是什么？掌握这些因素后，管理者才能够在谈判过程中制约或抑制谈判对手，从而使谈判朝向自己的方向发展。

3. 展示谈判诚意

在谈判过程中，总会听到和看到对方希望他们的利益能够保全，这时候，管理者的态度应不卑不亢，采用对方易于接受的提法，提出合情合理的条件，必要时还可以主动做出让步（只是一个小小的让步），尽可能寻找双赢的解决方案。

4. 坚定和灵活相结合

领导者在谈判过程中对自己目标的基本要求一定要坚持。双方在谈判初期都会将自己一方的要求太过高，一般情况下这种过高的要求在最初的时候仅仅只是试探，有极大的伸缩性，管理者对对方的最初意见不必在意。当陷入谈判僵局时，管理者应尽快采取暂停和冷处理的办法，待双方都冷静后再进行第二轮的谈判，或者争取第三方调停，尽可能避免谈判破裂。

本章小结

沟通，其全称应为沟通联络，也就是信息交流。确切地说，沟通是指将某一信息传递给客体或对象，以期获得客体做出相应反应效果的过程，即指可理解的信息或思想在两人或两人以上的人群中传递与交换的过程，整个管理工作都与沟通有关。沟通通常是指人与人或人与机器之间的信息交流，所以这里的"双方"既可以是人，也可以是机器，人与人之间的沟通过程不同于其他的沟通过程，尤其特殊性。本章主要介绍了沟通的概念、过程、作用、类别，以及正式沟通的渠道、非正式沟通的形态、沟通的原则与方法、有效沟通中的障碍、冲突的处理和谈判的技巧。

复习思考题

1. 什么是沟通？为什么要沟通？
2. 沟通过程中的七个环节因素是什么？
3. 根据沟通方向分类，一般组织都采用的是什么方向的沟通？为什么？
4. 请画出正式沟通流向图。
5. 请简述非正式沟通的管理方法。
6. 正式沟通都采用哪些方法？会议制度方法的作用是什么？
7. 有效沟通障碍构成的因素是什么？如何克服？
8. 人与人之间的差异可以导致冲突的爆发。请简述产生这种差异的原因。
9. 如何处理冲突？
10. 在谈判中我们一般使用的技巧有哪些？

案例分析

某年恒大公司所有部门都卷入一场内讧，大家彼此指责对方。产品研发部对营销部大为不满，认为他们没有为新产品提供详细的计划书。他们对销售人员也很不满，认为销售人员没有向他们反馈客户对新产品的意见。生产部认为，销售部的人员只关心他们的销售额，不惜以牺牲公司利益的方法来推销产品。同时，他们也信不过市场营销部的人，因为他们缺乏准确预测市场趋势的能力。另外，市场营销部则认为，生产部的人思想保守、不愿冒险，他们对生产部的不合作和无休止的诽谤非常愤怒。他们也看不惯产品研发部的人，认为他们动作迟缓，对他们的要求根本没反应。而销售部的人则认为营销部的人没有工作能力，有时在电话上跟生产部的人大吵大闹，指责生产部的人对客户提出的售后服务的要求置之不理。

案例讨论题：

恒大公司面临什么样的危机？产生这场内讧的原因是什么？怎样才能帮助恒大公司走出这场危机？

第十章　创　　新

　　自从 1962 年第一家沃尔玛商店创办以来，在创始人山姆·沃尔顿的领导下，沃尔玛不断扩张，势如破竹，一步一步地走上了世界零售业的巅峰。沃尔玛的成功，首先归功于闪现在沃尔顿身上的杰出的企业家精神。因为正是这种企业家精神促使沃尔顿在关键时刻作出选择，领导企业对环境的变化迅速作出了反应，从而不断地创造优势并获得成功。其中最关键的就是创新精神和合作精神。

一、创新模式

（一）富于远见，敢冒风险

　　二战胜利后的 1945 年沃尔顿从军队复员，他在阿肯色州的新巷小镇租下一个店面，开始经营自己的第一家零售店。在 20 世纪六七十年代，沃尔顿把自己名下的 ben franklin 连锁分店拓展了 15 家，成为业绩最为突出的分店。

　　1962 年，沃尔顿觉察到折价百货商店有着巨大的发展前景，但 ben franklin 总部却否决了其关于投资折价百货商店的建议。为了把握这千载难逢的机会，沃尔顿决定背水一战，以全部财产做抵押获得银行贷款，终于在同年 7 月创办了第一家折价百货商店——沃尔玛，并获得了巨大成功。

　　在这次历史转折中，首先企业家必须富有远见，能发现其他人忽视的商业机会。其次，企业家必须具备不断突破自我的创新精神。当时的沃尔顿已经拥有 15 家 ben franklin 连锁分店，如果是常人很可能选择安安稳稳地过日子。但他并没有满足于现状，而是不断突破自我，追求新的成功，尤其是在关键时刻以全部财产做抵押去获得贷款，破釜沉舟、背水一战，终于使新事业得到顺利地开展。

（二）避"城"就"镇"，出奇制胜

　　沃尔玛是一家从偏远地区小城镇发展起来的巨型零售企业，而且在其发展过程中一直遵循避开大城市的战略。在其高速发展的 20 世纪 70 年代，几乎所有的沃尔玛分店都开在人口几千到两万五千以内的小镇上。

　　一般折价百货公司认为，人口这么少的小镇，难以支持折价店低价竞争所需的销售规模。但沃尔顿认为：只要价格确实低，品种确实多，就能吸引来周围几十英里范围内的居民。

　　事实也确是如此。由于大型连锁公司往往忽视小城镇，故在小城镇开店的最大好处是难以遇上竞争对手，从而可以一路顺利发展。

　　沃尔玛采取的战略在兵法上讲就是"避实就虚，出奇制胜"。不可否认，大城市的市场规模大，但许多大型连锁店已经稳居其中。沃尔玛作为一个市场新进入者，想要在大城市

占有一席之地，必须付出沉重的代价，并且由于实力有限，很可能"出师未捷身先死"。

此时，最理智的战略就是避开对手主力所在的大城市，到竞争较为薄弱的小城镇发展，先一步步地控制小城镇市场，再谋求进一步的扩张。"专注于他人忽视的市场，才能取得引人注视的成就。"

（三）"变"字为本，大胆尝试

进入 20 世纪 70 年代，沃尔玛的目标是进一步发展成为全国性的零售公司。这时，它必将在竞争一贯激烈的美国东北部和西海岸人口周密、大都会密布的地区遇到强有力的对手。

沃尔玛尝试的经营新形式有：

（1）超级中心，它的出发点是将沃尔玛式的折价百货店增加一个以食品为主的城区超市，以吸引顾客更频繁地光顾商店。

（2）会员制批发俱乐部，主要位于大城市的郊区，经营周转快的家庭用品经营面积大但品种少，同时提供较大的价格折扣。

（3）特级市场，是一个集百货、食品、美容、维修、干洗等服务于一体的购物中心。目的是让消费者一次购齐所需要的一切商品。

特级市场由于过分强调大而全而遭遇挫折，但前两种形式获得了较大的成功。可以说，尝试未必导致成功，但不敢尝试，故步自封最终导致失败。在全球经济一体化的今天，经营环境正在发生深刻的变化，创新已成为企业生存和发展的最高法则。只有进行持续创新，不断超越自我，企业才能够走上持续发展的道路。

二、合作模式

（一）与员工合作

沃尔顿一直强调的是：公司不仅仅将顾客视为上帝，还应将员工也视为上帝。在沃尔玛员工被视为"合伙人"，而不是简单的雇员。在物质层面，公司设立了一项利润分享计划，使每位员工都能因公司盈利而获利，而且员工还享有购买公司的优先权。在精神层面，沃尔玛重视公司内部相互之间的思想沟通，创造了一种让员工感到自己是公司重要一员的文化氛围。

工业化以来，横向分工和纵向分工越来越细，每个层级、每个部门、每个人都在埋头做自己的事。物极必反，许多部门站在局部利益和感情的立场上往往坚持本位主义，对其他部门的要求缺乏相应的合作精神，从中人们提高了局部效率，同时也以牺牲整体效果为代价。美国在 20 世纪 80 年代拥有最多的技术和最好的零部件却造不出最好的汽车，正是"瞎子摸象"的结果。在全球经济全球一体化的环境中，要求企业内部具有更高的流动性，信息、知识和经验能够迅速流动。因而企业迫切需要树立内部合作观念，打通各种"隔断"，让所有员工都"聚在一间大屋子里一起思考同一个问题"，将其智慧聚焦于企业的改进和创新。"天下大事、必成于小"。往往就是员工提出的细微改进，经过日积月累后成为企业取胜的利器。而这对于企业来说并不难，早一天实施，就早一天获益。

沃尔顿恰恰用合作精神去再造了企业，通过各种方式不断地改革不合理的因素，创建和谐的企业文化，使部门和个人都充满高度的合作精神，最终通过部门之间、个人之间的合作行为促进企业的发展。

（二）与企业合作

沃尔玛在计算机通信和配送系统方面具有竞争优势，而这种优势恰恰是与其他企业合作的结果。公司 20 世纪 80 年代初就与休斯公司合作发射了一颗人造通信卫星，先后投资近 7 亿美元建立起据说是世界上最大的民用电脑与卫星通信系统。通过该通信网，每天各个分店的各种商品的销售信息将会迅速地传到总部信息中心和相关制造商的信息系统，从中得到哪种商品畅销、哪种商品滞销的信息，并促使其及时地补充供应。沃尔玛的分店提出的订货要求，最多在两天内可送到，而一般的零售商需要 5 天的时间，从而在资金周转速度上有很大的优势。由于先进的设施和良好的管理，沃尔玛的配销成本不仅为大多数连锁商的一半。通过企业间的合作，沃尔玛低成本、高效率地获得了一系列资源，扩展了自身的能力，为其进一步的成功打下了坚实的基础。

每一个企业的自身能力都是有限的，伴随着经济的发展，企业不再仅仅是同静态环境下明确的竞争对手进行竞争，而是在同新技术的发展进行动态的竞争，同潜在的对手竞争。因此，企业有必要与相关的其他企业进行资源共享和核心能力互补，创造双赢局面，共同占领下一轮竞争的制高点。

（三）与"公益"合作

沃尔玛在美国与许多非盈利组织合作，参与了一系列的社区援助活动，其中包括：为高中年级学生升学投报；为儿童医院捐款；同受过特别训练、负责商店环境问题的"绿色协调员"一起帮助人们了解有关再利用等环保知识。在全国范围内，沃尔玛还致力于以下工作：每年为小镇及城市提供工业捐款以支持其经济发展；为那些攻读工程技术学位的大学生提供捐款。

在整个工业时代，仅仅为了追求利益而不考虑其他后果的动机，破坏了人类与自然之间、企业与社会之间的平衡关系。随着绿色观念和可持续发展观念深入人心，企业必须越来越重视自己的社会责任。此时，回报自然、回报社会成为企业的一个基本信念，也成为企业打动消费者的又一种利器。各式各样的非盈利组织，无论其出发点是为了关心自然，还是关心人类社会的某些群体，都会在社会上对某一类或某几类消费者存在特定影响。通过与某些非营利组织的合作，既可以协助该组织实现其组织目标，也可以扩大企业在某些类型消费者中的影响。这一点将具有十分有重要的战略意义。

本章内容

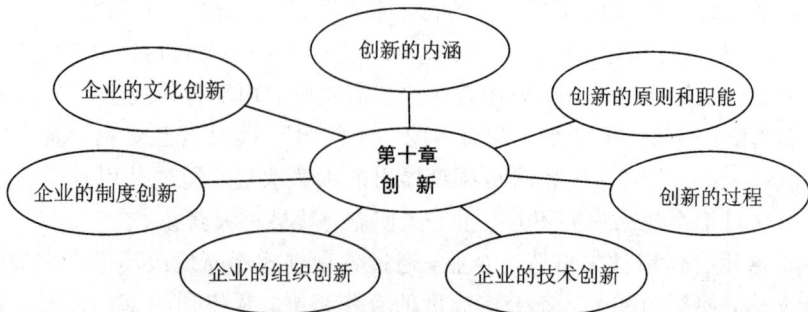

```
┌─────────────┐
│  本章要点   │
└─────────────┘
```

- 创新的内涵
- 创新的原则和职能
- 创新的过程
- 企业的技术创新
- 企业的组织创新
- 企业的制度创新
- 企业的文化创新

第一节　创新的基本内涵

一、创新与人类社会的发展

社会发展的基本原理是生产力与生产关系的矛盾、经济基础与上层建筑的矛盾。社会的发展首先是生产力的发展，生产力是人类征服和改造自然的能力。生产力的基本要素是劳动者、劳动资料和劳动对象。生产资料中的劳动工具是生产力的代表。生产工具直接反映了人们改造自然的深度和广度，标志着生产力的性质和发展水平，人类社会的发展由劳动工具的演变所主导。原始社会的劳动工具经历了旧石器时代、新石器时代；奴隶社会的劳动工具经历了青铜器时代；封建社会的劳动工具经历了铁器时代；资本主义社会的劳动工具经历了机器时代；未来社会则是智能机器时代。生产力落后必然挨打。生产关系的创新是社会发展的保障。生产关系是人们在物质生产过程中形成的不以人的意志为转移的经济关系，包括生产资料所有制关系、生产中人与人的关系和产品分配关系。生产关系的外在表现为政治、法律制度、政策、治理结构。生产力决定生产关系。劳动者在物质文明和精神文明产品生产创造过程中，形成的劳动互助、合作关系就是生产关系，适用于国家法律、政策、制度、劳动分配等关系的解释，是人类本质社会关系互助依存的总和。生产工具标志生产力水平。生产力决定生产关系，生产关系对生产力有反作用。二者的相互作用构成了生产力和生产关系之间的矛盾运动，同时也形成了生产关系一定要适合生产力状况的规律。在生产力和生产关系这对矛盾统一体中，生产力是矛盾的主要方面，生产关系是矛盾的次要方面，生产力对生产关系起着决定性的作用。

创新是人区别于动物的根本标志，是人类文明形成的机制和源泉。"创新是一个民族进步、发展的灵魂，是国家经济发展的不竭动力"。用超越经验的理性理解创新概念。创新是人类所特有的一种主观见之于客观的实践活动。

在创新活动中，作为主体的人，"通过有计划地对客体对象系统的变异思考和实践，使其实现进步和发展的预期目的"。创新活动成立的必要条件是思维的求变（即创新思维），其充分条件是实践结果的发展。只"求变"而未使对象客体实现发展，则视为创新无果或创新失败；离开"发展"目标以单纯"求变"为目的的创新，则可视为伪创新。

人类科学经过漫长的孕育过程，终于迎来了一个创新高潮，实现了近代第一次科学革命，完成了天文、数学和力学的创立。以力学为基础的机械技术革命随着资本主义制度的孕育、确立和发展，改变了人类生产方式，实现了工业化，进入工业文明时代。哥白尼1543 年发表的《天体运行论》提出"日心说"；伽利略宏观力学三定律，开普勒天体力学三定律，牛顿万有引力，完成经典力学体系；力学在工业中的应用形成机械技术革命，导致工业革命，形成工业文明；200 年形成的思维定势固化为形而上学发展观。

图 10-1　人类工具的创新和演变

　　第二次科学革命不仅催生了电气文明社会，还为哲学革命奠定了基础，马克思主义哲学由此创立。1755 年，康德发表的《宇宙发展史概论》，1796 年拉普拉斯发表的《宇宙系统论》提出天体演化论；1830～1833 年，英国地质学家赖尔发表的《地质学原理》提出了地质进化的理论；1840～1850 年，迈尔、焦耳、格罗夫、赫尔姆霍兹等多位科学家从不同方面进行研究提出了"能量守恒与转化定律"。1838 年德国植物学家施莱登发表《植物发生论》一文，提出细胞是一切植物结构的基本单位，认为植物的多样性统一于细胞；1839 年，德国解剖学家施旺发表了《关于动植物的结构和生长的一致性的显微研究》一文，认为细胞也是动物结构的基本单位和发展的基本实体。这就揭示了动植物构造和发育的统一性，填平了动植物之间不可逾越的鸿沟。1859 年达尔文的《物种起源》出版，提出了生物进化论的系统思想。1803 年道尔顿提出原子论，1811 年阿伏加德罗提出了分子论，为化学研究奠定了理论基础。1824 年德国化学家维勒利用无机物合成了有机物——尿素，突破了有机和无机的界限；1865 年法国化学家凯库勒发现苯环结构，1865 年进入了"合成化学年代"。1864年麦克斯韦提出了统一电磁场论，建立了电磁场方程，并预言了电磁波的存在。1869 年门捷列夫发表了第一张元素周期表，揭示了元素之间的内在联系，为新元素的寻找和新材料的研究提供了理论基础。

　　在技术创新的同时，哲学创新孕育出了马克思主义哲学。马克思主义哲学是关于自然、社会和思维发展一般规律的科学，是唯物论和辩证法的统一、唯物论自然观和历史观的统一。它是一个相对真理，它是在继承和发展了德国的古典哲学，英国的古典政治经济学，英国、法国的空想社会主义下形成的马克思主义的三个组成部分之一。它的主要理论来源是辩证法和唯物论。辩证唯物主义和历史唯物主义是马克思主义哲学的两大组成部分，实践概念是它的基础。

　　人类所做的一切事物都存在创新，创新遍布人类的方方面面，如观念、知识和技术的创新，政治、经济、商业及艺术的创新，工作、生活、学习、娱乐、衣、食、住、行及通信等领域的创新，而不仅仅是技术领域的事情，尽管技术创新对人类的生产生活有决定性意义。何道谊认为事物创新——仿复模型具有普遍适用性，在这一模型下生产力由学习能力、创新能力和仿复能力决定，生产力＝（学习能力＋创新能力）×仿复能力。仿复能力指仿照一定的模式进行复制、复做的能力，如企业的年生产能力、年服务接待人次能力。何道谊在《技术创新、商业创新、企业创新与全方面创新》中提出并论述了全方面创新和大研发概念。企业全方面创新，分为：① 作为构成企业有机体的软系统的创新，包括战略创新、模式创新、流程创新、标准创新、观念创新、风气创新、结构创新、制度创新；② 作为企业不可或缺的基本要素硬系统的创新，即人、财、物、技术、信息及其相关体系和管理的创新，如职责体系、权力体系、绩效评估体系、利益报酬体系、沟通体系的创新；③ 通用管理职能的创新，包括目标、计划、实行、检馈、控制和调整六个基本的过程管理职能的创新和人力、组织、领导三个基本的对人管理职能的创新；④ 企业业务职能的创新，如技术、设计、生产、采购、物流、营销、销售、人力及财务等专业业务职能的创新。由于科技的普遍适用性、连续进步的显著性和发展的长期累积性，科技创新是推动人类进步的根本性驱动力，所以研发通常指技术研发。研发是创新的过程，研发功能是专门从事创新的功能。企业创新不仅仅是产品技术的创新而是各方面的创新，那么企业的研发也不仅仅是产品技术的研发，而是涵盖各个方面。

二、创新的内涵

创新是指以现有的思维模式提出有别于常规或常人思路的见解为导向，利用现有的知识和物质，在特定的环境中本着理想化需要或为满足社会需求而改进或创造新的事物、方法、元素、路径、环境，并能获得一定有益效果的行为。

创新是以新思维、新发明和新描述为特征的一种概念化过程，起源于拉丁语，原意有三层含义，第一，更新；第二，创造新的东西；第三，改变。创新是人类特有的认识能力和实践能力，是人类主观能动性的高级表现形式，是推动民族进步和社会发展的不竭动力。一个民族要想走在时代前列，就一刻也不能没有理论思维，一刻也不能停止理论创新。创新在经济、商业、技术、社会学及建筑学等领域的研究中有着举足轻重的分量。在中国大陆，经常用"创新"一词表示改革的结果。既然改革被视为经济发展的主要推动力，促进创新的因素也被视为至关重要。创新从哲学上说是人的实践行为，是人类对于发现的再创造，是对于物质世界的矛盾再创造。人类通过物质世界的再创造，制造新的矛盾关系，形成新的物质形态。

创意是创新的特定形态，意识的新发展是人对于自我的创新。发现与创新构成人类对于物质世界的解放，即为人类自我创造及发展的核心发展的矛盾关系，代表两个不同的创造性行为。只有对于发现的否定性再创造才是人类产生及发展的基本点。实践才是创新的根本所在。创新的无限性在于物质世界的无限性。

创新的哲学要点包括：

（1）物质的发展。物质形态对于我们来说是具体矛盾。我们认识的宇宙与哲学的宇宙在哲学上代表了实践的范畴与实践的矛盾世界两个不同的涵义。创新就是创造对于实践范畴的新事物。任何有限的存在都是可以无限再创造的。

（2）矛盾的是创新的核心。矛盾是物质的本质与形式的统一。物质的具体存在者与存在本身都是矛盾的。任何以人的自我内在矛盾创造的新事物都是创新。

（3）人是自我创新的结果。人以创新创造出自己对于自然的否定性发展。此是人超越自然达成自觉自我的基本路径。人的内在自觉与外在自发构成规律，在物质的总体上形成对立的内在必然与外在必然的差异。创新就是人的自觉和自发！

（4）创新是人类自我发展的基本路径。创新与积累行为构成一个矛盾发展过程。创新是对于重复、简单的劳动方式的否定，是对于人类实践范畴的超越。新的创造方式创造了新的自我！

（5）认识论上看创新是自我意识的发展。自我意识的发展是自我存在的矛盾面，其发展必然推动自我的行为发展，推动自我的生命发展。

从认识的角度来说，就是更有广度、深度地观察和思考这个世界；从实践的角度说，就是能将这种认识作为一种日常习惯贯穿于生活、工作与学习的每一个细节中，所以创新是无限的。从辩证法的角度说，它包括肯定和否定两个方面，从而也就包括肯定之否定与否定之肯定。前者是从认同到批判的暂时过程，而后者是一种自我批判的永恒阶段。所以创新从这个角度来说就是一种"怀疑"，是永无止境的。从社会学的角度看，创新是指人们为了发展的需要，运用已知的信息，不断突破常规，发现或产生某种新颖、独特的有社会价值或个人价值的新事物、新思想的活动。创新的本质是突破，即突破旧的思维定势，旧的常规戒律。创新活动的核心是"新"，或者是产品的结构、性能和外部特征的变革，或者是造型设计、内容的表现形式和手段的创造，或者是内容的丰富和完善。从经济学的角度看，简单地说就是利用已存在的自然资源或社会要素创造新的矛盾共同体的人类行为，或者可以认为是对旧有的一切所进行的替代、覆盖。经济学上，创新概念的起源为美籍经济学家熊彼特在1912年出版的《经济发展概论》。熊彼特在其著作中提出：创新是指将一种新的生产要素和生产条件的"新结合"引入生产体系。其包括五种情况：引入一种新产品，引入一种新的生产方法，开辟一个新的市场，获得原材料或半成品的一种新的供应来源，以及新的组织形式。熊彼特的创新概念包含的范围很广，如涉及技术性变化的创新及非技术性变化的组织创新。到20世纪60年代，新技术革命的迅猛发展。美国经济学家华尔特·罗斯托提出了"起飞"六阶段理论，将"创新"的概念发展为"技术创新"，从"技术创新"提高到"创新"的主导地位。1962年，由伊诺思（L. Enos）在其《石油加工业中的发明与创新》一文中首次直接明确地对技术创新下了定义。"技术创新是几种行为综合的结果，这些行为包括发明的选择、资本投入保证、组织建立、制定计划、招用工人和开辟市场等"。伊诺思的定义是从行为的集合的角度来下定义的。而首次从创新时序过程角度来定义技术创新的林恩认为技术创新是"始于对技术的商业潜力的认识而终于将其完全转化为商业化产品的整个行为过程"。美国国家科学基金会（National Science Foundation of U. S. A.），也从20世纪60年代开始兴起并组织对技术的变革和技术创新的研究，迈尔斯和马奎斯作为主要的倡议者和参与者。在其1969年的研究报告《成功的工业创新》中将创新定义为技术变革的集合。他认为技术创新是一个复杂的活动过程，从新思想、新概念开始通过不断地解决各种问题，最终使一个有经济价值和社会价值的新项目得到实际的成功应用。到20世纪70年代下半期，他们对技术创新的界定大大扩宽了，在NSF报告《1976年：科学指示器》

中，将创新定义为"技术创新是将新的或改进的产品、过程或服务引入市场。"而明确地将模仿和不需要引入新技术知识的改进作为最终层次上的两类创新而划入技术创新定义范围中。20世纪七八十年代开始，有关创新的研究进一步深入，开始形成系统的理论。厄特巴克（J. M. UMerback）在20世纪70年的创新研究中独树一帜。他在1974年发表的《产业创新与技术扩散》中认为，"与发明或技术样品相区别，创新就是技术的实际采用或首次应用"。缪尔赛在20世纪80年代中期对技术创新概念作了系统的整理分析。在整理分析的基础上，他认为："技术创新是以其构思新颖性和成功实现为特征的有意义的非连续性事件"。著名学者弗里曼把创新对象基本上限定为规范化的重要创新，是从经济学的角度考虑创新，他认为，技术创新在经济学上的意义只是包括新产品、新过程、新系统和新装备等形式在内的技术向商业化实现的首次转化。他在1973年发表的《工业创新中的成功与失败研究》中认为，"技术创新是一个技术的、工艺的和商业化的全过程，其导致新产品的市场实现和新技术工艺与装备的商业化应用"。其后，他在1982年的《工业创新经济学》（修订本）中明确指出，技术创新就是指新产品、新过程、新系统和新服务的首次商业性转化。我国20世纪80年代以来开展了技术创新方面的研究。傅家骥先生对技术创新的定义是企业家抓住市场的潜在盈利机会，以获取商业利益为目标，重新组织生产条件和要素，建立起效能更强、效率更高和费用更低的生产经营方法，从而推出新的产品、新的生产（工艺）方法及开辟新的市场，获得新的原材料或半成品供给来源或建立企业新的组织，包括科技、组织、商业和金融等一系列活动的综合过程，此定义是从企业的角度给出的。彭玉冰、白国红也从企业的角度为技术创新下了定义："企业技术创新是企业家对生产要素、生产条件、生产组织进行重新组合，以建立效能更好、效率更高的新生产体系，获得更大利润的过程。"进入21世纪，信息技术推动下知识社会的形成及其对技术创新的影响进一步被认识，科学界进一步反思对创新的认识：技术创新是一个科技、经济一体化过程，是技术进步与应用创新"双螺旋结构"（创新双螺旋）共同作用催生的产物，而且知识社会条件下以需求为导向、以人为本的创新2.0模式进一步得到关注。《复杂性科学视野下的科技创新》在对科技创新复杂性分析基础上，指出了技术创新是各创新主体、创新要素交互复杂作用下的一种复杂的涌现现象，是技术进步与应用创新的"双螺旋结构"共同演进的产物；信息通讯技术的融合与发展推动了社会形态的变革，催生了知识社会，使得传统的实验室边界逐步"融化"，进一步推动了科技创新模式的嬗变。要完善科技创新体系急需构建以用户为中心、需求为驱动、以社会实践为舞台的共同创新、开放创新的应用创新平台，通过创新双螺旋结构的呼应与互动形成有利于创新涌现的创新生态，打造以人为本的创新2.0模式。《创新2.0模式：知识社会环境下的创新民主化》进一步对面向知识社会的下一代创新，即创新2.0模式进行了分析，将创新2.0模式总结为以用户创新、大众创新、开放创新及共同创新为特点的，强化用户参与、以人为本的创新民主化，从企业角度对创新加以定义更有意义。马克思主义概念编辑马克思主义经济学的根本在于劳动概念，而创新是劳动的基本形式，是劳动实践的阶段性发展。基于科学的人类进化、自我创造发展学说的经济学思想，是来自人类自我内在矛盾创造的实践思想。劳动价值论是马克思主义经济学的核心，其揭示出社会发展的本质变量。其在广义上是一切社会存在的基本决定要素。

　　创新劳动是劳动的阶段性发展，是对于同质劳动的超越。劳动的基本矛盾关系是生产工具与劳动力，二者的发展推动了生产力整体的革命性进步。创新是人类对于其实践范畴的扩展性发现和创造的结果，创新在人类历史上首先表现为个人行为，在近代实验科学发展起来后创新在不同领域就不断成为一种集体性行为。但个人的独立实践对于前沿科学的发现及创新依然起到引领作用。创新的社会化形成整体的社会生产力进步！

三、创新的作用

创新是组织适应环境变化的基本过程。任何组织系统都与外界环境不断地发生物质、信息和能量的交换，而系统与环境的这种联系通常是处于不平衡的状态，组织系统要求得与环境的动态适应和平衡，就必须通过不断地创新去实现。

创新是保持组织活力，提高组织竞争力的保证。创新的重要功能是增强组织获取资源、利用资源的能力，以对社会需要的认识能力、员工满意度、组织士气及信心不断提高。组织也因此获得相对于竞争者的综合比较优势，增强其应对竞争的实力。

创新与维持相结合，实现组织最优化的存在状态。任何社会经济技术系统一旦开始存在，就首先追求其自身的存在，延续其寿命，实现其发展。因此，维持是相对于创新的另一种组织活动状态。作为组织两种基本的存在状态，维持与创新对组织的生存和发展都是必不可少的。维持是实现创新的成果，创新为更高层次的维持提供依托。卓越的管理是创新与维持最优组织的管理。

四、管理的创新与维持

在管理实践中整个管理活动的基本内容无非是维持与创新的矛盾统一。所谓有效的管理，就在于适度维持与适度创新相结合。维持与创新对组织系统的生存和发展都是非常重要的，彼此之间相互联系、不可或缺。创新是在维持基础上的发展，而维持则是创新的逻辑延续；维持是为了实现创新的成果，而创新则是为更高层次上的维持提供了依托和框架。任何管理工作，都应围绕着系统运转的维持和创新而展开。只有创新没有维持，系统便会呈现无时无刻、无所不变的混乱状态；而只有维持没有创新，系统则会缺乏活力，最终将被环境所淘汰。卓越的管理是实现维持与创新有机统一的管理。

创新管理的成果具有这样一些特征：首创性、未来性、变革性、先进性及具有时间性。因此，创新的关键在于一个"新"字，是以新思想、新观念和新成果为组织输入活力的活动。创新管理与权变管理一脉相承。只有树立了权变的观念，才能理解创新的必要性和重要性；只有通过创新，才能使权变管理的思想变成现实。

五、创新的类型

按不同的依据，从不同的角度可以将创新分为不同的类型：

（1）从创新的程度看，可分为局部创新和整体创新。

（2）从组织的处境看，可分为防御性创新和积极进攻性创新。

（3）从创新的组织工作看，可分为自发的创新和有组织的创新。

（4）从创新对应的组织寿命周期阶段看，可分为初创时期的创新、运营时期的创新等。

第二节 创新的原则和职能

一、创新的原则

创新的原则就是开展创新活动所依据的法则和判断创新构思所凭借的标准。

1. 遵守科学原理原则

创新必须遵循科学技术原理，不得有违科学发展规律。因为任何违背科学技术原理的创新都是不能获得成功的。比如，近百年来许多才思卓越的人耗费心思，力图发明一种既不消耗任何能量、又可源源不断对外做功的"永动机"。但无论他们的构思如何巧妙，结果都逃不出失败的命运。其原因在于他们的创新违背了"能量守恒"的科学原理。为了使创新活动取得成功，在进行创新构思时必须做到以下几点：

（1）对发明创造设想进行科学原理相容性检查。创新的设想在转化为成果之前，应该先进行科学原理相容性检查。如果关于某一创新问题的初步设想，与人们已经发现并获实践检查证明的科学原理不相容，则不会获得最后的创新成果。因此，与科学原理是否相容，是检查创新设想有无生命力的根本条件。

（2）对发明创新设想进行技术方法可行性检查。任何事物都不能离开现有的条件制约。在设想变为成果时，还必须进行技术方法可行性检查。如果设想所需要的条件超过现有技术方法可行性范围，则在目前该设想也只能是一种空想。

（3）对创新设想进行功能方案合理性检查。任何创新的新设想，在功能上都有所创新或有所增强。但一项设想的功能体系是否合理，关系到该设想是否具有推广应用的价值。因此，必须对其合理性进行检查。

2. 市场评价原则

为什么有的新产品登上商店柜台却渐渐销声匿迹了呢？创新设想要获得最后的成果，必须经受走向市场的严峻考验。爱迪生曾说："我不打算发明任何卖不出去的东西，因为不能卖出去的东西都没有达到成功的顶点。能销售出去就证明了它的实用性，而实用性就是成功。"创新设想经受市场考验，实现商品化和市场化要按市场评价的原则来分析。其评价通常是从市场寿命观、市场定位观、市场特色观、市场容量观、市场价格观和市场风险观六方面入手，考察创新对象商品化和市场化的发展前景，而最基本的要点则是考察该创新的使用价值是否大于其销售价格，也就是要看其性能和价格是否优良。但在现实中要估计一种新产品的生产成本和销售价格并不难，而要估计一种新发明的使用价值和潜在意义则很难。这需要在市场评价时把握住评价事物使用性能最基本的几个方面，包括，① 解决问题的迫切程度，② 功能结构的优化程度，③ 使用操作的可靠程度，④ 维修保养的方便程度，⑤ 美化生活的美学程度，然后在此基础上作出结论。

3. 相对较优原则

创新不可盲目追求最优、最佳、最美及最先进。创新产物不可能十全十美。在创新过程中利用创造原理和方法获得许多创新设想，它们各有千秋，这时就需要人们按相对较优的原则，对设想进行判断和选择。

（1）从创新技术先进性上进行比较。即从创新设想或成果的技术先进性上进行各自之间的分析比较，尤其是应将创新设想同解决同样问题的已有技术手段进行比较，看谁领先和超前。

（2）从创新经济合理性上进行比较选择。经济的合理性也是评价判断一项创新成果的重要因素，所以对各种设想的可能经济情况要进行比较，看谁更合理和节省。

（3）从创新整体效果性上进行比较选择。技术和经济应该相互支持、相互促进，它们的协调统一构成事物的整体效果性。任何创新的设想和成果，其使用价值和创新水平主要是通过其整体效果体现出来的。因此，对创新的整体效果要进行比较，看谁更全面和优秀。创新只要效果好，机制越简单越好。

4. 机理简单原则

在现有的科学水平和技术条件下，如不限制实现创新方式和手段的复杂性，所付出的代价可能远远超出合理程度，使创新的设想或结果毫无使用价值。在科技竞争日趋激烈的今天，结构复杂、功能冗余、使用繁琐已成为技术不成熟的标志。因此，在新创的过程中要始终贯彻机制简单原则。为使创新的设想或结果更符合机制简单的原则，可进行如下检查：① 新事物所依据的原理是否重叠，超出应有范围；② 新事物所拥有的结构是否复杂，超出应有程度；③ 新事物所具备的功能是否冗余，超出应有数量。

5. 构思独特原则

我国古代军事家孙子在其名著《孙子兵法·势篇》中指出："凡战者，以正合，以奇胜。故善出奇者，无穷如天地，不竭如江河。"所谓"出奇"，就是"思维超常"和"构思独特"。创新贵在独特，创新也需要独特。在创新活动中，关于创新对象的构思是否独特，可以从以下几方面来考察：① 创新构思的新颖性。② 创新构思的开创性。③ 创新构思的特色性。

6. 不轻易否定，不简单比较原则

不轻易否定，不简单比较原则是指在分析评判各种产品创新方案时应注意避免轻易否定的倾向。在飞机发明之前，科学界曾从"理论"上进行了否定的论证；过去也曾有权威人士断言，无线电波不可能沿着地球曲面传播，无法成为通信手段。显然，这些结论都是错误的。这些不恰当的否定之所以出现是由于人们运用了错误的"理论"，而更多的不应该出现的错误否定，则是由于人们的主观武断，给某项发明规定了若干用常规思维分析证明无法达到的技术细节的结果。在避免轻易否定倾向的同时，还要注意不要随意在两个事物之间进行简单比较。不同的创新，包括非常相近的创新，原则上不能以简单的方式比较其优势。不同创新不能简单比较的原则带来了相关技术在市场上的优势互补，形成了共存共荣的局面。创新的广泛性和普遍性都源于创新具有的相融性。例如，市场上常见的钢笔、铅笔就互不排斥，即使都是铅笔，也有普通木质的铅笔和金属或塑料杆的自动铅笔之分，它们之间也不存在排斥的问题。总之，我们应在尽量避免盲目地、过高地估计自己设想的同时，也要注意珍惜别人的创意和构想。简单的否定与批评是容易的，难得的却是闪烁着希望的创新构想。

以上是在创新活动中要注意并切实遵循的创新原理和创新原则，这都是根据千百年来人类创新活动的成功经验和失败教训提炼出来的，是创新智慧和方法的结晶，体现了创新的规律和性质，按创新原理和创新原则去创新并非束缚人们的思维，而是将创新活动纳入安全、

可靠、快速运行的大道上来。在创新活动中遵循创新原理和创新原则是提升创新能力的基本要素，是攀登创新云梯的基础，有了这个基础就把握了开启创新大门的"金钥匙"。

二、创新的职能

现代管理认为，创新的职能可分为组织外部环境的创新和组织内部环境的创新。而组织外部环境的创新，相对困难。这里仅就组织内部创新的职能作一定的探讨：

（1）结构变革。一个组织的结构是由其复杂性、正规化和集权化程度决定的。变革者可以对组织设计中的一个或多个关键要素加以变革。此外，为提高组织的正规化程度，可以制定更多的规章和制度。而通过提高分权化程度，则可以加快决策制定的过程。另一个方案是对实际的结构设计做出重大的改革。

（2）技术变革。变革者可以用投入转换为产出的技术进行变革发展。大多数有关管理的早期研究就是侧重于技术发展方面的努力。

（3）物理环境变革。办公场所或工作空间布局不应是随意的。一般来说，当变革者要对空间结构、内部设计、设备布局及其他事项做出决策时，总会认真考虑到工作需要、正常交往需要和社会需要等因素。

（4）人员变革。努力帮助组织中的个人和群体更加有效地在一起工作。通常，这类变革主要通过沟通、决策问题过程来改变组织成员的态度和行为。

（5）组织文化变革。随着时间的推移，某种特定的文化已变得对组织不适宜，成了管理当局的绊脚石。这时管理当局要改革它，组织文化的变革也常常需要经历多年的时间，而不是几周或几个月就能看出其变化。

（6）计划和目标变革。组织目标和组织计划等方面的变革对组织管理影响很大，也很关键，它直接关系到组织的生存和发展方向。

作为重要的管理原理，创新已成为组织发展的重要保证，是组织的灵魂。在管理实践中，各种组织既要牢固树立创新的思想，又要采取切实步骤进行创新活动；既要看到创新为组织发展提供了强大的动力，又要注意分析和防范创新的风险，没有无风险的创新。另外，还要将创新纳入组织制度的体系，使其有章可依，获得保障。

第三节　创 新 过 程

一、创新的过程

成功的创新要经历发现和寻找机会、提出设想和方案、迅速实施行动、坚持不懈这几个阶段的努力。

1. 发现和寻找机会

创新之所以要打破原有的秩序，是因为其内部存在的或出现了某种不协调的现象。创新活动正是从发现和利用旧秩序内部的这些不协调现象开始的。

2. 提出设想和方案

敏锐地观察到了旧秩序中的不协调现象之后，还要透过现象找到原因，并据此分析和预测不协调现象的未来变化趋势，估计它们可能给组织带来的积极或消极后果，并提出消除不协调和使系统在更高层次实现平衡的创新构想。

3. 迅速实施行动

创新的成功秘密主要在于迅速行动。

4. 坚持不懈

创新的过程是一个不断尝试、不断失败及不断提高的过程。因此，创新者在开始行动以后，为取得最终的成功必须坚定不移地继续坚持下去。要在创新中坚持下去，创新者必须有足够的自信心和较强的忍耐力。

管理系统还需要建立起合理的评价和奖惩制度。创新的原始动机也许是个人的成就感、自我实现的需要。但是如果创新的努力不能得到组织和社会的承认，不能得到公正的评价和合理的报酬，则继续创新的动力就会渐渐失去。所以，物质的和精神的激励，也是维持组织不断出现创新成就的保证。

二、创新思维

现代组织的一切创新活动首先是思维的创新，管理者的创新思维是管理创新职能的基本前提和内容。在组织活动中新技术的发明、新观念的形成及新理论的创建，都应当归因于创新思维的形成。所以，组织管理的成功就在于创新。

1. 创新是管理的核心要求

管理活动必须有创新所伴随，不仅因为管理活动是处在每时每刻都变化着的内、外环境中，必须以创新来适应和迎接这些变化。

2. 创新思维的特征

创新思维在思路的选择上、在思考的技巧上及在思维的结论上都具有独到之处，在前人和现有的思想基础上有新的见解、新的发现和新的突破，从而具有一定范围内的首创性和开拓性。创新思维并不十分看重别人的经验和方法，不完全遵循现有的程序，在方式、方法、程序及途径等各方面都是没有条条框框的，因而可以自由想象，采取多方位试探解决问题的方法。

3. 创新思维的重要作用

（1）创新思维是一切管理知识和经验的源泉。

（2）创新思维是提高管理水平的有效途径。

（3）创新思维可以开辟管理活动的新局面。

对于管理者来说，是否具有创新思维，是由各方面因素决定的。他的管理经验、知识水平和文化素养都是创新思维的前提。但在管理活动中，最能激发管理者创新思维的因素是目标、意志、兴趣及情感等。创新思维不是无源之水，人要进行创新思维就必须具备一定的知识和经验。知识和经验越丰富，往往越能够进行创新思维。

4. 创新思维的基本前提

（1）知识和经验为创新思维提供契机。知识和经验越丰富，就越能观察和发现问题，也就越能开辟出进行创新思维的新领域。

（2）知识和经验对管理者确定创新思维的方向。管理者要进行有效而成功的创新思维，必须从自己的智力、才能和素质等实际情况出发，才能设计出成功的道路。

（3）知识和经验决定着管理者创新思维的质量。知识和经验越丰富，他的视野也就越开阔，他的思路就越宽广，就能够进行广泛的联想和丰富的想象。

三、创新的阻力及克服

随着组织所处的内、外环境的变化，组织变革是一种经常性的工作，同时也受到外界组织和成员的抵制。变革阻力的原因是多方面的，可归纳为个体、组织自身和外部环境等方面。

1. 个体阻力

变革中个体的阻力源自于人类的基本特征：① 习惯。如果你面对突然的变革时，以长期形成的惯有方式做出反应的趋向，会成为阻力源。② 安全对未知的恐惧。③ 经济因素。在变革过程中，人们担心工作任务或工作规范的改变会引起经济收入的下降，导致人们的心理恐慌和抵制改革现象。④ 选择性信息加工。

2. 组织阻力

组织就其本质来说是保守的，会积极地抵制变革。抵制变革的组织阻力主要有六方面：① 结构惯性，组织有其固有的机制保持其稳定性；② 变革点的有限性，组织由一系列相互依赖的子系统组成，一个子系统的变革必然会影响其他的子系统；③ 群体惯性，即使个体想改变他们的行为，群体规范也会成为约束；④ 对专业知识的威胁，组织中的变革可能会威胁到专业群体的专业技术知识；⑤ 对已有的权力关系的威胁；⑥ 对已有原资源分配的威胁。

3. 外界阻力

外界阻力包括四方面：① 与本组织直接利益关联者。
② 不同观点的各种媒体和社会舆论。
③ 上级部门或行业的直接管理者。
④ 法律、法规、制度和国家政策。

4. 创新阻力的克服

（1）宣传、教育和沟通：利用广泛的各种形式的宣传，举行各种形式的教育培训，会使创新的阻力大大减少。

（2）参与：个体很难抵制他们自己参与做出的变革决策。

（3）促进与支持：变革推动者可以通过提供一系列支持性措施来减少阻力。

（4）谈判：变革推动者处理变革的潜在阻力的另一个方法是以某些有价值的东西来换取阻力的减少。

（5）带头示范：通过让某个变革阻力群体的领导者在变革决策中承担重要角色来起示范和带动他们。

（6）强制：是最后一项策略，即直接对抵制者实施实在的威胁和压力。

第四节　企业技术创新

一、什么是企业技术创新

技术创新是指生产技术的创新，包括开发新技术，或将已有的技术进行应用创新。科学是技术之源，技术是产业之源，技术创新建立在科学道理的发现基础之上，而产业创新主要建立在技术创新基础之上。

技术创新和产品创新既有关系密切，又有所区别。技术的创新可能带来但未必带来产品的创新，产品的创新可能需要但未必需要技术的创新。一般来说，运用同样的技术可以生产不同的产品，生产同样的产品可以采用不同的技术。产品创新侧重于商业和设计行为，具有成果的特征，因而具有更外在的表现；技术创新具有过程的特征，往往表现得更加内在。产品创新可能包含技术创新的成分，还可能包含商业创新和设计创新的成分。技术创新并不一定带来产品的改变，而仅仅带来成本的降低和效率的提高。例如，改善生产工艺、优化作业过程从而减少资源消费、能源消耗、人工耗费或者作业速度提高。另一方面，新技术的诞生往往可以带来全新的产品，技术研发往往对应于产品或者着眼于产品创新，而新的产品构想往往需要新的技术才能实现。

创新作为经济学的概念，是 1912 年由美籍奥地利经济学家熊彼特在他的《经济发展理论》一书中提出的。熊彼特认为，创新就是将生产要素和生产条件的新组合引入生产体系，即建立一种新的生产函数。他将创新活动归结为五种形式：

(1) 生产新产品或提供一种产品的新质量；

(2) 采用一种新的生产方法、新技术或新工艺；

(3) 开拓新市场；

(4) 获得一种原材料或半成品的新的供给来源；

(5) 实行新的企业组织方式或管理方法。

后来，经济学家在发展创新理论的过程中将创新区分为技术创新和制度创新。技术创新是指人类通过新技术改善经济福利的商业行为。技术创新不是纯技术概念，而是一个经济学范畴。熊彼特认为，创新就是发明创造的第一次商品化。

熊彼特特别强调企业家在经济活动中的主导地位。他把企业家定义为具有创新才能的人。企业家是创新活动的人格化，没有企业家，创新也就无从谈起。企业家的创新行为是使科学家的发展创造成果引入经济活动中，一般情况下创新可以降低成本或提高产品质量，从而使实行创新的厂商在竞争中占据优势，获得超额利润。超额利润的引诱会促使其他企业纷纷模仿，创新及模仿浪潮必然会促进整个经济的增长和发展。也就是说，熊彼特将技术创新作为一个转换媒介，使科学技术与经济增长和发展联系了起来。

二、企业技术创新的相近概念

1. 技术创新和技术进步是两个有区别的概念

技术进步是指技术所涵盖的各种形式知识的积累与改进。在开放经济中，技术进步的途径主要有三个方面，即技术创新、技术扩散及技术转移与引进。而技术创新是"生产函数的移动",是一个科技、经济一体化过程,是技术进步与应用创新"双螺旋结构"共同作用催生的产物。目前在科技创新体系下更多地注重技术进步,对面向用户的应用创新则给予较少关注。科技成果的转化率低、实用性和推广性差等很多科技管理体系的弊病都与此相关,技术发展与用户需求对接出现了问题,造成技术进步与实际应用之间的脱节。

2. 技术创新也不同于研究开发

经济合作和发展组织(OECD)将研究开发定义为:"研究和实验开发是在一个系统的基础上的创造性工作,其目的在于丰富有关人类、文化和社会的知识库,并利用这一知识进行新的发明。"研究开发是创新的前期阶段,是创新的投入,也是创新成功的物质基础和科学基础。

3. 技术创新与模仿、扩散之间也有一定的关系

模仿是指企业仿制生产创新者的产品。模仿是创新传播的一种重要形式,不只是简单地仿制,包含着渐进的创新和对原设计的不断改进。录像机是美国公司的创新,但日本通过模仿掌握这项技术后对产品进行了改进,使录像机性能有了很大的提高。扩散是指创新的成果被其他企业通过合法手段采用的过程。创新的潜在效应一般通过扩散逐渐得以发挥。正是因为模仿和扩散,创新才引起产业结构的改变。

三、技术创新的决定因素

根据技术创新理论的代表人物莫尔顿·卡曼和南赛·施瓦茨的研究,决定技术创新的因素有三个。

1. 竞争程度

竞争引起技术创新的必要性。竞争是一种优胜劣汰的机制,技术创新可以给企业带来降低成本、提高产品质量和经济效益的好处,帮助企业在竞争中占据优势。因此,每个企业只有不断进行技术创新,才能在竞争中击败对手,保存和发展自己,获得更大的超额利润。

2. 企业规模

企业规模的大小是从两方面影响技术创新的能力,因为技术创新需要一定的人力、物力和财力,并承担一定的风险。规模越大,这种能力越强。另一方面,企业规模的大小影响技术创新所开辟的市场前景的大小。一个企业规模越大,在技术上的创新所开辟的市场也就越大。

3. 垄断力量

垄断力量影响技术创新的持久性。垄断程度越高,垄断企业对市场的控制力就越强,别的企业难以进入该行业,也就无法模仿垄断企业的技术创新,垄断厂商技术创新得到的超额利润就越能持久。他们认为,"中等程度的竞争"即垄断竞争下的市场结构最有利于技术创新。在这种市场结构中,技术创新又可分为两类:一是垄断前景推动的技术创新,是指企业由于预计能获得垄断利润而采取的技术创新;二是竞争前景推动的技术创新,是指企业由于担心自己目前的产品可能在竞争对手模仿或创新的条件下丧失利润而采取的技术创新。

技术创新主要以企业活动为基础,企业的创新活动需要有一定的动力和机制。在市场

经济条件下，作为自主经营、自负盈亏的经济主体，企业之间存在着竞争。要生存和发展就必须争取市场，否则就会在竞争中被淘汰。要扩大市场，就必须在成本、产品质量及价格上占优势，这就迫使企业必须进行技术创新。企业在市场竞争中求生存和发展，这是促进企业技术创新的必要条件。技术创新也需要有良好的宏观环境。企业进行技术创新的主要动力是获取高额利润。只有当对经济前景有乐观的预期时，才愿意进行技术创新，这就要求宏观经济能稳定增长。政府的主要经济职能就是稳定经济，减少经济波动。完善的社会保障制度是企业进行技术创新的后盾，否则，技术创新的风险使一些企业难以承受。此外，国家还应从财政、信贷、公共投资等方面保证技术创新的资金供应。

四、技术创新的极端观点

绝大多数文章对技术创新的认识具有明显的片面性和局限性。这些混乱的认识基本上可以归结为如下两种极端观点。

1. 把技术创新看作纯粹的技术行为

这种观点突出地表现为将技术创新等同于生产过程中的产品创新或工艺创新，而产品创新或工艺创新仅仅是一种技术上的要求，创新成果的市场应用并不需要考虑或较少考虑。实质上，技术创新在这里被等同于技术的开发。这是对技术本身重要性强调的观点，不仅具有一定的理论意义，也具有相当的实践意义。从理论上看，这一观点把握并强调了技术创新的一个重要组成部分，即技术的开发。在实践中，这一观点的意义表现在几个方面。从企业的角度看，现实中的不少企业，尤其是国有、集体企业对技术开发已有太久的隔离。因为在计划经济体制下，这些企业无需技术的开发就能生存甚至"发展"。改革开放20年后的今天，这一现象至今犹存。计划经济体制下大锅饭的"香甜"仍让这些国有、集体企业回味，这些企业的运作、管理等方面仍然表现出在某种程度上对过去的依恋与固执。对技术开发的强调，有可能使这些企业重视技术的开发，主动或被动建立起自己的技术开发中心。从政府的行为看，也会在一定的范围内给予企业某种程度的发展空间，为企业提供一定的技术开发方面的服务。同时，这一观点也有助于提高对企业本身发展规律的认识，对技术开发的主体——高校和科研机构——有更多的关注。当然，对知识积累和技术开发人才的重视也是该观点中的应有之意。毕竟，技术的开发需要知识积累和技术人才为条件。

这一观点的不足之处也是显然的。对这一方面的思考，同样可以从理论与实践两个层面展开。这一观点理论上的危害是将技术创新的一个环节——技术开发当作技术创新。这一观点指导下的实践会出现诸多的严重后果。一方面，由于产品创新或工艺创新并不强调市场的导向作用，产品创新或工艺创新并不能保证产品的市场成功，使企业对技术的开发失去兴趣和信任，对技术开发发生怀疑。这对企业的发展是绝对不利的。另一方面，由于技术开发本身能否成功，只取决于对技术发展规律的认识程度，至于技术开发的成果在市场中会有什么作用并不在考虑之列。这将阻碍高校和科研院所技术开发的进一步深化，使技术转移的难度加大或成为不可能。计划经济时代及如今同样存在于不少高校和科研院所的技术开发成果难以转化的现象，正说明了这一观点的危害性。这一种认识的泛滥，无疑会强化只考虑技术开发本身的可行性的技术开发模式的继续存在，阻碍技术开发面向市场、面向企业的步伐。

2. 将技术创新看作是纯粹的经济行为

有人认为技术创新的本质只是一种经济行为，技术创新只能相对于一定的经济利益而存在，如果不能获得预期的经济效益，技术创新就不会发生或很难进行下去。相对于上一种观点而言，这一观点弥补了上一观点之不足，强调了技术开发中市场的导向作用，强调了技术开发成果在市场中的成功，这无疑从理论上抓住了技术创新过程中的关键部分——技术的利用。在某种意义上甚至是一种理论范式的突破，从过去只重视技术开发本身到重视技术开发成果的市场成功，这一突破对实践产生的影响是深远的。促进技术开发行为的市场取向，将使技术开发的成果具有更多的转化可能性，技术开发成果限于文章、样品的尴尬局面也将被打破，经济的增长具有了更可靠的技术保证。

然而，正是这一观点的成功之处，带来了它的明显不足。只强调技术创新中的经济行为，不仅存在理论上的缺失，而且会导致实践中的错误取向。从理论角度而言，只强调经济行为，将使技术本身发展的规律、技术开发的可能性被忽略。这将导致企业有可能作出从技术上无法实现的技术选择，企业因此承担了本不必承担的更多、更大的风险。从全社会来讲，只强调技术创新中的市场导向，将使技术的开发得不到足够的重视，技术的利用也就失去源泉，成为无本之木。在纯粹的市场导向下，对技术进行利用的结果可能对环境产生不可忽略的负面影响，与社会可持续发展要求相背离。这一种观点尽管相对于上述观点而言，有了更多的可取之处，但仍然不能成为理想的选择。只有充分融合上述两种观点，才可能在实践中达到预期的目标。

五、技术创新的过程

对技术创新过程的认识和划分，目前国内外学者从不同的角度形成不同的看法。既然技术创新是一个新产品或新工艺的第一次商业运用，那么技术创新过程也必然是一个从新的产品或工艺创意到真正商业化的过程。结合我国企业技术创新运行过程的实际情况，可以把技术创新过程划分为以下六阶段。

1. 创意思想的形成阶段

创意的形成主要表现在创新思想的来源和创新思想的形成环境两个方面。创新思想可能来自科学家或从事某项技术活动的工程师的推测或发现，也可能来自市场营销人员或用户对环境及市场需要或机会的感受，但是这些创意要变成创新还需要很长时间。人造纤维从创意到创新大约用了 200 年，计算机是 100 年，而航天飞机更长。创新思想的形成环境主要包括市场环境、宏观政策环境、经济环境、社会人文环境及政治法律环境等。

2. 研究开发阶段

研究开发阶段的基本任务是创造新技术，一般由科学研究（基础研究、应用研究）和技术开发组成。企业从事研究开发活动的目的是很实际的，那就是开发可以或可能实现实际应用的新技术，即根据本企业的技术、经济和市场需要敏感地捕捉各种技术机会和市场机会，探索应用的可能性，并把这种可能性变为现实性。研制出可供利用的新产品和新工艺是研究开发的基本内容。研究开发阶段是根据技术、商业、组织等方面的可能条件，对创新构思阶段的计划进行检查和修正。有些企业也可能根据自身的情况购买技术或专利，从而跳过这个阶段。

3. 中试阶段

中试阶段的主要任务是完成从技术开发到试生产的全部技术问题，以满足生产需要。小型试验在不同规模上考验技术设计和工艺设计的可行性，解决生产中可能出现的技术和工艺问题，是技术创新过程不可缺少的阶段。

4. 批量生产阶段

按商业化规模要求把中试阶段的成果变为现实的生产力，生产出新产品或新工艺，并解决大量的生产组织管理和技术工艺问题。

5. 市场营销阶段

技术创新成果的实现程度取决于其市场的接受程度。本阶段的任务是实现新技术所形成的价值与使用价值，包括试销和正式营销两个阶段。试销具有探索性质，探索市场的可能接受程度，进一步考验其技术的完善程度，并反馈到以上各个阶段，予以不断改进与完善。市场营销阶段实现了技术创新所追求的经济效益，完成了技术创新过程中质的飞跃。

6. 创新技术扩散阶段

创新技术扩散阶段即创新技术被赋予新的用途，进入新的市场，如雷达设备用于机动车测速，微波技术用于微波炉的制造。在实际的创新过程中，各阶段的划分不一定十分明确，各个阶段的创新活动也不仅仅是按线性序列递进的，有时存在着过程的多重循环与反馈，以及多种活动的交叉和并行。下一阶段的问题会反馈到上一阶段以求解决，上一阶段的活动也会从下一阶段所提出的问题及其解决中得到推动、深入和发展。各阶段相互区别，又相互联结和促进，形成技术创新的统一过程。

【知识链接 10 - 1】

格力电器的技术创新

珠海格力电器股份有限公司是目前中国最大的集研发、生产、销售、服务于一体的专业化空调企业。从一个当初年产不到两万台的毫不知名的空调小厂，一跃成为今天拥有珠海、重庆、合肥、巴西四大生产基地，员工超过 4 万人，家用空调年产能力 2500 万台，商用空调年产值 50 亿元的知名跨国企业。2007 年，格力电器实现销售收入 380.41 亿元，净利润 12.70 亿元。从 1995 年至今，格力空调连续 13 年产销量、市场占有率均居中国空调行业第一，并连续三年位居世界第一。

（一）企业背景

公司自 1991 成立以来，紧紧围绕"专业化"的核心发展战略，以"创新"精神促进企业发展壮大，以"诚信务实"的经营理念赢取市场和回报社会，使企业在竞争异常激烈的家电市场中连续多年稳健发展，取得了良好的经济效益和社会效益。

多年来，格力空调奠定了国内空调市场的领跑者地位。格力品牌深入人心，并以"精品空调，格力创造"和"买品质，选格力"著称国内空调市场，在广大消费者中享有很高的声誉，并先后多次获得"中国驰名商标"、"中国名牌产品"、"国家免检产品"、海关总署"进出口企业红名单"、B. I. D"WQC 国际之星金奖"及"杰出成就和商业声誉国际质量最高奖"等知名荣誉。2005 年以来，格力电器连续三年被授予中国"节能贡献奖"称号，是空调品牌云集的广东省内唯一连续三年获得这一称号的空调企业。2006 年 3 月，格力被巴西民意调查局授予"巴西人最满意品牌"称号。2006 年 9 月，格力被国家质检总局授予"中国世界名牌"称号，成为中国空调行业第一个也是唯一一个世界名牌。2006 年 11 月，格力电器获得了中国质量领域的顶级荣誉"全国质量奖"；同月，格力电器获国家质检总局颁发的"出口免检"证书，从而成为中国空调行业首家获得出口免检的企业。2007 年 1 月，格力品牌被国家商务部授予"最具竞争力品牌"。2007 年 7 月，格力电器被国家人事部、国家质检总局联合授予"全国质量工作先进集体"称号，是家电业唯一获此殊荣的企业。

　　为提升格力空调在国际舞台上的综合竞争力和维护"格力"品牌的形象，2004 年 9 月，格力电器成功收购了珠海凌达压缩机有限公司、珠海格力电工有限公司、珠海格力新元电子有限公司和珠海格力小家电有限公司四家企业。2006 年 3 月，格力电器再次成功收购珠海凯邦电机有限公司，开始整合上游资源，完善空调产业链，充实营销网络，为企业进一步做精、做强、做大奠定良好的基础。

　　（二）持续的技术创新能力

　　在价格竞争日趋激烈的家电行业，格力电器得以长期立于不败之地的"杀手锏"就在于：企业持续地进行技术创新，培育自己的核心竞争能力，拓宽自己的发展空间。至今已开发出包括家用空调、商用空调在内的 20 大类、400 个系列、7000 多个品种规格的产品，取得多项国、内外技术专利，打破了美日制冷巨头的技术垄断，在国际制冷行业取得了广泛的影响力。

　　格力电器一直致力于通过技术创新来培养自身的核心竞争力，这是其成功的最主要原因。核心竞争力，本质上说是企业独特的知识和技能的集合。它对企业的作用在于动态地整合资源的能力，提供和企业环境变化相适应的能力。核心竞争力不仅是竞争优势的根，而且也是企业竞争之源，用核心竞争力可以有效地说明企业战略形成的竞争力。在这种思想框架中，企业的竞争优势分为三个层次：基层是核心竞争力，中层是核心产品，外层是最终产品和服务。从这方面来看，可将企业竞争力看做是三种层次竞争优势的总和。格力的领导和员工较早就认识到这一点，他们视技术创新和技术进步为企业发展的生命力。1992 年格力电器公司创建之初，只有一条落后了十年的空调生产线，年生产能力不足两万台。在此情况下企业要想在市场上站稳脚跟并闯出一片天地，必须依靠技术进步，使公司在设计、工艺、生产、质量上赶上甚至超过同行业中的知名品牌，以技术创新为起点，从而形成后来者居上的竞争优势。基于这种认识，格力电器就制定了"通过技术创新形成自己的核心竞争能力"的战略，即通过技术上的不断创新使企业能比别人抢先一步生产出新颖的产品，抢先占领市场。因为格力人深信：没有疲软的市场，只有疲软的产品；没有不挣钱的行业，只有不挣钱的企业。

　　首先，格力电器每年拿出 3000 万～5000 万元资金投入到新产品的研制开发上，每年都有产品投放市场。公司创建六年，开发出六大系列、130 多种空调新产品，拥有 68 项专利，其总经理个人发明就占到 1/30。格力率先推出并一度热销的"小霸王"电扇、"空调王"和"冷静王"空调，一年后市场才出现类似的产品。技术创新使格力成为空调领域的工业巨人。

　　其次，格力电器有精确的定位，走专业化的技术创新之路。格力公司经过精心考察，确定了走专业化的技术创新之路，集中人力、物力和财力专攻家用空调，不涉足其他领域，从而大大缩短了新产品开发周期，产品从设计转入生产、从小批量转为大批量的过程加快，安装、维修、服务也周到快捷，使产品受到消费者的青睐。正是这种专业化的技术创新策略，使格力每年都有新产品推向市场。

最后，以客户为导向，满足市场消费者的需求就是技术创新的出发点和归宿。格力电器始终将"以客户为导向"贯穿于技术创新的过程中，并据此开发新产品。1992年，在空调市场供不应求的情况下，格力人就开始研制节能的分体机——"空调王"。其产品创新目标就是生产世界上制冷效果最好的空调器，能效比要超过3.3，而国家规定的能效比是2.8。经过艰苦努力"空调王"研制成功了，投放市场后立即引起轰动，并且非常畅销。为了满足消费者需要，生产出能效高、噪音低，更冷、更静、更省电的空调。1996年11月，格力在竞争激烈的空调市场推出了"更冷、更静、更省电"的分体空调——"冷静王"。这种产品能效比高达3.35，而噪声仅34.2分贝，两项关键指标位居世界前列。投放市场后"冷静王"一直供不应求，还打进国际市场，在欧洲市场的销售价格与日本产品持平，一改过去中国电器销售价低、难上大商场的局面，为中国民族工业争了一口气。后来，根据中国大城市住房特点，格力又开发出被消费者誉为"家庭中央空调"的家用灯箱柜机。这种空调小巧玲珑，噪音极低，一台就能满足三室一厅的制冷需要。一些商家需要大功率的空调，却没有更多的地方摆设。格力电器又专门开发出三匹壁挂机，进而又推出分体吊顶式空调和四面出风的分体式天井空调，满足了不同消费者的不同需求。

（三）启示

持续的技术创新提高了格力电器的品牌形象，增强了企业的生命力，提高了在市场上的竞争能力。格力电器在面对同样的市场、同样的设备、同样的生产线时，产品的市场占有率之所以会不断上升，公司效益之所以会逐年增加，主要是认识到技术创新是企业进步和发展的必由之路，它可以让产品的技术升级、产量增加及成本降低。这样企业的产品可以迎合现代社会消费群体对产品越来越高的要求，从而保持或提高产品的销售量，企业也因此能够得到巨大的利润，如此下去就形成了良性循环，企业才可以立足于市场的竞争行列中，保持其活力。

第五节　企业组织创新

一、企业组织创新的内涵

企业组织创新是指随着生产的不断发展而产生的新的企业组织形式（如股份制、股份合作制、基金会制等）。换句话说就是，改变企业原有的财产组织形式或法律形式使其更适合经济发展和技术进步。组织创新是企业管理创新的关键。现代企业组织创新就是为了实现管理目的，将企业资源进行重组与重置，采用新的管理方式和方法，新的组织结构和比例关系，使企业发挥更大效益的创新活动。企业组织创新是通过调整优化管理要素人、财、物、时间、信息等资源的配置结构，提高现有管理要素的效能来实现的。作为企业的组织创新，可以有新的产权制、用工制及管理机制，公司兼并和战略重组，对公司重要人员实行聘任制和选举制，企业人员的调整与分流等。

组织创新的方向就是要建立现代企业制度，真正做到"产权清晰、权责明确、政企分开、管理科学"。企业的组织创新，要考虑企业的经营发展战略，要对未来的经营方向、经营目标、经营活动进行系统筹划；要建立以市场为中心的对市场信息、宏观调整信号及时作出反应的反馈应变系统；要不断优化各项生产要素组合，开发人力资源；在注重实物管理的同时，应加强价值形态管理，注重资产经营、资本金的积累等。

二、企业组织创新的主要内容和方向

企业组织创新的主要内容就是要全面、系统地解决企业组织结构与运行，以及企业间组织联系方面所存在的问题，使之适应企业发展的需要。其具体内容包括企业组织的职能结构、管理体制、机构设置、横向协调、运行机制和跨企业组织联系六个方面的变革与创新。

1. 职能结构的变革与创新

要解决的主要问题包括：第一，走专业化的道路，分离由辅助作业、生产与生活服务、附属机构等构成的企业非生产主体，发展专业化社会协作体系，精简企业生产经营体系，集中资源强化企业核心业务与核心能力。第二，加强生产过程之前的市场研究、技术开发、产品开发和生产过程之后的市场营销、用户服务等过去长期薄弱的环节，同时加强对信息、人力资源、资金与资本等重要生产要素的管理。

2. 管理体制（组织体制）的变革与创新

管理体制是指以集权和分权为中心、全面处理企业纵向各层次特别是企业与二级单位之间权责利关系的体系，亦称为企业组织体制。其变革与创新要注意以下问题：

第一，在企业的不同层次正确设置不同的经济责任中心，包括投资责任中心、利润责任中心、成本责任中心等，消除因经济责任中心设置不当而造成的管理过死或管理失控的问题。

第二，突出生产经营部门（俗称"一线"）的地位和作用，管理职能部门（二线）要面向一线，对一线既管理又服务，根本改变管理部门高高在上，对下管理、指挥监督多而服务少的传统结构。

第三，作业层（基层）实行管理中心下移。作业层承担着作业管理的任务。这一层次在较大的企业中还可分为分厂、车间、工段、班组等若干层次。借鉴国外企业的先进经验，调整基层的责权结构，将管理重心下移到工段或班组，推行作业长制，使生产现场发生的问题，由最了解现场的人员在现场迅速解决，从组织上保证管理质量和效率的提高。

3. 机构设置的变革与创新

考虑横向上每个层次应设置哪些部门，部门内部应设置哪些职务和岗位，怎样处理好他们之间的关系，以保证彼此间的配合协作。改革方向是推行机构综合化，在管理方式上实现每个部门对其管理的物流或业务流，能够做到从头到尾、连续一贯的管理，达到物流畅通、管理过程连续。其具体做法就是将相关性强的职能部门归并到一起，做到一个基本职能设置一个部门、一个完整流程设置一个部门。其次是推行领导单职制，即企业高层领导尽量少设副职，中层和基层基本不设副职。

4. 横向协调的变革与创新

第一，协调、工序服从制度，实行相关工序之间的指挥和服从。

第二，主动协作、工作渗透的专业搭接制度。在设计各职能部门的责任制时，对专业管理的接合部和边界处，有意识地安排一些必要的重叠和交叉。有关科室分别享有决定、确认、协助、协商等不同责权，以保证同一业务流程中的各个部门能够彼此衔接和协作。

第三，对大量常规性管理业务，在总结先进经验的基础上制定制度标准，大力推行规范化管理制度。这些标准包括管理过程标准、管理成果标准和管理技能标准。

5. 运行机制的变革与创新

建立企业内部的"价值链"，上下工序之间、服务与被服务的环节之间，用一定的价值形式联结起来，相互制约，力求降低成本、节约费用，最终提高企业整体效益。改革原有自上而下进行考核的旧制度，按照"价值链"的联系，实行上道工序由下道工序考核、辅助部门由主体部门评价的新体系。

6. 跨企业组织联系的变革与创新

前面五项组织创新内容，都是属于企业内部组织结构及其运行方面的内容。除此之外，还要考虑企业外部相互之间的组织联系问题。重新调整企业与市场的边界，重新整合企业之间的优势资源，推进企业间组织联系的网络化，这是新世纪企业组织创新的一个重要方向。

三、中国企业组织创新模式

在中国现阶段经济改革转型时期，企业组织创新可划分为三种模式：战略先导型组织创新模式、技术诱导型组织创新模式及市场压力型组织创新模式。

1. 战略先导型组织创新模式

从创新的动力源看，战略先导型组织创新的动力主要来自于企业战略导向的变化。在企业高层管理者对内、外环境变化的预见或快速反应的驱动下，企业首先将企业家的智力和时间资源，以及相应的物质和组织资源集中投入到企业战略的变革上，分析外部环境和内部条件、确立组织视野、明确目标规划、调整产品结构，实现战略创新。在此基础上，一方面转变观念、形成新规范、调整人际关系，进行文化创新；另一方面，着眼于重新配置企业责权结构，使结构创新适应战略创新和文化创新的需要。

战略先导型组织创新的本质在于，由企业战略创新启动，文化创新与结构创新同步进行，从而实现企业战略创新、文化创新和结构创新的动态匹配。正是这三类创新的协同匹配，使战略先导型组织创新表现出带有企业内源性根本组织创新的特点。战略先导型组织创新模式的实现除了要求企业家具有战略眼光和超前决策能力外，还要求企业必须在快速发展的产业环境中具有充分的成长空间，并能够有效利用各种信息源，尤其善于创造性地学习和借鉴外部组织创新的经验，以尽量减少创新成本。

2. 技术诱导型组织创新模式

从创新的动力源看，技术诱导型组织创新的动力主要来自于企业新技术的发展，尤其是企业带有根本性的产品创新导致的产品结构变化。由于产品结构变化，企业的部门设置、资源配置及责权结构都要有相应的调整，从而引发结构创新。在结构创新的基础上，企业价值观念和行为规范会发生潜移默化的转变，完成渐进的文化创新。结构和文化的逐渐变化又会进一步诱致企业战略创新。因而，技术诱导型组织创新总是表现为由结构创新到文化创新，再到战略创新的逻辑顺序。

　　技术诱导型组织创新的最大特点是源自企业内部产品结构的变化，并由此引起的结构和文化调整也是逐渐进行的，一般不至于导致企业组织在短期内的整体变化。因而，技术诱导型组织创新属于企业内源性的渐进组织创新。技术诱导型组织创新是企业中常见的组织创新类型，尤其是对于那些正由单一品种生产向多元经营转化的企业来说，适应新产品生产经营的需要，就要进行相应的组织创新。应该注意的是，这种类型的创新应该首先从开发、生产及销售的技术条件和管理条件的角度出发，考察新产品与企业原有产品之间的关系，以避免机构重叠和资源浪费；其次，结构创新和文化创新应该保持连贯性、循序渐进性，以避免打破企业原有的平衡；第三，结构创新和文化创新一旦得以实现，应适时进行战略调整，使企业战略真正转换到多品种生产经营上来。

　　3. 市场压力型组织创新模式

　　从创新的动力源看，市场压力型组织创新的动力主要来自于市场竞争压力。市场竞争压力迫使企业求生存、谋发展，努力通过战略创新、文化创新和结构创新来保持及提高企业核心能力，靠持续的技术创新赢得竞争优势。对于中国大多数企业来说，市场压力型组织创新更多地表现为由文化创新启动，进而诱发大规模战略创新，最终以反复的结构创新来实现企业组织创新的逻辑顺序。

　　市场压力型组织创新属于企业外源性创新，但它可能既是渐进的，又是根本性的，这要视企业具体的内部和外部环境而定。由于中国大多数企业的战略、结构及文化都急需重组，因而对于国有企业来说，市场压力型组织创新多表现为从文化创新开始的企业根本性创新。而这种转轨或过渡一旦完成，市场压力型组织创新将主要表现为渐进性创新，而且将成为企业日常占主导地位的创新类型。一般来说，表现为企业根本性创新的市场压力型组织创新，要求企业首先要有转变观念的内在需要，最高管理层和基层员工都要意识到竞争的压力；其次，要有进行根本性战略创新的勇气，重新配置企业资源适应市场的需要；第三，要熟悉市场变化、明确竞争来源、及时准确地把握各种内外部创新源的变化，尤其要善于学习外部组织成功创新的经验，以尽量降低创新成本。

　　从根本上说，组织创新要有利于培育、保持和提高企业的核心能力，在市场竞争中赢得持续的竞争优势。因而，企业组织创新模式的选择最终还是要看是否有利于提高企业的核心能力。可以说，核心能力是衡量企业组织创新的成效及其模式选择的最终标准。具体地说，核心能力是企业不同的技术系统、管理系统、社会心理系统、目标与价值系统等方面的有机结合，而体现在这种组合中的核心内涵是企业所专有的知识体系。正是企业的专有知识使核心能力表现得独一无二、与众不同和难以模仿。核心能力建立在企业战略和结构之上，以具备特殊技能的人为载体，涉及众多层次的人员和组织的全部职能。因而，核心能力必须有沟通、参与和跨越组织边界的共同视野与认可。

　　对于中国企业组织创新模式的选择来说，核心能力的影响主要是通过企业核心能力的定位和核心能力未来发展战略的确定表现出来的。因为核心能力定位直接决定了企业在战略、结构和文化方面的定位，即组织定位。没有恰当的组织定位，创新模式的选择将难以符合企业的实际。组织创新模式的选择必须紧紧围绕这两个问题展开：一方面保证企业核心技术的创新持续不断；另一方面，保证作为核心能力载体的人才能够得到全面的培养、发展，以及合理使用和有效聚集。在此基础上组织创新的模式选择还要考虑技术环境与制度环境的变化，分析组织创新动力的来源和可能获得的创新信息源泉。所以，环境分析、创新源分析和核心能力分析一起构成了企业组织创新模式选择的重要前提，其中核心能力分析是组织创新模式选择分析框架的基础。

中国企业组织创新的主流模式为战略先导型组织创新模式。此模式之所以成为主流，既与其符合中国经济转型时期特点有关，又与其适应当前世界经济发展大趋势相联系。人们可以看到：即使在市场经济相对发达的国家，由于近年来高新技术的飞速发展和产业经济结构的调整，经济发展正逐步由资源依赖型向知识依赖型转变，致使企业带有根本性的战略先导组织创新也层出不穷。而战略先导型组织创新模式又有两个具体的主导模式，一是"业务流程重组"，二是"分权制"。

（1）业务流程重组。

业务流程是企业为达到一个特定的经营成果而执行的一系列逻辑相关活动的总和，而业务流程重组则是企业为达到组织关键业绩（如成本、质量、服务和速度）的巨大进步，而对业务流程进行的根本性再思考和再设计，其核心是业务流程的根本性创新，而非传统的渐进性变革。业务流程重组属于企业内源型的根本性组织创新，创新的动力源来自于企业家精神或企业战略导向变化，强调由战略创新启动，战略、文化和结构创新密切配合，因而业务流程重组是典型的战略先导型组织创新。另外，选择这种模式必须考虑如下几方面的影响因素：

第一，企业所处的环境正在发生深刻变化，如中国经济体制改革这样的大规模制度创新或向世界范围的高新技术革命引发的技术经济模式的变革，而这种创新或变革又深刻地影响到企业所在产业的发展，使产业结构发生深刻变化。这一切将成为企业重新考虑自身生存和发展问题的必要条件，也是进行战略先导型组织创新的重要外部环境。

第二，这种根本性的创新必须源自企业自身的内在需要，必须由企业家的战略眼光和超前决策来推动，而且还能够从企业家思想、经验及外部组织变革的启示中获得足够的创新信息以顺利实现创新。

第三，围绕核心能力的提高和未来发展，战略、文化及结构的创新必须紧密配合。

第四，战略、文化及结构的根本性创新必须能够保证企业核心能力的稳定与持续提高。

中国企业在选择业务流程重组这种战略先导型组织创新模式时，必须考虑以上四个影响因素。如果不能对这些影响因素做出全面而细致的分析，就选择进行企业业务流程重组，那将是非常盲目的。中国企业在进行业务流程重组时必须要有明确的战略视野，也要有相应的管理哲学和观念变革的方法，这样才能达到适应环境变化、重新配置企业资源的目的。

（2）分权制。

分权制组织是现代企业特别是大企业所普遍采取的一种组织结构形式，也是目前中国企业组织创新中的重要目标模式。对于中国企业来说，实行分权制组织创新是一种战略先导型组织创新。因此，研究这个问题对于中国企业国际化组织创新具有十分重要的意义。首先，中国企业面临着规模扩大、市场竞争加剧、竞争核心环节向研发和营销转移、环境动荡性增加及人员成长需求增强等趋势。因此，从整体看分权制组织创新是不可避免的趋势。同时，相对于西方企业而言，中国企业的分权基础能力普遍较弱。这是造成中国企业实施分权代价过高的根本原因。因此，提高企业分权的基础能力是中国企业取得分权制组织创新成功的关键所在。分权是一种必然趋势,必须在一定能力的基础之上进行才能取得预期效果。

第六节 企业制度创新

成员在企业活动的不同时空提供努力,要有效必须对其行为进行引导和整合。行为的可预测性是行为引导和整合的基本前提。企业是通过制度结构化、层级结构化及文化结构化来使成员的行为具有一定程度的可预测性,从而实现对这些成员行为的引导与整合的。知识及其运用的产品化、产品及其生产过程的知识化说明知识经济的到来。其表现出以下特点:知识要素在企业生产经营活动中的相对重要性大大提高(资本市场融资容易,但生产过程渐趋复杂,知识成为第一要素);生产者与最重要的生产要素重新结合(物质能与劳动者分离,但知识不可能与人脑分离)。由于信息技术的广泛运用,知识创新和传播的速度大大加快,影响着企事业生产过程的组织方式,影响着不同知识所有者的相对重要性,而决定着企业参与者在这个过程中的相互关系,影响企业组织的结构化或再结构化。

一、工业社会的企业制度结构特征及其原因

企业是通过规范作为人群的参与者在企业活动中权、利关系的制度,引导和整合这些成员的行为。企业经营活动组织权力的分配、经营成果的分配,权力关系及相对地位的确定,使参与者人群在不同模式的企业制度下有着不同的行为规律。不同参与者是通过提供企业经营所必需的某种要素来实现他们对企业的贡献的。稀缺资源从资本转向知识,将导致知识参与者在企业权力关系中地位的提高。过程源动力的特点决定了资本的所有者在过程开始之初就拥有着选择过程运行方向、组织过程推进及处理过程结果的各种权力。工业社会资本最重要、最稀缺,资本很容易换回其他生产要素,生产过程是资本与劳动结合的过程。资本具有流动性,但劳动分工具有使工人的操作范围更加狭窄、作业技能更趋专门化及流动更加困难的特点,资本相对于工人的地位进一步得到确认。知识特别是管理知识是作为资本的附属而存在的。

二、知识经济条件下的企业制度发展

知识在现代企业经营中令行相对作用的加强,使权力的行使及对成果分配的控制正在逐渐变成知识工作者的"专利"。当然,知识社会不是突然而至,而是逐渐演变而来,但知识经济条件下人们所倚重的知识类型,从而使相关知识的相对重要程度是不同的。企业中的活动分为作用于物的活动和作用于人的活动,因而需要有关操作的知识与有关协调的知识。工业社会是以操作知识的发展为基础的。生产工具、机器及工艺的改进促进了劳动分工的不断细化。生产率提高的同时操作技能和专业知识更加狭窄和专门化(哈耶克指出分工使人们只知道与自己工作有关的那部分知识,没有人有能力获得这些知识的全部),使其劳动高度相互依赖,因而对不同人在企业中分工劳动的协调变得至关重要。有关协调的知识正变为关键的经济资源,甚至是今天唯一重要的资源,传统的生产要素已变为第二位。假如有知识人们便可很容易地得到传统的生产要素。相对稀缺性加强了协调知识拥有者的相对地位。资本所有者难以拥有这种知识,只能委托拥有相关知识的经营管理人员去

协调，后者地位不断得到加强。管理人员的职能就是运用协调知识去组织和管理企业成员的分工劳动。管理人员通过其协调劳动，不仅决定着自己所拥有的协调知识的运用效率，还决定着作为其协调对象的企业生产者的效果。因此，企业的制度结构正从"资本的逻辑"转向我们所称的"知识的逻辑"。权力派生知识的供应，利益由知识的拥有者所控制正逐渐成为后工业社会或知识社会的基本特征。

三、高层组织制度创新

企业领导制度变革，法人治理结构是一次重大创新。公司的组织机构一般由股东大会（或股东代表大会）、董事会（或董事—监事会或监事）及经理组成，最终所有权、法人财产权、经营权及监督权互相分离，分属于不同的机构。各个机构之间既互相联系，又互相制约，形成一个统一的有机整体，有利于领导专家化、企业领导集团化及企业领导民主化，也有利于协调众多投资者之间的关系，近年来在形式上有所创新。职工股权计划是20世纪60年代初由一位名叫凯尔索的律师在美国提出，让职工成为企业所有者，才能协调劳资关系，消除企业内部的纠纷，提高劳动生产率。由公司提供一部分股份或拿出现金，转交给一个专门设立的职工信托基金会，购进股票。它或多或少地打破了资本家、董事、经理人员等对企业高层管理的垄断，顺应了职工的高层次需求，缓和了劳资矛盾，在一定程度上弥补了股份公司治理结构的缺陷。再如，职工参与制是20世纪初在西方发达国家出现的。企业的职工享有根据法律、合同的规定，推选代表参加公司经营管理的权力。其方式主要是咨询、谈判和参加生产经营目标的制定。与职工股权计划一样，这种方式使职工参与到通常被董事、经理们独占的企业高层管理领域。

四、中层组织制度创新

管理层起到了承上启下的作用，如事业部、分公司、分厂，或者IBU（独立经营单位）、SBU（战略经营单位）。总的创新趋势是从H型结构、U型结构向M型结构发展。H型是松散型结构，总公司只进行财务管理和人力资源的分配，利润中心独自开展业务，难以获得协同效应。U型结构是一种集中的按职能划分部门的结构。中层组织由按职能划分的若干部门组成，自主权小，只能算成本中心或收入中心，权力集中在公司最高决策者手中，在市场环境多变的情况下暴露出缺陷。M型结构的基本单位是半自主的利润中心，按产品的商标或地区设立，每个利润中心内部通常按U型结构组织，在利润中心之上的总部则负责整个公司的重大资源配置和活动安排，负责对各利润中心进行监督和战略协调。这种结构运用集权控制、分权运行的思想，采取集中制定政策与分权运行管理的办法，既获得了比较明显的协调效应，又充分发挥了中层组织的积极性和创造性，是企业中层组织制度的成功创新。近十年来，"企业内企业"，增强大企业自身的活力，适应激烈的市场竞争，如IBM的"风险组织"实验、索尼公司的"模拟公司制"和韩国的"公司内破产制"。

五、基层组织制度创新

执行层是一切管理活动的落脚点，基层组织的状况最终决定着生产经营目标能否实现。企业从高度集权、权威由职位决定、垂直交流、严格的岗位责任制及物质奖励和惩处为主要控制手段，转变为高度分权与灵活领导、角色与责任规定明确、横向交流而注重团队讨论、借助目标认同与工作满足来激励员工。

企业层级结构创新：

1. 工业社会的企业层级结构及其特征

工业经济中的企业试图通过层级结构来规范作为单个成员的参与者在企业活动中的关系和行为。随着企业规模越来越大，对劳动进行合理分工的基础上进行指挥和协调，政府中的层级结构被逐渐移植到工业经济中来。层级结构表现出如下特征：

（1）直线指挥，分层授权。有效管理幅度有限，工作与权力进行了层层分解和委托，形成金字塔，每一个层次都根据直线上级的要求完成任务行使权力。层级组织的基本特征便是利用直线指挥与分层授权来规范成员间的关系，影响他们在企业活动中的行为表现。

（2）分工细致，权责明确。分工不仅体现在与产品制造过程相关的生产劳动中，而且体现在与生产过程协调有关的管理劳动中。分工使熟练程度、劳动生产率不断提高。严格规定了组织成员应该履行的职责，而且明确了相应职务的工作人员为履行职责而可以行使的权力。

（3）标准统一，关系正式。在泰罗理论的影响下，在生产过程的不同环节和岗位上生产者按照标准的方法来完成作业，管理中也按一套标准的程序和方法来操作。同时，企业政策的一致性规则由企业最高权力机构统一制定、统一推行，使企业组织能以整齐划一的方式表现其行为，而不具有个人感情的色彩。层级组织中成员之间的关系，是职务或岗位所规定的角色关系，而非个人关系。组织框架图和说明书明确角色，大家应以理智而非以感情的方式来完成其职责。组织所倚重的是角色间的正式关系，而非个人间的非正式关系。

2. 知识经济与企业层级结构的改造

传统层级结构保证了企业行动的迅速、效率的提高和企业活动的有序性，但其有一定的环境条件和假设作为背景。例如，消费者的诸多需求尚未得到充分满足，需求基本无差异，消费需求及影响企业经营的其他环境因素基本稳定，或变化具有连续性特征从而可以预测。这决定企业可以组织大规模生产和标准化生产，可预测性则使企业内部生产及其管理的改善主要依赖于经验的累积和总结。生产操作工人可以凭借记忆，而管理中枢也主要利用组织记忆，借助细致的分工和统一指挥来比较集权对组织生产过程中工人的标准化作业及其调整。

但知识经济时代背景发生了改变：消费者日趋成熟，具有多样化和个性化的特点；环境日益复杂、不稳定，变化无法控制，难以预测。个性需求使企业推动标准化和一致性政策的基础；市场变化的频繁要求企业活动的内容与方式及时调整。活动内容与方式的调整要求相关的权力从管理中枢向下分散。弹性、分权的企业是不可能完全以组织记忆为基础来组织运行的。必然要求相关的成员和部门在知识积累的基础上进行知识的创新，企业必须是有利于企业成员的学习和知识创新的组织。

（1）网络结构。构成上是由各工作单位组成的联盟，而非严格的等级排列；企业成员在网络组织中的角色不是固定的，而是动态变化的；企业成员在网络结构中的权力地位不是取决于其职位，而是来自他们拥有的不同知识。由于网络结构中的各个工作单元都是一个权力中心，因此可以及时进行应对市场变化的调整。由于每个工作单元都与其他单元保持广泛的联系,从而不仅促进了知识与经验的交流,而且使各单元的适应性调整有了充分的知识和信息基础。因此,网络结构是适应型的、学习型的组织结构。

应该利用网络结构来补充层级结构,而不是将后者完全取代,层级支持着组织活动的有序性,网络则促进着组织的适应性。三个相互对立的特点统一:① 集权与分权的统一(战略方向选择及不同工作单元自主性劳动的范围与边界确定等方面集权,但工作单元内的一线人员在企业战略参数的范围内自主地处理可能出现的紧急情况则是分权);② 稳定与变化的统一(层级结构使得组织框架及决定这个框架的经营领域是相对稳定的,而框架中的各个工作单元的工作内容和方式则经常进行适应性调整);③一元性与多元性的统一(层级组织既保存了统一指挥的管理中枢,又允许相互依存的各工作单元相当自主地运行,才能通过统一的基本政策规范实现整体企业的战略经营,同时又允许各工作单元的活动标准与原则有一定的差异;既确定了明确的组织宗旨和使命,倡导着主导的价值观念,又允许甚至鼓励异质价值观念和行为准则的存在)。

(2)再造企业。企业再造的根本思想就是彻底摒弃大工业时代的企业模式,重新塑造与当今时代信息化、全球化相适应的企业模式。再造企业最简单的定义就是将既有的业务以零预算重新组织,更换企业活动的工作程序,即一切从头开始。再造企业的核心是业务程序的再造。

(3)虚拟组织。"可以租借,何必拥有?"这句话道出了虚拟组织的实质。虚拟组织决策集中化的程度很高,但部门化程度很低或根本就不存在。虚拟组织从组织外部寻找各种资源来执行组织的一般职能,如生产、销售、技术开发等,而将精力集中在自己最擅长的业务上。

(4)无边界组织。管理人员通过取消组织垂直界限而使组织结构趋向扁平化,使等级秩序作用降低到最低限度。为消除组织的水平界限,以多功能团队取代职能部门,围绕公司的工作流程来组织活动。充分发挥无边界组织的职能,打破了组织与客户之间的专业界限及心理障碍。

(5)女性化组织。重视组织成员的个人价值、非投机性、事业成功与否的标志,是为别人提供了多少服务、重视员工成长、创造一种相互关心的社会氛围及分享权力。

第七节　企业文化创新

一、什么是企业文化创新

企业作为一种以人与人的组合为基础的经营活动主体,其经营行为必然最终都要人格化。也就是说,企业是人格化的企业,企业的所有活动最终都要靠人来执行。正是因为如此,企业的制度创新,企业的经营战略的创新,最终都必然会体现在人的价值理念中,也就是以企业文化的形式表现出来。这里所讲的企业文化,就其形式来讲,是属于人的思想范畴,是指人的价值理念;而就其内容来讲,则是企业制度与企业经营战略等与企业相关的活动在人的理念上的反映。因此,企业文化也是企业高效发展的一个极其重要的问题。

企业文化是企业成员共有的价值和信念体系。这一体系在很大程度上决定了企业成员的行为方式。它代表了组织成员所持有的共同观念。企业文化在企业发展中起到导向、维系和约束的作用，具有很强的维持现有模式的倾向。

企业文化创新是指为了使企业的发展与环境相匹配，根据本身的性质和特点而形成的体现企业共同价值观的企业文化，并不断创新和发展的活动过程。企业文化创新的实质在于企业文化建设中突破与企业经营管理实际脱节的僵化的文化理念和观点的束缚，实现向贯穿于全部创新过程的新型经营管理方式的转变。面对日益深化、日益激烈的国内外市场竞争环境，越来越多的企业不仅从思想上认识到创新是企业文化建设的灵魂，是不断提高企业竞争力的关键，而且逐步深入地将创新贯彻到企业文化建设的各个层面，落实到企业经营管理的实践中。

二、企业文化创新的意义

企业竞争的核心各不相同。在高度发达的今天企业硬件的较量已经逐渐开始淡化，20世纪 60 年代竞争的核心内容在于技术，70 年代在于管理，80 年代在于营销，90 年代在于品牌。继技术竞争、管理竞争、营销竞争及品牌竞争之后，21 世纪企业竞争的核心将在于企业文化。企业文化能使企业在新世纪保持长久的竞争力，企业文化创新也由一种全新的文化理念转变为对提高企业竞争力有决定性作用的新型经营管理模式。企业文化有助于增强企业的凝聚力，增强产品的竞争力。企业文化的核心是其思想观念，它决定着企业成员的思维方式和行为方式，能够激发员工的士气，充分发掘企业的潜能。一个好的企业文化氛围建立后，所带来的是群体的智慧、协作的精神、新鲜的活力。这就相当于在企业核心装上了一台大功率的发动机，可为企业的创新和发展提供源源不断的精神动力。

创新企业文化是企业制度下的一个重要指标和鲜明特征。它与以往在企业内部广泛开展的企业文化活动的一个明显区别是，现代企业文化更紧密地将企业文化活动与企业的实际收益联系在一起，或者说直接挂钩。因此，企业文化在企业的地位就愈见重要和突出。当企业内外条件发生变化时，企业文化也相应地进行调整、更新、丰富及发展。成功的企业不仅需要认识环境状态，而且还要了解其发展方向，并能够有意识地加以调整，选择合适的企业文化以适应挑战。只有这样才能在激烈的市场竞争中依靠文化带动生产力，从而提高竞争力。因此，坚持企业文化创新对于企业发展具有极其重要的，摒弃原有的不合理的思维和行为，以一种前所未有的新思维来创造新的成果。文化创新会直接作用于人的观念意识、思维方式，进而影响人的行为。一个企业无论实力多么雄厚，它的企业文化建设一旦停步不前，失去了创新的动力，这个企业必将会成为强弩之末。

三、企业文化创新的基本路径

企业文化创新要以对传统企业文化的批判为前提。对构成企业文化诸要素包括经营理念、企业宗旨、管理制度、经营流程、仪式及语言等进行全方位的系统性弘扬、重建或重新表述，使之与企业的生产力发展步伐和外部环境变化相适应。

1. 企业领导者应当加强自身修养，担当企业文化创新的领头人

从某种意义上说，企业文化是企业家的文化，是企业家的人格化，是其事业心、责任感、人生追求、价值取向及创新精神等方面的综合反映，他们必须通过自己的行动向全体成员灌输企业的价值观念。这正如我国著名企业家张瑞敏在海尔公司充当的角色时所说的，"第一是设计师，在企业发展中如何使组织结构适应企业发展；第二是牧师，不断地布

道，使员工接受企业文化，把员工自身价值的体现和企业目标的实现结合起来。"企业文化创新的前提是企业经营管理者观念的转变。因此，进行企业文化创新，企业经营管理者必须转变观念，提高素质。首先，要对企业文化的内涵有更全面、更深层次的理解。要彻底从过去那种认为搞企业文化就是组织唱唱歌、跳跳舞、举办书法及摄影比赛等的思维定势中走出来，真正将企业文化的概念定位在企业经营理念、企业价值观、企业精神和企业形象上。其次，要积极进行思想观念的转变。要从原来的自我封闭、行政命令、平均主义和粗放经营中走出来，牢固树立适应市场要求的全新的发展观念、改革观念、市场化经营观念、竞争观念及效益观念等。第三，要认真掌握现代化的管理知识和技能，同时要积极吸收国外优秀的管理经验用于企业发展，并且在文化上要积极融入世界，为企业走国际化道路做好准备。第四，要有强烈的创新精神，思维活动和心理状态要保持一种非凡的活力，双眼紧盯着国际、国内各种信息，紧盯着市场需求，大脑中要能及时地将外界的信息重新组合，构造出新的创新决策。

2. 企业文化创新与人力资源开发相结合

人力资源开发在企业文化的推广中起到不可替代的作用。全员培训是推动企业文化变革的根本手段。企业文化对于企业的推动作用得以实现，关键在于全体员工的理解认同与身体力行。为此，在企业文化变革的过程中必须注重培训计划的设计和实施，督促全体员工接受培训、学习。通过专门培训可以增进员工对企业文化的认识和理解，增强员工的参与积极性，使新的企业文化能够在员工接受的基础上顺利推进，即采取诱致性变迁的方式，就是指基于员工自愿支持的观念更新与行为模式的转变。除了正式或非正式的培训活动外，还可以利用会议及其他各种舆论工具，如企业内部刊物、标语、板报等大力宣传企业的价值观，使员工时刻都处于充满企业价值观的氛围之中。

相应的激励和约束机制是企业文化创新的不竭动力。强制性制度变迁过程往往会在下级组织招致变相的扭曲或其他阻力，况且价值观的形成是一种个性心理的累积过程。这不仅需要很长的时间，而且需要给予不断的强化。因而新的企业文化的建立和运行过程必须通过相应的激励和约束机制予以强化、保障，使之形成习惯稳定下来。比如，分配机制的变革就可以作为一个切入点，因为分配机制同时体现了激励和约束机制的有机结合。另外，也要注意精神激励的重要性。按照马斯洛的需求，在物质的满足达到一定程度后对自我实现的评价将压倒其他因素。企业应该增强管理过程的透明度，对员工实行公正对待。

现代企业间的竞争主要是人才的竞争，也是企业凝聚力的较量。这归根结底又是以人为本的企业文化的竞争。顽强的企业团队精神，是企业获得巨大成功的基础条件。要将企业成千上万名员工凝聚起来，只靠金钱是不够的，企业必须具备共同的价值观、目标和信念。对共同价值的认同会使员工产生稳定的归属感，从而吸引和留住人才。事实证明，企业只有形成了优秀的企业文化，才能打造一支战无不胜的员工队伍。

3. 建立学习型组织

企业间竞争是人才的竞争，实际上应该是学习能力的竞争。如果说企业文化是核心竞争力，那么其中的关键是企业的学习能力。建立学习型组织和业务流程再造，是当今最前沿的管理理念。为了在知识经济条件下增强企业的竞争力，在世界排名前100家企业中，已有40%的企业以"学习型组织"为样本，进行脱胎换骨的改造。知识经济，使知识资本成为企业成长的关键性资源，企业文化作为企业核心竞争力的根基将受到前所未有的重视。成功的企业将是学习型组织，学习越来越成为企业生命力的源泉。企业要生存与发展，提高企业的核心竞争力就必须强化知识管理，从根本上提高企业综合素质。企业文化的创新与发展是一个大课题，需要有一个逐步探索、逐步深入的过程，要下很大的功夫，才能实现质的突破，才能在现代企业制度的环境下，实现真正意义上的企业文化创新与发展。这是时代的要求，是企业追求的永恒主题。

四、企业文化创新的趋势

企业文化创新，现已成为提高企业竞争力的、具有决定性作用的新型经营管理方式。当前，国内企业文化创新出现了一些新趋势。

1. 确立双赢价值观的趋势

企业价值观是企业文化的核心，渗透于企业经营管理的各个环节，支配着从企业家到员工的思想和行为。因此，企业文化创新首要的是价值观创新。在传统市场经济条件下，企业奉行非赢即输、你死我活的单赢价值观。这种价值观既有迫使企业实现技术和产品更新的驱动力，也有滋生为打垮对方而不择手段以至恶性竞争的弊端。以高科技为基础的知识经济崛起，在使这种狭隘价值观受到致命冲击的同时，也催生出与新的经济发展要求相适应的双赢价值观。一个企业只有奉行双赢价值观，才能不断地从合作中获得新知识、新信息等创新资源，提高自身的竞争实力，从而在激烈的竞争中左右逢源，立于不败之地。我国海尔集团不参加与同行间的价格战，坚持靠产品创新和服务来扩大国内外市场份额的成功经验，便是奉行双赢价值观的一个范例。

2. 选择自主管理模式的趋势

传统的企业管理模式，将人视作企业运营过程中按既定规则配置的机器零件，忽视人的自主精神、创造潜质和责任感等主体能动性作用；在管理过程中，较多地依赖权力、命令和规则等外在的硬约束，缺乏凝聚力。随着市场竞争的深化，人的主体价值在企业运营中的作用日益重要，旧的管理模式越来越难以适应新的竞争形势，而体现人的主体性要求的自主管理模式逐渐成为企业的自觉选择。新模式以先进的文化理念为核心，充分尊重人的价值，注重发挥每一个员工的自主精神、创造潜质和主人翁责任感，在企业内部形成一种强烈的价值认同感和巨大凝聚力，激发员工的积极性，并通过制度安排实现员工在企业统一目标下的自主经营和自我管理，进而形成企业创新的动力和创新管理方式。邯郸钢铁集团公司建立在"人人是主人"的企业理念基础上的管理模式，就是这一创新趋势的具体体现。

3. 既重视高科技又"以人为本"的趋势

科技革命和人本身的进一步总是相伴而行的，二者如车之两轮、鸟之两翼，相辅相成。企业创新过程离开了哪个方面都难以达到目的，企业的竞争力也难以得到真正提高。有学者指出：高科技可以在一个阶段成为企业制胜的法宝。但更深层次的竞争最终应该是理念方面，"科技以人为本"这句话就包括了这层意思。这一见解反映了随着高科技的发展，现代人对生产和消费日趋强烈的人性化要求。在这一背景下，企业创新只有把高科技与"以人为本"密切结合起来，才能提供既有高科技含量又充满人性关怀的新产品、新服务，才能开拓新的市场空间。否则，企业即使兴盛一时终究会因受到消费者的冷落而退出竞争舞台。很多成功企业的一个共同经验，就是在新产品的设计和开发中，紧紧抓住了给予各层次的顾客送去真诚的关怀和温暖这个关键。

4. 提高企业家综合素质的趋势

现代企业中，员工的素质是企业文化创新的来源和动力，而由于企业家在企业活动中的领导地位，企业家的素质又是企业文化创新的关键。改革开放以来，我国出现的一些企业家快速崛起又快速倒下的"企业家短命现象"，其原因是多方面的。除了体制和市场环境等因素外，企业家不能适应形势的变化而实现自身素质的不断创新，是最根本的原因之一。经济全球的发展，知识经济的到来，又对企业家的素质提出了新的挑战：需要科技知识与人文知识的综合，需要古今中外多种科技文化知识的综合；要打开国际市场，还需要有对各国生活习惯和民风习俗的综合性进行了解与把握，单靠哪一门专业知识和管理知识都难以胜任综合创新的任务。实践证明，企业家只有具备了融通古今中外科技知识与人文知识、管理经验与民风习俗，善于应对各种市场变化的智慧，才能具备不断创新的实力，获得市场竞争的主动权。

本章小结

创新是指以现有的思维模式提出有别于常规或常人思路的见解为导向，利用现有的知识和物质，在特定的环境中本着理想化需要或为满足社会需求，而改进或创造的新事物、方法、元素、路径及环境，并能获得一定有益效果的行为。创新是以新思维、新发明和新描述为特征的一种概念化过程。本章主要介绍了创新的内涵、创新的职能和原则、创新的过程、企业的技术创新、企业的组织创新、企业的制度创新及企业的文化创新。

复习思考题

1. 为什么说"维持和创新是管理的本质内容，有效的管理在于适度维持与适度创新的组合"？
2. 创新与维持对系统存在的作用是什么？
3. 创新与维持之间有何种关系？
4. 从创新的规模及创新对系统的影响程度来考察，可将其分为哪些类型？
5. 从创新与环境的关系来分析，可将其分为哪些类型？
6. 创新职能的基本内容是什么？
7. 制度创新包括哪些内容？
8. 简述创新的过程。
9. 企业如何进行新活动的组织？

案例分析

美国吉列公司的技术创新

吉列公司是以生产刀片为主导产品的公司，它的产品能打入国际市场并持续较长时间，与其技术创新的关系十分密切。吉列公司的创始人是吉列。1891 年当他遇到锯齿瓶塞的发明人彭特尔时，彭特尔向他建议，集中精力去开发顾客必须反复购买的产品，这是一条成功的捷径。

这一观点虽然激起了吉列的兴趣和好奇心，但却一直缺少具体设想。直到 1895 年一个夏日之晨，他要刮胡子时却发现其刮胡刀很钝，不能使用，只有等磨刀师磨利后才能再用，为此他很生气。突然，他想到得有一个很薄的非常锋利的刀片。他觉得非常兴奋，因为这种产品可以实现顾客的反复购买，这正是他几年来梦寐以求的新产品。

1901 年，他的好友将吉列刮胡刀的设想告诉了麻省理工学院毕业的机械工程师尼克逊，尼克逊同意研究吉列的设想。数周后，尼克逊成为吉列的合伙人。为了筹措所需的 5000 美元生产设备费用，公司的名称改为美国安全刮胡刀公司。

公司在芝加哥物色了一家代销机构，并规定其安全刮胡刀套件（一支刀体和 20 片刀片）的售价为每套 5 美元。刀片每 20 片为一包，每包 1 美元。当年 10 月，首次广告提供 30 天退款保证，在"系统"杂志上刊登，至 1903 年底共售出 51 万套安全刀体和 168 万片刀片。

公司在 1906 年首次发放股票。在以后的十年中继续以每年 30 万～40 万套的销量出售安全刮胡刀，刀片的销售从 45 万包增加到 7 亿包。至 1911 年，公司的南波士顿厂雇用了 1500 个员工，三年后由于尼克逊发明了全自动刀磨机，使其生产能力迅速增加。这些新设备比尼克逊以前发明的机器，大大地降低了生产成本，又提高了刀片的质量。

原来的安全刮胡刀的专利权于 1921 年 10 月满期，吉列公司早就为此做好了准备。在当年 5 月，使其竞争对手吃惊的是，吉列同时推出了两种新产品：一种按原价出售的新型改进吉列安全刮胡刀和另一种售价 1 美元的银朗安全刮胡刀。1923 年公司再推出镀金刮胡刀，售价仍为 1 美元。当妇女盛行短发的时候，吉列又推出称为得伯特的女用安全刀，而售价仅为 79 美分。

1934 年，公司又推出第一种单面安全刮胡刀和 Probak Junior 刀片、售价为 4 片 10 美分，至 1936 年公司推出安全刀片系列以外的产品即吉列无刷刮胡膏，售价为 98 美分。

1938 年秋，公司又推出吉列薄刀片，吉列电动刮胡刀也于当年圣诞节问世。电动刮胡刀是在数年前发明的，但直至 20 世纪 30 年代后期才被接受。对公司来说，这一年的最重要发展是史攀出任公司的总经理，在他的领导下开始了许多新的管理政策。公司仍然保持低价销售策略，但十分强调产品质量，以保持产品的信誉。公司采用了本企业研究的新工艺，以便在制造过程中严格保证刀片的质量。在 1920—1945 年间，公司没有推出新产品，这是由于战争的影响。尽管如此，公司的研究开发人员研制成了第一台双刃片分配机，改进了过去的包装工作会议。

二战后，吉列公司开始实行对外兼并和内部创新，以便成为世界性的多样化经营企业。经过认真分析之后，公司于 1948 年决定扩大市场，同年购进托尼家用烫发器制造公司。1955 年兼并在加利福尼亚生产圆珠笔和刮胡膏的梅特公司。

1946 年公司重新调整了产品组合，形成两大类产品并由两个事业部分管：吉列产品组合，负责刮胡刀产品和男用品；多样化产品组合，负责其他所有产品。自吉列产品组负责人吉格勒升任公司总经理后的十年里，是公司销售和产品发展最迅速的年代。在他领导下的前几年，公司连续推出盒式刮胡刀组、多笔尖圆珠笔、Hok—One 刮胡膏、可调盒式刮胡刀、超级不锈钢刀片、增塑刀片、微孔笔和几种止汗剂。这些产品的市场投放都取得了成功。

　　1971年，公司重新调整了产品组合和管理机构，在20世纪70年代初期开发和营销了许多新产品，1974年以前公司一半以上的销售额来自近五年内的新产品。安全刮胡刀部在推出Tracn型刮胡刀系列之后迅速成为市场上的最畅销品，继而又推出女用Daisy削发刀及男用Good News刮胡刀。保健用品部也营销了多种新产品，如柠檬洗发精、无碱洗发精，1972年进入个人用具市场，如开发和营销Max手提式烘发机。

案例讨论题：
1. 吉列公司技术创新的源泉是什么？
2. 从吉列公司的技术创新中受到何种启发？

参 考 文 献

[1] 高爱霞，满广富. 管理学实用教程[M]. 北京：北京大学出版社，2012.

[2] 李先江. 管理学[M]. 北京：北京大学出版社，2012.

[3] 王毅武，康星华. 现代管理学教程[M]. 北京：清华大学出版社，2008.

[4] 杨洁，孙玉娟. 管理学[M]. 北京：中国社会科学出版社，2010.

[5] 周三多，陈传明. 管理学原理与方法 [M]. 5 版. 上海：复旦大学出版社，2014.

[6] 任盛毅. 管理学原理与方法概述[M]. 成都：四川人民出版社，2008.

[7] 李贺，付征，卢海萍. 管理学基础理论·实务·案例·实训[M]. 上海：上海财经大学出版社，2014.

[8] 张议元. 管理学[M]. 北京：清华大学出版社，2012.

[9] 陈文汉. 管理学[M]. 北京：北京大学出版社，2012.

[10] 刘雪梅，胡建宏. 管理学原理与实务[M]. 北京：清华大学出版社，2011.

[11] 田虹，杨絮飞. 管理学[M]. 厦门：厦门大学出版社，2012.

[12] 李红民，何秄僕. 建筑企业管理[M]. 北京：化学工业出版社，2012.

[13] 王克岭，张建民. 管理学[M]. 北京：高等教育出版社，2010.

[14] 秦志华. 管理学[M]. 大连：东北财经大学出版社，2011.

[15] 王煊. 管理学原理与实战解析[M]. 武汉：湖北科学技术出版社，2010.

[16] 田泽永，石红. 管理学：原理与技能[M]. 上海：立信会计出版社，2012.

[17] 朱友发. 管理学基础[M]. 北京：北京师范大学出版社，2010.

[18] 刘婵. 管理学[M]. 广州：中山大学出版社，2010.

[19] 王明东. 管理学：理论与实务[M]. 北京：清华大学出版社，2012.

[20] 吴照云. 管理学[M]. 北京：中国社会科学出版社，2011.

[21] 李海峰，张莹. 管理学原理与实务[M]. 北京：人民邮电出版社，2010.

[22] 陆奇崖. 实用管理学[M]. 桂林：广西师范大学出版社，2011.

[23] 王凯. 管理学原理[M]. 北京：高等教育出版社，2010.

[24] 蒋先平. 管理学 理论、案例与技能[M]. 北京：北京师范大学出版社，2011.

[25] 王煊. 管理学原理与实战解析[M]. 武汉：湖北科学技术出版社，2010.

[26] 王心娟，庞学升，崔会保. 管理学原理[M]. 北京：清华大学出版社，2011.

[27] 刘颖民. 管理学[M]. 西安：西安电子科技大学出版社，2010.

[28] [美]彼得 S 潘德、罗伯特 P 纽曼、罗兰 R 卡瓦纳. δ 管理法：追求卓越的阶梯 [M]. 北京：机械工业出版社，2001.

[29] [美] PF 德鲁克. 有效管理者 [M]. 北京：中国财政经济出版社，1988.

[30] [美] 安妮·玛丽·弗朗西斯科，巴里·艾伦·戈尔德. 国际组织行为学 [M]. 北京：中国人民大学出版社，2003.